HERR / NATURRECHT AUS DER KRITISCHEN SICHT
DES NEUEN TESTAMENTES

ABHANDLUNGEN ZUR SOZIALETHIK

Herausgegeben von Wilhelm Weber und Anton Rauscher

Band 11

1976

MÜNCHEN · PADERBORN · WIEN
VERLAG FERDINAND SCHÖNINGH

THEODOR HERR

# Naturrecht
# aus der kritischen Sicht
# des Neuen Testamentes

1976

MÜNCHEN · PADERBORN · WIEN
VERLAG FERDINAND SCHÖNINGH

Als Habilitationsschrift auf Empfehlung des Fachbereichs
Katholische Theologie der Westf. Wilhelms-Universität Münster
gedruckt mit Unterstützung der Deutschen Forschungsgemeinschaft

**ANDOVER-HARVARD THEOLOGICAL LIBRARY**
HARVARD DIVINITY SCHOOL

Alle Rechte, auch die des auszugsweisen Nachdrucks, der fotomechanischen Wiedergabe und der Übersetzung, vorbehalten. Dies betrifft auch die Vervielfältigung und Übertragung einzelner Textabschnitte, Zeichnungen oder Bilder durch alle Verfahren wie Speicherung und Übertragung auf Papier, Transparente, Filme, Bänder, Platten und andere Medien, soweit es nicht §§ 53 und 54 URG ausdrücklich gestatten.

© 1976 by Ferdinand Schöningh at Paderborn. Printed in Germany. Filmsatz und Druck: Ernst Knoth, Melle. Gesamtherstellung: Ferdinand Schöningh, Paderborn 1976.

ISBN 3–506–70211–4

## VORWORT

Im Rahmen einer Neubesinnung von Kirche und Theologie auf ihre fundamentalen Grundlagen, wie sie durch das II. Vatikanische Konzil in Gang gesetzt worden ist, kommt der Gestalt und der Funktion der tradierten Naturrechtslehre eine primäre Rolle zu. Eine der seit langem gegen die bisherige Naturrechtsauffassung vorgetragenen kritischen Einlassungen richtet sich gegen die biblisch-theologische Begründung derselben. Die bisherige kirchliche Naturrechtsargumentation wird von dieser Seite aufs entschiedenste in Frage gestellt, da das Naturrecht nach Herkunft und Anlage unbiblisch sei, mehr noch, dem genuinen neutestamentlichen Ethos in seinen wesentlichen Ansätzen widerspreche. Damit wird manchenorts dem Naturrecht sowohl seine Berechtigung innerhalb der kirchlichen Moralverkündigung als auch im Bereich der Katholischen Soziallehre grundsätzlich bestritten.

Aus diesem Grunde schien es an der Zeit zu sein, diesen Fragen in einer detaillierten Untersuchung nachzugehen und die überkommene Naturrechtskonzeption kritisch aus der Sicht des Neuen Testaments zu überdenken. Da die Fragestellung für die Katholische Soziallehre von höchster Aktualität ist, wird es verständlich sein, wenn eine solche interdisziplinäre Untersuchung von seiten der Sozialwissenschaften unternommen wird und sich gleichzeitig die Bitte um wohlwollende Aufnahme an den Exegeten richtet. Besonderen Dank für wertvolle Anregungen und hilfreiche Kritik schulde ich Herrn Prof. DDr. W. Weber, Münster; Prof. Dr. W. Thüsing, Münster; Prof. Dr. J. Gnilka, München; Prof. Dr. J. Ernst, Paderborn; Dr. H. Heubner, Werl. Gleichzeitig möchte ich meinen Dank dem Fachbereich Katholische Theologie der Westf. Wilhelms-Universität Münster aussprechen, der diese Arbeit im Jahre 1974 als Habilitationsschrift angenommen hat, sowie der Deutschen Forschungsgemeinschaft, die den Druck durch ihre finanzielle Unterstützung ermöglichte. Gleicher Dank gilt Prof. DDr. W. Weber und Prof. Dr. A. Rauscher für die Aufnahme der Untersuchung in die Reihe der „Abhandlungen zur Sozialethik".

Frühjahr 1976

Theodor Herr

# VERZEICHNIS DER ABKÜRZUNGEN

Concilium  Concilium. Internationale Zeitschrift für Theologie, Einsiedeln/Zürich/Mainz 1965 ff.
ESL  Evangelisches Soziallexikon, im Auftrag des Deutschen Evangelischen Kirchentages hrsg. v. F. Karrenberg, Stuttgart ⁴1963.
EvTh  Evangelische Theologie, München 1934 ff.
HNT  Handbuch zum Neuen Testament, begr. v. H. Lietzmann, Tübingen 1906 ff.
HSNT  Die Heilige Schrift des Neuen Testaments übersetzt und erklärt, hrsg. v. Fritz Tillmann, Bonn 1931 ff.
HThK  Herders theologischer Kommentar zum Neuen Testament, hrsg. v. A. Wikenhauser, Freiburg i. Br. 1953 ff.
LThK  Lexikon für Theologie und Kirche, hrsg. v. J. Höfer und K. Rahner, Freiburg i. Br. ²1957 ff.
Meyer K  Kritisch-exegetischer Kommentar über das Neue Testament, begr. v. H. A. W. Meyer, Göttingen 1832 ff.
NTA  Neutestamentliche Abhandlungen, hrsg. v. M. Meinertz, Münster 1909 ff.
NTD  Das Neue Testament Deutsch, hrsg. v. P. Althaus u. J. Behm (Neues Göttinger Bibelwerk), Göttingen 1932 ff.
NTS  New Testament Studies, Cambridge/Washington 1954 ff.
RGG  Die Religion in Geschichte und Gegenwart, Tübingen ³1956 ff.
RNT  Regensburger Neues Testament, hrsg. v. A. Wikenhauser u. O. Kuß, Regensburg 1938 ff.
StdZ  Stimmen der Zeit (vor 1914: Stimmen aus Maria Laach), Freiburg i. Br. 1871 ff.
ThEx  Theologische Existenz heute, München 1933 ff., NF ab 1945.
ThGl  Theologie und Glaube, Paderborn 1909 ff.
ThHK  Theologischer Handkommentar zum Neuen Testament, Leipzig 1928 ff.
ThW  Theologisches Wörterbuch zum Neuen Testament, hrsg. v. G. Kittel u. G. Friedrich, Stuttgart 1933 ff.
UNT  Untersuchungen zum Neuen Testament, begr. v. H. Windisch, ab 1938 v. E. Klostermann, Leipzig 1912 ff.
WUNT  Wissenschaftliche Untersuchungen zum Neuen Testament, hrsg. v. J. Jeremias u. O. Michel, Tübingen 1950 ff.
ZNW  Zeitschrift für die neutestamentliche Wissenschaft und die Kunde der älteren Kirche, Gießen 1900 ff., Berlin 1934 ff.
atl.  alttestamentlich
ntl.  neutestamentlich

## INHALTSVERZEICHNIS

Vorwort .................................................. 5
Verzeichnis der Abkürzungen ............................... 6
Einführung ................................................ 9

### 1. Teil
### DIE REZEPTION DER NATÜRLICHEN SITTLICHKEIT IN DER NEUTESTAMENTLICHEN PARÄNESE

I. HERKUNFT UND GESTALT DER NEUTESTAMENTLICHEN
   PARÄNESE .............................................. 21
   1. Die ntl. Paränese ................................... 21
   2. Die Herkunft der ntl. Paränese ...................... 23
   3. Die Quellen der ntl. Paränese ....................... 26
   4. Die antike Diatribe ................................. 30

II. DIE HAUSTAFELETHIK .................................... 34
   1. Die ntl. Haustafeln und ihre religions- und traditionsgeschichtlichen Quellen ................................. 34
   2. Das antike Pflichtenschema in der urchristlichen Rezeption ........ 46
   3. Die sozialethische Bedeutung der ntl. Haustafeln ............... 61

III. DAS ETHOS DER GEMEINDEORDNUNGEN IN DEN
    PASTORALBRIEFEN ...................................... 73

IV. DIE KATALOGISCHE PARÄNESE ............................. 87
   1. Die Tugend- und Lasterkataloge der hellenistischen und jüdischen Welt ................................................. 88
   2. Die Tugend- und Lasterkataloge im Neuen Testament ............ 98
   3. Die christliche Gestalt der Kataloge ......................... 102

V. DIE KRITISCHE REZEPTION DER NATÜRLICHEN
   SITTLICHKEIT .......................................... 116
   1. Die kritische Rezeption ............................. 116
   2. Die apostolische Legitimation ....................... 120
   3. Die Grundzüge der stoischen und der ntl. Sittlichkeit ......... 128

## 2. Teil
## DER THEOLOGISCHE ORT DES NATURRECHTS NACH DEM NEUEN TESTAMENT

I. DIE THEOLOGISCHE QUALIFIKATION DES NATURRECHTS . 137
   1. Die natürliche Gotteserkenntnis (Röm 1,18–32) ................ 137
   2. Die Areopagrede (Apg 17,16–34) ............................ 148
   3. Die Gesetzeserkenntnis der Heiden (Röm 2,12–16) ............. 155
   4. Die Weisheit der Welt (1 Kor 1,18–2,16) ...................... 164

II. DIE SCHÖPFUNG UND IHR NEUTESTAMENTLICHER ORT 172
   1. Die protologisch-optimistische Sicht der Schöpfung ............. 173
   2. Die christologische Sicht der Schöpfung im Neuen Testament ...... 184
   3. Naturrechtliche Aspekte des ntl. Schöpfungsglaubens ............ 199

III. DIE INFRAGESTELLUNG DES NATURRECHTS DURCH DAS NEUTESTAMENTLICHE ETHOS ........................ 211
   1. Die Infragestellung des Naturrechts durch die Botschaft von der Freiheit in Christus ........................................ 211
   2. Die Infragestellung durch das radikale Bergpredigtethos .......... 233
   3. Die Infragestellung durch den eschatologischen Charakter der ntl. Botschaft ............................................... 251

Schlußwort ................................................... 271

Literaturverzeichnis ........................................... 279

Namenverzeichnis ............................................. 294

Sachverzeichnis ............................................... 297

## EINFÜHRUNG

Der systematische Ort unserer Untersuchung ist die Katholische Gesellschaftslehre, die bekanntlich bis in die jüngste Vergangenheit nahezu unbestritten aus naturrechtlichen Prinzipien abgeleitet worden ist. Es liegt in der Natur des Gegenstandes, daß eine derartige Untersuchung sich eingehend mit den Ergebnissen der ntl. Exegese befassen muß. Eine interdisziplinäre Arbeit, und um eine solche handelt es sich, hat aber ihre eigene Problematik, da beide Seiten, die Sozialwissenschaft und die Exegese in unserem Fall, den Untersuchungsgegenstand von einem je verschiedenen Aspekt aus betrachten und nach ihrer je eigenen Methodik behandeln. Dabei wird der Exeget nur sehr zögernd systematische Folgerungen aus seinem exegetischen Befund gezogen wissen wollen und die durch die andere Interessenlage bestimmte Analyse des Systematikers mit kritischen Augen ansehen. Auf der anderen Seite wird der Sozialwissenschaftler sich nicht mit der Exegese einzelner biblischer Texte zufriedengeben, da er zu einem systematisierbaren Ergebnis kommen will, um damit in seinem Fach arbeiten zu können.

Der vorliegende Versuch einer interdisziplinären Untersuchung wird deshalb mit der Kritik von beiden Seiten rechnen müssen. Und darauf wird man sich einzustellen haben. Wir können nur hoffen, daß es uns gelingt, einen einigermaßen akzeptablen Weg zwischen Skylla und Charybdis hindurch zu finden. Wenn trotz dieser grundsätzlichen Schwierigkeiten eine derartige Arbeit von seiten der Sozialwissenschaften angegangen wird, dann geschieht es nicht aus einer gewissen Unbefangenheit gegenüber dem Gegenstand, sondern auf Grund der Dringlichkeit einer solchen Untersuchung.

Eine kritische Überprüfung der traditionellen Form und Grundlagen der Naturrechtsargumentation aus der Sicht des Neuen Testaments muß als ein Gebot der Stunde angesehen werden. Seit längerem ist gegen die überkommene Naturrechtskonzeption die Kritik vorgetragen worden, sie sei unbiblisch, höchstenfalls durch schmale biblizistische Brücken mit der Offenbarung verbunden. Besonders die protestantische Theologie hat sich diese Kritik zu eigen gemacht[1]. Auch innerhalb der katholischen Theolo-

---

[1] Vgl. *H.-H. Schrey*, Artikel „Naturrecht", in: Evangelisches Soziallexikon, hrsg. v. *F. Karrenberg*, Stuttgart ⁴1963, Sp. 912 ff., hier 914 f.; *K. Peschke*, Naturrecht in der Kontroverse.

gie ist die lange Zeit dominierende Rolle des Naturrechts nicht mehr unumstritten. Ein Satz, wie der von Franz Klüber, „daß das System der katholischen Soziallehre allein philosophisch und ohne Bezug zur Offenbarung begründbar ist"[2], wird in dieser ungeschützten Form heute nicht mehr unwidersprochen bleiben. Die Frage nach den spezifischen theologischen Ansätzen und Aussagen der katholischen Sozialethik (und Moral) wird immer drängender gestellt, und zwar nicht erst seit dem 2. Vatikanischen Konzil[3], obgleich vom Konzilsforum auch auf diesem Gebiete die Weichen neu gestellt worden sind. Die vorliegende Arbeit will nun den biblisch-theologischen Aspekt der herkömmlichen katholischen Naturrechtslehre aufhellen und versuchen eine Antwort zu geben auf die Doppelfrage: 1. Ist das, was in der tradierten Lehre unter Naturrecht verstanden wird, aus der Schrift begründbar? und 2.: Welchen theologischen Stellenwert nimmt das Naturrecht aus der Sicht der ntl. Botschaft ein, falls die erste Frage zu bejahen ist? Wir beschränken uns dabei im allgemeinen auf die ntl. Schriften, was der Überschaubarkeit und Geschlossenheit der Untersuchung zugute kommt.

Ehe wir uns nun dieser Untersuchung im einzelnen zuwenden, haben wir noch einige Vorfragen zu klären. Zunächst müssen wir näher erläutern, was wir in diesem Zusammenhang unter Naturrecht verstehen. Es bedarf keiner Diskussion, daß wir vom Neuen Testament her nicht mit einer klassischen Naturrechtsdefinition[4] operieren können. Die ntl. Schriften ent-

---

Kritik evangelischer Theologie an der katholischen Lehre von Naturrecht und natürlicher Sittlichkeit, Salzburg 1967; K. *Barth*, Christengemeinde und Bürgergemeinde, München 1946, S. 15 ff.; J. *Ellul*, Die theologische Begründung des Rechts (Le Fondement théologique du Droit), Beiträge zur Evangelischen Theologie 10, München 1948, S. 10; H. *Dombois*, Naturrecht und christliche Existenz, Kassel 1952, S. 62 f.; H. *Thielicke*, Theologische Ethik I, Tübingen 1958, S. 610 ff.; E. *Wolf*, Naturrecht oder Christusrecht, in: unterwegs 11, Berlin 1960, S. 3 ff.; ders., Libertas christiana. Grundsätzliche Erwägungen zur Frage nach der „biblischen Autorität für die soziale und politische Botschaft der Kirche heute", in: ThEx NF 18 (1949), S. 22 ff.; T. *Herr*, Zur Frage nach dem Naturrecht im deutschen Protestantismus der Gegenwart, Abhandlungen zur Sozialethik 4, Paderborn 1972.

[2] F. *Klüber*, Artikel „Soziallehre" in: LThK 9 ([2]1964), Sp. 917 ff.; vgl. auch A. *Rauscher*, Ansatz und Tragweite des „Christlichen" in der christlichen Sozialethik, in: Das Humanum und die christliche Sozialethik, hrsg. v. A. Rauscher, Köln 1970, S. 30 ff., hier 40.

[3] Vgl. N. *Monzel*, Was ist Christliche Gesellschaftslehre?, Münchener Universitätsreden NF 14, München 1956; O. v. *Nell-Breuning*, Katholische und evangelische Soziallehre – ein Vergleich, in: Una Sancta. Rundbriefe für interkonfessionelle Begegnung 11 (1956), S. 184 ff., bes. 189 f.; ders., Christliche Soziallehre, in: StdZ 173 (1963/64), S. 208; J. *Höffner*, Artikel „Sozialethik", in: Staatslexikon 7 ([6]1962), Sp. 269 ff., bes. 274 f.; W. *Weber*, Kirchliche Soziallehre, in: Was ist Theologie?, hrsg. v. E. *Neuhäusler* u. E. *Gössmann*, München 1966, S. 249 ff.

[4] Vgl. etwa die Definition bei J. *Messner*, Das Naturrecht. Handbuch der Gesellschaftsethik, Staatsethik und Wirtschaftsethik, Innsbruck/Wien/München [4]1960, S. 265 ff.; G. *Ermecke*, Katholische Moraltheologie III, Münster 1953, S. 139 ff.

halten weder den Begriff Naturrecht noch eine Lehre über dasselbe. Die Anfänge der kirchlichen Naturrechtslehre liegen bei den Apologeten des 2. Jahrhunderts und sind dort ein Zweckinstrument zur Verteidigung einzelner Lehren des christlichen Glaubens. Erst die großen Kirchenväter des Ostens und Westens haben das platonische und stoische Gedankengut übernommen, um mit seiner Hilfe die christliche Lehre philosophisch zu durchleuchten und systematisch darzustellen. Dieser Prozeß führte zur Entwicklung einer christlichen Naturrechtslehre, die dann in der mittelalterlichen Scholastik unter Aufnahme aristotelischer Prinzipien ihre endgültige Formung und klassische Gestalt bekommen hat. Wir bringen mit unserer Fragestellung also das Neue Testament an einen Begriff bzw. eine Sache heran, die einer späteren geistesgeschichtlichen Epoche zugehören.

Wenn wir vom Neuen Testament aus das Naturrecht in den Blick bekommen wollen, müssen wir deshalb fragen, ob sich das, was als Anliegen, Methode und Inhalt des Naturrechts bezeichnet wird, irgendwo in der Schrift findet oder eine Parallele hat.

Nun wird das Naturrecht übereinstimmend in der Lehre als Teil des natürlichen Sittengesetzes betrachtet und dem Bereich der natürlichen Sittlichkeit zugerechnet. Deshalb haben wir die Möglichkeit, aus dem Verhältnis der urchristlichen Gemeinden zur antiken Ethik ihrer Umwelt, die ja naturgemäß nur einer natürlich-sittlichen Quelle entstammen kann, Rückschlüsse für ein biblisch verantwortbares Umgehen mit dem Naturrecht zu ziehen. Denn die Prinzipien, nach denen die Urchristenheit ihr Verhältnis zur antiken Ethik bestimmt hat, müssen grundsätzlich auch für den Umgang mit dem Naturrecht Geltung haben. Unsere Arbeit ist demnach methodisch so angelegt, daß wir nach den Gesetzmäßigkeiten forschen, die das Leben der ersten christlichen Gemeinden in den gesellschaftlichen Strukturen der antiken Welt bestimmt haben. Wir versuchen herauszufinden, was geschehen ist, als die christliche Botschaft mit der natürlichen Sittlichkeit der heidnischen Umwelt konfrontiert wurde. Die prinzipiellen Entscheidungen, welche damals gefallen sind, geben ein Instrumentarium ab, mit dem auch die Grundsätze des Naturrechtsdenkens, obgleich das Naturrecht einer späteren Epoche zugehört, kritisch aus der Sicht des Neuen Testaments analysiert werden können. Deshalb sehen wir ab von einer bestimmten geschichtlich gewordenen Definition des Naturrechts und fassen die wesentlichen Merkmale ins Auge. Naturrecht ist dann zu bestimmen als eine sittliche und objektiv verbindliche Ordnung, die 1. der Offenbarung vorgegeben und insofern von ihr unabhängig ist, 2. in der vorgegebenen Natur des Menschen und seinen sozialen Beziehungen materialiter grundgelegt ist und 3. aus diesen „natürlichen" Vorgegebenheiten mittels der menschlichen Vernunft wahrgenommen werden kann.

Es geht uns bei unserer Untersuchung nicht in erster Linie um bestimmte materiale Einzelaussagen des Naturrechts und deren Nachweis in der Schrift; wir haben uns vielmehr das Ziel gesteckt, den formalen Ansatz des Naturrechtsdenkens und die naturrechtliche Methode auf ihre Übereinstimmigkeit mit den Inhalten und Forderungen der Christusbotschaft zu überprüfen. Wesentlich für unseren formalen Betrachtungsgegenstand ist, daß wir es beim Naturrecht mit einem objektiven Sittengesetz und einer verbindlichen Gesellschaftsnorm zu tun haben, die ihre Verbindlichkeit nicht aus den Erkenntnissen übernatürlicher Offenbarung herleiten, sondern aus der in der Natur des Menschen und der gesellschaftlichen Strukturen vorgegebenen Ordnung: ein natürliches Sittengesetz also, das auch ohne übernatürliche Offenbarung besteht und ohne deren Hilfe prinzipiell erkannt werden kann. In diesem Sinne sprechen wir von Vorgegebenheit in einem doppelten Sinne, insofern die Anlage dieser Ordnungsstruktur sowohl der menschlichen Einzelexistenz vorgegeben bzw. bei seiner Geburt mitgegeben wird als auch bereits vor oder unabhängig von einer übernatürlichen Offenbarung da ist. Das Erkenntnismedium ist die menschliche Vernunft, die kraft ihrer eingeborenen Fähigkeit, nicht kraft übernatürlicher Erleuchtung diese Gesetzlichkeiten und Sittennormen erkennen kann. Um diesen formalen Ansatz des Naturrechts, das naturrechtliche Verfahren, geht es bei unserer Untersuchung. Das entsprechende Vergleichsmaterial wäre in der Schrift dann dort zu finden, wo von natürlicher Sittlichkeit die Rede ist, vom Tun des sittlichen Guten bei den Heiden und besonders da, wo es um das „alltägliche" Leben in den sozialen Beziehungen und den natürlichen gesellschaftlichen Ordnungen wie etwa Familie und Staat geht, in welchen die Christen auch nach ihrer Taufe weiterlebten.

Um etwaige Mißverständnisse von vornherein aus dem Wege zu räumen, legen wir Wert auf folgende hermeneutische Klarstellung. Es wurde bereits darauf hingewiesen, daß die Schrift keine Lehre vom Naturrecht und auch keine wissenschaftliche Begründung naturrechtlicher Prinzipien bietet. Es wäre überhaupt verfehlt, dort nach irgendeiner Lehre oder Theorie zu suchen, wo es um das Handeln Gottes in bezug auf den Menschen geht. Das Neue Testament lehrt keine sozialethischen Programme oder irgendeine abstrakte Lehre vom Menschen, auch keinen christlichen Humanismus. Die Bibel redet überhaupt nicht „abstrakt", sondern „konkret", das heißt sie spricht den Menschen immer in konkreten Situationen an und ruft ihn dort zur Entscheidung auf; sie enthält eine Botschaft, ein Kerygma, und zwar über das, was in Christus geschehen ist und noch geschieht, aber sie enthält keine Lehre „über" irgend etwas[5].

Sodann ist zu beachten[6], daß wir unsere heutigen Begriffe wie Naturrecht, Massengesellschaft, Industrie etc., unsere gegenwärtigen gesellschaftspolitischen Probleme und unsere heutige wissenschaftliche Thematik nicht in das Neue Testament hineintragen dürfen. Unsere heutige sozialethische Fragestellung kommt aus einem vollkommen neuen sozioökonomischen Kontext, so daß auch bei scheinbar gleichlautenden Feststellungen damals und heute der Skopos der Aussage und damit auch der Inhalt durchaus verschieden sein kann.

Außerdem würde es eine unzulässige Simplifizierung sein, wollte man die biblischen Einzelaussagen, von ihrem Zusammenhang isoliert, zusammentragen, um sie mosaikartig zu einer Gesamtaussage über ein bestimmtes Thema zu verbinden. So kann man gewiß auch zu einer „biblischen Lehre" über das Naturrecht, die Arbeit, den Staat und, wenn man will, über fast jeden Gegenstand kommen[7]. Abgesehen von der methodischen Fragwürdigkeit eines solchen Verfahrens, sollte schon allein die Tatsache zur exegetischen Vorsicht mahnen, daß die neutestamentlichen Schriften für diese Themen kaum oder gar kein Interesse an den Tag legen.

Und schließlich muß im Hinblick auf unsere sozialethische Fragestellung bedacht werden, daß die frühchristlichen Gemeinden sich kaum von den politisch-öffentlichen und gesellschaftlich-sozialen Problemen ihrer Zeit betroffen zeigen. Sie stehen ganz am Rande der gesellschaftlichen Wirklichkeit; eine Feststellung, die sowohl auf die politische Einflußmöglichkeit als auch auf die Interessenrichtung und nicht zuletzt auf die personelle Zusammensetzung dieser Gemeinden zutrifft. Weder das große weltpolitische Geschehen noch die sozialen Vorgänge ihrer unmittelbaren Umwelt haben für sie eine erkennbare Bedeutung. Im Mittelpunkt dieser ersten Gemeinden steht allein das alles andere zur Bedeutungslosigkeit verurteilende Ereignis der Christusbotschaft. Von ihr allein wird das Leben dieser Christen, auch was die gesellschaftlich-sozialen Bezüge angeht, bestimmt und genormt. Hinzukommt noch die Naherwartung der Parusie, die

---

[5] Vgl. *M. Dibelius*, Das soziale Motiv im Neuen Testament, in: Botschaft und Geschichte. Gesammelte Aufsätze, hrsg. v. *G. Bornkamm*, Tübingen 1953, S. 178 ff., bes. 181 ff.; *K.-H. Becker*, Was ist Naturrecht?, Kirche im Volk 27, Stuttgart/Berlin 1964, S. 19 ff.

[6] Vgl. zum folgenden *H.-D. Wendland*, Botschaft an die soziale Welt. Beiträge zur christlichen Sozialethik der Gegenwart, Hamburg 1959, S. 68 f.; *ders.*, Die Kirche in der modernen Gesellschaft. Entscheidungsfragen für das kirchliche Handeln im Zeitalter der Massenwelt, Hamburg ²1958, S. 38 f., 61 f.

[7] Vgl. *W. Bienert*, Die Arbeit nach der Lehre der Bibel, Stuttgart 1954, eine durchaus interessante Untersuchung, die aber mehr als einmal dieser Versuchung erlegen ist.

jedes ökonomische, kulturelle und politische Engagement relativiert, wenn nicht gar aussichtslos erscheinen läßt.

Es ist deshalb nochmals mit Nachdruck darauf hinzuweisen, daß das Neue Testament keine Sozialphilosophie und keine Gesellschaftslehre enthält. Die neutestamentliche Botschaft ist zunächst rein religiös und auf das transzendente Heil des Menschen ausgerichtet[8]. Erst wenn das mit aller Entschiedenheit gesagt ist, kann auch gefragt werden, ob denn nicht im Gesamt der Heilsbotschaft auch sozialethische Implikationen enthalten sind und ob von dem Christusereignis nicht auch Auswirkungen auf das innerweltliche, zeitliche Heil ausgehen. Sicherlich, Christus war kein Sozialrevolutionär, doch ist sein heilsmächtiges Wort in vielfacher Hinsicht von absoluter Radikalität und revolutionärer Wirkung. Der Blick war zwar eindeutig „nach oben" gerichtet, doch nicht gleichgültig gegenüber dem irdischen Geschick, soweit es ihm in den Menschen seiner palästinensischen Umwelt begegnete. Deshalb ist sowohl vor einem humanitären als auch illusionistischen als auch pietistischen Mißverständnis der neutestamentlichen Botschaft zu warnen. Wo man die Botschaft Jesu im Sinne eines innerweltlichen, humanitären Sozialprogramms betrachtet und ausfragt, wird man sie sicherlich gründlich mißverstehen. Doch auch die pietistische Askese von jedem innerweltlichen Engagement – unter Berufung auf die Schrift – ist ein gefährliches Mißverständnis; denn sie überläßt die Welt und die Kultursachbereiche sich selbst und damit anderen Mächten, was letztlich auf eine doppelte Moral hinausläuft. Eine Privatisierung und Individualisierung des Evangeliums ist nicht möglich; denn es ist in sich eine öffentliche Sache und in diesem allgemeinen Sinne eine politische Angelegenheit. Politisch ist hier im ursprünglichen Sinne von πόλις verstanden als eine die gesamte Gemeinde, d. h. alle Bürger, angehende Sache. Das Anliegen der sogenannten „politischen Theologie", dies wieder bewußter zu machen und aus dieser Erkenntnis die notwendigen Konsequenzen für die Theologie selbst und das praktische Handeln des Christen zu ziehen, ist darum begrüßenswert[9]. Doch auch der enthusiastische Versuch eines Tolstoi und anderer, die eschatologische Bergpredigtethik zum politischen Gesetz der Welt zu machen, ist zum Scheitern verurteilt. Das Evangelium ist gleich weit entfernt von einem schwärmerischen Utopismus, der den

---

[8] Vgl. *R. Schnackenburg*, Die sittliche Botschaft des Neuen Testamentes, Handbuch der Moraltheologie 6, München ²1962, S. 83.
[9] Vgl. hierzu u. a. *J. B. Metz*, Kirche und Welt im Lichte einer „politischen Theologie", in: Zur Theologie der Welt, Mainz/München 1968, S. 99 ff.; *ders.*, „Politische Theologie" in der Diskussion, in: StdZ 184 (1969), S. 289 ff.

αἰὼν οὗτος überspringt, und von einem ethischen laissez faire, das vor der Macht des Faktischen kapituliert.

Die voraufgehenden Ausführungen waren notwendig, um klarzumachen, von welchem methodisch-exegetischen Standort aus wir die Frage nach dem Naturrecht aus der Sicht des Neuen Testaments stellen. Wenn wir uns nun unserem speziellen Thema zuwenden, so finden wir, was eine grobe Übersicht betrifft, die Meinungen der Theologen geteilt. Während die einen, besonders häufig protestantischer Provenienz, eine ntl. Begründbarkeit des Naturrechts kategorisch verneinen[10], berufen sich andere bei ihrer bejahenden Haltung auf verschiedene Aussagen der Schrift.

Relativ einfach erscheint zunächst der Nachweis des Naturrechts im Alten Testament, wenn man zum Beispiel an Dekalog und Schöpfungsbericht denkt. Doch ist hier von der exegetischen Seite Vorsicht geboten, allzu unbedenklich Schlüsse zu ziehen. Aus der Tatsache, daß der Dekalog Parallelen in der altorientalischen Umwelt hat und auch tatsächlich in seinem materialen Gehalt den Naturrechtsforderungen entspricht, kann noch nicht gefolgert werden, daß das Alte Testament ein Naturrecht lehrt. Der Dekalog ist essentiell mit dem Bundesschluß verknüpft; durch diesen Kontext ist er als Gnaden- und Erlösungsordnung gekennzeichnet[11]. Ähnlich verhält es sich mit dem Schöpfungsbericht, der ja nicht eine in sich und ihrer Eigengesetzlichkeit ruhende Weltordnung inaugurieren will, sondern gerade eine vom Schöpfergott unabhängige Interpretation der Wirklichkeit abwehren soll.

Erst recht problematisch wird die Sache aber, wenn es um eine theologische Begründung des Naturrechts aus dem *Neuen Testament* und um die Übereinstimmung mit der neutestamentlichen Theologie geht. Die klassischen Belegstellen sind hier Röm 1,18 ff. und 2,14 ff., die von einer natürlichen Gotteserkenntnis vermittels der Vernunft aus den Werken der Schöpfung reden und von der Existenz des natürlichen Sittengesetzes aufgrund des natürlichen „Gewissens" auch bei den Heiden. Verschiedentlich hat sich auch das Lehramt in seinen offiziellen Texten auf diese Stellen berufen und ihnen dadurch eine lehramtliche Autorität verliehen. So stützt das Vatikanum I seine Lehre von der theologia naturalis und dem duplex ordo cognitionis auf Röm 1,20[12], was durch das Zweite Vatikanische Konzil

---

[10] Vgl. z. B. *K. Barth.*
[11] Vgl. *H. Haag,* Der Dekalog, in: Moraltheologie und Bibel, hrsg. v. *J. Stelzenberger,* Paderborn 1964, S. 9 ff., bes. 14 f. und 36.
[12] *Denzinger/Rahner* 1785, 1795; vgl. auch 1672 (Frohschammer) und 2145 (Modernisteneid).

eine Bestätigung erfahren hat[13]. Sodann hat die Kirche durch die Verurteilung des Bajus und der Jansenisten die Lehre von der natürlichen Sittlichkeit verteidigt[14] und die Interpretation von Röm 2,14 ff. im Sinne dieser Lehre ausdrücklich bestätigt[15].

Diese beiden Stellen, ergänzt durch Apg 17,22 ff.; 14,15 ff. und Röm 13, sind nun seit altersher in der katholischen Theologie die Loci classici für eine biblische Begründung des Naturrechts gewesen[16]. Die Exegese hat jedoch diese Argumentation mit einigen recht deutlichen Fragezeichen versehen. Da wir uns in einem speziellen Teil der Untersuchung mit dem Thema „natürliche Theologie und Sittlichkeit" beschäftigen werden, beschränken wir uns hier darauf, die Richtung der exegetischen Kritik anzugeben. Die neutestamentliche Exegese macht im großen und ganzen zwei Vorbehalte gegen die Verwendung der genannten Schriftstellen zur biblischen Legitimation des Naturrechts: Zum einen wendet sie ein, daß es im Kontext dieser Stellen gar nicht um eine Lehre über die natürliche Sittlichkeit an sich geht, sondern um das Unvermögen der natürlichen Kräfte des Menschen ohne die Rechtfertigung und damit um das zentrale Thema des Paulus: die absolute Gnadenhaftigkeit der Rechtfertigung; zum anderen gibt sie zu bedenken, und dieser Einwand wiegt schwer, daß eine naturrechtliche Ableitung der Sittlichkeit der christozentrischen und heilsgeschichtlichen Gestaltung des Christenlebens diametral widerspricht. Selbst wenn da und dort im Neuen Testament einmal naturrechtlich gesprochen werde, so sei das mehr als literarische Floskel oder als Verstehenshilfe zu betrachten. Keinesfalls aber dürfe die Botschaft Jesu im Sinne einer natürlichen Sittlichkeit verstanden werden. „Das natürliche Sittengesetz ist also eine unbrauchbare Kategorie für Jesu sittliche Verkündigung"[17].

Durch ein solches Verständnis würde die sittliche Botschaft Jesu verflacht und verkürzt, ja um ihre originäre Substanz gebracht. Es käme einer Blutentleerung der biblischen Moral gleich, wenn man sie vom Standort der natürlichen Sittlichkeit aus interpretieren würde; es ist vielmehr um-

---

[13] Dogmatische Konstitution „Dei verbum", Art. 3.
[14] Vgl. *Denzinger/Rahner* 1034, 1297, 1391; ebenso 1028 und 1037 (de libero arbitrio).
[15] *Denzinger/Rahner* 1022: Cum Pelagio sentiunt, qui textum Apostoli ad Romanos II.: „Gentes, quae legem non habent, naturaliter ea, quae legis sunt, faciunt" [Rom 2,14] intelligunt de gentibus fidei gratiam non habentibus. Dieser Satz ist verworfen worden.
[16] Vgl. z. B. *J. Fuchs*, Lex naturae. Zur Theologie des Naturrechts, Düsseldorf 1955, S. 22, 25; *B. Häring*, Das Gesetz Christi, Freiburg ²1955, S. 263.
[17] *R. Schnackenburg*, Die neutestamentliche Sittenlehre in ihrer Eigenart im Vergleich zu einer natürlichen Ethik, in: Moraltheologie und Bibel, hrsg. v. *J. Stelzenberger*, Paderborn 1964, S. 52.

gekehrt das Neue Testament dort, wo es in der Sprache der Sapientialliteratur und der natürlichen Ethik redet, von der heilsgeschichtlichen und ethischen Gesamtbotschaft her zu interpretieren[18].

In unserer Untersuchung wollen wir diesem exegetischen Befund Rechnung tragen. Wir gehen von der Tatsache aus, daß die Schrift keine im stringenten Sinne auf das Naturrecht beziehbare Aussage macht. Wir fragen deshalb nach der Konfrontation der christlichen Botschaft mit der natürlichen Sittenlehre ihrer Umwelt, um aus der Analyse dieses Prozesses jene Prinzipien zu gewinnen, die es uns erlauben, wie wir meinen, auch das Naturrecht als einen Teil des natürlichen Sittengesetzes kritisch aus der Sicht des Neuen Testaments zu beurteilen. Das Evangelium ist als Botschaft essentiell auf Verkündigung und Propaganda angelegt. Deshalb dürfen wir von vornherein in diesem Bereich, das heißt in der Apostelgeschichte und in den paränetischen Teilen der Briefliteratur, einen Niederschlag eines solchen Dialogs des christlichen Kerygmas mit der antiken, nichtchristlichen Ethik erwarten. Besonders ist diese Fragestellung in den Spätschriften zu suchen, denn angesichts einer unmittelbaren Parusieerwartung mußten naturgemäß alle auf die Gestaltung des täglichen Lebens und der gesellschaftlichen Einrichtungen bezogenen Fragen im Hintergrund bleiben. Wir werden aus diesem Bereich besonders zwei Komplexe herausgreifen: die ntl. Haustafeln und die katalogische Form der Paränese. Beide sind in hervorragendem Maße geeignet, die typischen Elemente und charakteristischen Stufen einer solchen Begegnung zu verdeutlichen. Wenn wir in diesem Zusammenhang von einem Rezeptionsvorgang sprechen, soll damit nicht gesagt werden, daß die urchristliche Gemeinde die antike Ethik ihrer Umwelt bedenkenlos übernommen hätte. Zwar können wir feststellen, daß einzelne Elemente in die ethische Botschaft der Urkirche eingegangen sind, doch von weit größerer Bedeutung ist, was daraus unter dem Signum des Christusereignisses geworden ist, denn es handelt sich in Wirklichkeit um einen Umwandlungs- und Transformationsprozeß, worauf wir bereits an dieser Stelle das Augenmerk lenken möchten.

In einem ersten Teil unserer Untersuchung gehen wir also den ntl. Gemeinden in ihrem Verhalten zur natürlichen Ethik ihrer heidnischen Umwelt nach, um herauszufinden, nach welchen Gesetzmäßigkeiten sich diese Begegnung zwischen der christlichen Botschaft und der antik-säkularen Sittlichkeit vollzogen hat. Hier in der praktischen Bewährung des gelebten

---

[18] Vgl. ebd., S. 40 f., 49 f., 65; ebenso *E. Neuhäusler*, Anspruch und Antwort Gottes. Zur Lehre von den Weisungen innerhalb der synoptischen Jesusverkündigung, Düsseldorf 1962, S. 40.

Glaubens erwarten wir Aufschlüsse grundsätzlicher Art über das Verhältnis der neuen Existenzweise aus dem Glauben und den profan-naturrechtlichen Ordnungen des gesellschaftlichen Lebens der antiken Welt. Was sich hier an prinzipiellen Entscheidungen und fundamentalen Positionen nachweisen läßt, müßte auch eine Basis abgeben für einen biblisch-theologisch verantwortbaren Umgang mit dem Naturrecht. Die theologischen Gesetze, nach denen sich die Begegnung der ntl. Botschaft mit dem antiken Ethos vollzogen hat, sollten grundsätzlich auch für eine christliche Sicht des Naturrechts gültig sein, denn das Naturrecht ist nach der traditionellen Lehre ein Teil der natürlichen Sittlichkeit und des allgemeinen Sittengesetzes. Im zweiten Teil werden wir dann die naturrechtliche Argumentationsweise und ihren philosophischen und erkenntnistheoretischen Ansatz mit ganz bestimmten, charakteristischen, ethisch relevanten Aussagen des Neuen Testaments konfrontieren, um zu erforschen, inwieweit sie von dieser Seite aus in Frage gestellt bzw. in ihrem Ansatz korrigiert wird.

Der erste Teil konzentriert sich demnach auf die Frage, ob und nach welchen theologisch-ethischen Normen natürliche Sittlichkeit aus der antiken Umwelt in die ntl. sittliche Botschaft und Lebensgestaltung rezipiert worden ist. Wie gesagt, richtet sich dabei unser Interesse darauf, was analogerweise mit dem Naturrecht geschehen muß, wenn es in das Kraftfeld der Christusbotschaft gerät. Wir erwarten, aus diesem Vorgang Anhaltspunkte zu gewinnen für eine grundsätzliche Beurteilung der naturrechtlichen Position aus der Sicht des Neuen Testaments. Dieser Teil wird dazu führen, die charakteristischen Unterschiede des antik-stoischen und des ntl. Ethos schärfer auszuleuchten. Der zweite Teil wird dann anhand von Detailuntersuchungen zu klären haben, wie dieser Vorgang an einzelnen ganz charakteristischen Nahtstellen zwischen christlicher Botschaft und natürlicher Ethik verläuft und welche Konsequenzen er für einen biblisch verantwortbaren Umgang mit dem Naturrecht hat. Hier werden wir das Naturrecht bzw. die naturrechtliche Sittlichkeit mit der ntl. Lehre von der theologia naturalis, der neuen Schöpfung, der christlichen Freiheit, der Bergpredigtethik und der eschatologischen Heilserwartung zu konfrontieren haben, um Möglichkeiten, Grenzen und Kritik des Naturrechts vom Evangelium her auszuloten.

# ERSTER TEIL

## Die Rezeption der natürlichen Sittlichkeit in der neutestamentlichen Paränese

Wenn wir nach dem „Ort" der Begegnung zwischen der Christusbotschaft und der natürlichen Sittlichkeit im Neuen Testament fragen, sind wir in erster Linie auf die paränetischen Teile der Briefliteratur verwiesen, wo es um Probleme geht, die sich aus der Konkretisierung des Evangeliums in dieser Welt und im Alltag des Christenlebens ergeben. Denn darüber konnte es keinen Zweifel geben, daß die Begegnung mit Christus den Menschen in der Totalität seiner menschlichen Existenz erfaßt. Das Bewußtsein der Einzigartigkeit des neuen Lebens „in Christus" war so übermächtig, daß sich sozusagen automatisch auch die Konditionen des bürgerlichen Lebens von daher ändern mußten. Ein einfaches Zurück an den Ausgangspunkt, den terminus ante quem, vor der Taufe, als wäre nichts geschehen, war undiskutabel.

Es bedarf keiner näheren Begründung, daß sich das Material, nach dem wir suchen, verstärkt in den Spätschriften findet. Solange die enthusiastische Hochstimmung der „ersten Tage" andauerte, wurde das Gewicht der alltagsschweren Probleme nicht spürbar. Aber mit dem Abklingen der ersten Begeisterung treten auch die Notwendigkeiten des bürgerlichen Lebens mit ihrem Eigengewicht wieder in den Blickpunkt. In der Hochstimmung des Anfangs konnte man so manches irdische Hindernis mühelos überspringen, doch als es galt, sich für länger in dieser Welt einzurichten, da wurden Stolpersteine sichtbar, die man vorher gar nicht wahrgenommen hatte. Die Tatsache der Parusieverzögerung, und das ist der Zeitpunkt, zu dem unsere Fragestellung in den neutestamentlichen Gemeinden auftaucht, ist der gebieterische Anlaß, sich mit dem Leben der Christen in den gesellschaftlichen Institutionen zu beschäftigen.

Woher aber nahmen diese jungen Gemeinden und ihre Gemeindeleiter die Normen, um das gesellschaftliche Miteinander zu ordnen? Die Christus-Überlieferung, so wie sie auf uns gekommen ist, enthält nur gelegentliche Hinweise, was die gesellschaftliche Ordnung angeht. Sicherlich begründet sie ein ganz neues Ethos, aber für das praktische Leben des Alltags und die anstehenden Einzelfragen enthält sie durchweg nur allgemeine Richtlinien und Direktiven. Wie hat die Urkirche diese „Lücke" gefüllt? Indem wir dieser Frage nachgehen, erwarten wir auch eine Aufklärung darüber, ob und in welchem Umfange dabei Ordnungsbilder und soziale Strukturen naturrechtlicher Herkunft verwertet worden sind.

# I. HERKUNFT UND GESTALT DER NEUTESTAMENTLICHEN PARÄNESE

## 1. Die neutestamentliche Paränese[1]

Der Begriff Paränese als Bezeichnung für ein besonderes literarisches Genus ist vor allem von M. Dibelius aufgrund seiner Untersuchung der urchristlichen Literaturformen und der formgeschichtlichen Analyse der neutestamentlichen Schriften eingeführt[2] und wie folgt umschrieben worden: „Unter Paränese verstehen wir . . . einen Text, der Mahnungen allgemeinen sittlichen Inhalts aneinanderreiht"[3]. Es handelt sich also um eine literarische Gattung, die inhaltlich als „Mahnrede" zu bezeichnen ist und sich durch ihre spezielle Form deutlich von anderen Stücken des Neuen Testaments abhebt.

*Charakteristisches Merkmal* ist nach Dibelius[4] erstens ein *weitgehender Eklektizismus*. In den paränetischen Stücken wird zu einem großen Teil Traditionsgut verarbeitet. Es geht hier deshalb nicht vorrangig um Originalität des Gedankens, sondern um die gesicherte Weitergabe von Traditionen und Lebensregeln. Weithin ist dieses Material aus dem vorchristlichen Traditionsstrom übernommen worden, so daß es auf den ersten Blick nicht als spezifisches Produkt der christlichen Lebensweise zu erkennen ist. Das Neuschöpferische und spezifisch Christliche liegt im allgemeinen nicht auf der inhaltlichen Seite der Überlieferungen, sondern auf der formalen Seite. Da es sich um traditionelles Gut handelt, führt es meistens nicht weit, wenn man bei Übereinstimmungen und deutlichen

---

[1] Vgl. K. *Weidinger*, Die Haustafeln. Ein Stück urchristlicher Paränese, Untersuchungen zum Neuen Testament 14, Leipzig 1928, S. 6 ff.; D. *Schröder*, Die Haustafeln des Neuen Testaments. Ihre Herkunft und ihr theologischer Sinn, Diss. Hamburg 1959, S. 4 ff.; R. *Schnackenburg*, Artikel „Paränese", in: LThK 8 (²1963), Sp. 80 f.

[2] M. *Dibelius*, Der Brief des Jakobus, Meyer K 15 (⁷1921), zit. ¹¹1964, hrsg. v. H. *Greeven*, S. 13 ff.; *ders.*, Geschichte der urchristlichen Literatur II, Sammlung Göschen 935, Berlin 1926, S. 65 ff.; *ders.*, Die Formgeschichte des Evangeliums, Tübingen 1919, zit. ³1959, hrsg. v. G. *Bornkamm*, S. 234 ff.; *ders.*, Zur Formgeschichte des Neuen Testaments, in: Theologische Rundschau NF 3 (1931), S. 207 ff.; vgl. auch P. *Wendland*, Die hellenistisch-römische Kultur in ihren Beziehungen zu Judentum und Christentum, HNT 1/2, Tübingen ²1912, S. 75 ff., bes. 91 ff.; *ders.*, Die urchristlichen Literaturformen, HNT 1/3, Tübingen ²1912, S. 370 f.

[3] M. *Dibelius*, Der Brief des Jakobus, S. 16 f.

[4] Vgl. ebd., S. 19 ff.

neutestamentlichen Dubletten allein nach einer gegenseitigen Abhängigkeit fragt; denn es ist immer auch damit zu rechnen, daß man aus einer gemeinsamen Quelle schöpft.

Wenn der Stoff, das Substrat der ethischen Belehrung, schon vor Bildung der Gemeinden da war, kann die schöpferische Tätigkeit der Gemeinde bzw. des Autors nur in der jeweiligen Form und Gestalt gefunden werden, die er dem Stoff gibt, oder in der Art und Weise, wie er das Material verwendet und in den Zusammenhang einbaut. Daß dieses aus der ethischen Tradition der Antike und des Judentums übernommene Material nicht kritik- und bedenkenlos weitergegeben wurde, darf schon an dieser Stelle vermerkt werden und wird ein wesentlicher Gegenstand unserer Untersuchung sein.

Ein weiteres Merkmal der neutestamentlichen Paränese ist das *schematische Aneinanderreihen von einzelnen Sprüchen bzw. Sentenzen*. Es fehlt diesen Spruchreihen häufig der gedanklich zwingende Zusammenhang, so daß sie keine verbindliche Konzeption erkennen lassen. Die hier und da anzutreffenden Stichwort-Verbindungen stellen nur einen formalen Konnex her. Es werden Sprüche aneinandergefügt nur wegen des Gleichklangs einzelner Wörter oder gar einzelner Silben[5]. M. Dibelius hält diese Art von Verbindungen ursprünglich für ein mnemotechnisches Mittel, das ein gedächtnismäßiges Tradieren erleichtern soll. Damit ist auch schon in etwa die Entstehung solcher Spruchreihen angedeutet, obgleich natürlich im Einzelfall nur schwer auszumachen ist, ob eine vorliegende Verbindung zur Tradition des Stückes gehört oder vom Verfasser der Schrift erstellt worden ist. Jedenfalls ist damit zu rechnen, daß derartige Paränesen auch Aussagen enthalten, die nur aufgrund eines festen Überlieferungszusammenhanges mit einer bestimmten Textstelle hier gemacht werden, die aber nicht in einem zwingenden Bezug zum Thema stehen. Ein Vergleich mit gleichartiger nichtchristlicher Literatur lehrt, „daß die Aneinanderreihung von Spruch an Spruch die geläufigste Form der Paränese ist"[6].

Damit hängt eine weitere Eigentümlichkeit zusammen: die *Wiederholung des gleichen Motivs an verschiedener Stelle*. Die oft planlos und zufällig wirkende Verbindung einzelner Sprüche und Spruchgruppen, für den Jakobusbrief ist das besonders auffällig, läßt nur schwer *ein* bestimmtes Ordnungsprinzip erkennen. Nun kommen aber bestimmte Motive an verschiedenen Stellen vor: Sanftmut 1,21 und 3,13 ff.; Zungensünden 1,26 und 3,3 ff.; geduldiges Ausharren 1,2–4.12 und 5,7 ff.; Notwendigkeit der

---

[5] Vgl. ebd., S. 21 f. Hier ist eine ganze Reihe von Beispielen angeführt.
[6] Ebd., S. 21.

Werke 1,22 ff. und 2,14 ff.; Arme und Reiche 1,9 f. und 2,1 ff.[7]. Man hat versucht, daraus ein Ordnungsprinzip zu machen und eine thematische Disposition abzuleiten, was aber nicht ohne Gewaltsamkeit geht und oft recht gekünstelt wirken muß. Man wird bei all diesen Interpretationsversuchen des Jakobusbriefes nicht außer acht lassen dürfen, daß die literarische Gattung der Paränese bestimmten formalen Strukturgesetzen folgt.

So ist es ebenso verfehlt, aus dem Vorkommen eines bestimmten Spruches auch in jedem Falle auf eine entsprechende Situation in der Gemeinde schließen zu wollen. So fallen die geforderten Eigenschaften eines „Bischofs" in 1 Tim 3,1 ff. teilweise ebenso aus dem Rahmen, der durch das Amt des Vorstehers einer christlichen Gemeinde eigentlich gesteckt ist, wie die Abschiedsmahnungen Tob 4 die dort gegebene Motivation weit überschreiten. Ähnliches gilt zum Teil auch für die Spruchsammlung der Bergpredigt bei Matthäus und der Feldrede bei Lukas, die ebenfalls deutlich den Charakter einer Sammlung von Sprüchen tragen, die nicht zuletzt ihrer Tradierung wegen zusammengefügt wurden[8]. Als weitere Eigentümlichkeit der Paränese ist also zu registrieren, daß die *Existenz und Anordnung einzelner Sprüche nicht immer situationsbedingt ist,* sondern anderen Gesetzmäßigkeiten folgt.

## 2. Die Herkunft der neutestamentlichen Paränese

Die Entstehungsgeschichte der Paränese weist bis in die Evangelienüberlieferung zurück. Mag man auch Dibelius nicht in allem zustimmen, der die Entstehung der Redequelle Q ganz aufgrund von paränetischen Bedürfnissen der Urchristenheit erklären wollte[9], so wird man doch zugestehen müssen, daß bei der Sammlung, Formulierung und Tradierung von Sprüchen, Reden und Gleichnissen Jesu auch ein starkes paränetisches Interesse eine Rolle gespielt hat. Predigt und Katechese, Mission und Gemeindeunterweisung waren darum bemüht, anhand von Worten und Beispielen des Herrn den Weg des Jüngers Christi in dieser Welt zu beschreiben, mit ihrer Hilfe Mut zu machen und Trost zuzusprechen und gestützt

---

[7] Vgl. ebd., S. 23.
[8] Vgl. *J. Jeremias,* Die Bergpredigt, Calwer Hefte 27, Stuttgart ⁵1965, bes. S. 15 ff. und 19 ff.
[9] *M. Dibelius,* Die Formgeschichte des Evangeliums, hrsg. v. *G. Bornkamm,* Tübingen ³1959, S. 234 ff.

auf ihre Autorität zu mahnen und zu gebieten[10]. So wird wohl früher oder später neben das Kerygma auch eine christliche Halacha getreten sein. Daß beide von Anfang an zusammengehören, zeigt die Zusammenfassung der Verkündigung Jesu Mk 1,14 f. Hier ist die Botschaft vom herannahenden Reich unmittelbar mit dem Umkehrruf verbunden, Kerygma mit der Didache[11], der Indikativ des zugesprochenen Heils mit dem Imperativ des neuen Lebenswandels.

Im Neuen Testament werden „verkündigen" (κηρύσσειν) und „lehren" (διδάσκειν) klar getrennt, doch sind beide von Anfang an miteinander verbunden. Das ist auch das Bild, welches die Apostelgeschichte bietet: zuerst wird das Evangelium verkündet (εὐαγγελίζεσθαι), das die Gemeinde ins Leben ruft, dann folgt die Lehre und Unterweisung. Auch die Paulusbriefe folgen weithin diesem Schema: auf einen mehr dogmatischen Teil folgt ein überwiegend paränetischer, der in loser Verbindung Mahnungen und Weisungen für das Leben der Christen und der Gemeinde enthält (Röm 12 ff.; Gal 5,13 ff.; 1 Thess 4,1 ff. und 5,12 ff.; vgl. auch Kol 3,1 ff. und Eph 4,1 ff.). Da diese Unterweisungen nicht ausschließlich auf eine bestimmte Gemeinde und konkrete Fälle abgestimmt sind, spricht Dibelius von einer usuellen Bedeutung[12]. Das trifft noch am ehesten beim Jakobusbrief zu, der in loser Verbindung volkstümliche Sprüche teils hellenistischer Färbung aneinanderreiht. Einen besonderen Charakter hat der Hebräerbrief, der nach eigener Auskunft ein λόγος παρακλήσεως (13,22) sein will. Auch der erste Petrusbrief könnte einen besonderen Bezug haben (Taufparänese?). Sicher gibt es daneben aber auch eine „aktuelle" Paränese, die auf konkrete Anlässe bezogen ist, z. B. in 1 und 2 Kor, ebenso 1 Jo, Jud und 2 Petr.

Damit stellt sich die Frage nach dem *„Sitz im Leben"* der neutestamentlichen Paränese. Grundsätzlich und pauschal geurteilt, wird man den theologischen Ort der Paränese in der apostolischen Verkündigung ansetzen müssen, in der neben dem Kerygma die paränetische Unterweisung einen festen Platz gehabt hat. Es gehörte zum Auftrag des „Apostels", neben dem Christusereignis auch die sich ergebenden Konsequenzen für das Christenleben und neben der Heilsbotschaft auch die Heilsimperative zu verkünden[13]. Daneben wird sich aber schon bald eine Gemeinde-Paränese aus der gottesdienstlichen Wort-Gottes-Verkündigung entwickelt haben. 1 Petr

---

[10] Vgl. z. B. 1 Kor 7,10 f.
[11] Vgl. auch Mt 4,17; ebenso Apg 2,37, wo die Reaktion auf die vernommene Botschaft in der Frage zusammengefaßt ist: Was sollen wir tun?
[12] *M. Dibelius*, Die Formgeschichte des Evangeliums, S. 239.
[13] Vgl. Röm 6,1–14; 8,11–13; 1 Kor 5,7; 6,9–11; Kol 3,1 ff.; 1 Thess 4,1 ff.

könnte in diese Richtung weisen, das meint wenigstens A. Preisker[14]. Andere, wie R. Perdelwitz, H. Windisch und F. Hauck, haben eine Beziehung zur Taufpredigt herzustellen versucht. Es liegt in der Natur der Sache, daß auch ein Zusammenhang mit der Taufe vermutet werden darf, sei es als Zuspruch bei der Tauffeier, sei es als pastoral-pädagogische Bezugnahme auf die Taufe[15]. Einen eindeutig pastoralen Charakter hat die Paränese in den Pastoralbriefen, die auch schon eine fortgeschrittene Gemeindeordnung erkennen lassen; hier sind die Paränesen zum Teil an einzelne Stände gerichtet[16].

Aus der Tatsache, daß innerhalb der neutestamentlichen Paränese einzelne, wiederkehrende Stücke in Form und Inhalt auffällige Übereinstimmungen aufweisen, so die ntl. Haustafeln, ebenso die Tugend- und Lasterkataloge[17], hat A. Seeberg auf die Existenz eines urchristlichen Katechismus geschlossen. Gestützt auf die Erwähnung von διδαχή, παράδοσις und ὁδός in der Schrift[18], nimmt er eine feste Lehrtradition und eine genau umschriebene sittliche Lehre der Urkirche an. Sie soll auf einen jüdischen Proselytenkatechismus zurückgehen und als feste Stücke einen Lasterkatalog, einen Tugendkatalog, eine Haustafel (und das sog. Zwei-Wege-Schema) enthalten haben[19]. P. Carrington[20] und E. G. Selwyn[21] haben diese These übernommen und weiter differenziert. Alle drei haben sicher richtig gesehen, daß wir es hier mit einem festen Traditionsgut zu tun haben, das die christliche Gemeinde zum Teil aus anderen Quellen übernimmt und auf die eigene Situation konkretisiert. Die Existenz eines fest umschriebenen Katechismus in dieser frühen Zeit wird aber allgemein bestritten. Auch der Rabbiner G. Klein[22], der einen solchen urchristlichen Katechismus auf den jüdischen Derech-erez-Traktat zurückführen wollte, hat seine Existenz nur für *einen* Termin, eben die Zeit der urchristlichen Didache, wahrscheinlich machen können. Doch zeigen die

---

[14] Vgl. *H. Windisch*, Die Katholischen Briefe, 3. stark umgearbeitete Auflage, hrsg. v. H. Preisker, HNT 15 (1951), S. 156 ff.
[15] Vgl. Röm 6,1 ff.; 1 Kor 5,6 ff.; Gal 3,27; Eph 2,1–10; 5,1–21; Kol 3,1 ff.
[16] Es werden gesondert angesprochen: Bischöfe, Diakone, ältere und jüngere Männer als auch Frauen, Witwen, Sklaven und ihre Herren, Reiche und Arme.
[17] Beiden Gegenständen wird unsere Untersuchung ihr besonderes Interesse zuwenden.
[18] Vgl. Röm 6,17; 2 Thess 2,15; 1 Kor 4,17.
[19] *A. Seeberg*, Der Katechismus der Urchristenheit, Leipzig 1903; *ders.*, Das Evangelium Christi, Leipzig 1905; *ders.*, Die beiden Wege und das Apostoldekret, Leipzig 1906; *ders.*, Die Didache des Judentums und der Urchristenheit, Leipzig 1908.
[20] *Philipp Carrington*, The Primitive Christian Catechism, Cambridge 1940.
[21] *E. G. Selwyn*, The First Epistle of St. Peter, London ²1955.
[22] *G. Klein*, Der älteste christliche Katechismus und die jüdische Propaganda-Literatur, Berlin 1909.

Arbeiten von Klein, Seeberg u. a. den jüdischen Traditionsstrom auf, aus dem die urkirchlichen Lehrer schöpfen konnten, wenn sie nach Verhaltensmustern für das christliche Leben und nach paränetischen Vorbildern suchten, an die sie sich anlehnen konnten.

## 3. Die Quellen der neutestamentlichen Paränese

Die Quellen der frühchristlichen Paränese sind vor allem im Alten Testament und Spätjudentum auf der einen Seite und in der Stoa sowie in der Popularphilosophie auf der anderen Seite zu suchen, also im Judentum und im Hellenismus.

Was das *Judentum* angeht, so konnte das Christentum in vielfacher Hinsicht von den Erfahrungen des Diasporajudentums lernen und sogar seine Missionsmethode teilweise übernehmen. Schon seit langem hatte die jüdische Propaganda den Weg bis in die letzten Winkel der griechisch-römischen Welt gefunden. Sie hat in mancher Hinsicht der christlichen Mission den Weg bereitet. Da stand bereits die griechische Übersetzung der Bibel, die Septuaginta, zur Verfügung, um die Griechisch sprechenden Menschen mit Jahwe, dem sich in Christus offenbarenden Gott, vertraut zu machen. Dort war nicht nur die monotheistische Gottesidee verankert, anhand der Schrift konnte man bereits das Heilshandeln Gottes an seinem Volke und die Messiaserwartung verdeutlichen (Röm 1,1 ff.; 3,21 ff.; Apg 2,14 ff. Petruspredigt; Apg 7,1 ff. Stephanusrede).

*Das hellenisierte Diasporajudentum* hatte aber auch schon als besondere Form der sittlichen Unterweisung die Paränese in ihrer Missionsmethode aufgenommen. Da man außerhalb der jüdischen Grenzen keine nachhaltige Propagandawirkung von den kultischen Sonderheiten der jüdischen Religion und der stark national gefärbten gesellschaftlichen Gesetzgebung erwarten konnte, hatte man sich in erster Linie um die Überlieferung allgemeiner Spruchweisheit und allgemeiner Lebensregeln bemüht, um die Menschen, insbesondere die Proselyten, zu einer natürlich-sittlichen und als solcher Gott wohlgefälligen Lebensweise zu erziehen. Und wie man weiß, hat die hochstehende Sittlichkeit des Judentums ihre Wirkung auf die Außenstehenden nicht verfehlt.

Daneben gab es auch im *palästinensischen Judentum* die Tätigkeit der „Lehrer" und der „Weisen", die sich im Stile der Volkslehrer und Wanderprediger an das Volk wenden, um dieses und natürlich vor allem ihre Schüler sittlich zu unterweisen. Die Sprache und Form, der sie sich dabei bedienen, ist die der Paränese und Diatribe. Der Niederschlag dieser jüdischen Diasporapropaganda und der Weisheitslehren finden wir in der Sapientialliteratur (Sprüche, Prediger, Jesus Sirach, Weisheit). Auch die Kapitel 4 und 12 des Tobiasbuchs sind typisch für diese Paränese. Da sie inhaltlich keinen zwingenden Zusammenhang zur Stelle erkennen lassen, ist anzunehmen, daß dem Verfasser hier nur an der Weitergabe bestimmter Lebensregeln gelegen war. Ähnlich verhält es sich mit der Spruchgruppe des Achikarromans[23], die in ihrer Allgemeinheit ebenfalls keinen echten Bezug zum Gegenstand der Erzählung erkennen läßt(!), es sei denn, der Verfasser will bei dieser Gelegenheit bestimmte Lehrsprüche unterbringen. In den Raum des Diasporajudentums weist eine weitere Spruchsammlung, das Pseudophokylideische Lehrgedicht, das in einer nahezu von allen Judaismen gereinigten Form Lebensweisheit von allgemeiner Gültigkeit unter dem Pseudonym eines alten griechischen Schriftstellers in Gedichtform darbietet[24].

Ebenso hat das Henochbuch (Kap 91,1–11. 17–18; Kap 94–105) paränetisches Material verarbeitet, indem es Lehr- und Mahnreden in die apokalyptischen Kapitel einarbeitet. Das gleiche Bild ergibt sich in den Testamenten der 12 Patriarchen, wo der Verfasser die Lebensgeschichte der Patriarchen midraschartig erzählt und mit entsprechenden Tugend- und Lasterschilderungen und passenden Ermahnungen versieht. Zum Schluß sei noch auf den literarisch hochstehenden hellenistischen Alexandriner Philo verwiesen, der es ebenfalls nicht unter seiner Würde findet, paränetisches Material in seinen Werken zu verarbeiten.

Nun ist das nicht verwunderlich, wenn man weiß, welche Bedeutung im griechisch-römischen Kulturraum damals der *ethischen Unterweisung von seiten der philosophischen Schulen* zugemessen wurde[25]. Auf diesem Gebiet hat die Stoa so Hervorragendes geleistet, daß man christlicherseits auf weiten Strecken ihre ethischen Traktate, oft nur leicht verändert, über-

---

[23] Vgl. *H. Schneider*, Artikel „Achikar", in: LThK 1 (²1957), Sp. 108; deutscher Text bei *H. Greßmann*, Altorientalische Texte zum Alten Testament, Berlin ²1926, S. 454 ff.

[24] Vgl. *J. Schmid*, Artikel „Pseudo-Phokylides", in: LThK 8 (²1963), Sp. 867 f.; *W. Kroll*, Artikel „Phokylides", in: Paulys Realencyclopädie der classischen Altertumswissenschaft 20,1 (1941), Sp. 503 ff., hier 505 ff.; *J. Bernays*, Über das Phokylideische Gedicht, in: Gesammelte Abhandlungen von Jakob Bernays, hrsg. v. *H. Usener*, Berlin 1885, S. 192 ff.; deutscher Text bei *P. Rießler*, Altjüdisches Schrifttum außerhalb der Bibel, Augsburg 1928, S. 862 ff.

[25] Vgl. z. B. *A. Bonhöffer*, Die Ethik des Stoikers Epiktet, Stuttgart 1894; *ders.*, Epiktet und das Neue Testament, Religionsgeschichtliche Versuche und Vorarbeiten 10, Gießen 1911; *K. Deißner*, Das Idealbild des stoischen Weisen, Greifswalder Universitätsreden 24, Greifswald 1930; *ders.*, Paulus und Seneca, Beiträge zur Förderung christl. Theologie 21,2, Gütersloh 1917.

nehmen konnte[26]. Wie weit die ethischen Parallelen und Analogien gehen, mag man daraus entnehmen, daß zum Beispiel ein persönlicher Kontakt, wenn nicht gar eine Freundschaft, zwischen Paulus und Seneca vermutet worden ist.

Man darf sich die Beeinflussung des Urchristentums und ihrer sittlichen Verkündigung durch die philosophische Ethik der antiken Umwelt nicht so vorstellen, als wenn die christlichen Verkündiger die philosophischen Schulen besucht oder die einschlägige Literatur studiert hätten. Die Übernahme kann auch ganz unbewußt erfolgt sein, denn gewisse Gedankengänge, ethische Termini und sittliche Formulierungen waren damals Gemeingut geworden. Durch die popularphilosophische Propaganda waren die Lehren der Philosophieschulen, namentlich die der Stoa, ins breite Volk getragen worden. Dadurch war zwar das edle Gold der philosophischen Lehre in die Scheidemünzen paränetischer Sprüche, zugeschnitten auf allgemeine Verständlichkeit, umgeschmolzen worden; durch die große Zahl der Wanderphilosophen und Moralprediger hatten aber andererseits die ethischen Lehren eine ungeheure Verbreitung erfahren, zumal diese Popularphilosophen nicht im exklusiven Kreis einiger Schüler ihre Lehren vorzutragen pflegten, wie die großen Meister, sondern auf den öffentlichen Straßen und Plätzen im lebendigen Stil der Volksrede (Diatribe) gleich Schaustellern ihre „Ware" feilboten.

Es ist deshalb auch nicht ganz leicht, den Wegen einzelner paränetischer Stücke nachzugehen, da wir die ursprünglich mündlichen Vorträge nicht besitzen, sonden nur ihren literarischen Niederschlag in den Werken der Schriftsteller. Eine Ausnahme macht der Stoiker Epiktet (gest. um 138 n. C.). Arrian, sein Schüler, hat uns eine getreue Wiedergabe von Gesprächen, Sprüchen und Reden in den Dissertationes Epicteti überliefert. Ansonsten sind wir auf das umfangreiche Gebiet der hellenistischen Literatur angewiesen, in das mehr oder weniger große Stücke der Spruchparänesen aufgenommen worden sind. Die in Frage kommende Literatur soll hier nur kurz umrissen werden, auf einzelne Stücke werden wir an gegebener Stelle näher eingehen.

Erwähnt seien zunächst die beiden Mahnreden des Isokrates[27] Πρὸς Νικοκλέα und Νικοκλῆς, die bereits in loser Verbindung paränetische Sprüche bringen. Ebenso die fälschlich dem Isokrates zugeschriebene, aber

---

[26] Es sei neben der vorgenannten Literatur nur auf die 3 Bücher De officiis ministrorum des Ambrosius verwiesen, die weithin Ciceros gleichnamigem Werk folgen, das ganz stoisch orientiert ist. Im übrigen wird auf die spätere Erörterung der stoisch-christlichen Gemeinsamkeiten verwiesen.

[27] Isocratis Opera omnia I, ed. *E. Drerup*, Lipsiae 1906.

wohl aus dem 4. Jh. n. Chr. stammende pseudisokratische Rede Πρὸς Δημόνικον. Dort heißt es, der Verfasser habe, wie die Biene aus allen Pflanzen das Beste ziehe, von überall her aus Büchern und Sophisten die nützlichsten Gedanken zusammengetragen[28]. Eine kleinere Spruchsammlung ist bei Diogenes Laertius[29] (I,36 f.; 60; 69 f. 87) zu finden; weitere sind unter den Namen des Pythagoras[30] und des Plutarch[31] überliefert worden. Darüber hinaus ist paränetisches Material in der gesamten Traktatliteratur verarbeitet und in die Florilegien, von denen das Werk des Johannes Stobäus[32] das bekannteste ist, eingegangen. Auch in der eigentlich philosophischen Literatur ist das Spruchgut der Volksethik zu finden, so bei den Stoikern Seneca, Epiktet, Musonius, Cicero, Poseidonios u. a., aber auch bei den Kynikern und ihrer Briefliteratur. Daneben kann man hier und da auch ein Stück überlieferter Volksmoral in der Dichtung (Horaz, Persius) und in der Komödie (Plautus z. B.) antreffen.

Wenn wir nach Belegen für die Volksmoral suchen, stehen wir vor dem Handicap, daß naturgemäß ein beträchtlicher Teil dieser ethischen Maximen keinen Eingang in die eigentliche Literatur gefunden hat. Deshalb sind nichtliterarische Dokumente wie Pypyri, Ostraka und Inschriften sprach- und kulturgeschichtlich von unschätzbarem Wert. Besonders A. Vögtle hat dieses Gebiet in seine Untersuchung „Die Tugend- und Lasterkataloge im Neuen Testament"[33] einbezogen. Umfangreiches Vergleichsmaterial hierzu verdanken wir auch A. Deissmann und seiner Arbeit „Licht vom Osten"[34]. Es zeigt die nahe Verwandtschaft der neutestamentlichen Schriften in Ausdrucksform und Stil mit der hellenistischen Volkssprache, ein Kennzeichen der großen Volkstümlichkeit paulinischer Missions-

---

[28] Vgl. K. Weidinger, a.a.O., S. 20; Artikel „Isokrates" (Münscher), in: Paulys Realencyclopädie 9,2 (1916), Sp. 2146 ff., hier 2195 ff.
[29] Diogenes Laertius, Lives of Eminent Philosophers (De vitis clarorum philosophorum), griech. u. engl., by R. D. Hicks, 2 Vols, The Loeb classical Library, London 1958–59; Diogenes Laertius, Leben und Meinungen berühmter Philosophen (De vitis clarorum philosophorum), griech. u. deutsch, 2 Bde., übers. von O. Apelt, Philosophische Bibliothek 53/54, Leipzig 1921.
[30] Zu Pseudo-Pythagoras vgl. bei K. Weidinger, a.a.O., S. 20.
[31] Pseudo-Plutarch, De liberis educandis. Die dem Plutarch fälschlich zugeschriebene pädagogische Schrift erinnert an eine Stoffsammlung. Sie enthält eine bunte Fülle von Sentenzen, ausgeschmückt mit rhetorischem Beiwerk. Vgl. Paulys Realencyclopädie 21,1 (1951), Sp. 809 ff.
[32] Stobaei Anthologium, rec. C. Wachsmuth et O. Hense, I–V, Berolini 1884–1912.
[33] Vgl. A. Vögtle, Die Tugend- und Lasterkataloge im Neuen Testament, exegetisch, religions- und formgeschichtlich untersucht, Neutestamentliche Abhandlungen 16,4/5, Münster 1936, bes. S. 89 ff.
[34] A. Deissmann, Licht vom Osten. Das Neue Testament und die neuentdeckten Texte der hellenistisch-römischen Welt, Tübingen ⁴1923.

methode, wie Deissmann meint[35]. Zwei Beispiele, die für sich sprechen. Deissmann zeigt, daß die Formel 1 Kor 5,4 f., mit welcher der Unzüchtige „dem Satan übergeben" wird, einem technischen Ausdruck des Devotionsritus entspricht[36], und als Parallele zu Tit 2,4 f., wo von den Frauen gefordert wird, daß sie „gatten- und kinderlieb und sittsam" sind, bringt er Inschriften, auf denen mit den gleichen Prädikaten φίλανδρος, φιλότεκνος u. σώφρων antike Frauen ausgezeichnet werden[37].

Bevor wir uns aber dem Stil und der Sprache der antiken Moralprediger und Popularphilosophen zuwenden, weisen wir noch einmal auf eine Besonderheit der antiken Paränese hin, die für unsere Untersuchung von einiger Wichtigkeit zu sein scheint. Alle Anzeichen deuten darauf hin, daß die paränetischen Sprüche nicht unabänderlich fixiert waren, sondern als lose Gruppen und in lockerer sprachlicher Formulierung tradiert wurden, so daß es dem einzelnen freistand, den Stoff sowohl in der Anordnung als auch in der Formulierung zu verändern, umzustellen, Neues hinzuzufügen, in vorliegende Zusammenhänge einzuarbeiten[38], so wie es die besondere Situation gerade erforderte. Diese Feststellung verdient deshalb hervorgehoben zu werden, weil die Flexibilität des Stoffes diesen den Notwendigkeiten der Diatribe besonders anpaßt.

## 4. Die antike Diatribe

Mit „Diatribe"[39] bezeichnet man den besonderen Stil der antiken Volksredner und Popularphilosophen, auf den wir nun zur Ergänzung und Abrundung des Gesamtbildes kurz eingehen wollen, zumal auch die neutestamentlichen Schriften, und hier besonders Paulus, sich dieses stilistischen Mittels bedient haben. Diese stilistische Verwandtschaft deutet nochmals

---

[35] Ebd., S. 256.
[36] Ebd., S. 256 f.
[37] Ebd., S. 267 f.
[38] Vgl. *K. Weidinger*, a.a.O., S. 18.
[39] Vgl. *W. Capelle* und *H. I. Marrou*, Artikel „Diatribe", in: Reallexikon für Antike und Christentum (RAC) 3, Stuttgart 1957, Sp. 990 ff.; *R. Bultmann*, Der Stil der Paulinischen Predigt und die kynisch-stoische Diatribe, Forschungen zur Religion und Literatur des Alten und Neues Testaments 13, Göttingen 1910; *A. Bonhöffer*, Epiktet und das Neue Testament. Religionsgeschichtliche Versuche und Vorarbeiten 10, Gießen 1911, bes. S. 136 ff.; *H. Thyen*, Der Stil der jüdisch-hellenistischen Diatribe, Göttingen 1955; *P. Wendland*, Die hellenistisch-römische Kultur in ihren Beziehungen zu Judentum und Christentum, HNT 1/2, Tübingen ²1912, S. 75 ff.

auf den geistig-kulturellen Raum hin, in dem die urchristlichen Gemeinden aufgewachsen sind, obwohl sie allein natürlich noch nichts über Abhängigkeiten aussagen kann. Doch können von hieraus manche Eigenarten des Stils erklärt und gegebenenfalls auch Verstehenshilfen gegeben werden, denn der Stil formt und beeinflußt in nicht unbeträchtlicher Weise den Stoff, wie umgekehrt ein bestimmter Stoff unter Umständen einen entsprechenden Stil verlangt.

Besonders auffällig für den Diatribestil ist der *dialogische Charakter*. Rede und Gegenrede, ein fingierter Gegner, die Worte eines gedachten Zwischenrufers, oft ἰδιώτης genannt oder mit ἀλλά bzw. φησί eingeführt, und ähnliche Kunstmittel verleihen dem Stil eine unterhaltsame Lebendigkeit. Da läßt man abstrakte Begriffe, Tugenden und dergleichen als Personen auftreten, führt Beispiele aus Natur, Geschichte und dem praktischen Leben an. Bei all dem ist der Satz nicht in kunstvollen Perioden gebaut, sondern meist kurz und einfach. Oft stehen die einzelnen Sätze asyndetisch nebeneinander, die Beispiele und Vergleiche bleiben unverbunden. Charakteristisch ist auch das Aneinanderreihen von verschiedenen Wörtern, die durch Gleichklang des Wortlautes oder einzelner Silben (z. B. α-privativum) verbunden sind. Manchmal werden Synonyma oder antithetische Ausdrücke mehrfach hintereinandergestellt. Ein bekanntes Beispiel hierfür sind die Tugend- und Lasterkataloge, die sich auch einigemal im Neuen Testament finden und ein besonderer Gegenstand unserer Untersuchung sein werden.

Wir müssen es bei einigen Hinweisen bewenden lassen, deshalb nur summarisch folgende Beispiele aus dem Neuen Testament[40]: ein fingierter Dialog (Röm 2,1; 9,19 f.; 1 Kor 15,35 f.; Jak 2,5), Rede und Gegenrede (Röm 9,19; 11,19; 2 Kor 10,10 f. mit dem charakteristischen φησίν), Fragen und Antworten (Röm 6,1.19; Jak 2,18.22), Personifizierungen (Röm 10,6; 1 Kor 12, 15 ff.), einfache, oft asyndetische Sätze (1 Kor 3,5–9; Röm 12–14 u. a.), Verdoppelung des Ausdrucks und Gleichklang (Röm 1,29 ff.; 1 Kor 4,11 ff.; 6,11).

Ein weiteres Charakteristikum sind die *Elemente der großen Rhetorik*, die sich auch in der Diatribe finden. Wir bringen gleich einige Beispiele aus dem Neuen Testament. Wie in der Diatribe finden wir zum Beispiel Parallelismus der Glieder Röm 12,4–15; 1 Kor 9,19–22; 2 Kor 11,16–12,10; auch antithetisch wie 2 Kor 4,8–11 und 2 Kor 6,9–10. Häufig werden auch (vor allem bei Paulus) die rhetorische Frage und der paränetische Imperativ

---

[40] Umfangreiches Vergleichsmaterial aus den Paulusbriefen bietet *R. Bultmann*, Der Stil der Paulinischen Predigt und die kynisch-stoische Diatribe.

verwandt, wofür sich die Beispiele erübrigen; charakteristisch ist auch das Kunstmittel des Ausrufs wie μὴ γένοιτο oder τί ὄφελος, ὄφελον, ἤθελον; daneben eine Fülle von treffenden Vergleichen (Läufer in der Rennbahn 1 Kor 9,24 f.) und plastischen Bildern (Jak 3,3 ff. werden als Beispiel für die Zügelung der Zunge das Zaumzeug des Pferdes, das Steuerruder des Schiffes und der Brandfunke angeführt).

Andere Stilmerkmale der Diatribe, wie der besondere Gedankenaufbau und die typische Argumentationsweise, sind in der neutestamentlichen Literatur weniger ausgeprägt vorhanden; dagegen erinnert vor allem Paulus auffällig an die *Lebendigkeit und Bewegtheit* der diatribischen Redeweise. Rede und Gegenrede wechseln ab, Fragen und Einwände beleben den Gedankengang, in Mahnung und harter Zurechtweisung wird um den Glauben gerungen oder die Adressaten werden flehentlich beschworen. Manche Passagen entbehren nicht der inneren Dramatik; die polemischen Abschnitte sind oft von einer tiefen Spannung gekennzeichnet. Jedoch handelt es sich bei Paulus nicht um die kunstvolle Dramaturgie des gefeierten Rhetoren; hier geht es um die Sache, um die Sache Christi, und um einen Mann, der sich nicht aus kühler Berechnung mit ihr beschäftigt, sondern ihr auf Gedeih' und Verderb' verschrieben ist. Gleiches trifft für die neutestamentlichen Schriften insgesamt zu, und diese Feststellung wäre an die Spitze einer abschließenden Wertung zu stellen.

Wenn wir das dargebotene Material noch einmal überblicken, müssen wir abschließend sagen: Die Parallelen zur antiken Diatribe und popularphilosophischen Paränese sind zu augenscheinlich, als daß man an ihnen achtlos vorübergehen könnte. Das ist auch nicht weiter verwunderlich, wenn man bedenkt, daß die neutestamentlichen Schreiber und ihre Gemeinden doch täglich in irgendeiner Form mit der Volksmoral und der Popularphilosophie in Berührung kamen, sei es durch die zahlreichen Inschriften auf Theatern, Grabsteinen und Ehrentafeln[41], sei es durch die zahlreichen Wanderprediger und die allgemeine Verbreitung ihrer Sprüche, sei es durch das ganze Gepräge ihres gesellschaftlichen Milieus. Das war die Welt, in der sie täglich lebten.

Andererseits sollte man daraus nicht zu weitgehende Schlüsse ziehen. Denn ebenso sicher steht fest, daß man diese Formen und z. T. auch die Inhalte zwar für die eigenen paränetischen Zwecke benutzt hat; man hat sich aber nicht von ihnen im Kern der Aussage bestimmen lassen. Die Originalität der sittlichen Botschaft des Neuen Testaments hat darunter

---

[41] Vgl. *A. Deissmann*, Licht vom Osten, S. 263 f.

im letzten nicht gelitten. Bultmann sagt in bezug auf Paulus: „der Mantel des griechischen Redners hängt zwar um die Schultern des Paulus, aber Paulus hat keinen Sinn für kunstgerechten Faltenwurf, und die Linien der fremden Gestalt schauen überall durch"[42].

Sehr schwierig gestaltet sich im Einzelfall auch die Entscheidung, ob mehr hellenistischer oder jüdischer Einfluß anzunehmen ist. Darüber kann nur die Einzeluntersuchung Klarheit verschaffen. Häufig wird es so sein, daß man sowohl für die eine wie für die andere Entscheidung gute Parallelen anführen kann. Dafür gibt es zwei Gründe: Erstens ist bei allgemeingültigen Gedanken und Aussagen, um solche handelt es sich ja vielfach in der Paränese, von vornherein damit zu rechnen, daß dieselbe Wahrheit von mehreren erkannt und formuliert und an verschiedenen, voneinander getrennten Stellen tradiert wird. Zweitens hat der Stil der Diatribe als popularphilosophische Volksrede eine solche innere Logik, daß viele ihrer Stilmittel (Fragen, Einwände, Ausrufe etc.) von jedermann fast automatisch verwandt werden, sobald er sich in einer ähnlichen Situation äußern muß. Es wäre deshalb verfehlt, in jedem Falle gleich eine literarische Abhängigkeit oder Beeinflussung von außen nachweisen zu wollen.

---

[42] *R. Bultmann*, Der Stil der Paulinischen Predigt und die kynisch-stoische Diatribe, S. 108.

## II. DIE HAUSTAFELETHIK[1]

### 1. Die ntl. Haustafeln und ihre religions- und traditionsgeschichtlichen Quellen

Die paränetischen Abschnitte sind, wie wir gesehen haben, besonders gekennzeichnet durch die lockere Aneinanderreihung einzelner Sprüche. Sie lassen nur wenig Disposition erkennen, begnügen sich häufig mit rein formalen Verbindungen. Es fällt auf, daß ganz im Gegensatz dazu, sich innerhalb dieser Paränesen einzelne Gruppen finden, die nach einem einheitlichen Schema gegliedert und einer sachgemäßen Disposition geordnet sind. Da sich diese Mahnungen übereinstimmend an die Stände des antiken Hauses richten (Frauen-Männer, Kinder-Väter, Sklaven-Herren in dieser Reihenfolge), werden sie allgemein Haustafeln genannt[2]. Man könnte sie auch Ständetafeln nennen, insofern sie einzelne Stände ansprechen, was einer verbreiteten antiken Tradition entspricht; doch würde man dann der Besonderheit der ntl. Tafeln nicht Rechnung tragen, die sich in ihrer ursprünglichen Form an der Ordnung des Hauses orientieren.

Zur klassischen Form der Haustafeln gehören Kol 3,18–4,1; Eph 5,22–6,9; 1 Petr 2,13–3,7. Wie die Haustafel des 1. Petrusbriefes (2,13 ff.) zeigt, steht die Einschärfung der Pflichten gegen die weltliche Obrigkeit (2,13–17) in einer engen Verbindung zu diesem Schema, so daß wir auch Röm 13,1–7 in unsere Überlegungen einbeziehen müssen, ebenso 1 Tim

---

[1] Vgl. *K. Weidinger*, a.a.O.; *D. Schröder*, a.a.O.; *C. Walther*, Artikel „Haustafeln", in: Evangelisches Kirchenlexikon 2, Göttingen 1958, Sp. 36; *M. Dibelius*, Exkurs zu Kol 4,1, in: HNT 12, 3. Aufl. 1953 bes. v. *H. Greeven; K. H. Rengstorf*, Mann und Frau im Urchristentum, Veröffentl. d. Arbeitsgemeinschaft für Forschung des Landes Nordrhein-Westfalen, Geisteswissenschaften H. 12, Köln/Opladen 1954; *ders.*, Die neutestamentlichen Mahnungen an die Frau, sich dem Manne unterzuordnen, in: Verbum Dei manet in aeternum. Festschrift f. O. Schmitz, Witten 1953, S. 131 ff.; *H.-D. Wendland*, Zur sozialethischen Bedeutung der neutestamentlichen Haustafeln, in: Botschaft an die soziale Welt. Beiträge zur christlichen Sozialethik der Gegenwart, Hamburg 1959, S. 104 ff., zuerst veröffentlicht in: Die Leibhaftigkeit des Wortes. Festschrift f. A. Köberle, Hamburg 1958, S. 34 ff.; *J. E. Crouch*, The Origin and Intention of the Colossian Haustafel, Forsch. zur Religion und Literatur des AT u. NT 109, Göttingen 1972; *L. Goppelt*, Jesus und die „Haustafel"-Tradition, in: Orientierung an Jesus, hrsg. v. *P. Hoffmann*, Freiburg/Basel/Wien 1973.

[2] Vgl. *K. Weidinger*, a.a.O., S. 1; *D. Schröder*, a.a.O., S. 4.

2,1–3 und Tit 3,1. Die beiden letztgenannten Briefe lassen ebenfalls das Haustafelschema erkennen (1 Tim 2,1–6,2; Tit 2,1–3,1); dort ist die Tafel aber zu einer Gemeindeordnung erweitert bzw. mit einer solchen verschränkt, so daß wir annehmen müssen, daß diese Paränesen in einem anderen Traditionszusammenhang stehen, weshalb wir sie an späterer Stelle behandelt werden.

Die Geschlossenheit und Sonderstellung der Haustafeln gegenüber den übrigen paränetischen Teilen zeigt besonders gut Kol 3,18–4,1. Mit 3,18 beginnt ein neuer Passus, der weder inhaltlich noch formal mit dem Vorhergehenden in einem näheren Zusammenhang steht. Würde man diesen Abschnitt aus dem Brief herausnehmen, so würden sich 3,17 und 4,2 nahtlos aneinanderfügen, ohne daß eine merkliche Lücke entstehen würde, denn das Motiv des Danksagens verbindet die beiden Verse harmonisch miteinander. Die Vv 3,18–4,1 stellen sich so als eine geschlossene Paränese dar[3]. Ähnlich verhält es sich mit Eph 5,22–6,9 und 1 Petr 2,13–3,7; wenn auch die Tafel des Petrusbriefes nicht ganz so isoliert im Text steht.

Daß die drei Tafeln traditionsgeschichtlich zusammengehören, ist unschwer ersichtlich aus der weitgehenden textlichen Übereinstimmung, bis in die wörtliche Formulierung hinein, und aus der Gleichartigkeit des Aufbaus und der Form. Auch hierdurch heben sie sich klar vom Kontext ab[4]. Paarweise werden die Glieder des Hauses ermahnt, Frauen und Männer, Kinder und Eltern, Sklaven und Herren. Diese Gegenüberstellung ist ein Charakteristikum der ntl. Haustafeln (Polaritätsprinzip) und hat keine direkte Parallele in der nichtchristlichen Literatur. Die Zuordnung zueinander geschieht allerdings in der traditionellen Weise der Unterordnung, wie in der hellenistischen und jüdischen Welt üblich, wobei jedoch der untergeordnete Stand der γυναῖκες, τέκνα und δοῦλοι an erster Stelle genannt und damit gegenüber den ἄνδρες, πατέρες und κύριοι hervorgehoben wird. Die betonte Stellung der Frauen, Kinder und Sklaven läßt vermuten, daß sie in besonderer Weise angesprochen werden sollen oder daß sie in irgendeiner Form Anlaß zu dieser Paränese gewesen sind.

Die Reihenfolge, auch sie scheint im großen und ganzen zum Bestand des Schemas zu gehören, ist in Kol und Eph gleich: Frauen-Männer, dann Kinder-Väter, zum Schluß Sklaven-Herren. Sie ist in 1 Tim und Tit nicht mehr erkennbar, da die Haustafelermahnungen hier in einen anderen Zusammenhang eingefügt sind. Nur die Haustafel des ersten Petrusbriefes

---

[3] Vgl. D. Schröder, a.a.O., S. 80; E. Lohse, Der Brief an die Kolosser, Meyer K 9/2 ([14]1968), S. 220; E. Lohmeyer, Der Brief an die Kolosser, Meyer K 9/2 ([13]1964), S. 153.

[4] Zum folgenden vgl. bes. D. Schröder, a.a.O., S. 79 ff.

weicht von diesem Schema deutlich ab, indem sie an die Spitze die Unterordnung unter die weltliche Obrigkeit stellt, eine einfache Ermahnung übrigens, die nicht paarweise angeordnet ist. Dann folgt die Ermahnung an die Sklaven (οἰκέται), sich den Herren (δεσπόταις) unterzuordnen, ebenfalls eingliedrig, und zum Schluß die nun wieder zweigliedrige Paranäse an die Frauen und Männer. Die Kinder-Väter-Formel fehlt hier ganz. Ob die Umstellung in 1 Petr durch die Erwähnung der christlichen Freiheit und ihres rechten Gebrauchs in 2,16 veranlaßt ist, mag dahingestellt sein. Sicher fügt sich die Mahnung an die Sklaven im Anschluß an dieses Thema besonders gut ein. Es würde ein solches Vorgehen auch sehr gut in die Art und Weise hineinpassen, mit der man im allgemeinen mit dem paränetischen Stoff umzugehen pflegte, wie wir gesehen haben. Auch sonst zeigt ja 1 Petr eine freie Disposition des Schemas. Klar ist aber, „daß die Haustafel in ihren Ermahnungen an die Stände eine feste Anordnung hatte, die nicht nur Paulus, sondern auch anderen geläufig war"[5].

Auch inhaltlich lassen die Haustafeln eine feste Grundform erkennen, die dann je nach Lage der Dinge ergänzt, variiert, erweitert werden kann. Die einfachste Form ist in *Kol 3,18–4,1* überliefert. Sie erinnert in ihrer einfachen und knappen Art am meisten an den formelhaften Stil der Paränese. Es werden zuerst die Frauen ermahnt: „Ihr Frauen ordnet euch den Männern unter", und das wird begründet: „Wie es sich im Herrn geziemt" (3,18). Auf der Gegenseite heißt es: „Ihr Männer, liebt die Frauen und laßt euch nicht gegen sie erbittern" (3,19). Ebenso kategorisch einfach werden die Kinder und die Eltern angehalten: „Ihr Kinder, gehorchet den Eltern in allem, denn das ist wohlgefällig im Herrn. Ihr Väter, reizt eure Kinder nicht, damit sie nicht mutlos werden" (3,20 f.). Allein die Regel für die Sklaven ist ausführlicher gehalten (3,22–25), weshalb man häufig vermutet hat, daß sie den Anstoß zur Formulierung der Haustafel gegeben haben könnte[6]. Auch die Sklaven werden zur Unterordnung und zum Gehorsam ermahnt. Doch wird in dieser Weisung ausführlicher beschrieben, wie der Gehorsam im einzelnen auszusehen hat und vor allem wird eine ausführlichere Begründung gegeben. Während die Frauen- und Kinderregel nur durch ein kurzes ἐν κυρίῳ (3,18.20) christlich motiviert wird, ist die Ermahnung der Sklaven mehrfach durch den Hinweis auf die Furcht des Herrn, den eschatologischen Lohn und die endzeitliche Vergeltung in einen eindeutigen Bezug zur christlichen Botschaft gestellt. Ein-

---

[5] Ebd., S. 82.
[6] Vgl. ebd., S. 89 f.; *E. Lohmeyer*, Der Brief an die Kolosser, S. 155; *M. Meinertz*, Der Kolosserbrief, HSNT 7 (⁴1931), S. 43 f. Vgl. besonders *J. E. Crouch*, a.a.O.

fach und formelhaft lautet wieder die Weisung und ihre Begründung für die Herren der Sklaven: „Ihr Herren, laßt den Sklaven zukommen, was recht und billig ist; wißt ihr doch, daß auch ihr einen Herrn im Himmel habt" (4,1).

In dieser fast apodiktischen Kürze dürfte die Haustafel des Kolosserbriefes dem ursprünglichen Schema wohl am nächsten kommen. Ob es möglich ist, ein solches Ur-Schema zu rekonstruieren, wie es Schröder unternimmt[7], soll dahingestellt sein. Wichtiger erscheint die Tatsache, daß es offensichtlich eine feste Tradition für die Unterweisung der Glieder des Hauses gab, die sowohl eine gewisse formelhafte Fixierung nach Stil und Inhalt besaß, aber zugleich nach Art der Paränese eine weitgehende Flexibilität aufwies. So konnte man den Stoff variieren und auf bestimmte Situationen aktualisieren. Letzteres scheint in den Tafeln des Epheser- und Petrusbriefes geschehen zu sein.

Die Haustafel *Eph 5,22–6,9* stimmt mit Kol 3,18 ff. in Aufbau, Form und Inhalt weitgehend überein, so daß eine gewisse Abhängigkeit nicht ausgeschlossen werden kann, wobei natürlich immer die Möglichkeit offenbleibt, daß beide aus einer gemeinsamen Tradition schöpfen, was uns sogar wahrscheinlich zu sein scheint, wenn man von der Anlage der Paränese als solcher ausgeht. Der Epheserbrief bringt neben Parallelen zum Kolosser eine umfangreiche Erweiterung der Mahnung an die Frauen und Männer (5,22–33), während die Kinderregel (6,1–3) eigentlich nur um die Begründung aus dem Dekalog und das übrige (Väter, Sklaven, Herren) nicht wesentlich erweitert ist. Das Verhältnis von Mann und Frau wird exemplifiziert durch das Verhältnis Christus-Kirche bzw. das Bild Christus als Haupt des Leibes. Daß hier im Eph der ursprünglich kurze Mahnspruch lehrhaft breit zu einer „Theologie der Ehe" ausgebaut ist, paßt durchaus in den Stil der Paränese und ist mit seiner Analogie zum Christus-Kirche-Verhältnis gut motiviert durch die gesamte Anlage des Briefes, dessen „zentrales Thema" die Kirche ist[8].

Etwas anders liegen die Verhältnisse im *ersten Petrusbrief (2,13–3,7)*, der das Schema nicht nur erweitert, sondern auch den Aufbau verändert. Die Belehrung der Kinder und Eltern fehlt ganz; dafür bringt diese Tafel neu die Pflichten gegen die Obrigkeit, und zwar an erster Stelle; dann folgt die Sklaven- und Herrenregel; und an das Ende ist die Belehrung der Ehegatten getreten. Neben dieser neuen Anordnung der einzelnen Glieder

---

[7] Vgl. *D. Schröder*, a.a.O., S. 91 ff. und 108 ff., Anhang III, Tafel IV. Wird von *Crouch* (S. 27–30) abgelehnt.
[8] Vgl. *J. Gnilka*, Der Epheserbrief, HThK 10/2 (1971), S. 30.

bringt 1 Petr auch eine ganze Reihe von neuen Motiven im inhaltlichen Teil.

Ganz neu ist zunächst, wie bereits festgestellt, die Belehrung, welche die Pflichten gegen die Obrigkeit einschärft (2,13–17). Durch ihre Position am Anfang der Tafel kommt ihr besondere Aufmerksamkeit zu, so daß nach einer hinreichenden Begründung zu fragen ist. Sollte es möglich sein, daß diese Paränese in Zusammenhang steht mit den 1,6–9; 2,12.15; 3,13–17; 4,12–17 erwähnten Bedrängnissen? War es zweckdienlich, im Hinblick auf diese Vorkommnisse, die rechte Haltung gegenüber der staatlichen Ordnung einzuschärfen? Vielleicht nur prophylaktisch? Oder gab der Abfassungsort des Schreibens, wahrscheinlich Rom, den Anlaß zu dieser Belehrung?

Inhaltlich ist der Konnex mit dem Tafelschema durch das Prinzip der Unterordnung gewahrt, formal dagegen fällt die eingliedrige Belehrung etwas aus dem Gefüge des Schemas, denn der Obrigkeit auf der Gegenseite werden ihre Pflichten gegenüber den Untertanen nicht aufgezeigt. Von ihr wird nur gesagt, daß sie „zur Bestrafung der Übeltäter und zum Lobe der Guten" (2,14) gesandt ist. Die Verwandtschaft zu Röm 13,1–7 ist auffällig, wo die Pflicht zur Unterordnung unter die Obrigkeit ähnlich motiviert wird. Da wir später diesen ganzen Komplex in einem anderen Zusammenhang nochmals aufgreifen werden, gehen wir an dieser Stelle nicht näher auf das Thema „Staat und staatliche Ordnung" ein.

Außer durch das Prinzip der Unterordnung ist die Verbindung zum Haustafelschema dadurch hergestellt, daß hier auf die missionarische Wirkung des guten Wandels (2,15) und auf den rechten Gebrauch der (christlichen) Freiheit (V 16) verwiesen wird. Die Motivation der Mahnungen mit der Ausstrahlung des christlichen Lebens nach außen gehört zum Gedankenkreis der Haustafelbelehrung, das wird neben 1 Petr 2,15 durch 1 Tim 2,1–4 und vor allem durch Tit 2,5 belegt[9]. Auch das Thema „christliche Freiheit" (V 16) hat bei der Abfassung der Haustafeln eine Rolle gespielt[10]. Es ist nicht auszuschließen, daß der ursprüngliche Kern

---

[9] Vgl. *D. Schröder*, a.a.O., S. 158 f.

[10] Vgl. *D. Schröder*, a.a.O., S. 89 f.; *M. Meinertz*, Der Kolosserbrief, S. 43; *J. Schneider*, Der erste Brief des Petrus, NTD 10 (⁹1961), S. 68 ff.; *J. Michl*, Der erste Petrusbrief, RNT 8 (1953), S. 215 f.

J. E. Crouch möchte die Haustafeln, insbesondere die Tafel des Kolosserbriefes, ganz ausschließlich auf dem Hintergrund dieser sozialethischen Problematik sehen und interpretiert sie als eine Reaktion auf enthusiastisch-pneumatische Exzesse innerhalb hellenistischer Gemeinden (S. 141, 144, 175). Er geht davon aus, daß es Spannungen gegeben habe zwischen enthusiastischen und nomistischen Tendenzen in der Gemeinde und daß die soziale Ordnung durch den Freiheitsanspruch enthusiastisch-gnostischer Bewegungen bedroht gewesen sei

dieser Paränese in den Mahnungen an die Frauen, Kinder und Sklaven zu sehen ist, sich unter- und den bestehenden Ordnungen einzuordnen. Diese Gruppe möchte wohl als erste danach fragen, welche Auswirkungen das neue Christusleben mit der Freiheit und Gleichheit aller Menschen vor Gott auf ihre tatsächliche Lage und ihr bürgerliches Leben haben könnte. Daß hier ein ernstes Problem entstanden war, zeigen 1 Kor 7,20 ff.; 2 Thess 3,10; auch Gal 5,13.

Die Sklavenregel (2,18–25), die sich nun anschließt, ist ebenfalls eingliedrig und trotzdem recht umfangreich. Sie stellt in ihrer Bezugnahme auf das Leiden Christi ein kostbares Stück urchristlicher Paränese dar. Die Applikation des Christusschicksals auf das Leben des einzelnen Christen (2,21–25) kann als Konsequenz der Taufwirklichkeit und der tiefinnigen Gemeinschaft mit dem Erlöser (V 24 f.) verstanden werden.

Die Ermahnung an die Ehegatten 3,1–7 ist als einzige zweigliedrig. Doch begnügt sich die Belehrung der Männer mit einem einzigen Vers (V 7), während das Wort an die Frauen sehr viel ausführlicher ist (V 1–6). Die Frauen werden wie in den anderen Tafeln ermahnt, sich den Männern unterzuordnen, was mit der missionarischen Wirkung auf nichtgläubige Ehegatten begründet wird (3,1–2); ein Motiv, das schon V 2,15 eingeführt wurde. Es wird dann eine zweite Mahnung an die Frauen angefügt, die allein in dieser Haustafel steht. Eine ähnliche Mahnung bringt 1 Tim 2,9–10 im Zusammenhang mit einer Gemeindeordnung. Sie sollen sich nicht in Äußerlichkeiten (Schmuck, künstliches Haargeflecht, goldenes Geschmeide, Kleiderpracht) verlieren, sondern nach den inneren Werten der Frau streben (V 3 und 4). Als Vorbilder für ein solches Verhalten werden sie

---

(S. 157). Die Haustafelbildung sei eine „nomistische" Reaktion auf diese Gefahr, geschaffen als Waffe für den Kampf gegen die enthusiastische Häresie, so etwa in Kolossä (S. 151). Es werde den Christen unter Berufung auf den Kyrios eingeschärft, die sozialen Gegebenheiten im Sinne von 1 Kor 7,20 anzunehmen. Es gehe also nicht um eine Neuinterpretation der sozialen Beziehungen, um eine „Christianisierung" der Ordnungen, sondern ganz im Gegenteil darum, den betroffenen Gemeindemitgliedern (z. B. Frauen, Kindern, Sklaven) zu sagen, daß es bei den bisherigen sozialen Gegebenheiten auch ἐν κυρίῳ bleibe (S. 154 f.). Sicherlich hat Crouch richtig gesehen, daß soziale Aspekte bei der Entwicklung der Haustafelparänese eine Rolle gespielt haben und daß das Ausmaß der angezeigten Christianisierung nicht überschätzt werden darf. Die bestehenden sozialen Ordnungen werden nicht revolutionär verändert. Und es ist sicherlich auch ein Anliegen der Haustafelparänese, der Gemeinde klarzumachen, daß das neue Leben „in Christus" sich innerhalb der bestehenden gesellschaftlichen Ordnungen zu realisieren hat, weshalb es keinen enthusiastischen Exodus aus dem Bestehenden geben kann. Aber damit ist noch nicht alles gesagt. Die Haustafelparänese zeigt auch, daß das neue Leben aus dem Glauben ganz konkrete Auswirkungen für die sozialen Beziehungen hat. Das kann aber allein von der Tafel des Kolosserbriefes, auf die sich Crouch fast ausschließlich bezieht, nicht sichtbar gemacht werden.

auf die „heiligen Frauen" der Vergangenheit (des Alten Testamentes) verwiesen, die ihnen nicht nur darin ein Vorbild waren, sondern auch wie sie sich dem Manne unterordnen sollten. „So gehorchte Sara dem Abraham und nannte ihn Herr" (V 5–6). Durch einen guten Lebenswandel werden die Frauen in deren Erbfolge eintreten (V 6b). Die Männer ihrerseits sollen auf die Frauen als das schwächere Geschlecht Rücksicht nehmen und sie achten als die „Miterben der Gnade des Lebens". Es folgt dann noch ein kurzer und nicht ganz eindeutiger Verweis auf das Gebet, das sonst verhindert werde. Die ganze Männerregel umfaßt einen Vers (V 7).

Da die Kinder-Eltern-Ermahnung in 1 Petr ganz fehlt, ergibt sich folgender Aufbau: 1. Obrigkeit (eingliedrig), 2. Sklaven (eingliedrig), 3. Frauen-Männer (zweigliedrig). Die Anordnung ist zwar gegenüber Kol und Eph gelockert, läßt aber die ursprüngliche (?) Form noch erkennen. Auch inhaltlich ist 1 Petr freier in der Entfaltung des Themas, geht aber grundsätzlich wie die beiden anderen Tafeln vom Prinzip der Unterordnung aus, wenn auch die direkte Polarität nur in einem Glied (Frauen-Männer) erhalten ist. Daß die Betonung in den Haustafeln bei den schwächeren Gliedern (Frauen, Kindern, Sklaven, eventuell Untertanen) liegt, ist durch 1 Petr nochmals bestätigt worden, denn in zwei Fällen wurde der andere Teil (Staat und Herren) gar nicht in die Paränese hineingenommen. Damit haben wir die Merkmale der ntl. Haustafeln in einem allgemeinen Überblick dargestellt. Bevor wir jedoch in die Einzeluntersuchung eintreten, stellen wir die *Frage nach der Herkunft und den Quellen* dieser Mahnsprüche.

Da wir es hier mit paränetischem Spruchgut zu tun haben, liegt es nahe, nach entsprechenden *Parallelen bzw. Vorbildern in der hellenistischen und alttestamentlichen bzw. spätjüdischen Literatur* zu suchen. Dazu ist bereits umfangreiches Vergleichsmaterial von M. Dibelius[11], K. Weidinger[12] und D. Schröder[13] zusammengetragen worden, weshalb wir uns mit einigen ausgewählten Beispielen begnügen können.

Was die *philosophisch-hellenistische Literatur* angeht, so ist die Fülle von Belegen bemerkenswert, die auf eine feste ethische Tradition in Richtung auf unser Haustafelschema hinweist[14]. Und zwar hatte die stoische Philosophie einen ethischen Teil, der nach einem Pflichtenschema aufgebaut war und in mehr oder weniger fester Reihenfolge die verschiedenen Stände und ihre Pflichten aufzählte. Solche Ständetafeln bzw. Pflichtenreihen

---

[11] Vgl. *M. Dibelius*, An die Kolosser, S. 48 ff.
[12] Vgl. *K. Weidinger*, a.a.O., S. 23 ff., 27 ff., 40 ff.
[13] Vgl. *D. Schröder*, a.a.O., S. 29 ff., 32 ff., 67 ff.
[14] Vgl. *K. Weidinger*, a.a.O., S. 27 ff.; *D. Schröder*, a.a.O., S. 32 ff.; *J. E. Crouch*, a.a.O., S. 47 ff.

finden wir überall in der Literatur aufgezählt. *Polybius* z. B. schildert das vorbildliche Verhalten des Attalus in seiner Familie mit folgenden Worten: σωφρονέστατα μὲν ἐβίωσε καὶ σεμνότατα πρὸς γυναῖκα καὶ τέκνα, διεφύλαξε δὲ τὴν πρὸς πάντας τοὺς συμμάχους καὶ φίλους πίστιν (XVIII, 41,8 f.). Er lebte also wie ein echter stoischer Weiser (σώφρων und σεμνός sind klassische Termini) in bezug auf Frau und Kinder und wachte über die Treupflicht gegen die Gefährten und Freunde. *Epiktet* läßt einen Idealschüler fragen, was seine Pflichten (τὸ καθῆκον) gegen Götter, Eltern, Brüder, Vaterland und Fremde seien: τί μοι πρὸς θεούς ἐστι καθῆκον, τί πρὸς γονεῖς, τί πρὸς ἀδελφούς, τί πρὸς τὴν πατρίδα, τί πρὸς ξένους (Diss. II 17,31). An anderer Stelle wird gesagt, daß jemand seine Pflicht nicht erfüllt gegen Kinder, Eltern, Vaterland (πατρίς), Verwandte, Götter (*Dio Chrysostomus*, De regno IV § 91). *Cicero* fragt nach der Vorrangigkeit der Pflichten und macht in diesem Zusammenhang folgende Ausführung: sed si contentio quaedam et comparatio fiat, quibus plurimum tribuendum sit officii, principes sint patria et parentes, quorum beneficiis maximis obligati sumus, proximi liberi totaque domus, quae spectat in nos solos neque aliud ullum potest habere perfugium, deinceps bene convenientes propinqui, quibuscum communis etiam fortuna plerumque est ... interdum etiam obiurgationes in amicitiis vigent maxime (Cicero, De officiis I 58). Als Rangordnung der Pflichten wird also von ihm festgelegt: Vaterland, Eltern, Kinder (und das Haus), Verwandte und Freunde. Zum Schluß noch ein schönes Beispiel aus den Briefen des *Seneca,* wo er sagt, daß die Philosophie jeden einzelnen in seinem Stand anredet und ihm dort seine Pflichten lehrt: quae (philosophia) dat propria cuique personae praecepta nec in universum componit hominem, sed marito suadet quomodo se gerat adversus uxorem, patri quomodo educet liberos, domino quomodo servos regat (dem Gatten, wie er sich gegen die Ehefrau verhalten soll; dem Vater, wie er die Kinder erziehen soll; dem Herrn, wie er die Sklaven führen soll. Seneca, Ep. 94,1).

Die wenigen angeführten Stellen dürften bereits klarmachen, daß es im hellenistischen Raum eine feste Tradition der ethischen Belehrung an die einzelnen Stände gab. Im Gegensatz dazu steht zum Beispiel das ethische Prinzip der atl. Literatur, das sich an den Zehn Geboten orientiert. Gerade die formelhaften und schematischen Aufzählungen – man könnte die Beispiele noch um etliche vermehren – zeigen, daß es eine ganz geläufige Form der ethischen Belehrung war. Wir haben daneben auch einige ausgeführte Beispiele, in denen die Pflichten der einzelnen Stände detailliert beschrieben werden. Erhalten ist uns ein Pflichtenschema des Stoikers *Hierokles* leider nur fragmentarisch in der Anthologie des Schriftstellers

Stobäus[15]. Doch kann man ganz gut einen Einblick bekommen, wie eine solche Standesethik etwa ausgesehen hat[16]. Nach der Rekonstruktion dieses Schemas durch K. Prächter[17] kann man mit ziemlicher Sicherheit folgende Disposition annehmen: Götter, Vaterland, Eltern, Brüder, Frau und Kind, Verwandte. Ein ähnliches Werk von *M. Brutus*, das von Seneca in Ep. 95 erwähnt wird (M. Brutus in eo libro, quem περὶ καθήκοντος inscripsit, dat multa praecepta et parentibus et liberis et fratribus. Seneca, Ep. 95, 45), ist leider gänzlich verlorengegangen. Wir können aber, wenn auch nur für einen Teilbereich, auf die Schrift Ciceros De officiis und auf die pseudoplutarchische Schrift De liberis educandis verweisen.

Daß uns nur relativ wenige voll ausgeführte Pflichtentafeln vorliegen, ist verständlich, wenn man bedenkt, daß dieser Teil der philosophischen Unterweisung vor allem dem mündlichen Vortrag vorbehalten war. Hier wurde dann anhand des Pflichtenschemas der einzelne auf seine Pflicht als Vater, Sohn, Bürger etc. angesprochen. Ganz besonders hat sich dieser Aufgabe die popularphilosophische Wanderpredigt angenommen. Für ihre Diatriben war die philosophische Pflichtenlehre eine schier unerschöpfliche Quelle neuen Predigtstoffes.

Die Schulphilosophie dagegen scheint sich mehr theoretisch mit dem Pflichtenschema, dafür intensiver mit den allgemeinen ethischen Prinzipien beschäftigt zu haben, hier besonders der Tugendlehre. Jedoch hat es die weite Verbreitung des Pflichtenschemas sehr gefördert, daß es zum Bestand der stoischen Lehre gehörte. Die stoische Philosophie wird eingeteilt in Physik, Ethik und Logik[18], wobei der Ethik das Hauptinteresse zufällt, da die Stoiker in einer Zeit der Auflösung und Orientierungslosigkeit durch ihre sittlichen Lehren den Menschen Halt und Führung geben wollten. Die Ethik hat nun nach allgemeiner Meinung zwei Hauptteile gehabt, einen mehr theoretischen mit der Erläuterung der allgemeinen Prinzipien und einen mehr praktischen mit der Behandlung der einzelnen Lebensgebiete. Zu diesem zweiten Teil hat ein Kapitel gehört, welches mit τὸ καθῆκον überschrieben war, wie Diogenes Laertius VII 84. 107ff. berichtet[19]. Die

---

[15] Stobäus, Anth. I,3–IV,24.
[16] Vgl. die Inhaltsangabe bei *K. Weidinger*, a.a.O., S. 27 ff., 41 f.
[17] *K. Prächter*, Hierokles der Stoiker, Leipzig 1901.
[18] Vgl. *J. Rief*, Artikel „Stoizismus", in: LThK 9 (²1964), Sp. 1088 f.; *A. Bonhöffer*, Epictet und die Stoa. Untersuchungen zur stoischen Philosophie, Stuttgart 1890, S. 13 ff.; *M. Pohlenz*, Die Stoa. Geschichte einer geistigen Bewegung, 2 Bde., Göttingen 1948.
[19] Vgl. *K. Weidinger*, a.a.O., S. 43 ff.; *D. Schröder*, a.a.O., S. 44 ff.; *H. Schlier*, Artikel „καθήκω", in: ThW 3 (1938), S. 440 ff.

nicht ganz einfache Begriffsgeschichte des καθῆκον kann für unsere Untersuchung unberücksichtigt bleiben, da uns nur die popularphilosophische Propaganda interessiert. Hier bedeutet es soviel wie „das dem Menschen Zustehende oder Anstehende, das Sittliche, das Pflichtgemäße". Diesen Sinn hat es auch an der Stelle des Epiktet (Diss. II 17,31), die wir oben angeführt haben. Es liegt also im Pflichtenschema ein echtes Stück hellenistischer Volksmoral vor, das seinerseits in der Schulphilosophie verankert war.

Wenn wir dagegen nach *Parallelen in der alttestamentlichen Literatur und im palästinensischen Judentum* suchen, werden wir bald das Fehlen eines solchen Schemas konstatieren müssen[20]. Die entsprechenden Pflichten werden an anderer Stelle gelehrt. Weidinger[21] erklärt das Fehlen damit, daß die atl. Spruchparänese nach einem anderen Formprinzip arbeitet: dort sucht man die einzelnen Sprüche abzurunden, prägt sie in die Form des Parallelismus membrorum, oder ordnet sie nach Zahlensymbolen und ähnlichen Prinzipien. Schröder[22] glaubt, wie schon früher M. Dibelius, den Grund nicht so sehr im formalen als vielmehr im theologischen Bereich zu finden. Israel hatte ein anderes Verhältnis zum Gesetz. Das israelitische Gesetz war Gottesgesetz und entsprang dem „Du sollst" des Dekalogs und nicht dem Naturgesetz oder der Vernunfterkenntnis. Als integrierender Teil des Bundesschlusses stellt es den Menschen in den Dienst dessen, der da spricht: „Ich bin der Herr, dein Gott". Entsprechend wird das Verhältnis zum Menschen nicht vom Menschen aus geregelt (Naturrecht), sondern von Gott. Dieselbe Einstellung und ebenso das Fehlen eines haustafelähnlichen Schemas findet sich im späten (palästinensischen) Judentum. Dort geht es vornehmlich um die unversehrte Weitergabe der Gesetzestradition, was zur Kasuistik des Gesetzes geführt hat. Das Interesse an einer Ständeethik im hellenistisch-philosophischen Sinne fehlt.

Anders jedoch sieht der *Befund im hellenistischen Judentum*[23] der Diaspora aus. Die Diasporasituation zwang auf der einen Seite dazu, auf manches zu verzichten, was in Jerusalem zum selbstverständlichen Bestand des jüdischen Lebens gehörte, auf der anderen Seite mußte man sich mit der anders gearteten Umwelt arrangieren. Diese Anpassung führte dazu, daß man, besonders auch in der Propaganda, die genuin jüdischen

---

[20] Vgl. *M. Dibelius*, An die Kolosser, HNT 12 (³1953), S. 49; *D. Schröder*, a.a.O., S. 29 ff.
[21] Vgl. *K. Weidinger*, a.a.O., S. 49, Anm. 4.
[22] Vgl. *D. Schröder*, a.a.O., S. 29 ff.; vgl. auch *M. Dibelius*, Zur Formgeschichte des Neuen Testaments, in: Theol. Rundschau NF 3 (1931), S. 207ff., hier 214.
[23] Vgl. *K. Weidinger*, a.a.O., S. 23 ff.; *D. Schröder*, a.a.O., S. 67 ff.; *M. Dibelius*, An die Kolosser, S. 49; *J. E. Crouch*, a.a.O., S.74 ff.

Stücke zurücktreten und dafür das allgemeingültige Lehr- und Sittengut in den Vordergrund treten ließ. Von diesem Bemühen scheint das *pseudophokylideische Mahngedicht*[24] geprägt zu sein. Nach J. Bernays[25] ist es das Werk eines alexandrinischen Juden. In 230 Hexametern fügt er ververschiedene Mahnsprüche asyndetisch aneinander. Wegen seines allgemeinsittlichen Inhalts konnte es von A. v. Harnack und anderen auch einem christlichen Autor zugeschrieben und jahrhundertelang der christlichen Jugend, besonders der studierenden, als Lehrgedicht empfohlen werden. In seinem 2. Teil, ab Vers 175, wird die Reihenfolge straffer, indem sie dem Pflichtenschema folgt und das Verhältnis von Mann und Frau, Eltern und Kindern, zu Freunden, Verwandten und Sklaven beschreibt. Dabei ist die Bezugnahme auf das Alte Testament nicht zu übersehen.

Vor allem *Philo von Alexandrien,* der als ein Vermittler des jüdischen Lehrgutes mit der hellenistischen Philosophie gilt, gibt zu erkennen, daß er das Schema kennt und sich seiner bedient hat. Es sei besonders hingewiesen auf De decalogo § 165 ff.[26], wo er aus dem 5. Gebot des Dekalogs Vorschriften für Junge und Alte, Herrschende und Untergebene, Wohltäter und Empfänger, Sklaven und Herren ableitet. Weitere Verweise sind bei Weidinger und Schröder angeführt[27]. Des weiteren verweist die einschlägige Literatur auf *Josephus,* Contra Apionem II 189–210, wo der jüdische Historiker und Apologet eine Aufzählung der jüdischen Gesetze anhand unseres Schemas gibt: Gottesverehrung, Ehe, Kinder, Verstorbene, Eltern, Freunde, Fremde.

Es darf demnach als erwiesen gelten, daß auch im hellenistischen Judentum das Pflichtenschema bekannt war, nach dem die Pflichten der einzelnen Stände beschrieben wurden, besonders der Männer und Frauen, Eltern und Kinder, Herren und Sklaven, gegenüber Freunden, Verwandten und Fremden[28]. Die Übereinstimmungen mit der Stoa und der kynischstoischen Diatribe sind nicht zu übersehen. Da jedoch die Pflichtentafeln nur in der hellenistisch-jüdischen Literatur und nicht in der palästinensischen vorkommen, ist der Schluß berechtigt, daß hier eine Abhängigkeit vom Hellenismus vorliegt.

---

[24] Literatur siehe Kap. I, Anm. 24.
[25] Vgl. *J. Bernays,* a.a.O., S. 226 f., 248 ff.
[26] Philo v. Alexandrien, De decalogo § 165 ff.
[27] Vgl. *K. Weidinger,* a.a.O., S. 25 f., 48 f.; *D. Schröder,* a.a.O., S. 67 ff. Das 5. Gebot bei Philo wird nach allgemeiner heutiger Zählung als das 4. (Eltern) bezeichnet.
[28] Vgl. *K. Weidinger,* a.a.O., S. 23 ff.; *D. Schröder,* a.a.O., S. 70.

Diese Abhängigkeit geht allerdings nicht so weit, daß mit der Form und den stoischen Begriffen auch ohne weiteres die entsprechenden Inhalte kritiklos übernommen worden wären. Die umfangreiche hellenisierende und philosophierende Literatur des Philo zeigt, daß der biblische Gottesbegriff nicht von der unpersönlichen Gottesidee der Stoa verdrängt wurde. Gott bleibt trotz aller Anpassung der persönliche und welttranszendente Schöpfer des Alls, der gestalterisch in den Lauf der Dinge und das Leben der Menschen eingreift. Daher gibt es für Philo nicht nur Geschichte, sondern auch Heilsgeschichte. Die Pflichten werden nicht aus den Gesetzmäßigkeiten der Natur, sondern aus dem gebietenden Willen des Schöpfers, der sich geoffenbart hat, begründet. Deshalb ist Sünde nicht ein Vergehen gegen die Natur und das Ich des Menschen, sondern eine Übertretung des Gottesgebotes. Philo spricht in der Terminologie der Stoa und versucht mit ihrer Hilfe die Gottesoffenbarung Israels der hellenistischen Welt verständlich zu machen. Er stellt die Philosophie in den Dienst der Religion, wodurch sie in wesentlichen Stücken verändert wird. Zu fragen bleibt natürlich, wieweit auch die alttestamentliche Botschaft sich bei diesem Prozeß verändert[29].

Wenn wir nun zum Schluß das dargebotene Material überblicken, können wir resümierend feststellen: Die Parallelen der ntl. Haustafeln in der nichtchristlichen Literatur sind so zahlreich und vielfältig, daß es als unmöglich erscheinen muß, eine Inspiration und Beeinflussung von dieser Seite auszuschließen. Diese Annahme wird bestätigt durch zwei Beobachtungen. *Erstens* enthält die Haustafelethik auf den ersten Blick mehr oder weniger allgemein-gültige Grundsätze, die in ähnlicher Form in sehr vielen Kulturen überliefert sind, eine christliche Verarbeitung des Materials ist nur an bestimmten Stellen zu erkennen. *Zweitens* sind uns die ntl. Haustafelsprüche im Zusammenhang mit weiterem Spruchgut überliefert, das seine Verwandtschaft zur antiken Paränese und die Tradition der popularphilosophischen Diatribe nicht verleugnen kann. So stimmen auch wohl die meisten Exegeten darin überein, daß ein Abhängigkeitsverhältnis der ntl. Haustafeln von der stoischen Pflichtenlehre bzw. der popularphilosophischen Paränese besteht. Offen ist noch die Frage, ob das Pflichtenschema direkt aus der hellenistischen Philosophie, vermittelt durch die Diatribe, den Weg in die urchristliche Paränese gefunden hat oder ob es auf dem Umweg über das hellenistische Judentum in die christliche Gemeinde gekommen ist.

---

[29] D. Schröder, a.a.O., S. 78.

M. Dibelius und sein Schüler K. Weidinger lassen die Frage offen, veranschlagen aber den Einfluß der hellenistischen Philosophie im allgemeinen als sehr bedeutsam[30]. D. Schröder dagegen hält den Einfluß des Hellenistischen für relativ gering. Nur die Fragestellung als solche erscheint ihm typisch hellenistisch zu sein. Die Ausgestaltung der ntl. Haustafelparänese ist nach seiner Meinung aber ein genuin christliches, ja paulinisches Werk[31]. Wo eine Übernahme paränetischer Traditionen nachzuweisen ist, sucht er diese eher im jüdischen als im hellenistischen Raum. Die Position von Schröder halten wir für einseitig und in verschiedenen Punkten für anfechtbar, wie wir an späterer Stelle genauer erläutern werden. Im allgemeinen wird von den Exegeten eine Übernahme von paränetischem Material sowohl aus dem hellenistischen als auch aus dem jüdischen Raum konstatiert, wobei bald diese, bald jene Seite stärker konturiert wird. Während E. Lohmeyer die Haustafeln nahezu ausschließlich auf jüdische Traditionen zurückführen möchte[32], betrachten die meisten Autoren das hellenistische Judentum als Vermittler des hellenistischen Gedankengutes an das Christentum und rekonstruieren entsprechend auch den Weg der Haustafelparänese vom Hellenismus über das hellenistische Judentum in die christlichen Gemeinden[33].

Da für unsere Untersuchung nicht von entscheidender Bedeutung ist, woher im letzten das paränetische Gut gekommen ist, können wir die Frage nach den Quellen zunächst mit diesem allgemeinen Überblick als hinreichend beantwortet betrachten. Bei der Einzeluntersuchung werden wir dann von Fall zu Fall Genaueres ausmachen können.

## 2. Das antike Pflichtenschema in der urchristlichen Rezeption

Die sittliche Unterweisung anhand eines Pflichtenschemas, wie wir es in den Haustafeln vorliegen haben, ist nicht die ursprüngliche Form, in der die ntl. Schriften das Leben der Jünger Christi in dieser Welt darstellen. Daß sie ausschließlich in den Spätschriften Verwendung findet, ist

---

[30] *M. Dibelius*, An die Kolosser, S. 49; *K. Weidiger*, a.a.O., S. 40, 48 ff.
[31] *D. Schröder*, a.a.O., S. 86 f., 91, 115, 131, 146 f., 151 ff., 171.
[32] Vgl. *E. Lohmeyer*, Der Brief an die Kolosser, S. 153 ff.
[33] Vgl. z. B. *E. Lohse*, Der Brief an die Kolosser, S. 221 f.; *H. Conzelmann*, Der Brief an die Kolosser, in: NTD 8 (1962), S. 151 ff.; *M. Meinertz*, Der Kolosserbrief, S. 42; *J. E. Crouch*, a.a.O., S. 107 ff., 119.

symptomatisch für dieses Faktum. Diese Art der Unterweisung ist nicht mehr vom hohen Idealismus der ersten Tage gekennzeichnet, dem die lehrhaft abgeklärte, fast schulmäßige Art eines Pflichtenschemas nicht lag. Aber nicht nur die Form dieser Belehrung, auch der Inhalt weist auf einen späteren Zeitpunkt und einen Standort mehr „außerhalb" der fundamentalen Glaubenserfahrungen hin. Es sind die Probleme des ganz alltäglichen Lebens, die hier angegangen werden, und zwar in einer auf den ersten Blick äußerst nüchternen und sachlichen Sprache, die inhaltlich im großen und ganzen allgemeingültige Maximen natürlicher Sittlichkeit, teils auch zeitbedingter Moralvorschriften (Sklavenregel) des Hellenismus und Judentums wiedergibt.

Uns interessiert, wie wir bereits angedeutet haben, im Rahmen dieser Untersuchung nicht so sehr, woher letzten Endes das Schema kommt, aus dem Bereich der stoisch-antiken Philosophie direkt oder auf dem Umweg über das hellenistische Judentum. Denn unsere Frage lautet: Was geschieht mit diesen Ständeregeln, die zunächst nach Inhalt und Form nicht den Geist der Botschaft Christi tragen? Ist hier die popularphilosophische Ethik kritiklos in die urchristliche Paränese übernommen worden oder läßt die Ausstrahlungskraft des Evangeliums auch die Existenzweisen des natürlichbürgerlichen Lebens in einem neuen Licht erscheinen? Was geschieht mit den Formen und Inhalten der allgemeinen, natürlichen Sittlichkeit, wenn sie mit dem Christusereignis konfrontiert werden? Hat das „Anziehen des neuen Menschen", die neue Christuswirklichkeit aus der Taufe (Röm 13,14; Gal 3,27; Kol 3,10, Eph 4,24) auch Konsequenzen für das praktische Leben des Christen in seinen innerweltlichen Bezügen? Es geht also um die sozialethische Bedeutung der Christusbotschaft. Es sollen deshalb im folgenden die ntl. Haustafeln daraufhin befragt werden, was mit den allgemeinsittlichen Ständeregeln geschehen ist, als sie von den urchristlichen „Lehrern" aufgenommen wurden, um die Gemeinden zu unterweisen, wie sie in dieser Welt als Jünger Christi leben sollen. Wir werden deshalb keine Gesamtexegese der fraglichen Stellen vornehmen, dazu verweisen wir auf die bekannten Kommentare, wir beschränken uns vielmehr auf jene Aspekte, welche den Rezeptionsvorgang erkennen lassen und betrachten das Ganze nur unter diesem Blickwinkel.

Ein Vergleich mit den stoischen Pflichtenreihen[34] zeigt, daß sowohl Form als auch Inhalt des Schemas in den ntl. Haustafeln wesentliche Veränderungen erfahren haben. Was die *Form und den Aufbau* angeht, haben

---

[34] Vgl. zum folgenden *D. Schröder*, a.a.O., S. 83 ff.

wir bereits festgestellt[35], daß das Pflichtenschema im NT eine feste Anordnung gewonnen hat, die eine übergeordnete Idee vermuten läßt. Im allgemeinen liegen die Reihenfolge und die Zahl der Glieder (Staat(?), Frauen-Männer, Kinder-Väter, Sklaven-Herren) fest, wenngleich auch hier eine situationsbedingte Umstellung möglich ist, wie 1 Petr zeigt. Die stoischen Reihen dagegen, das veranschaulicht die Übersicht von Schröder[36] sehr gut, sind durch eine bunte Vielfalt gekennzeichnet. Außerdem sind im NT die Glieder paarweise angeordnet, und zwar in der Form der gegenseitigen Zuordnung der Stände, wodurch das Prinzip der grundsätzlichen Unterordnung eines Gliedes in ein solches der Gegenseitigkeit und Polarität der Glieder verwandelt wird. In der stoischen Pflichtenlehre ist dafür keine Parallele zu entdecken.

Wohl findet sich in der hellenistischen Literatur, und zwar bei Philo, De decalogo § 165ff., eine bemerkenswerte Parallele, in der ebenfalls mehrere Gruppen einander gegenübergestellt werden: πρεσβύται und νέοι, ἄρχοντες (ἡγεμόνες) und ὑπήκοοι, εὐεργέται und πεπονθότες, δοῦλοι und δεσπόται. Philo will an dieser Stelle die Unter- bzw. Überordnungsverhältnisse in den verschiedenen gesellschaftlichen Bereichen vom 4. (5.) Gebot her regeln, indem er das Eltern-Kind-Verhältnis auch auf andere Gebiete des Lebens anwendet. Er beantwortet also die stoische Frage nach den Standespflichten grundsätzlich vom Standpunkt der Schrift aus. Dieses Vorgehen könnte ein Fingerzeig für die ähnlich gelagerten Verhältnisse in den urchristlichen Gemeinden sein. Beide nämlich, Philo und das Christentum, standen vor der gleichen Frage, wie man als religiös-elitäre Gruppe der völlig anders gearteten griechischen Geisteswelt begegnen solle, wie man als Diasporagruppe mit hohem Sendungsbewußtsein sich zur hellenistischen Umwelt verhalten solle.

Des weiteren hatten wir gesehen, daß in der Haustafelparänese die schwächeren Glieder durch die grundsätzliche Erstplacierung besonders betont werden. In den stoischen Pflichtenreihen dagegen treten sie vollkommen zurück, eine gegenseitige Ermahnung fehlt ganz. Die Frauen und Kinder werden nur vom Blickwinkel des Mannes betrachtet, die Sklaven häufig gar nicht erwähnt. Umgekehrt müssen wir feststellen: wichtige und häufig genannte Glieder der stoischen Reihen fehlen in den Haustafeln. So bleibt das Verhältnis zum Bruder ganz unerwähnt, während der ἀδελφός in den stoischen Reihen kaum einmal ausgelassen wird; ebenso steht es mit πατρίς und πολίτης. In diesem Vorgang wird bereits das

---

[35] Vgl. den vorhergehenden Abschnitt mit der Darstellung der Haustafeln.
[36] D. Schröder, a.a.O., Anhang II.

Selektionsprinzip, das Prinzip der kritischen Auswahl, sichtbar, das eine ganz entscheidende Rolle bei der Aufnahme natürlicher Sittlichkeit in die christliche Paränese gespielt hat, wie sich noch häufiger zeigen wird.

Die Übernahme von Formen und Inhalten der natürlichen Sittlichkeit in die ntl. Moralverkündigung stellt sich uns als ein differenzierter Prozeß dar, bei dem nicht eingleisig zum Beispiel die stoische Ethik rezipiert und ein wenig christlich überarbeitet worden wäre. Das ethische Material ist aus verschiedenen Richtungen und auf unterschiedlichen Wegen in die christliche Verkündigung gekommen, so daß man bildlich eher von einem modernen Verkehrsknotenpunkt mit Über- und Unterführungen sprechen könnte. Deshalb erscheint es etwas vereinfacht, wenn Schröder immer wieder erklärt, daß die ntl. Haustafeln in ihrer vorliegenden Form nicht aus der stoischen Ethik übernommen worden sein können, und wenn er auch jede literarische Abhängigkeit „von vornherein" ausschließt[37]. Schröder läßt als stoischen Einfluß nur die Fragestellung nach den Pflichten der einzelnen Stände gelten[38] und möchte ansonsten die Haustafeln, was Form und Inhalt angeht, allein aus der Welt des Alten Testaments ableiten[39], soweit er sie nicht als das genuine Produkt der christlichen Gemeinden und im besonderen des Apostels Paulus[40] betrachtet.

Schröder hat sehr richtig erkannt, daß die gestalterische Tätigkeit der christlichen Gemeinde hinsichtlich der Ausformung der Haustafeln als bestimmend einzuschätzen ist. Die Haustafelbelehrung trägt an wichtigen und entscheidenden Punkten die deutliche Handschrift der christlichen Verkündiger. Wenn man sich aber vergegenwärtigt, welche Verbreitung das popularphilosophische Gedankengut in der damaligen Zeit gefunden hatte, kann man sich kaum vorstellen, daß die christlichen Gemeinden, die doch in dieser Umwelt lebten, hiervon unberührt geblieben sein sollten, zumal ein Mann wie Paulus seine Vertrautheit mit der Begriffs- und Formelwelt des Hellenismus und der stoischen Diatribe deutlich zu erkennen gibt[41]. Schröder hat in seinen Überlegungen kaum dem Umstand Rechnung getragen, daß die Haustafeln ausschließlich in den Spätschriften überliefert sind. Sie stammen somit aus einer Zeit, in der wir einen lebhaften Austausch mit der hellenistischen Welt voraussetzen können, wenngleich die eigentliche „Hellenisierung" in eine spätere Epoche fällt (Apologeten).

---

[37] Ebd., S. 86 f.; vgl. auch S. 91.
[38] Ebd., S. 115, 151.
[39] Ebd., S. 92–108, 146.
[40] Ebd., S. 115, 131 f.
[41] Vgl. A. Deissmann, Licht vom Osten, S. 255 ff.

Freilich wird man geneigt sein, in allen Fällen, wo eine Beeinflussung aus dem Hellenismus und aus dem Judentum möglich ist, dem Alten Testament und dem Judentum den Vorrang zu geben, ohne damit die andere Seite ganz ausschalten zu wollen.

Daß diese Frage nicht ohne Einfluß auf die grundsätzliche Beurteilung der Haustafeln ist, geht zum Beispiel aus der Exegese von Kol 3,18 und Eph 5,22 hervor. Beide Stellen sagen übereinstimmend, daß die Frauen sich den Männern unterordnen sollen. Während Eph 5,22 die Unterordnung mit einem einfachen ὡς τῷ κυρίῳ begründet, fügt Kol 3,18 ἀνῆκεν ein und sagt: wie es sich ziemt im Herrn – ὡς ἀνῆκεν ἐν κυρίῳ. Die meisten Exegeten halten das einfache ὡς ἀνῆκεν für die ursprüngliche[42], weil allgemeingültige Formel, die durch den Hinweis auf den „Herrn" verchristlicht wurde. Schröder jedoch, welcher die Verchristlichungsthese rundherum ablehnt, betrachtet das ὡς τῷ κυρίῳ des Eph als ursprünglich und das ἀνῆκεν des Kol als späteren Zusatz, damit die Kyrios-Formel nicht auf den Ehemann gedeutet werden kann.

Eine überzeugende Begründung für seine Deutung kann Schröder nicht angeben: das Abhängigkeitsverhältnis der beiden Briefe bleibt unberücksichtigt. Seine Einstellung wird jedoch verständlich, wenn man weiß, daß er die Haustafeln formal und inhaltlich aus dem Alten Testament und dem Spätjudentum ableiten will und den Einfluß des Hellenismus dabei als fast unbedeutend einschätzt.

Berücksichtigt man jedoch das Beziehungsverhältnis von Eph und Kol[43], so kommt man zu folgendem Ergebnis. Nimmt man eine Priorität des Kol gegenüber dem Eph an, was viele Exegeten tun, so müßte man zunächst davon ausgehen, daß die Version des Kol die ursprünglichere ist. Eine

---

[42] Vgl. *M. Dibelius,* An die Kolosser, S. 46; *E. Lohmeyer,* Der Brief an die Kolosser, S. 156. Anders dagegen *D. Schröder,* a.a.O., S. 110 f.
[43] Vgl. zur Beziehung zwischen Kolosser- und Epheserbrief: *J. Gnilka,* a.a.O., S. 7 ff.; *J. Ernst,* Die Briefe an die Philipper, an Philemon, an die Kolosser, an die Epheser, RNT, Regensburg 1974, S. 254 ff.; *C. L. Mitton,* The Epistle to the Ephesians. Its Autorship, Origin and Purpose, Oxford 1951, S. 55–97; *M. Dibelius,* An die Kolosser, Epheser, an Philemon, HNT 12, hrsg. v. *H. Greeven* [3]1953, S. 483–85; *E. Percy,* Die Probleme der Kolosser- und Epheserbriefe, Lund 1946, S. 360–433; *W. Ochel,* Die Annahme einer Bearbeitung des Kolosser-Briefes im Epheser-Brief in einer Analyse des Epheser-Briefes untersucht, Diss. Marburg 1934; *J. Schmid,* Der Epheserbrief des Apostels Paulus. Seine Adresse, Sprache und literarischen Beziehungen, Bibl. Studien 22, 3–4, Freiburg 1928, S. 392–455; *H. Conzelmann,* Der Brief an die Epheser, NTD 3, Göttingen [10]1965, S. 86–89; *H. Schlier,* Der Brief an die Epheser. Ein Kommentar, Düsseldorf [6]1968, S. 22–27; *M.-A. Wagenführer,* Die Bedeutung Christi für Welt und Kirche. Studien zum Kolosser- und Epheserbrief, Leipzig 1941, S. 3–8, 12, 32–39; *W. G. Kümmel,* Einleitung in das Neue Testament, Heidelberg [17]1973 S. 316–318. Eine Priorität des Kol vertreten: *Mitton, Ochel, Dibelius, Kümmel, Wagenführer.*

gegenteilige Auffassung müßte dann entsprechend begründet werden, was bei Schröder jedenfalls nicht in überzeugender Weise geschieht.

Aber auch wenn man die Frage der Priorität offen läßt, ergibt sich eine ähnliche Konsequenz. Der Kol weist in einem hohen Maße Übereinstimmungen mit dem Eph auf, u. zw. im Schematischen, in der Terminologie und im theologischen Gehalt, wobei im allgemeinen der Eph ein „durchreflektierteres Stadium" verrät. Die Reflexion über die Glaubensinhalte und die sich daraus ergebenden Auswirkungen ist im Eph deutlich über den Kol hinausgeführt worden, so etwa im Kirchenverständnis. Die vielfachen Übereinstimmungen in Verbindung mit dem unterschiedlichen Reflexionsstand legen die Annahme nahe, daß der Verfasser des Eph entweder den Kol in irgendeiner Form als Vorlage benutzt hat oder daß beide auf gleiche Traditionen zurückgehen, die aber im Eph gedanklich bereits merklich weiterentwickelt worden sind.

Bei einem Vergleich der beiden Haustafeln ergibt sich im großen und ganzen dasselbe Bild. Trotz weitgehender Koinzidenz der beiden Tafeln weist Eph 5,22–6,9 beträchtliche Erweiterungen gegenüber Kol 3,18–4,1 auf, so in der Paränese an die Frauen und Männer (Vergleich mit dem Verhältnis Christi zur Kirche) und in der Kinderparänese (Verweis auf das 4. Dekaloggebot). Es fällt deshalb schwer anzunehmen, daß der Eph, der doch im allgemeinen ein fortgeschritteneres Stadium der Reflexion zu erkennen gibt, an dieser Stelle hinter dem Stand vom Kol zurückgegangen sein sollte, bzw. daß der Kol den Eph korrigiert haben sollte, wie es Schröder annimmt. Dieser Gedanke ist auch deshalb schwer vollziehbar, weil gerade die Haustafel des Eph zeigt, daß hier der gemeinsame Traditionsstoff in erheblichem Maße weiterentwickelt worden ist.

Die Zusammenstellung von Frauen, Kindern und Sklaven in einer Paränese stammt nach E. Lohmeyer[44] aus dem Judentum, wo sie seit dem Deuteronomium eine Einheit bilden, weil sie in Kult und Recht, Glaube und Sitte gegenüber den Männern zurückgesetzt sind. Die Mahnung an die Männer, Väter, Herren wäre danach später hinzugekommen. Daß in der sozial schlechteren Stellung der Frauen und Sklaven möglicherweise eine Ursache für die Entstehung der Haustafelethik zu sehen ist, wurde bereits angedeutet. Doch ist dies allein nicht ausreichend zur Erklärung.

Der Sache wesentlich näher kommt wohl K. H. Rengstorf[45], der vom urchristlichen οἶκος, der Hausgemeinschaft, ausgeht. Es ist einleuchtend,

---

[44] *E. Lohmeyer*, Der Brief an die Kolosser, S. 155.
[45] Vgl. *K. H. Rengstorf*, Die ntl. Mahnungen an die Frau, sich dem Manne unterzuordnen, S. 131 ff.; ders., Mann und Frau im Urchristentum, S. 29 ff.

daß gerade die einzelnen Glieder der häuslichen Gemeinschaft in einer zusammenhängenden Paränese angesprochen werden, wenn man bedenkt, wie sehr die urchristliche Gemeinde eine Hausgemeinde war. „Das Urchristentum baute seine Gemeinden in Familien, Sippen und ‚Häusern' auf. Das ‚Haus' war Gemeinschaft und Versammlungsort zugleich"[46]. Dafür haben wir zahlreiche Hinweise in den ntl. Schriften, wie 1 Kor 1,16 und Phm 2; vor allem Apg 2,46; 5,42; 20,20. Ein kostbares archäologisches Denkmal einer Hauskirche, freilich nicht aus ntl. Zeit (um 232), ist uns in Dura-Europos am oberen Euphrat erhalten geblieben. Von anderen Kirchen wissen wir, daß sie auf Hauskirchen zurückgehen (Santa Pudenziana in Rom?).

Andererseits entspricht es durchaus den realen Gegebenheiten der damaligen Gemeinden, deren Einfluß im wesentlichen auf den Bereich des Hauses beschränkt war. Die Haustafeln lassen von ihrer ganzen Anlage her und durch die Art und Weise ihrer paränetischen Sprache erkennen, daß sie Weisungen geben wollen für das christliche Leben in den Ordnungen der Welt. Sie sind entstanden aus dem Bemühen der Gemeinden, die sich auf ein längeres Verbleiben in dieser Welt einrichten mußten, den Gläubigen Orientierung zu geben. Es ist verständlich, daß sich bei diesem Bemühen eine zusammenfassende Paränese an das Haus herausbildete, denn dies war der einzige Raum, in dem Christen geschlossen lebten und den sie nach ihrem Gesetz formen konnten. Daneben gibt es, wie wir wissen, auch Weisungen für den beruflichen Sektor (Mt 20,1–16; Apg 20,35; 2 Thess 3,6 ff.; Jak 5,4) und für das Verhalten als Staatsbürger (Röm 13,1–7; 1 Petr 2,13; 1 Tim 2,1 f.). Insofern hat Schröder recht, wenn er meint: „Dieses Anliegen der christlichen Gemeinde, das Leben des Christen auch im weltlichen Stand zu regeln, ist der Anlaß zur Bildung der Haustafel"[47]. Daß dabei konkrete sozialethische Probleme eine Rolle gespielt haben können, darauf scheint die pointierte Stellung der sozial schwächeren Glieder des Hauses (Frauen, Kinder, Sklaven) hinzudeuten. Vielleicht ist von hier sogar der erste Anstoß zur Haustafelparänese gekommen.

Aber nicht nur das *Schema* der Haustafel mit seinen zweigliedrigen Ermahnungen zeigt deutlich die formende Hand der urkirchlichen Verkündigung, auch die *Form* der einzelnen Mahnungen läßt eine feste, eigenständige Tradition erkennen, die von den stoischen Ständeregeln wesentlich unterschieden ist. In den stoischen Reihen werden die Pflichten der Stände eher beschrieben, als daß die einzelnen Stände direkt angeredet und

---

[46] O. *Michel*, Artikel οἶκος, in: ThW 5 (1954), S. 122 ff., hier 132 f.
[47] D. *Schröder*, a.a.O., S. 90.

ermahnt würden. Es wird der einzelne nur auf seine Stellung als Vater, Sohn, Bürger usw. hin angeredet, zum Beispiel μέμνησο, ὅτι υἱὸς εἶ (Epiktet II,10), dann aber lehrhaft über die Pflicht dieses Standes unterrichtet. Die Haustafeln dagegen reden direkt den Stand an, und zwar im Nominativ Plural mit dem bestimmten Artikel: αἱ γυναῖκες, οἱ ἄνδρες, ihr Frauen, ihr Männer usw.

Nach der direkten Anrede folgt eine konkrete Ermahnung in imperativischer Form: ordnet euch den Männern unter – liebet die Frauen (Kol 3,18 f. z. B.). Hier wird nicht philosophisch argumentiert und nicht belehrt, sondern unmißverständlich befohlen. „Der entscheidende Stil dieser Ermahnungen ist der Imperativ – besser gesagt, kategorische Imperativ"[48]. Soweit der Imperativ sich in der stoischen Diatribe findet, ist er Bestandteil des rhetorischen Rüstzeugs, nicht aber die bestimmende Form der Ermahnung.

An die Mahnung schließt sich regelmäßig die Begründung an. Das kann ein kurzer Hinweis wie ὡς τῷ κυρίῳ (Eph 5,22) sein oder ὡς ἀνῆκεν ἐν κυρίῳ (Kol 3,18) oder τοῦτο γὰρ εὐάρεστόν ἐστιν ἐν κυρίῳ (Kol 3,20) oder φοβούμενοι τὸν κύριον (Kol 3,22) oder einfach τοῦτο γάρ ἐστιν δίκαιον (Eph 6,1). Neben diesen einfachen Verweisen auf Christus, den Herrn, kann die Begründung auch durch ein Schriftzitat erfolgen, so in Eph 5,31; 6,2–3; 1 Petr 3,6; vgl. auch 1 Tim 2,13 f. Sodann sind die Mahnungen bzw. Begründungen mehrfach durch längere Ausführungen erweitert worden, wie in Kol 3,22–25 (Sklaven); Eph 5,22–33 (Ehegatten); Eph 6,5–8 (Sklaven); 1 Petr 3,1–7 (Ehegatten). Da gerade in diesen Teilen die christliche Substanz der Haustafeln zu finden ist, werden wir diese weiter unten noch genauer analysieren müssen. Zunächst können wir festhalten: Die ntl. Haustafeln sind gekennzeichnet durch eine selbständige, von den stoischen Pflichtenreihen eindeutig unterschiedene Form der einzelnen Mahnsprüche, die sich zusammensetzt aus der Anrede (im Nominativ Plural mit bestimmtem Artikel), der Ermahnung (im Imperativ) und der Begründung, die weithin christlich motiviert ist.

Schröder[49] führt diese Form auf das AT zurück, wo eine ähnliche Gebotsstruktur häufig verwandt wird. Ein Beispiel ist das 4. Gebot des Dekalogs (Ex 20,12), welches von Eph 6,2–3 zitiert wird: τίμα τὸν πατέρα σου καὶ τὴν μητέρα, ἵνα εὖ σοι γένηται, καὶ ἔσῃ μακροχρόνιος ἐπὶ τῆς γῆς. Ähnlich ist auch das Sabbatgebot formuliert: auf ein im Imperativ gehalte-

---

[48] Ebd., S. 95.
[49] Ebd., S. 92 ff.

nes Gebot folgt eine entsprechende Begründung. Die Anrede geschieht an das ganze Volk und wird demgemäß von Schröder ergänzt. Hier wäre jedoch gegen Schröder einzuwenden, daß eine direkte Anrede der einzelnen Stände wie in den Haustafeln eben doch nicht da ist und deshalb vorausgesetzt werden muß. Wir können darum Schröder auch nicht folgen, wenn er die Haustafeln als apodiktisches Recht bezeichnet und sie so auf eine Stufe mit dem atl. Sakralrecht stellt[50]. Damit würde man ihnen einen Absolutheitscharakter geben, den sie nicht beanspruchen. Sie stellen vielmehr den Versuch dar, einen Lebensraum christlich zu orten, der zunächst einmal angesichts des wirklichen Absolutheitsanspruchs des urchristlichen Kerygmas im Hintergrund geblieben war[51].

Andererseits sind wir Schröder für den Hinweis auf das apodiktische Gottesrecht dankbar, weil wir nun erkennen, wo der entscheidende Ansatz der Haustafelethik gegenüber den stoischen Pflichtenreihen ist. Hier wird nicht im Namen der Vernunft und eines naturgemäßen Handelns geredet. Hinter den Imperativen der Haustafeln steht die verpflichtende Autorität Gottes genauso wie hinter den atl. Geboten. Es sind die gleiche Herkunft und Ausrichtung des ntl. und atl. Gehorsams, die den Gleichklang des Stils und der Form bewirken, wobei das Beispiel des Alten Testaments inspirierend gewirkt haben wird.

Wie bei den Analysen des Haustafel*schemas* zeigt sich auch bei der Betrachtung der einzelnen Sprüche und ihrer *Form,* daß sie gegenüber den stoischen Ständeregeln ganz entscheidend durch die christliche Bearbeitung verändert worden sind. Bei der Untersuchung der Imperative ist uns ein weiteres klargeworden: In seiner Auffassung vom ethischen Gehorsam steht die urchristliche Gemeinde dem Judentum wesentlich näher als der Stoa. In diese Richtung weist auch ein Vergleich mit dem phokylideischen Mahngedicht, das eine ähnliche Gebots- und Verbotsstruktur aufweist (Imperativ oder μή mit Konjunktiv). Hier im Judentum, nämlich in der Talmud- und Mischnaliteratur, in Tosephta und Bareitha, ist nach D. Schröder[52] und D. Daube[53] auch die Erklärung für die imperativische Verwendung des Partizips in 1 Petr 2,18; 3,1.7 zu suchen. Damit erhalten wir bereits einen Hinweis für die nun folgende Analyse der inhaltlichen Aussagen: Wenn wir nach der Herkunft des Gedankenguts im einzelnen

---

[50] Ebd., S. 93, 95, 99, 107 f.
[51] Vgl. auch die ablehnende Haltung von *E. Lohse,* Der Brief an die Kolosser, S. 224, Anmerkung 1.
[52] Vgl. *D. Schröder,* a.a.O., S. 101 ff.
[53] Vgl. *D. Daube,* The New Testament and Rabbinic Judaism, London 1956, S. 90 ff., bes. 102 ff.; vgl. auch *K. H. Schelkle,* Die Petrusbriefe, HThK 13/2 ([3]1970), S. 75, Anmerkung 1.

fragen, werden wir gut daran tun, den atl. und spätjüdischen Hintergrund der ntl. Paränesen nicht aus den Augen zu verlieren.

Wir gehen aus von der Ermahnung an die Frauen. Im Kern ihrer Aussage: αἱ γυναῖκες, ὑποτάσσεσθε τοῖς ἀνδράσιν (Kol 3,18), unterscheidet sie sich nicht von der grundsätzlichen Unterordnung der Frauen (Kinder und Sklaven) unter die Autorität des Mannes in der jüdischen und hellenistischen Welt. Wir haben das gleiche Verhältnis der Subordination in Eph 5,22 und 1 Petr 3,1. Die mit ὑποτάσσεσθε bezeichnete ethische Haltung des Sich-Unter-und-Einordnens ist ein zentrales Anliegen der Haustafeln. Sie steht als Überschrift über dem ganzen Kapitel im Epheserbrief (5,21) und bestimmt inhaltlich auch die Mahnung an die Kinder und Sklaven, welche in Eph und Kol mit ὑπακούετε ermahnt werden, und die Haltung gegenüber der Obrigkeit in 1 Petr 2,13 (ὑποτάγητε) und Röm 13,1 (ὑποτασσέσθω).

In der Septuaginta hat ὑποτάσσειν bzw. ὑποτάσσεσθαι[54] die Bedeutung, daß alles Gott untertan bzw. unterstellt ist oder daß jemand dem König (der Obrigkeit) untergeordnet ist; auf die soziale Stellung von Frauen, Kindern und Sklaven wird es nicht angewendet. Im stoischen Bereich ist das Bild ähnlich. Jedoch bleibt hier zu berücksichtigen, daß Gott und Vernunft gleich sind, so daß den Göttern sich unterordnen so viel heißt wie vernunftgemäß leben. Dort, wo der Begriff darüber hinaus für die zwischenmenschlichen Beziehungen verwandt wird, hat er durchweg die negative Tendenz von unterwürfig, abhängig sein. Das NT kennt ebenfalls die Bedeutung von ὑποτάσσειν im Sinne von „daß Gott (Christus) alles unterworfen ist" (1 Kor 15, 27 f.; Hebr 2,5–8; Phil 3,21; Jak 4,7 u. a.). Es ist auch geläufig für die Unterordnung unter die staatliche Autorität (Röm 13,1 und 1 Petr 2,13 f.).

Unser Interesse konzentriert sich nun auf die Verwendung für die sozialen Beziehungen, besonders in der Ehe. Welchen Charakter hat das ὑποτάσσεσθε im Hinblick auf die christliche Ehe und die Stellung der Frau[55]? Wie ein Vergleich mit Plutarch (Mor 142) und Pseudo-Callisthenes (Historia Alexandri Magni I, 22)[56] zeigt, wird dort das ὑποτάσσειν der

---

[54] Vgl. *D. Schröder*, a.a.O., S. 116 ff.; *G. Delling*, Artikel ὑποτάσσω, in: ThW 8 (1969), S. 40 ff.

[55] Vgl. *D. Schröder*, a.a.O., S. 121 ff.; *K. H. Rengstorf*, Die ntl. Mahnungen an die Frau, sich dem Manne unterzuordnen, S. 131 ff.; *ders.*, Mann und Frau im Urchristentum, S. 7 ff., bes. 22 ff.; *E. Kähler*, Die Frau in den paulinischen Briefen unter besonderer Berücksichtigung des Begriffes der Unterordnung, Frankfurt a. M. 1960.

[56] Beide Stellen sind belegt bei *W. Bauer*, Griechisch-deutsches Wörterbuch, Berlin [4]1952, Sp. 1539. Interessant ist besonders Ps.-Callisthenes I,22,4 πρέπον γάρ ἐστι τὴν γυναῖκα τῷ

55

Frau in Gegensatz zum κρατεῖν des Mannes gesetzt. Es geht also um die Autoritätsverhältnisse in der Ehe. Nicht anders war die Auffassung im Judentum, wo die Frau – wie im Orient größtenteils heute noch – mit dem Hochzeitstag in die Gewalt des Mannes überging und in manchen Dingen den Kindern und Sklaven gleichgestellt wurde. Der Vergleichspunkt für das ὑποτάσσειν der Frau in den Haustafeln aber ist nicht das κρατεῖν des Mannes, sondern das ἀγαπᾶν (Kol 3,19 und Eph 5,25.28). Damit ist eine grundsätzlich neue Situation geschaffen. Hier zeigt sich, daß die Form der zweigliedrigen Ermahnung nicht nur eine formale Eigenart des Schemas ist, sondern Ausdruck einer prinzipiellen Haltung: im christlichen Haus sind die Glieder der Hausgemeinschaft einander in neuer Weise zugeordnet, so daß nun das ὑποτάσσειν einen ganz neuen Sinn erhält, wodurch es seine abwertende Aussage verliert. Was das im einzelnen zu bedeuten hat, wird die weitere Untersuchung zu klären haben.

Der Kern der Männerparänesen, wie sie in Kol 3,19 überliefert ist, „Ihr Männer, liebet (ἀγαπᾶτε) die Frauen und laßt euch nicht gegen sie verbittern" unterscheidet sich auf den ersten Blick kaum von ähnlichen Sprüchen der hellenistischen und jüdischen Umwelt. Obwohl in ἀγαπᾶν die christliche Gestalt der ἀγάπη von 1 Kor 13 anklingt, will E. Lohmeyer den Spruch mit Rücksicht auf das parallel stehende „verbittern" nur in einem „konventionellen Sinne"[57] verstehen. In der nichtchristlichen Literatur ist aber der Terminus technicus für die eheliche Liebe nicht ἀγάπη (ἀγαπᾶν)[58]. Würde es sich um eine einfache Übernahme antiker ethischer Tradition handeln, sollte man φιλεῖν oder στέργειν oder dergleichen erwarten. Die Verwendung von ἀγαπᾶν kann man kaum als zufällig und absichtslos bezeichnen, wenn wenige Zeilen vorher (Kol 3,14) die ἀγάπη das Band der Vollkommenheit genannt und auf ihre beherrschende Stellung in der christlichen Sittlichkeit angespielt wird. Unsere Auffassung

---

ἀνδρὶ ὑποτάσσεσθαι wegen der formalen Ähnlichkeit mit Kol 3,18; Eph 5,22–24; 1 Petr 3,1; Tit 2,5. Vgl. auch *G. Delling*, Artikel ὑποτάσσω, S. 40, 44.
Aufschlußreich für einen wertenden Vergleich ist vor allem Plutarch, Mor 142 E κρατεῖν δὲ δεῖ τὸν ἄνδρα τῆς γυναικὸς οὐχ ὡς δεσπότην κτήματος ἀλλ᾽ ὡς ψυχὴν σώματος.
Wenn Plutarch auch eine despotische Verfügungsgewalt des Mannes über die Frau ablehnt, so zeigt die Stelle doch, daß er das „Unterordnen" der Frau im Gegensatz zum „Herrschen" des Mannes sieht, wie sich ganz klar aus dem Zusammenhang ergibt: „So ist es auch mit den Frauen: wenn sie sich ihren Männern unterordnen, werden sie gelobt; wenn sie aber herrschen wollen, dann kommen sie in eine noch schimpflichere Lage als die Beherrschten. Denn herrschen muß der Mann über die Frau, nicht als Herr über seinen Besitz, sondern wie die Seele über den Leib".
[57] *E. Lohmeyer*, Der Brief an die Kolosser, S. 156; ähnlich *M. Dibelius*, An die Kolosser, S. 46.
[58] Vgl. *D. Schröder*, a.a.O., S. 123 ff.

wird durch die Ergebnisse bestätigt, die A. Vögtle in seiner Untersuchung der Tugend- und Lasterkataloge[59] vorlegt. Mit der Aufnahme der ἀγάπη in die Haustafeln ist etwas ganz Neues geschehen, das auch im Judentum keine Parallele hat, wo die Liebe des Mannes zur Frau sich am Gebot der *Nächsten*liebe orientiert. In den ntl. Tafeln dagegen ist sie inhaltlich gefüllt durch die christliche Agape, d. h. sie wird ausgerichtet auf die Liebe, die in Christus offenbar geworden ist. Auch die eheliche Liebe wird gemessen an dem hohen Anspruch, der durch die Liebestat Christi aufgerichtet worden ist.

Durch diese ἀγάπη bekommt die Haustafel eine christologische (christozentrische) Ausrichtung, die bereits durch das formelhafte ὡς ἀνῆκεν ἐν κυρίῳ (Kol 3,18) bzw. ὡς τῷ κυρίῳ (Eph 5,22) in der Frauenparänese angedeutet ist[60]. Damit wird die ganze Paränese grundsätzlich auf eine neue Ebene gestellt, sie kommt in den alles verändernden Einflußbereich des erhöhten Kyrios. Wie sich das konkret für das Leben in den gesellschaftlich-bürgerlichen Ordnungen und speziell in der Ehe auswirkt, sehen wir näherhin an den Erläuterungen des Epheser- und ersten Petrusbriefes.

Eph 5,23–5,33[61] ist eine eindrucksvolle Antwort auf die Frage: Was geschieht, wenn der Mensch und seine gesellschaftlichen Bezüge in den Einflußbereich des Evangeliums geraten. Der Christ wird nicht aus den innerweltlichen Ordnungen gelöst, aber so wie er ἐν Χριστῷ eine neue Existenz geworden ist, so verändert sich für ihn auch das gesamte Gefüge seiner mitmenschlichen Bezüge von Christus her. Sie werden in das ἐν Χριστῷ mit hineingenommen. Die Unterordnung der Frau wird nun an dem Verhältnis von Christus und der Kirche (von Haupt und Leib: V 23 f.) genormt, und die Liebe der Männer zu ihren Frauen wird an dem hohen Anspruch gemessen, den die Liebe Christi zur Kirche gesetzt hat (V 25). „Damit wird das Wort ἀγαπᾶν aus dem Rahmen des Unverbindlichen genommen und konkretisiert"[62], es wird bis zur letzten Konsequenz in das Geheimnis Christi hineingenommen, es wird zur Selbsthingabe (Mysterium crucis). Beide, Mann und Frau, werden zur innigsten Gemeinschaft (Vv 28–32), zu einem Fleisch, wie es ihnen als Glieder des Leibes Christi vorgezeichnet ist (V 30) und wie es dem Schöpfungsplan Gottes entspricht (V 31).

---

[59] Vgl. *A. Vögtle*, Die Tugend- und Lasterkataloge im Neuen Testament, S. 46 ff., 132, 144 f., 140 f., bes. 156 f. und 158 ff.
[60] Die Formel ἐν κυρίῳ wird weiter unten Gegenstand einer besonderen Analyse sein.
[61] Was die Einzelexegese dieser Stelle betrifft, müssen wir auf die Kommentare und die endsprechenden Untersuchungen verweisen.
[62] *J. Gnilka*, Der Epheserbrief, S. 279.

Wieweit in den Bildern vom Haupt und in dem Motiv der Braut Christi hellenistische oder jüdische Vorstellungen nachwirken, muß an dieser Stelle unberücksichtigt bleiben[63]. Uns kam es darauf an zu sehen, ob und welche Auswirkungen die Existenzweise in Christus auf die bürgerliche Ordnung der Ehe hat. Wie wir gesehen haben, sind Mann und Frau als Glieder des Christusleibes einander auch in der Ehe in ganz neuer Weise zugeordnet. Die Ehe wird in das Gnadengeheimnis hineingenommen und so auf eine ganz neue Ebene gestellt; wieweit sie dann selbst zum Gnadenort (μυστήριον: V 32) wird, kann hier nur als Frage gestellt werden.

1 Petr 3,1–7 fügt dem im Grunde nichts wesentlich Neues hinzu. Auch hier werden die Frauen zur Unterordnung ermahnt (V 1), jetzt jedoch mit der Begründung, daß ihr vorbildlicher Wandel eine missionarische Wirkung auf die nichtgläubigen Männer hat (V 1 f.). Was dann in den Vv 3 und 4 als christliches Frauenideal beschrieben wird, weicht in nichts von ähnlichen stoischen oder jüdischen Vorstellungen ab. Sie sollen äußeren Schmuck (künstliches Haargeflecht, goldenes Geschmeide, Kleiderpracht) meiden (V 3) und umso größeren Wert auf die innere Schönheit legen (V 4). Eine ähnliche Forderung findet sich in der Gemeindeordnung 1 Tim 2, 9 ff. Zu einem solchen Leben werden sie bereits durch das Beispiel hl. Frauen wie Sara angeleitet, die ebenfalls ihren Männern untertan waren (V 5 f.). Die Männer ihrerseits sollen aus der Tatsache, daß sie zusammen mit den Frauen das gleiche Gnadengeschenk des Lebens erben, also vor Gott gleich sind, die Konsequenz ziehen und ihnen „als dem schwächeren Geschöpf" einsichtsvoll und mit Achtung begegnen. Der neue Akzent, welcher von 1 Petr gesetzt wird, ist insofern bemerkenswert, als hier über die engen Grenzen der Gemeinde hinausgesehen und die missionarische Verantwortung des christlichen Lebens ad extra ins Auge gefaßt wird.

Die *Paränese an die Kinder und Väter* (Kol 3,20–21; Eph 6,1–4) enthält nur weniges, was auf eine spezifisch christliche Belehrung hinweist. Die *Kinder* werden in Kol 3,20 und Eph 6,1[64] übereinstimmend ermahnt, den Eltern zu gehorchen: τὰ τέκνα, ὑπακούετε τοῖς γονεῦσιν. Die Begründung lautet: „das ist wohlgefällig im Herrn (εὐάρεστον ἐν κυρίῳ)" bzw. „das ist nämlich recht" (δίκαιον). Abgesehen von der Bezugnahme auf den Herrn (ἐν κυρίῳ) könnte diese Kinderregel in jeder anderen Ethik stehen. Zwar erklärt Schröder, daß trotz formal gleichen Sprachgebrauchs hier unter ὑπακούειν, εὐάρεστον und δίκαιον etwas anderes verstanden

---

[63] Es sei verwiesen auf *D. Schröder*, a.a.O., S. 133 ff.; *J. Gnilka*, a.a.O., S. 276 ff., bes. Exkurs 6: Hieros Gamos, S. 290 ff.

[64] Die Haustafel 1 Petr hat keine entsprechende Paränese.

wird als in der Stoa. Doch geht das aus der Stelle selbst nicht hervor. Allein die Formel ἐν κυρίῳ und das in Eph 6,2–3 zitierte Dekaloggebot weisen darauf hin, daß dieser Gehorsam unter die christliche Botschaft gestellt sein will. Was das aber in concreto bedeutet, wird nirgends dargetan. Was von der Warte des Evangeliums die Begriffe ὑπακούειν, εὐάρεστον und δίκαιον besagen, muß erst noch im nachhinein ermittelt werden.

Ebenso steht es mit dem *Wort an die Väter*. In Kol 3,21 wird ihnen ohne jeden christlichen Kommentar gesagt: Ihr Väter, verbittert (μὴ ἐρεθίζετε) eure Kinder nicht, damit sie nicht mutlos werden. In Eph 6,4 wird im gleichen Sinne παροργίζειν (erzürnen) gebraucht und dann die positive Weisung erteilt, die Kinder in der Zucht (παιδεία) und Ermahnung des Herrn zu erziehen. Der Wortgebrauch zeigt keine typisch biblische Bedeutung, steht aber der stoisch-popularphilosophischen umso näher. Allein der Hinweis auf den Herrn läßt nach einer näheren Erklärung im Biblischen suchen. Die Mahnung an die Kinder und Väter erfolgt, wie wir gesehen haben, in einer sehr allgemeinen Form und ist am wenigsten christlich motiviert. Das berechtigt im Hinblick auf die anderen beiden Paränesen zu der Frage, ob dies vielleicht darin begründet ist, daß in bezug auf die Kinder weniger Probleme anstanden.

Einen besonderen Platz innerhalb der Haustafeln, was Umfang und Inhalt angeht, nimmt dagegen wieder die *Paränese an die Sklaven und Herren* ein. In begrifflich und inhaltlich übereinstimmenden Formulierungen werden Kol 3,22–25 und Eph 6,5–9 die Sklaven (οἱ δοῦλοι) zum Gehorsam (ὑπακούετε) gegen die Herren ermahnt. Sie sollen ihren Dienst nicht aus Augendienerei tun, um den Menschen zu gefallen, sondern in der Einfalt des Herzens, in der Furcht Gottes (Kol 3,22). In immer neuen Wendungen werden sie aufgefordert, ihren irdischen Dienst auf den „Herrn" zu beziehen. Sie sollen ihren irdischen Herren dienen in der Furcht des Herrn (φοβούμενοι τὸν κύριον Kol 3,22), mit Furcht und Zittern (μετὰ φόβου καὶ τρόμου Eph 6,5), wie dem Herrn Christus (ὡς τῷ κυρίῳ Kol 3,23; Eph 6,5 Χριστῷ), als Knechte Christi (ὡς δοῦλοι Χριστοῦ Eph 6,6); wie dem Herrn und nicht den Menschen (ὡς τῷ κυρίῳ καὶ οὐκ ἀνθρώποις Kol 3,23; Eph 6,7), im Wissen um Lohn und Erbe des Kyrios (Kol 3,24; Eph 6,8), mit Blick auf das endzeitliche Gericht (Kol 3,25). Die Anhäufung ähnlicher Formulierungen zeigt, worauf es dem Verfasser offensichtlich ankommt. Wie die eheliche Liebe im Eph von der Christusliebe her verstanden wird und in diese einmündet, so soll auch der Sklavendienst vom Dienst für Christus (den Herrn) her gedeutet und in den Christusdienst eingefügt werden. Das Leben der Gläubigen ist christozentrisch orientiert. Gleicherweise sollen auch die Herren ihre Sklaven so behandeln, wie es

der Verantwortung vor dem gemeinsamen Herrn im Himmel entspricht (Kol 4,1 und Eph 6,9). Bei der Eindeutigkeit dieser Aussagen ist es nicht nötig, auf das verwendete Vokabular im einzelnen einzugehen; es ist zum größten Teil der griechischen Popularphilosophie entnommen[65].
Eine bemerkenswerte Ausführung zum Sklaventhema macht die Haustafel in 1 Petr 2,18–25. Die Sklaven (οἰκέται) werden aufgerufen, sich den Herren (δεσπόται) unterzuordnen, nicht nur den guten, sondern auch den ungerechten (V 18). Denn es ist Gnade vor Gott (τοῦτο χάρις παρὰ θεῷ: V 20), im Gedanken an Gott Unrecht zu leiden (V 19), Gutes zu tun und dafür noch Leiden zu ertragen (V 20). Das ist die Berufung der Gläubigen: sie sollen darin dem Beispiel Christi folgen und in seine Fußstapfen treten (V 21). Dann folgt V 22–25 der bekannte Christushymnus. Der Sklavendienst wird hier zur Leidensgemeinschaft mit Christus erhoben und in das Zentrum der christlichen Heilsbotschaft („Christus hat für euch gelitten" V 21) integriert. Freilich, eine Infragestellung der Institution der Sklaverei erfolgt auch (oder erst recht) hier nicht. Das geschieht im Philemonbrief, wo die Frage aufgeworfen ist, ob aus der christlichen Freiheit und Gleichheit vor Gott nicht auch entsprechende Konsequenzen für das bürgerliche Leben zu ziehen sind.

Wenn wir nun das Haustafelschema noch einmal überblicken, so sehen wir als Kern der Paränesen kurze, einfache Sätze, in denen je zwei einander zugeordnete Stände ermahnt werden. Die Form ist einheitlich gegliedert in Anrede, Mahnung und Begründung. In der einfachsten Gestalt, wie sie im Kolosserbief vorliegt, wird die Mahnung durch einen knappen Verweis auf den Herrn ὡς (ἀνῆκεν) ἐν κυρίῳ oder ähnlich (endzeitlichen Lohn) begründet. Diese Paränesen können nun je nach Anlaß aktualisiert und erweitert werden, wodurch das ὡς ἐν κυρίῳ weiter ausgebaut wird. Eine solche Aktualisierung scheint im Eph durch das zentrale Briefthema „Kirche" bezüglich der Eheparänese veranlaßt zu sein, wie in 1 Petr die Situation der äußeren Bedrängnis dazu geführt haben wird, nicht nur das Schicksal der Gemeinde allgemein auf den Leidensweg Christi zurückzuführen (1 Petr 1,6; 3,14; 3,18 ff.; 4,1; 4,12–19), sondern auch das Schicksal der Sklaven von Christus her neu zu deuten.

In dieses Bild paßt auch die *Staatsbürgerparänese* 1 Petr 2, 13–17. Im Stil der Haustafel, die Form ist allerdings schon gelockert, werden die

---

[65] Vgl. *D. Schröder*, a.a.O., S. 146 ff.; *J. Gnilka*, a.a.O., S. 299 ff. Ὀφθαλμοδουλία und ἀνθρωπάρεσκοι erscheinen nur an dieser Stelle; auch ἀγαθοποιέω im hier gebrauchten Sinne (1 Petr 2,15.20; 3,6.17) ist wahrscheinlich eine christliche Wendung. Diese Begriffe verraten eine gewisse sprachschöpferische Kraft.

Gläubigen ermahnt, sich der menschlichen Obrigkeit um des Herrn willen zu unterwerfen (ὑποτάγητε: V 13). Das wird begründet mit dem missionarischen Charakter des christlichen Lebens: durch einen vorbildlichen Wandel sollen sie die Unvernünftigen zum Schweigen bringen (V 15). Die christliche Freiheit darf nicht zum Deckmantel der Bosheit gemacht werden (V 16).

Die Anweisungen für das Verhalten den staatlichen Organen gegenüber sind pragmatisch gehalten; sie stellen keine Grundsatzentscheidung dar und entfalten keine Staatsphilosophie. Die christliche Motivierung geschieht auch hier denkbar einfach: um des Herrn willen – διὰ τὸν κύριον (V 13). Die Aktualisierung des Themas ist in dem Verweis auf die missionarische Wirkung zu erblicken, was durchaus mit der Briefsituation übereinstimmt, wie wir bereits gesehen haben. Das ebenfalls angeschnittene Thema der christlichen Freiheit steht in einem inneren Zusammenhang dazu, lag es doch nahe, im Namen der christlichen Freiheit eine Entbindung von den bürgerlichen Pflichten zu fordern, was auf die heftigste Kritik der nichtchristlichen Umwelt gestoßen wäre.

### 3. Die sozialethische Bedeutung der ntl. Haustafeln

Um die sozialethische Bedeutung noch genauer darlegen zu können, bemühen wir uns zunächst um eine präzisere Bestimmung der Formel ἐν Χριστῷ[66]. A Deissmann[67] hat bereits 1892 in einer monographischen Untersuchung auf die hervorragende Stellung hingewiesen, welche diese Formel in der paulinischen Theologie einnimmt. Schon die Tatsache, daß sie 164mal im Corpus Paulinum verwandt wird, zeigt eine gewisse Vorliebe für sie und muß unser Interesse wecken. Deissmann nennt sie den „Lieblingsbegriff" des Apostels, E. Käsemann[68] den „Mittelpunkt" der pauli-

---

[66] *A. Deissmann*, Die neutestamentliche Formel „in Christo Jesu, Marburg 1892; *F. Neugebauer*, In Christus. ΕΝ ΧΡΙΣΤΩΙ. Eine Untersuchung zum Paulinischen Glaubensverständnis, Göttingen 1961; *M. Bouttier*, En Christ. Étude d'exégèse et de théologie pauliniennes, Études d'histoire et de philosophie religieuses 54, Paris 1962; *A. Oepke*, Artikel „ἐν", in: ThW 2 (1935), S. 534 ff.; *F. Neirynck*, Die Lehre des Paulus über „Christus in uns", und „Wir in Christus", in: Concilium 5 (1969), S. 790 ff.; *J. A. Allan*, The „In Christ" Formula in Ephesians, in: NTS 5 (1958/59), S. 54 ff.; *F. Büchsel*, „In Christus" bei Paulus, in: ZNW 42 (1949), S. 141 ff.; *D. Schröder*, a.a.O., S. 161 ff.
[67] *A. Deissmann*, a.a.O., S. 70.
[68] *E. Käsemann*, Leib und Leib Christi. Eine Untersuchung zur paulinischen Begrifflichkeit, Beitr. zur hist. Theologie 9 (1933), S. 183 f.

nischen Verkündigung, N. A. Dahl[69] ein „Schlüsselwort" und M. Meinertz[70] spricht von der „Grundformel der Christusmystik". Da sich für diese besondere Art der Verwendung der Präposition ἐν in Verbindung mit einem persönlichen Dativ weder in der Profangräzität noch im Hebräischen eine überzeugende Parallele finden läßt, muß die Formel als eine selbständige Schöpfung des Apostels Paulus betrachtet werden. C. Maurer stellt fest, „daß Paulus diese Formel, wenn nicht selbst geschaffen, so doch zum entscheidenden Durchbruch gebracht hat"[71]. Paulus hat sie nach Deissmann aufgrund seines feinen Gespürs für die individuelle Eigenart der einzelnen Präpositionen geschaffen, um mit ihr den alles Bisherige sprengenden Inhalt des Evangeliums aussagen zu können[72].

Das Charakteristische der Formel ist die Verbindung der (ursprünglich lokalen) Präposition ἐν mit einer lebenden Person (Christus) im Singular Dativ, um ein bestimmtes Beziehungsverhältnis (zu Christus) auszudrücken. Deissmann betrachtet im Hinblick auf die lokale Grundbedeutung des griechischen ἐν dieses Verhältnis des Christen zu dem lebenden Christus als ein lokales und übersetzt deshalb „in Christus", was soviel heißt wie „in der Gemeinschaft mit Christus". Aufgrund seines lokalen Verständnisses kann er ἐν Χριστῷ mit ἐν πνεύματι gleichsetzen, ebenso mit der Formel „Christus in mir", wodurch einer bestimmten Christusmystik der Weg gewiesen wurde. Auf die Frage, welche Beziehung zwischen dem „In-Christus" und dem „Im-Pneuma" auch abgesehen von der lokalen Deutung Deissmanns besteht, gehen wir nicht näher ein.

Wie Deissmann sagt, „ist die Formel der eigentümlich paulinische Ausdruck der denkbar innigsten Gemeinschaft des Christen mit dem lebendigen Christus"[73]. J. A. Allan spricht von einer tiefen personalen Identifikation mit Christus (a profound personal identification with Christ), welche die Basis von Erlösung und neuem Leben ist[74].

Daß in der Formel das zentrale Kerygma, Erlösung und neues Leben, erfaßt wird, ist allseits anerkannt; bezüglich der lokalmystischen Christusgemeinschaft sind Deissmanns Thesen nicht unwidersprochen geblieben. F. Büchsel, der wie viele andere eine lokale und mystische Interpretation

---

[69] *N. A. Dahl*, Bibelstudie über den Epheserbrief, in: Kurze Auslegung des Epheserbriefes, Göttingen 1965, S. 7 ff., hier 12.
[70] *M. Meinertz*, Theologie des Neuen Testamentes II, HSNT, Erg.-Bd. 2, Bonn 1950, S. 135.
[71] *C. Maurer*, Der Hymnus von Epheser I als Schlüssel zum ganzen Briefe, in: Evangelische Theologie 11 (1951/52), S. 151 ff., hier 159.
[72] *A. Deissmann*, a.a.O., S. 72.
[73] Ebd., S. 97 f.; vgl. auch S. 81 f.
[74] *J. A. Allan*, a.a.O., S. 55.

ablehnt, erklärt kategorisch: „Mit dem Gedanken, daß sich Paulus tatsächlich Christus als räumliche Größe oder nach Art einer solchen vorgestellt habe, so daß ἐν X εἶναι lokal zu verstehen wäre, muß endlich restlos aufgeräumt werden"[75]. Andererseits hat die Untersuchung Deissmanns auch lebhaften Zuspruch gefunden; auch auf katholischer Seite hat man das Thema dankbar aufgegriffen, so daß Neugebauer von einer „mystischen Sturmflut"[76] sprechen kann. Es liegt nicht im Interesse unserer Untersuchung, dem Thema „Christusmystik bei Paulus" weiter nachzugehen. E. Käsemann zum Beispiel interpretiert „in Christus" als „in der Kirche sein"[77], A. Oepke[78] und J. A. Allan (corporate personality)[79] gehen von der Vorstellung des Universalmenschen aus, ähnlich deutet E. Percy[80] „in Christus" als „im Leibe Christi". A. Wikenhauser[81] sieht im Taufgeschehen den entscheidenden Ansatz.

Gemeinsam ist allen diesen Überlegungen, daß sie von einer pauschalen, harmonisierenden Betrachtung der Christusformel ausgehen. Eine differenzierte Behandlung der verschiedenen Formelvarianten beginnt erst mit W. Schmauch[82] und W. Foerster[83]. Während Schmauch von der Gegenüberstellung von ἐν Χριστῷ und ἐν νόμῳ ausgeht, untersucht Foerster den Kyriostitel näherhin. Foerster kommt zu dem Ergebnis, daß Χριστός immer in Verbindung mit Aussagen des Heils gebraucht wird und daß κύριος Herrsein und Autorität anzeigt und auf das Umsetzen des neuen Lebens in die Tat abzielt[84].

Diese Anstöße nimmt Neugebauer auf und untersucht systematisch die unterschiedliche Verwendung der einzelnen Christustitel und die damit verbundenen Aussagen[85]. Ἰησοῦς, Χριστός und ihre Verbindung Ἰησοῦς Χριστός, die Namen decken sich inhaltlich nicht ganz, bezeichnen „vornehmlich den Träger des Heilsgeschehens und damit das ‚Wesen' Christi... Anders ist es jedoch mit dem Titel κύριος. Dieser Titel will nämlich nicht

---

[75] F. Büchsel, a.a.O., S. 152.
[76] F. Neugebauer, a.a.O., S. 25.
[77] E. Käsemann, a.a.O., S. 183 f.
[78] A. Oepke, a.a.O., S. 538.
[79] J. A. Allan, a.a.O., S. 55.
[80] E. Percy, Der Leib Christi in den paulinischen Homologumena und Antilegomena, Lunds Universitets Årsskrift NF, Avd. 1, 38, 1, Lund-Leipzig 1942, S. 18.
[81] A. Wikenhauser, Die Christusmystik des Apostels Paulus, Freiburg ²1956, S. 66, 70 ff.
[82] W. Schmauch, In Christus. Eine Untersuchung zur Sprache und Theologie des Paulus, Ntl. Forschungen, R. 1, H. 9, Gütersloh 1935.
[83] W. Foerster, Herr ist Jesus. Herkunft und Bedeutung des urchristlichen Kyrios-Bekenntnisses, Ntl. Forschungen, R. 2, H. 1, Gütersloh 1924.
[84] Vgl. ebd., S. 134 f., 144 f., 149.
[85] F. Neugebauer, a.a.O., 44 ff.

das ‚Wesen' einer Person sichtbar machen, sondern möchte als ein Verhältnisbegriff die Beziehung zu einem zweiten anderen eindeutig formulieren"[86]. Κύριος als Verhältnisbegriff will sagen, „daß Jesus Christus der Herr über die ganze Welt ist und daß dies sein Verhältnis zur Welt ist"[87]. In diesem Titel wird der eschatologische Herrschaftsanspruch des Kyrios Jesus Christus über alle Welt und alle Menschen aufgerichtet. Die kultische Funktion dieses Christuszeugnisses ist von H. Böhlig[88] ins Gespräch gebracht worden. Κύριος ist demnach in erster Linie der „Herr", der Herr der Gemeinde, des Apostels und der ganzen Welt; 'Ιησοῦς Χριστός dagegen meint vor allem den eschatologischen Heilsbringer. Beide Funktionen können natürlich nicht voneinander getrennt werden, sie sind einander vielmehr zugeordnet wie Indikativ und Imperativ[89]. Die imperativische Forderung des erhöhten Herrn ist begründet in der Heilsgabe des sich opfernden Christus. Die Heilsgabe ist zugleich Aufgabe.

In einer eingehenden Untersuchung zeigt Neugebauer[90], wie die Formel ἐν Χριστῷ ('Ιησοῦ) bei Paulus dem obigen Ergebnis entsprechend im großen und ganzen in Verbindung mit Begriffen des Heils, der Kirche und des Apostelamtes steht. Heilsspezifische Begriffe, welche mit der Christusformel verbunden werden, sind zum Beispiel: δικαιοσύνη, δικαιωθῆναι u. ä. (Gal 2,17; 2 Kor 5,21; Röm 3,24); χάρις (1 Kor 1,4 f.); καταλλάσσειν (2 Kor 5,19); ζωὴ αἰώνιος (Röm 6,23; auch 8,2); κλῆσις (Phil 3,14); εἰρήνη (Phil 4,7); δόξα (Phil 4,19). In ähnlicher Weise läßt sich eine Gruppe ausmachen, die vornehmlich die Christusformel mit ekklesiologischen Begriffen verbindet, wobei zu berücksichtigen ist, daß die Ekklesia Gegenstand des göttlichen Heilshandelns und das Heilshandeln selbst sein kann[91]. Auch Begriffe des Apostelamtes werden vorzugsweise mit der Christusformel verbunden[92]. Der Apostel, ein Begriff, der für Paulus noch nicht auf die Zwölf festgelegt ist, wird als Träger des Christuskerygmas in ähnlicher Weise begrifflich behandelt wie das Heilsgeschehen selbst.

Auffallend ist, daß die Formel ἐν κυρίῳ im Gegensatz dazu vorzugsweise in Verbindung mit Begriffen des ethischen Bereichs steht, wodurch die menschliche Existenz und ihre gesellschaftlichen Bezüge unter die Auto-

---

[86] Ebd., S. 55 f.
[87] Ebd., S. 60.
[88] Vgl. *H. Böhlig*, Ἐν κυρίῳ, Neutestamentliche Studien für G. Heinrici, Untersuchungen z. NT, H. 6, Leipzig 1914, S. 170 ff.
[89] Vgl. *F. Neugebauer*, a.a.O., S. 61 ff.
[90] Vgl. ebd., S. 65 ff. und 78 ff.
[91] Vgl. ebd., S. 67 ff. und 93 ff.
[92] Vgl. ebd., S. 70 ff. und 113 ff.

rität des Kyrios Christus gestellt werden, indem sie sich in das Christusereignis einordnen. Neugebauer spricht von Begriffen des „geschöpflichen Miteinanders"[93]. So stellt sich das gemeindliche Miteinander als eine große Familie „im Herrn" dar: Timotheus wird als Sohn im Herrn bezeichnet (1 Kor 4,17) und die Gläubigen als Geliebte und Brüder im Herrn (Röm 16,8; Phil 1,14; Phm 15 f.). Auch die geschöpfliche Ordnung der Ehe wird unter den Herrn gestellt und das Miteinander von Mann und Frau so neu orientiert (1 Kor 7,39; 11,11). Charakteristisch für die Kyriosformel ist, daß sie häufig mit Imperativen verbunden ist, was ihre ethische Relevanz unterstreicht, ganz im Gegensatz zur Christusformel, die kaum in imperativischen Zusammenhängen vorkommt. Es wird „im Herrn" ermahnt (1 Thess 4,1), d. h. in seiner Autorität, wie auch das Amt des Leitenden im Herrn begründet ist (1 Thess 5,12)[94]. Eine zweite Gruppe faßt Neugebauer unter dem Gedanken der „geschöpflichen Existenz im Herrn" zusammen[95]: Die Gemeinde soll fest im Herrn stehen (στήκειν ἐν κυρίῳ Phil 4,1; 1 Thess 3,7 f.), das Mühen und Arbeiten geschieht im Herrn (1 Kor 9,1 f.; 15,58; Röm 16,12), aber auch das Freuen und Frohsein (Phil 3,1; 4,4.10; Phm 20). In Christo, in Kreuz, Tod und Auferstehung, ist das eschatologische Heil geschehen, verkündet und der Gemeinde zugeeignet worden, in Kyrio soll sie das neue Sein auch als geschöpfliche Existenz in den gesellschaftlichen Bezügen realisieren. Der Indikativ des Heils muß in den Imperativ des geschichtlichen Handelns umgesetzt werden.

Ein Blick auf die Deuteropaulinen nach diesem kurzen Aufriß zeigt im allgemeinen das gleiche Bild. Vor allem für Kol und Eph weist die Statistik[96] ein gehäuftes Vorkommen aus, während in den Pastoralbriefen der Gebrauch der Formel stark abfällt, die Kyriosformel fehlt hier ganz. Die zentrale Stellung, welche die Formel im Corpus Paulinum einnimmt, ist auch hier gewahrt, doch ist die theologische Prägnanz nicht überall erhalten geblieben, so daß man den Eindruck gewinnen kann, „daß die religiöse Formel bereits zum theologischen Schulworte geworden ist"[97]. Auch fallen einige neue Formelbildungen auf, so die neuartige Verbindung mit dem bestimmten Artikel ἐν τῷ Χριστῷ und das einfache ἐν ᾧ, ἐν αὐτῷ. Eindeutig ist der Sachverhalt im Kol, wo sich im heilstheoretischen Teil des 1. und 2. Kapitels die Christusformel mehrfach in ekklesiologisch-soteriologischen Wendungen findet, besonders charakteristisch im

---

[93] Vgl. ebd., S. 131 f. und 133 ff.
[94] Vgl. auch Phil 3,1; 4,1.2.4.
[95] Vgl. *F. Neugebauer*, a.a.O., S. 132 f. und 140 ff.
[96] Vgl. *A. Deissmann*, a.a.O., S. 2.
[97] Ebd., S. 126 ff.

Christushymnus 1,13 ff. In den paränetischen Kapiteln 3 und 4 finden wir erwartungsgemäß die Kyriosformel (Kol 3,18.20; 4,7.17). Auch der Epheserbrief stimmt damit weithin sowohl im soteriologischen und ekklesiologischen Teil (Kap. 1–3) als auch im paränetischen (Kap. 4–6) überein. Auffallend ist die überaus häufige Verwendung von ἐν Χριστῷ, besonders in den hymnischen Partien, wodurch der Gebrauch formelhaft und bereits abgeschliffen wirkt[98]. Auch gibt es einige inhaltliche Verschiebungen, so die ungewöhnliche Verbindung von πίστις (1,15), φῶς (5,8) und ναὸς ἅγιος (2,21) mit der Kyriosformel und die Erweiterung der Christusformel zum Dreieckschema: Gottes Handeln in Christus an der Gemeinde. J. A. Allan[99] meint, daß die Christusformel im Epheser nicht mehr den tiefen paulinischen Sinn hat, und Maurer[100] spricht von einer Akzentverschiebung.

In der Formel ἐν Χριστῷ (κυρίῳ) ist, so können wir abschließend sagen, die paulinische Theologie in nuce zusammengefaßt. In ihr ist der Indikativ des Heils mit dem Imperativ des neuen Lebens verbunden. Der Glaubende, welcher ἐν Χριστῷ eine neue Existenz geworden ist, soll nun ἐν κυρίῳ sein ganzes Leben unter die Autorität und in den Dienst des erhöhten Herrn stellen. So radikal ist die Neuwerdung, daß es keine Bezirke, auch nicht die bürgerlich-gesellschaftlichen Bezüge, geben kann, in denen Christus nicht der Herr wäre. Und gerade auch in dieser Konkretisierung des Heils im „täglichen Leben" wird sichtbar, daß es im letzten nicht um mystische Erfahrungen geht. Die Distanz zwischen Gott und Welt, „Herr" und Knecht, Vollendung und Anfang, zwischen dem letzten und dem heutigen Tag wird nicht aufgehoben. Deshalb ist die sozialethische Relevanz des ἐν κυρίῳ von eminenter Wichtigkeit. Erst wo man ἐν κυρίῳ lebt und wirkt, wird das eschatologische Einst zum Jetzt.

Die Doppelformel ἐν Χριστῷ bzw. ἐν κυρίῳ könnte in ihrer äußeren Unscheinbarkeit leicht als deklaratorisches Anhängsel, als nachträglich aufgebrachtes Etikett empfunden werden, und sie wirkt in der Tat auch bisweilen formelhaft, ja fast mechanisch. Wir haben in ihr jedoch den Dreh- und Angelpunkt der ntl. Haustafeln erkannt. Es werden durch sie die bürgerlichen Ordnungen des antiken οἶκος und seine Menschen in die „denkbar innigste Gemeinschaft mit dem lebendigen Christus" gestellt, man könnte es auch so ausdrücken: der erhöhte Herr tritt in die Mitte der christlichen Hausgemeinschaft, wodurch diese bürgerlich-gesellschaftliche Sphäre in das Heilsgeschehen integriert wird, sie wird der Autorität des

---

[98] Vgl. *J. Gnilka*, Der Epheserbrief, HThK 10,2 (1971), S. 66 ff.
[99] Vgl. *J. A. Allan*, a.a.O., S. 59 f.
[100] Vgl. *C. Maurer*, a.a.O., S. 159.

Kyrios unterstellt. Die geschöpflichen Ordnungen erhalten ein neues Fundament, so daß sie von Grund auf neu werden. Die oben aufgezeigte Bezogenheit von Indikativ und Imperativ in der Doppelform macht es unmöglich, die Haustafelparänese als einen zwar irgendwie notwendigen, aber letztlich doch vom Eigentlichen ablenkenden Appendix der christlichen Botschaft zu betrachten.

Die ntl. Haustafeln nämlich, die „angewandtes Kerygma"[101] sein wollen, sind immer auch von ihrem paränetischen Kontext aus zu betrachten. In Kol 3,1–17, dem der Haustafel vorausgehenden Abschnitt, zum Beispiel wird eindeutig das christliche Leben in den Heilszusammenhang von Taufe und Auferstehung gestellt. Die ethischen Weisungen des gesamten paränetischen Teiles sind als Konkretisierung (als Anziehen) des neuen Menschen zu verstehen (vgl. 3,10). Aus einer ähnlichen Grundeinstellung spricht der Epheserbrief ebenfalls vom Anziehen des neuen Menschen (4,24) sowie von der Nachfolge in der Liebe (5,1f.) und von der Auferbauung des Leibes Christi (4,12). Die Bezogenheit des christlichen Lebens auf Christus durch den Nachfolgegedanken kehrt beim Petrusbrief wieder und ist hier noch verstärkt durch die Leidensnachfolge (1 Petr 1,15; 2,21 f.; 3,18 ff.; 4,1).

Was wir bereits an anderer Stelle über die unauflösliche Verankerung der Haustafelparänese im Heilsereignis gesagt haben, wurde also auch hier wieder bestätigt. Wenn man so will, könnte man unsere Doppelformel als eine Art Katalysator bezeichnen, durch den die natürlich-sittlichen Ordnungen, welche die urchristlichen Gemeinden vorfinden, umgeformt und in den Heilszusammenhang transformiert werden. Die Ergebnisse dieses Prozesses, was die Haustafeln angeht, haben wir eingehend beschrieben: Schema und Form der Ständeregeln haben die ihrem christlichen Thema gemäße neue Gestalt gefunden, und die stoischen bzw. jüdischen Inhalte sind christlich gefüllt worden, wie wir besonders anschaulich am Beispiel von ὑποτάσσειν und ἀγαπᾶν zeigen konnten. So wurden die Geschlechter einander neu zugeordnet, ohne daß man die bestehenden Ordnungen (das alte Gesetz) aufgab. Ebenso geschah es mit der Kinder- und Sklavenparänese. Jeder menschliche Dienst kann ἐν κυρίῳ zum Gottes-Dienst werden.

Weidinger stellt nun diesen Rezeptionsvorgang als einen sich allmählich aus vorsichtigen Anfängen mit einfachsten Mitteln (ἐν κυρίῳ-Formel) entwickelnden Prozeß dar, der zu einer fortschreitenden christlichen Motivierung der Haustafeln führt[102]. Auch nach M. Dibelius handelt es sich

---

[101] Vgl. *K. H. Rengstorf*, Die neutestamentlichen Mahnungen an die Frau, sich dem Manne unterzuordnen, S. 141.
[102] Vgl. *K. Weidinger*, a.a.O., S. 74 ff.

um eine „ganz allmähliche Christianisierung der Tafeln"[103]. Für E. Kähler ist jedoch der Begriff der Verchristlichung eine „ungenügende Formulierung"[104], da er der theologischen Bedeutung der ntl. Paränese bzw. Haustafeln nicht gerecht wird, die man nicht „anhangweise" behandeln könne. „Der Zusatz ἐν κυρίῳ ist keine Schreibtischarbeit des Paulus bzw. eines ihm nahestehenden Verfassers, sondern der Ausdruck des Hereinbruchs des völlig Neuen, der Christuswirklichkeit, in die ‚alte Welt', in das Vorfindliche"[105]. In gleicher Weise betont K. H. Rengstorf, „daß die Haustafeln des Neuen Testaments gegenüber ähnlichen Erscheinungen in seiner Umwelt doch etwas Neues und Besonderes darstellen"[106], so daß man nicht sagen könne, es handele sich lediglich um die verchristlichte Form einer in der Umwelt gebräuchlichen Paränese. Sie seien zwar auf die Umwelt bezogen, „in ihrer Art aber doch eigenständig"[107]. Aufgrund ihrer besonderen Struktur und spezifischen Form seien sie „als genuin christliche Konzeption" anzusprechen[108]. So urteilt auch A. Oepke, daß die Haustafeln „trotz aller Einzelparallelen . . . spezifisch christlich" seien[109]. Denn nicht die Christianisierung einer vorchristlichen Paränese macht ihre Besonderheit aus, sondern ihr theologischer Ansatz: sie wollen nämlich „angewandtes Kerygma" sein[110]. Deshalb meint H. Baltensweiler, daß in den Haustafeln nicht zaghaft und schrittweise, sondern „mit einem einzigen Schlag" das antike Ethos übernommen werde: „Das Alte wird gesamthaft übernommen und gesamthaft unter das neue Vorzeichen gesetzt: ἐν κυρίῳ"[111]. D. Schröder hat es in seiner sehr gründlichen Untersuchung der Haustafeln sichtlich darauf angelegt, ebenfalls in diesem Sinne die Darstellung Weidingers zu korrigieren und die Haustafel als eine schöpferische Eigenleistung der Urkirche und des Apostels Paulus auszu-

---

[103] *M. Dibelius*, An die Kolosser, HNT 12, Tübingen ³1953, S. 46, 49; ders., Das soziale Motiv im Neuen Testament, S. 200; vgl. auch im selben Sinne *K. H. Schelkle*, Die Petrusbriefe, S. 97.
[104] *E. Kähler*, Die Frau in den paulinischen Briefen (unter besonderer Berücksichtigung des Begriffes der Unterordnung), Frankfurt a. M., 1960, S. 88.
[105] Ebd., S. 91.
[106] *K. H. Rengstorf*, Die neutestamentlichen Mahnungen an die Frau, S. 134.
[107] Ebd., S. 141.
[108] Ebd., S. 139; vgl. auch „Mann und Frau im Urchristentum", S. 25 f.
[109] *A. Oepke*, Das neue Gottesvolk, Gütersloh 1950, S. 242, Anm. 3.
[110] Vgl. *Rengstorf*, Mann und Frau im Urchristentum, S. 28 und Die neutestamentlichen Mahnungen an die Frau, S. 141.
[111] *H. Baltensweiler*, Die Ehe im Neuen Testament. Exegetische Untersuchungen über Ehe, Ehelosigkeit und Ehescheidung, Abhandlungen zur Theologie des Alten und Neuen Testaments 52, Zürich/Stuttgart 1967, S. 211, vgl. auch S. 217.

weisen. Er geht sogar so weit, daß er die stoisch-philosophischen Parallelen nahezu retuschiert[112].

Doch sollte man bedenken, daß das eine das andere nicht ausschließen muß. Aufgrund unserer Untersuchung glauben wir folgendes sagen zu können: Es ist *erstens* als eindeutig erwiesen zu betrachten, daß die Haustafeln in der im Neuen Testament vorliegenden Form eine genuine christliche Schöpfung darstellen, was aber noch nichts über ihr Verhältnis zur antiken, außerchristlichen Tradition besagt. Es ist *zweitens* unverkennbar, daß die ntl. Haustafeln hellenistisches und jüdisches Traditionsgut allgemein-menschlicher Sittlichkeit verarbeiten. Auch das gilt mit Einschränkung, denn diese Feststellung besagt noch nichts über den Aussagegehalt, den diese übernommenen paränetischen Traditionen nun in den Haustafeln haben. Und *drittens* läßt sich nicht leugnen, daß die einzelnen Haustafeln eine unterschiedliche Intensität in der christlichen Verarbeitung und Motivierung der übernommenen Traditionen aufweisen. Es gibt innerhalb der christlichen Haustafelparänese eine Entwicklung und, wenn man so will, auch einen Fortschritt. Von dieser Feststellung bleibt die Tatsache unberührt, daß die Haustafeln in der vorliegenden Form eine christliche Schöpfung sind. Beides schließt einander nicht aus.

Wenn wir nun die Frage nach der sozialethischen Bedeutung der ntl. Haustafeln nochmals stellen, können wir zusammenfassend etwa folgendes sagen:[113]

1. Die Haustafelparänese ist eine erste und zugleich wegweisende Antwort auf die Frage, wie der Christ in den Ordnungen und gesellschaftlichen Institutionen dieser Welt leben soll[114]. Sie stellt einen ersten Versuch dar, die Herrschaft Christi über die Welt und die Gesellschaft aufzurichten, dadurch daß der Christ in den weltlichen Ordnungen als ἐν κυρίῳ lebt. Dadurch entsteht dann zum erstenmal in der Geschichte das Problem der „Verchristlichung" von gesellschaftlichen Institutionen und natürlichen Sittennormen, wie es in den ambivalenten Begriffen „christliche" Familie, „christliche" Ehe, „christlicher" Staat etc. ausgedrückt ist und als „christliche Bürgerlichkeit" zur Kritik Anlaß gibt.

2. Die Rezeption des antiken Ethos, auch das machen die Haustafeln deutlich, ist jedoch nicht kritiklos geschehen. Die Haustafeln stellen sich uns nicht als eine vorbehaltlose Anpassung an die bestehende bürgerliche

---

[112] Vgl. Anm. 31 weiter oben.
[113] Vgl. zum folgenden: *H.-D. Wendland*, Zur sozialethischen Bedeutung der neutestamentlichen Haustafeln, S. 104 ff.; *ders.*, Gesetz und Geist (Das Ethos der Haustafeln), in: Die Kirche in der modernen Gesellschaft, Hamburg ²1958, S. 43 ff.; *D. Schröder*, a.a.O., S. 172 ff.
[114] Vgl. *H.-D. Wendland*, Botschaft an die soziale Welt, S. 105.

Hausethik dar. Ganz im Gegenteil! Die christliche Gemeinde hat nicht nur kritisch selektiert, was unter dem hohen Anspruch des Evangeliums bestehen kann, sondern auch die rezipierten sozialethischen Normen nach dem neuen Maßstab der Agape korrigiert und mit neuem Geist gefüllt.

3. Die in Christus neu geschenkte Existenz hat auch eine sozialethische Komponente, insofern sie als totale Daseinserneuerung darauf angelegt ist, auch die bürgerlich-gesellschaftliche Seinsweise zu erfassen und ἐν κυρίῳ zu erneuern. An der Christus-Kyrios-Formel ist deutlich geworden, daß die ethischen Imperative aus der Mitte der neuen Heilswirklichkeit kommen.

4. Die ntl. Haustafeln sind in ihrer Art nicht nur *Rezeption* der gesellschaftlichen Institutionen, sondern auch *Konfrontation* des Evangeliums mit der bürgerlichen Ordnung. Durch das neue Ethos der Christusgemeinschaft werden die „etablierten" Ordnungen aufgebrochen und „mit einem Schlag" von innen her umgewandelt. Die Gemeinschaft von Mann und Frau zum Beispiel wird auf eine ganz neue Ebene gehoben, sie bekommt eine andere Dimension, weil und insofern sie in den Einfluß- und Herrschaftsbereich Christi hineingenommen wird[115].

5. Die christliche Botschaft hat die Kraft und die Freiheit, neue Ordnungen für das gesellschaftliche Leben zu schaffen bzw. die bestehenden neu zu formen. Die Haustafelparänese stellt nach Schema, Form und Inhalt etwas völlig Neues dar, wie wir gesehen haben. Die Verchristlichung ist nicht etikettiert, sondern als gestalterische Macht von innen heraus wirksam.

6. Trotzdem werden die natürlichen Ordnungen in den Haustafeln nicht aufgehoben, die Gemeinde tritt nicht den Exodus aus der Gesellschaft an.

Insofern ist Crouch[116] recht zu geben, daß durch die Formel ἐν κυρίῳ in den Haustafeln sich nicht alles geändert hat, was die sozialen Ordnungen betrifft. Das „Unterordnen" bleibt zunächst bestehen, und die patriarchalische Gesellschaftsstruktur wird nicht im Namen des Evangeliums einfach aufgehoben. Die Haustafeln verlangen auch von den Christen das Leben in den gesellschaftlichen Ordnungen. Durch die Übernahme der naturrechtlichen Gesetze des gesellschaftlichen Lebens werden diese sogar in einem gewissen Sinne vom Evangelium her legitimiert. Die Agape ersetzt das irdische Gesetz als Lebensordnung nicht, die iustitia civilis wird vielmehr vorausgesetzt. Das „Bleiben in den Ständen" (1 Kor 7,20) darf aber

---

[115] Vgl. *R. Schnackenburg*, Die Ehe nach dem Neuen Testament, in: Theologie der Ehe, hrsg. v. *G. Krems* und *R. Mumm*, Regensburg/Göttingen 1969, S. 9 ff., hier 26 und 30.
[116] Vgl. *J. E. Crouch*, a.a.O., S. 153 ff.

nicht als eine vorbehaltlose Anpassung an die Welt verstanden werden, obgleich eine solche Gefahr immer mitgegeben ist. Wenn die natürlichen sozialen Institutionen durch die christliche Rezeption eine Rechtfertigung und Bestätigung erfahren, so geschieht dieses doch immer unter gleichzeitiger Kritik vom Evangelium her. Es wäre falsch, das Verbleiben in den gesellschaftlichen Ordnungen als unreflektierten Konservatismus zu werten. Die zunächst sozialkonservativ klingenden Mahnungen sind in Wirklichkeit „konservativ auf der Basis des Radikalismus", wie M. Dibelius sagt[117].

7. In diesem Sinne sind die Haustafeln unter dem Gesichtspunkt der „innerweltlichen Askese" zu beurteilen, Askese verstanden im ursprünglichen Wortsinn von ἀσκεῖν = sich üben, einüben. Das neue Sein in Christus muß in den sozialen Gefügen eingeübt, d. h. entfaltet, werden.

8. Wie die Haustafeln lehren, gibt es keine „christlich" indifferenten Orte, keine adiaphora. Ἐν κυρίῳ heißt sozialethisch gesehen, daß es keine für das Evangelium neutralen Bezirke gibt. Die Gemeinschaft mit Christus ist so total, daß die gesamte menschliche Existenz mit allen ihren gesellschaftlichen Bezügen erfaßt und unter die Autorität des erhöhten Herrn gestellt wird. Ausgesparte Bezirke im Sinne einer „doppelten Moral" kann es nicht geben.

9. Gleichzeitig sind die Haustafeln auch ein Stück christlicher Realismus. Die Distanz zwischen der Jetztzeit und der Endzeit wird nicht schwärmerisch übersprungen. Die Haustafeln sind ganz realistisch zwischen der Auferstehung und Wiederkunft lokalisiert, und diese Zeit trägt das Siegel des Kampfes und der Bewährung.

10. Deshalb sind die Haustafeln auch von den Spuren „dieser Welt" gekennzeichnet, sie sind noch nicht endgültiges Reich Gottes. Das Eingehen auf die konkreten sozialen Verhältnisse zwingt dazu, Kompromisse zu schließen, zum Beispiel bezüglich der gesellschaftlichen Stellung von Frauen und Sklaven. Das darf natürlich nicht dazu führen, daß die eschatologischen Vorbehalte gegenüber der Welt aufgegeben werden. Ein sogenanntes „wohltemperiertes Christentum"[118], das sich mit den Verhältnissen abgefunden hat, darf keinesfalls am Ende der Haustafeln stehen. Daß in dieser Richtung spezifische Gefahren für den „weltlichen" Christen liegen, hat die Geschichte zur Genüge gelehrt. Auch muß immer wieder daran erinnert werden, daß die gesellschaftlichen Ordnungen zwar ein notwendiger Raum sind, in dem christliche Liebe realisiert werden muß, sie dürfen aber

---

[117] *M. Dibelius*, Das soziale Motiv im Neuen Testament, S. 200.
[118] Vgl. *H.-D. Wendland*, Botschaft an die soziale Welt, S. 78.

andererseits auch nicht zur Grenze und Fessel des christlichen Ethos werden.

11. Sozialethisch bedeutsam ist auch, daß und wie in den Haustafeln konkrete Weisungen für das soziale Leben gegeben werden. Man begnügt sich nicht damit, allgemeine Hinweise und grundsätzliche Normen aufzustellen – auch das geschieht. Es wird auch gesagt, wie hic et nunc ἐν κυρίῳ der Dienst der Liebe auszusehen hat. Dabei brauchen diese Direktiven keinen Ewigkeitswert zu haben, denn auch Paulus wußte sicherlich, daß zum Beispiel die Sklavenfrage noch nicht endgültig gelöst war (siehe Onesimus). Es wird in den Haustafeln kein neues Gesetz aufgerichtet; bei aller Entschiedenheit ihrer Imperative behalten sie doch den Charakter des Vorläufigen. Für die Lösung heutiger Probleme können sie nicht als unabänderlicher Maßstab praktiziert werden, doch haben sie als „ethische Modelle"[119] auch für das Heute richtungweisende Bedeutung.

---

[119] Vgl. *J. Blank*, Zum Problem „Ethischer Normen" im Neuen Testament, in: Concilium 3 (1967), S. 356 ff., bes. 360 ff.

## III. DAS ETHOS DER GEMEINDEORDNUNGEN IN DEN PASTORALBRIEFEN[1]

Es ist ein merkwürdiges Phänomen, daß die Haustafeln – gewiß eines der stärksten paränetischen Stücke des Neuen Testaments – bald wieder aus dem Gesichtsfeld der christlichen Literatur verschwinden[2]. Bereits in den Pastoralbriefen hat sich ihre charakteristische Struktur stark aufgelöst und bei den Apostolischen Vätern finden wir nur mehr Spuren, teils nur Anklänge an die eigentlichen Haustafeln von Kol, Eph und 1 Petr. Auffallend ist, daß sich die den Haustafeln entsprechende Paränese in den späteren Schriften wieder zusehends dem Muster der antiken Pflichtenkataloge und Ständeregeln angleicht. Das gilt sowohl für die Form als auch, wenigstens zum Teil, für den Inhalt, ganz sicher für das gebrauchte Vokabular.

Offensichtlich stehen die haustafelähnlichen Abschnitte der Pastoralbriefe (1 Tim 2,1–6,2 und Tit 2,1–3,8) in einem anderen Traditionsverhältnis, denn sie sind von einer Gemeindeordnung aufgenommen worden. Der Stil hat sich deutlich gewandelt. Es wird weniger direkt im Imperativ ermahnt als indirekt verordnet und sehr häufig lehrhaft beschrieben. Die paarweise Ermahnung und gegenseitige Zuordnung ist generell aufgegeben und nur andeutungsweise in der Erwähnung von älteren und jüngeren Männern bzw. Frauen (1 Tim 5,1–2 und Tit 2,1–6) wiederzufinden. Das sonst so typische Unter- und Einordnungsthema klingt nur hier und da einmal an (1 Tim 2,11 und Tit 2,5 bezüglich der Frauen; Tit 2,9 der Sklaven; Tit 3,1 der Obrigkeit). Die Kinder-Eltern-Paränese fehlt ganz, die Ermahnung der Männer und Frauen steht in anderen Zusammenhängen, nur die Sklavenregel Tit 2,9–10 und 1 Tim 6,1–2 zeigt noch deutlich ihre Herkunft aus der Haustafel. Mit dem Wechsel der Thematik (Gemeindeordnung) ist auch eine inhaltliche Verschiebung der Einzelaussagen verbunden, wie die nachfolgende Besprechung im einzelnen darlegen wird. Nun ist D. Schröder auch auf die Entwicklungsgeschichte der Gemeindeordnungen näher

---

[1] Vgl. *D. Schröder*, a.a.O., S. 188 ff.; *K. Weidinger,* a.a.O., S. 53 ff.; und besonders die Kommentare von *M. Dibelius/H. Conzelmann*, Die Pastoralbriefe, HNT 13, Tübingen ⁴1966; *N. Brox*, Die Pastoralbriefe, RNT 7,2, Regensburg ⁴1969; *A. Vögtle*, Die Tugend- und Lasterkataloge im Neuen Testament, S. 51 ff., 170 ff., 237 ff.

[2] Vgl. *K. Weidinger,* a.a.O., S. 75 und 79.

eingegangen³. Er sieht mit W. Nauck⁴ das Vorbild des „Bischofsamtes" im Aufseheramt der jüdisch essenischen Sekte. In der Sektengemeinde von Qumran glaubt er auch eine Erklärung für die Bezugnahme auf Jüngere und Ältere zu finden. In der Gemeinschaftsregel QSa⁵ wird eine Belehrung nach Altersstufen für die auserwählte Gemeinde angeordnet. Ob man aber die in 1 Tim 5,1–2 und Tit 2,1–6 überlieferten Weisungen hiermit in Beziehung bringen kann, erscheint zumindest als zweifelhaft. 1 Tim 5,1 f. ist weiter nichts als ein pastoral-pädagogischer Hinweis für die kluge Behandlung von älteren bzw. jüngeren Altersgruppen und hat hinreichende Parallelen in der popularphilosophischen Moral⁶. Tit 2,1–6 ist anders gestaltet, ergibt sich innerhalb einer Gemeindeordnung jedoch organisch aus den in jeder Gemeinschaft vorhandenen Generationsproblemen. Wie überhaupt zur Entstehungsgeschichte der Gemeindeordnung, unbeschadet der Herkunft einzelner Stücke, zu sagen ist, daß sie sich aus dem natürlichen Bedürfnis der heranwachsenden christlichen Gemeinde hinlänglich erklärt. Daß bei ihrer näheren Gestaltung vor allem auch hellenistische Muster herangezogen worden sind, wird sich im folgenden zeigen.

Die *Kirchenordnung 1 Tim 2,1 ff.* weist sich zu Beginn als Paraklese oder auch Paränese aus (V 1). Sie ist zunächst gekleidet in eine Aufforderung zum Gebet für alle Menschen. Besonders erwähnt werden aber *die Könige und die Obrigkeiten*. Wenn man in Betracht zieht, daß die Kirchenordnung sich formal und inhaltlich stark vom stoisch-philosophischen Pflichtenschema beeinflußt zeigt, könnte man das Gebet für die Obrigkeit als den christlich gewendeten Teil τί πρὸς πατρίδα καθῆκον dieses Schemas betrachten⁷. Bei der generellen Ausrichtung des Abschnittes auf den Gottesdienst und das Gebet, wird es aber auch naheliegen, an die seit dem Exil geübte jüdische Praxis zu denken, für die staatliche Obrigkeit zu beten. Diese Gebetsübung ist uns sowohl für den synagogalen als auch den christlichen Bereich mehrfach belegt, so Esr 6,10; 1 Clem 61,1; Polyk 12,3; Tertullian Apol 30⁸. An die Mahnung schließt sich eine kurze Begründung an: „damit wir ein stilles und ruhiges Leben führen mögen in aller Gottseligkeit und Ehrbarkeit. So ist es recht und wohlgefällig vor Gott, unserem

---

³ Vgl. *D. Schröder*, a.a.O., S. 189 ff.
⁴ *W. Nauck*, Probleme des frühchristlichen Amtsverständnisses (1 Petr 5,2 f.), in: ZNW 48 (1957), S. 200 ff.
⁵ Vgl. Die Texte aus Qumran. Hebräisch und deutsch. Mit masoretischer Punktation. Übersetzung, Einführung und Anmerkungen, hrsg. v. E. Lohse, Darmstadt ²1971, S. 47 f.
⁶ Vgl. *Dibelius/Conzelmann*, Die Pastoralbriefe, S. 57.
⁷ Vgl. *K. Weidinger*, a.a.O., S. 67.
⁸ Vgl. *Dibelius/Conzelmann*, Die Pastoralbriefe, S. 30 f.

Erretter" (V 2 und 3). Da dieser ganze Abschnitt V 1–3 in seiner Anlage stark an die Haustafeln erinnert, dürfte die Erwähnung der Obrigkeit auch von dorther eine Erklärung finden.

In der Begründung ist das bürgerliche Ideal eines „stillen und ruhigen Lebens" genannt, was noch durch εὐσέβεια und σεμνότης unterstrichen wird. Beide Ausdrücke kommen aus dem hellenistischen Sprachgebrauch und meinen dort „offenbar das Gott und Menschen wohlgefällige Verhalten"[9], was dann in V 3 nochmals in bezug auf Gott hervorgehoben wird. Die Kommentatoren schließen an diese Stelle gern einen Exkurs über die „christliche Bürgerlichkeit" an[10]. Zweifellos sind diese Verse wie ja der ganze Brief und die Pastoralen insgesamt Ausdruck einer veränderten Situation. Sie spiegeln in vielem das Bemühen einer Gemeinde wider, sich strukturell zu konsolidieren und mit der Gesellschaft zu arrangieren. Doch sollte man die „bürgerlichen" Tendenzen nicht überbewerten. Die Verse 1 Tim 2,1–3 sind nicht die Weisung einer Gemeinde, die allen Schwierigkeiten aus dem Wege geht und aus selbstgenügsamer Zufriedenheit den Ausgleich der Spannungen sucht. Es fällt auf, daß in dem Abschnitt 2,1–7 gleich dreimal (V 1.4 und 6) die Universalität des Heils hervorgehoben wird. J. Jeremias hat recht, wenn er sagt, daß hierdurch die christliche Gemeinde „im schärfsten Gegensatz" zur Synagoge und Gnosis steht[11], die beide das Heil auf bestimmte Gruppen beschränken. Außerdem ist zu bedenken, daß das Gebet für die Obrigkeit nicht nur ein Ausdruck für die bürgerlich loyale Haltung gegenüber der staatlichen Autorität ist. Es liegt darin auch ein Protest gegen eine Staatsmacht, die für sich göttliche Verehrung in Anspruch nimmt. Was der obersten staatlichen Autorität von seiten der Gemeinde zukommt, ist das fürbittende Gebet, nicht mehr, allerdings auch nicht weniger. Damit zeichnet sich das Bild einer Gemeinde ab, die den Auseinandersetzungen nicht aus dem Wege geht, aber auch nicht auf exzentrische Sektiererei und asketische Weltverachtung ansprechbar ist. Sie sucht ihren eigenen Weg in die Welt und in die Zeit, das heißt den Weg des Mittlers „Christus Jesus, der sich selbst als Lösegeld für alle dahingegeben hat" (V 5 und 6).

Es folgt nun ein Abschnitt V 8–15 über *das rechte Verhalten beim Gebet*, in dem die Gebetsparänese weitergeführt wird, aber bald in ein Pflichtenschema übergeht. Daß die Frauen und Männer getrennt ermahnt werden,

---

[9] Ebd., S. 32.
[10] Vgl. ebd., S. 32 f.; ebenso *Brox*, a.a.O., S. 124 f.
[11] *J. Jeremias*, Der erste Brief an Timotheus, in: NTD 9 (⁸1963), S. 17; vgl. auch *F. J. Schierse*, Die Pastoralbriefe, Kleinkommentare zur Heiligen Schrift 10, Düsseldorf 1968, S. 40 f.

führt Brox auf die Trennung der Glieder in den Haustafeln zurück[12]. *Die Männer* werden nur kurz angehalten, reine Hände beim Gebet zu erheben, ohne Zorn und Streit (V 8). Das wird nicht weiter christlich begründet und paßt in dieser Allgemeinheit sowohl in die hellenistische als auch jüdische Tradition. Auch der größere Teil der *Frauenregel* (V 9–15) ist ziemlich allgemein gefaßt. Nach Art antiker Tugendspiegel werden die Frauen zu einem sittsamen, stillen Leben ermahnt. Daß diese allgemein gehaltenen Weisungen in einer frühen Kirchenordnung einen Platz haben und in der Paränese so breiten Raum einnehmen können, hat nach Brox teilweise seinen Grund in der pauschalen Übernahme tafelartiger Aufzählungen aus Ständeregeln[13].

Zunächst wird den Frauen gesagt, daß der wahre Schmuck der Frau nicht in äußerem Geschmeide, sondern in den guten Werken besteht (V 9–10). Diese Gegenüberstellung von äußerem und innerem Schmuck, die wir bereits aus der Haustafel 1 Petr 3,3 f. kennen, scheint ein beliebter Topos der antiken Paränese gewesen zu sein[14]. Die Beschreibung des Frauenideals geschieht dann mit Begriffen wie κόσμιος, αἰδώς und σωφροσύνη, die in der antiken Welt typische frauliche Tugenden beschreiben. In einer zweiten Mahnung (V 11–12) wird den Frauen das öffentliche Auftreten im Gottesdienst untersagt[15]. Sie werden zur Unterordnung (ὑποταγή) und zu einem stillen Leben (ἐν ἡσυχίᾳ) angehalten. Zur Begründung dienen zwei Schriftbeweise. Adam wurde zuerst erschaffen (zeitliche Präferenz: V 13) und Eva ließ sich durch die Schlange verführen (V 14). Das Kindergebären, die ihr damals zudiktierte Strafe, soll der Frau nun zum Mittel der Rettung werden (V 15). Dieser ganze Gedankenkreis stammt zweifellos aus der jüdischen Tradition, hat aber durch die konditionale Hinzufügung von πίστις und ἀγάπη einen christlichen Bezug erhalten.

Eine kritische Würdigung der Frauenregel wird davon ausgehen müssen, daß als Frauenideal ein stilles, häuslich-zurückgezogenes, bürgerliches Leben gezeichnet wird. Es hebt sich von ähnlichen Frauenbildern der Antike kaum ab. Wieweit entgegengesetzte Mißstände in gnostischen Gemeinden hier abgewehrt werden sollen[16], mag dahingestellt sein. Jedenfalls sieht zumindest in dieser Kirchenordnung die christliche Gemeinde

---

[12] Vgl. *N. Brox*, a.a.O., S. 130.
[13] Vgl. *N. Brox*, a.a.O., S. 131.
[14] Vgl. *Dibelius/Conzelmann*, a.a.O., S. 38; *K. Weidinger*, a.a.O., S. 65. 67.
[15] Eine gleichlautende gottesdienstliche Anweisung hatte bereits Paulus in Korinth erteilt (1 Kor 14,34–36).
[16] Vgl. *Dibelius/Conzelmann*, a.a.O., S. 40.

keinerlei Veranlassung, das antike Frauenideal im Hinblick auf die christliche Frau entscheidend zu korrigieren.

In der Kirchenordnung folgt nun als nächstes Glied ein *„Bischofsspiegel"* (3,1–7), der ebenfalls ganz allgemein gehalten ist. Von dem Gemeindevorsteher (ἐπίσκοπος) wird verlangt: Tadellosigkeit, „Einehe", Nüchternheit, Besonnenheit, Ehrbarkeit, Gastfreundschaft, Lehrtüchtigkeit; er soll nicht trunksüchtig, nicht gewalttätig, sondern gütig, nicht streitsüchtig und nicht geldgierig sein (V 2–3). Im Grunde alles Eigenschaften, die nichts Spezifisches über den Episkopos und seine Funktionen aussagen, die man von jedem Christen verlangen kann, ja darüber hinaus auch jedem heidnischen Amtsträger gut anstehen. Noch am ehesten könnte man bei der Forderung nach der einen Ehe und der Gastfreundlichkeit eine Bezugnahme auf das Bischofsamt vermuten. Ganz abgesehen davon, daß es nicht eindeutig zu klären ist, was mit der Eheforderung gemeint ist, kann Dibelius nachweisen, daß es auch in der außerchristlichen Welt als ehrenhaft galt nur einmal verheiratet zu sein[17], und Gastfreundlichkeit ist bis auf den heutigen Tag im Orient eine besonders gerühmte Tugend. Die aufgeführten Eigenschaften sind so allgemein, daß sie für jeden Amtsträger stimmen, und gehen auf der anderen Seite auf die typischen Erfordernisse des Bischofsamtes nicht ein. Dieses Faktum ist nur verständlich zu machen, wenn man davon ausgeht, daß der Bischofsspiegel keine originale Schöpfung der Gemeinde ist, sondern eine Übernahme gängiger Pflichtenlehren der hellenistischen Umwelt[18]. Auch dort kann man die erstaunliche Beobachtung machen, „daß in den Biographien ἀρεταί der Helden genannt werden, die nicht der Betrachtung ihrer Tätigkeit entstammen, sondern einem an dieselbe fertig herangebrachten Schema"[19]. So werden von dem Schriftsteller Onosander einem Strategen Tugenden zugeschrieben, die für diesen kaum typisch sind und erst durch die nachfolgende Erklärung in Beziehung zur Strategie gesetzt werden[20]. Auch hier hat man offensichtlich auf ein bereits geläufiges Tugendschema zurückgegriffen.

Eine eindeutige Bezugnahme auf das kirchliche Amt haben wir erst ab V 4. Hier wird verlangt, daß der Amtsbewerber sich durch die tadelsfreie Führung seines eigenen Hauses für die Leitungsfunktion in der Kirche

---

[17] Vgl. ebd., S. 43.
[18] Vgl. ebd., S. 41; *N. Brox*, a.a.O., S. 140 ff.; *K. Weidinger*, a.a.O., S. 68 f.; *A. Vögtle*, a.a.O., S. 51 ff., 170 ff., 237 ff.
[19] *Dibelius/Conzelmann*, a.a.O., S. 41.
[20] Vgl. ebd., S. 41 und Beilagen Nr. 3; *C. Clemen*, Religionsgeschichtliche Erklärung des Neuen Testaments. Die Abhängigkeit des ältesten Christentums von nichtjüdischen Religionen und philosophischen Systemen, Gießen ²1924, S. 347.

Gottes qualifiziert haben muß. Aber auch dieser Rückschluß von der Bewährung in der Familienführung auf die Befähigung für ein öffentliches Amt ist nicht neu. Als beste Parallele dafür bringt N. Brox Sophokles, Antigone 661 f.: „Nur wer im eignen Hause sich bewährt, wird auch im Staat als tüchtig sich erweisen"[21]. Die beiden letzten Forderungen, er soll kein Neugetaufter sein (V 6) und einen guten Leumund bei Außenstehenden haben (V 7), entsprechen allerdings ganz dem Gemeindebedürfnis. Der gute Leumund und damit der Blick auf die Andersgläubigen ist uns als Motivation bereits aus den Haustafeln geläufig und könnte hier vielleicht so etwas wie eine abschließende Zusammenfassung des Ganzen sein. Damit würde zum Teil der Verzicht auf eine weitergehende „Verchristlichung" der Tafel zu erklären sein.

Die vorliegende Kirchenordnung zeigt ein auffallendes Interesse daran, was auch für andere Amtsspiegel in 1 Tim und Tit gilt, daß die Amtsträger der christlichen Gemeinde im allgemein-bürgerlichen Sinne untadelig sind. Das ist aber nicht völlig mit dem Umstand erklärt, daß die Kirchenordnung weitgehend paränetische Tradition nichtchristlicher Herkunft, wie Tugendspiegel und Ständeregeln, verarbeitet. Wie A. Vögtle zeigt, hat die kirchliche Redaktion die überkommenen Schemata überarbeitet, mit Bedacht das hellenistische Vokabular ausgewählt und so die Tafeln für die christliche Übernahme verwendbar gemacht. Wenn die redaktionelle Arbeit, wie wir heute meinen, zu spärlich ausgefallen ist, was ein Eingehen auf die typisch christlichen Erfordernisse des Amtes angeht, so muß dahinter doch wohl auch die Überzeugung gestanden haben, daß sich der christliche Glaube vor allem auch in den natürlichen menschlichen Tugenden, in den Erfordernissen des Alltags und in den allgemeinen gesellschaftlichen Ordnungen bewähren muß.

Die bislang gemachten Erfahrungen werden vollauf bestätigt durch die nachfolgende *Ständeregel für den Diakon* (διάκονος) 1 Tim 3,8–13. Auch diese Liste hat mehr den Charakter einer allgemeinen Tugendtafel denn einer spezifischen Pflichtenlehre für den Diakon. Er soll ehrbar, nicht doppelzüngig, nicht trunksüchtig und nicht gewinnsüchtig sein (V 8), was bis auf die Doppelzüngigkeit auch vom Bischof verlangt wurde. Christlich motiviert ist nur die Forderung in V 9, daß er das „Geheimnis des Glaubens in reinem Gewissen bewahren" soll, was wohl soviel bedeuten soll wie bewährte Treue im Glauben und Zuverlässigkeit in Glaubensangelegenheiten. Auch die Diakone sollen zuerst erprobt werden, ehe sie das Amt übernehmen (V 10). Dabei kann an den guten Leumund oder die Bewäh-

---

[21] *N. Brox*, a.a.O., S. 146.

rung in der eigenen Familienführung wie im Bischofsspiegel gedacht sein, denn es folgt nun in den Vv 11 und 12 wiederum eine Bezugnahme auf Frauen, Kinder und Haus. Allerdings ist nicht klar, ob mit den Frauen in V 11, die „ebenfalls ehrbar, nicht verleumderisch, nüchtern und treu in allem" sein sollen, die eigenen Frauen der Diakone gemeint sind oder solche Frauen, die das Diakonenamt ausüben[22]. Die Entscheidung ist sehr schwer, da die aufgezählten Eigenschaften wiederum so allgemein sind, daß sie keinerlei Schluß entweder auf das Amt oder die hausfraulichen Pflichten zulassen. In V 12 wird dann wie bei den Bischöfen gefordert, daß sie „nur eines Weibes Mann sind, ihren Kindern und ihrem Hause gut vorstehen". Der Schluß in V 13 stellt den Diakonen als Lohn für gute Amtsführung „eine gute Stellung und viel Zuversicht im Glauben, der in Christus Jesus ist", in Aussicht. Was im einzelnen darunter zu verstehen ist, bleibt unklar; stellt aber neben V 9 die einzige Bezugnahme auf ein „christliches" Amt dar. Die Formel „ἐν Χριστῷ Ἰησοῦ" hat dabei, wie J. A. Allan[23] bezüglich der Pastoralen feststellt, nicht mehr den tiefen, charakteristischen, paulinischen Gehalt; sie kommt nur noch „stereotyp", und zwar allein in der Form „ἐν Χριστῷ Ἰησοῦ", vor.

Aufs Ganze gesehen erfahren wir über die Tätigkeit des Diakons soviel wie gar nichts. Eine Differenzierung gegenüber dem Bischofsamt ist auch nicht festzustellen. Die beiden Tafeln sind praktisch austauschbar, sie stimmen weithin in den geforderten „Amtstugenden" überein und haben beide den gleichen allgemein-ethischen Charakter, so daß sie bis auf wenige Zusätze auch für jeden öffentlich-staatlichen Amtsträger gelten könnten. Offensichtlich ist die Kirchenordnung nicht darauf aus, das charakteristisch Christliche des kirchlichen Amtsträgers gegenüber dem weltlichen herauszustellen. Es entsteht eher der Eindruck, als ob man Wert darauf legt, zu dokumentieren, daß die christliche Gemeinde eine Gemeinschaft von hohem allgemein-sittlichen Ethos ist.

Ein weiteres Stück übernommener, konventioneller Ethik ist die pastorale Anweisung für die *Behandlung verschiedener Altersgruppen* in 1 Tim 5,1–2. Ältere Männer und Frauen soll der noch verhältnismäßig junge (4,12) Timotheus wie Väter und Mütter, jüngere Männer und Frauen wie Brüder und Schwestern behandeln. M. Dibelius[24] zeigt anhand von verschiedenen Belegen aus der antiken Literatur und von aufgefundenen Inschriften, daß

---

[22] Aus Röm 16,1 ist bekannt, daß es den Stand der weiblichen Diakone bereits gab.
[23] Vgl. *J. A. Allan*, The „in Christ" Formula in the Pastoral Epistles, in: NTSt (1963/64), S. 115 ff.
[24] Vgl. *Dibelius/Conzelmann*, a.a.O., S. 57; ebenso *A. Deissmann*, Licht vom Osten, S. 263.

es sich hier um einen gebräuchlichen paränetischen Topos handelt. Wir haben bereits eingangs dieses Kapitels gesagt, daß uns die Herleitung von der Altersstufenunterweisung in der Sektengemeinde 1 QSa, wie sie Schröder annimmt, als zweifelhaft erscheint, da es sich hier um eine pastorale Anweisung und nicht um Kirchenordnung im eigentlichen Sinne handelt. Eher noch ist ein Zusammenhang mit der Haustafelparänese glaubhaft, obwohl außer der Gegenüberstellung zweier Glieder (Ältere-Jüngere) nichts an die Haustafeln erinnert. Es sei denn, man sieht in diesen zwei schlichten Versen mehr als eine einfache Rezeption aus der popularphilosophischen Ethik, nämlich den Versuch, die Obrigkeits- und Autoritätsverhältnisse von dem Gedanken der familia Dei her zu humanisieren, wie es F. J. Schierse meint[25]. Derselbe macht auch darauf aufmerksam, daß in den Pastoralbriefen keine Mystifizierung des kirchlichen Amtes und der Amtsträger betrieben wird, daß hier vielmehr für das Zusammenleben in der Gemeinde dieselben Regeln gelten, „wie sie überall unter gesitteten Menschen üblich sein sollten – Einsichten, die der Kirche bis zum heutigen Tag weithin verlorengegangen zu sein scheinen"[26].

An diese pastoral-pädagogische Unterweisung schließt sich als weiterer Abschnitt der Kirchenordnung 5,3–16 eine *Standesregel für die Witwen* an. Da dieser Stand in den außerchristlichen Pflichtentafeln nicht behandelt worden ist, mußte dieses Stück der Kirchenordnung von Grund auf neu formuliert werden[27]. Dieser Abschnitt ist ganz von dem aktuellen Interesse geprägt, auftretende Komplikationen dieses neuen Gemeindestandes zu beseitigen, so daß wir hier überwiegend Bezugnahme auf die konkreten Verhältnisse der christlichen Gemeinde vorfinden und nur wenig allgemeine Paränese.

Ähnlich verhält es sich mit den nun folgenden Ausführungen für die *Presbyter* 5,17–25. Die Stellung dieser Amtsgruppe, speziell auch die Abgrenzung gegen oder die Identität mit den Episkopen 3,1–7 ist nicht restlos geklärt, auch gibt die inhaltliche Interpretation der Verse einige Rätsel auf. Der ganze Abschnitt ist ein Beweis dafür, daß unser Brief sich immer dort der Vorlage antiker Ständetafeln bedient, wo er die Gesamtpersönlichkeit des Amtsträgers zeichnet (zum Beispiel 3,1–7 Bischöfe); wo es aber um konkrete Anlässe geht wie hier, diese aus den unmittelbaren Voraussetzungen der christlichen Gemeinde zu klären sucht.

---

[25] Vgl. *F. J. Schierse*, Die Pastoralbriefe, S. 67.
[26] Ebd., S. 67.
[27] Vgl. *K. Weidinger*, a.a.O., S. 70 f.

Das letzte Stück der Kirchenordnung ist die *Sklavenregel 6,1–2*. Sie verlangt von den Sklaven, daß sie ihren Dienst vorbildlich verrichten sowohl gegenüber heidnischen als auch christlichen Herren. Die Motivation ist hier wie schon so häufig die Verantwortung des Evangeliums nach außen: „damit der Name Gottes und die Lehre nicht gelästert werden" (V 1). Von ihrer Grundkonzeption her gehört diese Regel zur Haustafelparänese. Die Institution der Sklaverei wird mit keinem Wort in Frage gestellt. Die Sklaven werden angehalten, sich innerhalb der bestehenden Sozialordnung als gute Sklaven und damit als vorbildliche Christen zu bewähren. Auch der Dienst unter einem christlichen Herrn ändert an dieser Grundhaltung nichts, obwohl beide im Glauben Brüder sind (V 2). Was gegenüber den Haustafeln an sich fehlt, ist die gleichzeitige Ermahnung der Herren und die direkte Anrede in der ersten Person Plural mit bestimmtem Artikel. Wiederum ein Zeichen, daß die ursprüngliche Form in Auflösung begriffen ist.

Die Kirchenordnung des Timotheusbriefes hat eine Parallele im Brief an Titus. Da die *Kirchenordnung Tit 1,5 ff.* weder in der inhaltlichen Aussage noch in der formalen Struktur wesentlich von der soeben behandelten des ersten Timotheusbriefes abweicht, können wir uns hier auf einen summarischen Überblick beschränken[28], neue Aspekte für unsere Untersuchung ergeben sich nicht. Auch hier werden die Anweisungen an die verschiedenen Stände in das gebräuchliche Schema popularphilosophischer Pflichtenlehren gekleidet. Der in 1 Tit 1,5–9 ausgeführte *Presbyter- bzw. Bischofsspiegel* entspricht in dieser Hinsicht demjenigen von 1 Tim 3,1–7. Die Übereinstimmung geht bis in einzelne Termini hinein, so daß man mit Dibelius annehmen kann, daß beide Autoren auf eine gemeinsame Tradition zurückgreifen. Die gleichlautenden und sachlich übereinstimmenden Begriffe hat Dibelius in einer Tabelle zusammengestellt[29]. Auch dieser Bischofsspiegel ist nicht speziell auf das Amt bezogen, sondern fordert nach Art der übernommenen antiken Pflichtenschemata in ganz allgemeinen Wendungen und mit typisch hellenistischen Begriffen einen vorbildlichen, sittlich einwandfreien Lebenswandel. Erst am Schluß wird auf das christliche Amt direkt Bezug genommen (V 9), wo Eifer und Bewährung in der Lehre verlangt wird, damit er in der „gesunden Lehre" ermahnen und die Gegner widerlegen kann. Man darf hierin eine weiterführende Umschreibung der Lehrtüchtigkeit ($διδακτικός$) von 1 Tim 3,2 sehen.

---

[28] Vgl. zum folgenden *K. Weidinger*, a.a.O., S. 53 f.; *Dibelius/Conzelmann*, a.a.O., S. 99 ff.; *N. Brox*, a.a.O., S. 282 ff.

[29] Vgl. *Dibelius/Conzelmann*, a.a.O., S. 99 f.

Mit Tit 2,1 beginnt ein neuer Abschnitt. Dieses ganze Kapitel 2,1–15 hat einen haustafelähnlichen Charakter. Die typischen Merkmale der Haustafel, direkte Anrede der einzelnen Stände, imperativische Form, gegenseitige Zuordnung und Ermahnung, Kürze und Prägnanz der Aussage, treten jedoch gegenüber einer katalogartigen Aufzählung einzelner Eigenschaften in Form der lehrhaften, katechismusartigen Beschreibung zurück. Gleichzeitig fällt wieder die Formelhaftigkeit und Allgemeinheit auf, mit der die einzelnen Stände ermahnt werden. Typisch christliche und auf den einzelnen Stand abgestimmte Paränesen sind selten, das Vokabular ist zum Teil der popularphilosophischen Sprache und der allgemeinen Ethik entnommen.

Zunächst werden ältere Männer bzw. Frauen und jüngere Männer bzw. Frauen behandelt (2,1–6), ohne daß allerdings, wie in den Haustafeln, die Glieder paarweise aufeinander bezogen würden. Während jedoch in 1 Tim 5,1–2 pastoral-pädagogische Anweisungen für die Behandlung dieser Gruppe erteilt werden, sind hier die einzelnen Stände selbst Ziel der Belehrung. Die *alten Männer* (V 2) sollen nüchtern, ehrbar, besonnen sein; alles Eigenschaften, die wir bereits in den anderen Ständeregeln hatten[30]. Die Regel ist christlich motiviert durch die christliche Trias Glaube, Liebe, Geduld (für Hoffnung), die von ihnen gefordert wird. Die Ständetafel der *älteren Frauen* (V 3) liegt ebenfalls auf der Linie des sonst Üblichen. Auffallend ist nur, daß sie angehalten werden, die jungen Frauen in ihren häuslichen Pflichten zu unterweisen, wo doch eine öffentliche Lehrtätigkeit nach 1 Tim 2,12 den Frauen untersagt ist.

Das Bild, das von den *jungen Frauen* (V 4–5) entworfen wird, entspricht voll und ganz dem antiken Frauenideal. So erwartet man von ihnen vornehmlich häusliche Tugenden, zum Beispiel Gatten- und Kinderliebe, Häuslichkeit, Unterordnung unter den Mann. Alles Eigenschaften, wie man sie zu allen Zeiten an den Frauen geschätzt hat und welche vielfach in Literatur und Inschriften zitiert werden, besonders die Gatten- und Kinderliebe (φίλανδρος und φιλότεκνος)[31]. Die Regel hat einen christlich motivierten Schluß in dem Hinweis auf die Auswirkung der sittlichen Lebensführung auf die Außenstehenden. Dieses Motiv wiederholt sich noch öfter (Tit 2,8 und 10; auch 1 Tim 3,6–7) und gehört zur Tradition der Haustafel, wie wir gesehen haben. Die *jungen Männer* dagegen werden auffällig kurz und pauschal zu einem in jeder Beziehung ordentlichen Lebenswandel ermahnt (V 6).

---

[30] Nüchtern (νηφάλιος) 1 Tim 3,2.11; ehrbar (σεμνός) 1 Tim 2,2; 3,8.11; besonnen (σώφρων) 1 Tim 3,2; Tit 1,8; 2,5.
[31] Vgl. *Dibelius/Conzelmann*, a.a.O., S. 105; *A. Deissmann*, Licht vom Osten, S. 267 f.

Ausführlicher ist wieder die *Sklavenregel* (V 9–10). Von den Sklaven erwartet man widerspruchslose Unterordnung, Ehrlichkeit und treue Ergebenheit. Ein Bild des nach antiker Vorstellung idealen Sklaven. Begründet wird die Regel wieder mit der Zeugniswirkung eines vorbildlichen Lebensvollzuges, hier des christlichen Sklaven.

Das haustafelähnliche Kapitel erreicht in den abschließenden Vv 11–15 seinen Höhepunkt. Erst jetzt am Schluß wird die Epiphanie der Gnade als der tragende Grund und das motivierende Ziel des christlichen Handelns genannt. Damit wird die mehr oder weniger ethisch konventionelle Ständetafel mit einem Schlage in ein anderes Licht gerückt. Das gesamte bürgerliche und zumeist höchst belanglose Leben bekommt plötzlich eine heilsgeschichtliche Aussagekraft, weil es die Antwort auf das Erscheinen der göttlichen Gnade ist (V 11). Das besonnene, gerechte und fromme Leben (V 12), das Handeln also nach den griechisch-philosophischen Kardinaltugenden der Besonnenheit, Gerechtigkeit und Frömmigkeit, wird neu ausgerichtet auf die eschatologische Zukunft (selige Hoffnung) und das Erscheinen der Herrlichkeit Gottes (V 13), es wird hineingenommen in das heilsgeschichtliche Ereignis der Erlösungstat Christi (V 14). Brox schreibt: „Die Paränese ist unmittelbar im Kerygma verankert, auch dort, wo sie sich in den Imperativen eines allgemein-menschlichen Ideals ausspricht. Ihre Unverwechselbarkeit zeigt sich nicht in der Einzigartigkeit jedes einzelnen Imperativs, sondern im Horizont, in dem sie den Menschen und sein Leben sieht und der ihm auf neue, unvergleichliche Weise in Jesus Christus gesetzt wurde"[32]. Wenn aber die christliche Existenz so radikal vom Christusgeschehen her gesehen wird, dann muß es doch erst recht auffallen, wenn das Leben der Christen in den herkömmlichen ethischen Begriffen und nach den tradierten allgemein-menschlichen Mustern und Idealen behandelt wird. In dieser Rezeption der bürgerlich-antiken Ethik liegt zugleich eine gewisse legitimierende Rechtfertigung der natürlichen, rein weltlichen Sittlichkeit.

Die sich nun anschließenden Vv 3,1–2 geben die Mahnung, sich den *obrigkeitlichen Gewalten* unterzuordnen, wie wir sie auch 1 Petr 2,13 ff. im Zusammenhang mit der Haustafel angetroffen haben. Nach einer allgemein gehaltenen Mahnung zu jedem guten Werke und zu einem friedlichen Zusammenleben mit jedermann (V 2) wird die heilsgeschichtliche Begründung in V 3–8 fortgesetzt.

Nach einer kurzen Verhaltensregel gegen die Irrlehrer und einigen persönlichen Mitteilungen endet der Brief.

---

[32] *N. Brox*, a.a.O., S. 299.

Der Titusbrief zeigt sehr gut, wie die Haustafelparänese in eine Kirchenordnung eingearbeitet ist. Dabei gehen aber die typischen Merkmale der ntl. Haustafeln weithin verloren. Die Haustafeln lösen sich auf und verschwinden allmählich ganz aus dem Blickfeld. Einige Spuren finden wir auch bei den *Apostolischen Vätern* (Did 4,9–11; Barn 19,5–7; 1 Clem 1,3 und 21,6–9; Ign Pol 4,1–5,2; Polyk 4,2–6,1; vielleicht auch 1 Jo 2,12–14: Ältere und Jüngere). Sie zeigen in etwa das gleiche Bild der Haustafelparänese wie die Pastoralbriefe[33]. Das trifft besonders für Ign Pol 4,1 ff. zu. Der eigentliche Adressat ist Polykarp, der die verschiedenen Stände: Witwen, Sklaven, Frauen, Männer, ermahnen soll. „Doch ist das Schema schon so gesprengt, daß sich eine eigentliche Haustafel nicht mehr fassen läßt"[34]. Noch deutlicher ist Polyk 4,2 ff. vom Stil der Kirchenordnung geprägt. Haustafelähnliche Mahnungen sind mit Weisungen an die kirchlichen Stände vermischt: Frauen, Witwen, Diakone, junge Männer, Jungfrauen, Presbyter. Der Stil ist im allgemeinen der Pflichtenlehre angepaßt, nur im Presbyterspiegel wird auf konkrete Aufgaben eingegangen. Ein weiterer haustafelähnlicher Passus steht 1 Clem 21,6–8 ziemlich unvermittelt in einem größeren Zusammenhang paränetischer und lehrmäßiger Abschnitte. Detaillierter und in dieser Form neu ist hier die Mahnung zur christlichen Kindererziehung (21,8 f.). Nur 3 Glieder: Obrigkeit, Kinder und Frauen, umfaßt die Aufzählung in 1 Clem 1,3. Sie dient dazu, den vorbildlichen Stand der Gemeinde zu loben. Etwas Neues bringen die Tafeln Did 4,9–11 und Barn 19,5–7. Sie verlassen nicht den Rahmen des Gewohnten durch Umfang oder Inhalt. Was auffällt, ist die Verbindung mit der Zwei-Wege-Lehre. Damit tritt ein ganz neuer Gesichtspunkt in Erscheinung, der uns im nächsten Kapitel noch eingehender beschäftigen wird. Abgesehen von diesem neuen Kontext haben wir aber bei den Apostolischen Vätern keine bemerkenswerten Abweichungen von den Pastoralen. Die Abhängigkeit von den ntl. Haustafeln ist noch klar erkenntlich; die Form hat sich aber praktisch aufgelöst; der Inhalt ist wesentlich erweitert; der ganze Stil, auch die Wortwahl hat sich zunehmend der hellenistischen Pflichtenlehre und den Ständespiegeln angeglichen. Der Eindruck einer „christlichen Bürgerlichkeit" ist hier noch stärker geworden.

Die Untersuchung der Haustafeln in den Pastoralbriefen hat somit ergeben, daß sich die charakteristische Form dieser ntl. Paränese schon bald

---

[33] Vgl. *K. Weidinger*, a.a.O., S. 54 ff.; *K. H. Rengstorf*, Mann und Frau im Urchristentum, S. 26 ff.; *ders.*, Die ntl. Mahnungen an die Frau, S. 135 f.; *E. Kähler*, Die Frau in den paulinischen Briefen, S. 94 ff.; *R. Knopf*, Die Lehre der zwölf Apostel, in: HNT Erg.-Bd. 1 (1923), S. 1 ff., hier 18 f.

[34] *K. Weidinger*, a.a.O., S. 73.

wieder auflöst und bereits in der folgenden Generation ntl. Literatur mit einer anderen literarischen Form, nämlich der Kirchenordnung, verbindet. Dabei wird die Haustafelparänese von der Struktur des Pflichtenschemas überlagert und die direkte, imperativische Ermahnung in einen Standesspiegel umgeformt, der indirekt, deskriptiv, schulmäßig belehrend ist. Der Einfluß der hellenistischen Ethik ist spürbar gewachsen, was in der verstärkten Aufnahme ethischer Begriffe aus der hellenistischen Philosophie und Volksmoral zum Ausdruck kommt. Aber nicht nur einzelne Begriffe sind jetzt in die christliche Paränese rezipiert worden, sondern auch ganze Standesbilder und zum Teil die damit verbundenen bürgerlichen Wertvorstellungen und ethischen Ziele.

Das „Ideal der christlichen Bürgerlichkeit"[35] mit seinem ruhigen Leben in geordneten Verhältnissen unterscheidet sich gewiß von dem spannungsreichen Dasein, wie es der Apostel Paulus verkörpert. Der hat wenig Zeit darauf verwandt klarzumachen, wie der Alltag und das ganz normale, bürgerliche Leben des Christen aussieht; seine Predigt beschäftigt sich mit dem Außerordentlichen, das in Christus geschehen ist, und mit der neuen Existenz des in Christus Wiedergeborenen. In den Pastoralen ist die christozentrische Sicht nicht aufgegeben worden, aber es hat eine entscheidende Zeitverschiebung gegeben. Die Kirche hat sich auf eine längerwährende Existenz in der Welt einrichten müssen und ist damit „in die Phase der nötigen Konsolidierung und Institutionalisierung eingetreten"[36]. Sie muß sich mit der Welt arrangieren, das heißt in den weltlichen Ordnungen und mit den bürgerlichen Gesetzen leben. Dieser notwendige Prozeß hat aber nicht zu einer platten Verbürgerlichung und Nivellierung des ntl. Ethos geführt, wie aus der heilsgeschichtlichen Begründung der christlichen Existenz Tit 2,11–15 zu sehen war. Auch die christliche Paränese der Pastoralen ist im Ereignis des eschatologischen Heils verankert, das machen Stellen wie 1 Tim 3,14–16; 4,6–11; 6,11–16; Tit 2,11–15; 3,4–8 deutlich, von denen die Paränese immer wieder nach Art einer theologischen Besinnung unterbrochen wird.

Haustafel, Kirchenordnung und christliche Bürgerlichkeit sind also nicht vom stoischen Ideal der Ataraxia aus zu interpretieren, sondern vom Mysterium des Kreuzes und der Auferstehung. Die christliche Seinsweise hat ihre Ursache in der neuen Heilswirklichkeit. Mag auch die Sprechweise hellenistisch klingen und die Standesbilder in den Farben der philosophischen Ethik gemalt sein, das Leben aber, das sie zeichnen sollen, kommt

---

[35] Vgl. *Dibelius/Conzelmann*, a.a.O., S. 32 f.; *N. Brox*, a.a.O., S. 124 f.
[36] *N. Brox*, a.a.O., S. 121.

aus der Gnade und steht unter dem neuen Gesetz Christi. Wenn trotzdem die bürgerliche Ethik und die naturrechtlichen Ordnungsbilder rezipiert werden, so kündigt dieses Faktum an, daß das neue Christsein sich auch in den natürlichen Ordnungen bewähren muß. Dadurch werden diese weltlichen Strukturen nicht christlich gesegnet, sie erhalten aber eine relative Rechtfertigung vom Evangelium aus. Der Gläubige kann sich nicht in christlicher Überheblichkeit oder schwärmerischer Mißachtung über sie hinwegsetzen. Die relative, weil kritische Rezeption ist andererseits aber auch kein Alibi für eine vorbehaltlose Verweltlichung und Enteschatologisierung der christlichen Botschaft. Die christliche Liebe lebt nicht an den natürlichen Strukturen des menschlichen Daseins vorbei, sie darf aber auch nicht auf das bürgerlich Anständige, naturrechtlich Notwendige und natürlich Gute begrenzt werden.

„Ein gewisses Sicheingewöhnen und -einpassen in die irdischen Verhältnisse ist unverkennbar", meint Schnackenburg[37], doch geht der kämpferische Geist nicht verloren. Deshalb dürfe man die sogenannte Verbürgerlichung nicht überschätzen. Naturgemäß ist diese Kampfstellung in den Pastoralen mehr auf die Anfeindung von außen gerichtet, gegen die Irrlehrer und Andersgläubigen, als gegen die Gefahren von innen, die ja zugleich mit dem Eingehen auf die Welt gegeben sind. Daß aber gerade die Pastoralbriefe für uns heute eine besondere Aktualität besitzen, darauf macht P. Leo[38] aufmerksam. Denn ihre Probleme damals mit einer bürgerlichen Christenheit und einer etablierten Gemeinde beschäftigen in gleicher Weise die Kirche von heute.

[37] *R. Schnackenburg*, Artikel „Biblische Ethik, II. Neues Testament", in: LThK 2 (²1958), Sp. 433.
[38] *P. Leo*, Das anvertraute Gut. Eine Einführung in den ersten Timotheusbrief, Die urchristliche Botschaft, 15. Abt., Berlin 1935, S. 7 ff.

## IV. DIE KATALOGISCHE PARÄNESE

Innerhalb der ntl. Paränese zeichnen sich neben den Haustafeln und den Ständespiegeln als weitere literarische Gattung die Tugend- und Lasterkataloge[1] ab, die als paränetischer Topos schon wegen ihrer häufigen Verwendung das Interesse erregen. Die katalogische Paränese stellt sich unter rein formalem Gesichtspunkt als eine mehr oder weniger lange, meist asyndetische Aufzählung guter bzw. schlechter Eigenschaften, Taten oder Täter dar[2], die man wegen ihrer schematischen Aneinanderreihung im allgemeinen als Kataloge, und zwar aufgrund ihrer inhaltlichen Bestimmung als Tugend- oder Lasterkataloge, bezeichnet. Während die Haustafeln im Neuen Testament als eine in sich geschlossene Einheit auftreten, fällt bei den ntl. Katalogen auf, daß sie auf den ersten Blick nach Inhalt und Form nur schwer als einheitliche Größe zu fassen sind. Vögtle meint, daß ihr „gemeinsames schematisches Merkmal zunächst nur die Stilform des Katalogs ist"[3]. Vögtle hat anhand der zahlreichen Parallelen in der hellenistischen Literatur die Begrifflichkeit der Kataloge untersucht und ist zu dem Ergebnis gekommen, daß die *Methode* des Katalogs vom Hellenismus übernommen ist. Der *Inhalt* dagegen stellt trotz weitgehender lexikalischer Übereinstimmung etwas Neues dar. Die ntl. Schriftsteller haben nicht nur aus der reichhaltigen Nomenklatur der popularphilosophischen Kataloge kritisch ausgewählt, sondern auch über dieses selektive Verfahren hinaus den Inhalt durch neue Begriffe, teils sogar Neubildungen, und eine neue christliche Sinngebung entscheidend verändert[4].

Seitdem Lietzmann[5] auf den stoischen Einfluß bei der Formung der ntl. Kataloge aufmerksam gemacht hatte, war das exegetische Interesse weithin

---

[1] *H. Lietzmann*, An die Römer, HNT 8 ([3]1928), S. 35 f.; *M. Dibelius*, Zur Formgeschichte des Neuen Testaments (außerhalb der Evangelien), in: ThR NF 3 (1931), S. 207 ff.; *A. Vögtle*, Die Tugend- und Lasterkataloge im Neuen Testament; *S. Wibbing*, Die Tugend- und Lasterkataloge im Neuen Testament und ihre Traditionsgeschichte unter besonderer Berücksichtigung der Qumran-Texte, Beihefte zur Zeitschrift für die Neutestamentliche Wissenschaft 25, Berlin 1959; *E. Kamlah*, Die Form der katalogischen Paränese im Neuen Testament, Wissenschaftliche Untersuchungen zum Neuen Testament 7, Tübingen 1964; *H. Preisker*, Das Ethos des Urchristentums, Darmstadt [3]1968.
[2] Vgl. *Kamlah*, a.a.O., S. 1.
[3] *A. Vögtle*, a.a.O., S. VI.
[4] Ebd., S. 158 f., 206 f.
[5] *H. Lietzmann*, An die Römer, S. 35 f.

darauf fixiert, vermittels der formgeschichtlichen Methode die ntl. Kataloge als Produkt des Hellenisierungsprozesses und damit der Verweltlichung des Urchristentums darzustellen. Eine solche Betrachtungsweise wurde durch den Gegenstand selbst nahegelegt, da einerseits die weitgehende Übereinstimmung der verwendeten Begriffe evident ist und andererseits die Tugend- und Lasterlehre innerhalb der hellenistischen Ethik eine zentrale Stellung in Theorie und Praxis einnimmt. Als rhetorisches Mittel erfreuten sie sich außerordentlicher Beliebtheit, was durch ihre häufige Verwendung in der popularphilosophischen Diatribe bewiesen ist.

Vögtle hält dagegen, daß man nicht alle urchristliche Paränese durch den Nachweis bestimmter Abhängigkeiten und Parallelen in ihrer Eigenständigkeit auflösen könne. Man müsse vielmehr primär mit den schöpferischen Kräften des Urchristentums sowohl bei der Formgebung als auch bei der inhaltlichen Füllung rechnen, denn das urchristliche Ethos sei aufgrund seiner Prinzipien und seiner Zielsetzung etwas wesenthaft Neues. Paulus redet zwar in der Sprache seiner Zeit, „und doch erscheinen seine Kataloge, auch wo sie im alten Buchstaben reden, in ihrer idealen Wahrheit gleich dem Menschen, den er predigt, so sehr als ‚neue Schöpfung' (2 Kor 5,17), daß die zeitgenössischen Fachleute von der Art jener bildungsstolzen Stoiker auf dem Markt zu Athen trotz verwandter Klänge auch im Sittenprediger Paulus ebenso wenig ihre Geistesart und ihren Konkurrenten erblicken konnten wie im ‚Verkünder fremder Gottheiten' (Apg 17,18)"[6]. Damit ergibt sich für uns wiederum die Möglichkeit, anhand des paränetischen Topos der ntl. Tugend- und Lasterkataloge dem Rezeptionsvorgang natürlich-sittlicher Ethik nachzugehen. Auch hier werden im Prozeß der Adaption die schöpferischen Kräfte der christlichen Botschaft sichtbar, die diesen paränetischen Stoff nicht nur rezipiert, sondern auch transformiert und in das Evangelium integriert haben.

1. Die Tugend- und Lasterkataloge der hellenistischen
und jüdischen Umwelt[7]

Bevor man sich nach entsprechendem Vergleichsmaterial zu den ntl. Katalogen in der unmittelbaren Umwelt des Neuen Testamentes umsieht,

---

[6] *A. Vögtle*, a.a.O., S. VII f.
[7] Vgl. *A. Vögtle*, a.a.O., S. 56–120; *S. Wibbing*, a.a.O., S. 14–76; *E. Kamlah*, a.a.O., S. 103–175.

wird es nützlich sein, daran zu erinnern, daß es eine allgemein-menschliche Kulturerscheinung und ein Ergebnis der ethischen Reflexion ist, die von der gesellschaftlichen Gruppe geschätzten sittlichen Eigenschaften (Tugenden) bzw. die als minderwertig abgelehnten Verhaltensweisen (Laster) listenmäßig zusammenzustellen. Sie enthalten einen nicht unwesentlichen Bestandteil des gesellschaftlichen Ethos und der sittlichen Norm, nach der die Gruppe lebt. Solche Tugend- oder Lastertabellen gibt es in irgendeiner Form bei allen Kulturvölkern[8]. Die Tatsache des universellen Vorkommens von derartigen Katalogen bzw. Tabellen läßt das bloße Vorhandensein im Neuen Testament nicht als etwas Außergewöhnliches erscheinen und lenkt von vornherein den Blick auf die spezifische Form, welche die Kataloge dort haben. Zur direkten Aufklärung der entwicklungsgeschichtlichen Herkunft der ntl. Kataloge wird man sich freilich nach ähnlichen Erscheinungen in der hellenistischen und alttestamentlich-spätjüdischen Sprach- und Kulturwelt umsehen müssen, denn das ist der Raum, in dem die urchristlichen Gemeinden aufgewachsen sind. Und in der Tat wird man nicht lange suchen müssen, denn sowohl in der philosophischen Lehre als auch in der popularphilosophischen Diatribe des Hellenismus nehmen Tugend- und Lasterkataloge einen hervorragenden Platz ein.

Die Anfänge der Katalogbildungen, meistens Lastergruppen, liegen bereits im griechischen Volkstum und in der homerischen Literatur, bei Hesiod und Aristophanes, auch Vergil und seiner Aeneis. Aber zu ihrer eigentlichen Bedeutung sind die Tugend- und Lasterkataloge erst durch die Aufnahme in das ethische System der stoischen Lehre gelangt. In der philosophischen Reflexion ist schon früh der ethische Begriff der ἀρετή (ursprünglich Bezeichnung für kriegerische Tüchtigkeit und Mannhaftigkeit) zum fundamentalen Begriff für Tugendhaftigkeit, ja für Sittlichkeit schlechthin geworden. Bei dem starken Interesse der Griechen an menschlicher Leistung verwundert es nicht, daß man bald bemüht ist, das sittliche Ideal der ἀρετή durch weitere Tugendbegriffe zu erläutern, auszubauen und zu konkretisieren, was zu Tugendlisten und als deren Pendant zu Lastergruppen geführt hat. So spielen einzelne ἀρεταί schon bei den Sophisten und Sokrates eine gewisse Rolle. Plato hat dann zum erstenmal das für die griechische Ethik so charakteristische System der vier Kardinaltugenden formuliert, das in der Folgezeit zur Grundlage der intellektualistischen Tugendlehre wurde. Während Aristoteles einen anderen Weg einschlägt,

---

[8] Vgl. *A. Vögtle*, a.a.O., S. 56 f.

beginnt die „klassische Zeit des Tugendkatalogs" mit Zenon aus Kition (336-264 v. Chr.), dem Begründer der Stoa, der das Schema der Kardinaltugenden: Einsicht (φρόνησις), Tapferkeit (ἀνδρεία), Gerechtigkeit (δικαιοσύνη), Besonnenheit (σωφροσύνη), in die ethische Disziplin der Stoa aufnimmt. Die nachfolgenden Stoiker, wie Chrysippos, Panaitios und Poseidonios, haben die vier Haupttugenden jeweils durch mehrere Einzeltugenden exemplifiziert und unterteilt, so daß jene langen Tugendkataloge entstanden, welche in der stoischen Ethik zu „kanonischem Ansehen" gelangt sind. Dazu folgendes Beispiel: Τῇ μὲν οὖν φρονήσει ὑποτάττεσθαι εὐβουλίαν, εὐλογιστίαν, ἀγχίνοιαν, νουνέχειαν, (εὐστοχίαν), εὐμηχανίαν· τῇ δε σωφροσύνῃ εὐταξίαν, κοσμιότητα, αἰδημοσύνην, ἐγκράτειαν· τῇ δὲ ἀνδρείᾳ καρτερίαν, θαρραλεότητα, μεγαλοψυχίαν, εὐψυχίαν, φιλοπονίαν· τῇ δὲ δικαιοσύνῃ εὐσέβειαν, χρηστότητα, εὐκοινωνησίαν, εὐσυναλλαξίαν κτλ. (Stobäus, Ecl. II 60,9ff.)[9]. Es folgt dann eine Erklärung der Einzeltugenden vermittels der ἐπιστήμη. Dieses Schema ist relativ konstant: Die vier Kardinaltugenden werden in eine Reihe von Untertugenden aufgegliedert, die dann aufgrund von Einsicht in den Sachverhalt (ἐπιστήμη) einzeln erläutert werden. Inhaltlich sind die Kataloge durch einen ziemlich gleichbleibenden, obwohl variierenden Bestand an ethischen Tugendbegriffen gekennzeichnet[10].

In Korrespondenz zu den Tugendkatalogen stehen in der stoischen Ethik die Lasterkataloge, die ebenfalls nach dem Viererschema aufgebaut sind[11]. Auch die vier Kardinallaster: Unbesonnenheit (ἀφροσύνη), Zügellosigkeit (ἀκολασία), Ungerechtigkeit (ἀδικία) und Feigheit (δειλία), werden – wie die Kardinaltugenden – in einzelne Laster unterteilt und so durch Lasterkataloge näher erläutert. Daneben steht eine weitere Tetrade, die sich aus der stoischen Lehre von den Affekten (πάθη) entwickelt und die 4 Hauptaffekte: Begierde (ἐπιθυμία), Furcht (φόβος), Trauer (λύπη) und Freude (ἡδονή), mit den entsprechenden Unterarten umfaßt[12]. Der Aufbau des Schemas entspricht dem Tugendkatalog, auch hier ist der Inhalt ziemlich konstant[13]. Der Bedeutung der Affektenlehre innerhalb des

---

[9] Zit. nach Stoicorum veterum fragmenta, coll. *J. ab Arnim*, vol. III, Lipsiae 1903, n. 264. Weitere ausführliche Beispiele finden sich ebd., n. 262-294.
[10] Vgl. die Übersicht bei *A. Vögtle*, a.a.O., S. 133 ff.
[11] Vgl. Stoicorum vet. fragm. III, n. 262. Dort wird ein Text nach Stobäus (Ecl. II 59,4) geboten, der Kardinaltugenden und -laster zusammen aufzählt.
[12] Vgl. ebd., n. 394 (Stobäus, Ecl. II 90,7).
[13] Eine umfangreiche Zusammenstellung bietet wiederum Stoicorum vet. fragm. III, n. 377-420; vgl. auch den großangelegten Lasterkatalog (Diogenes Laert. VII 110-114) bei *Lietzmann*, An die Römer, Beilage 1, S. 132.

stoischen Systems entsprechend, sind die Affektenlisten besonders häufig und umfangreich. Der wohl umfangreichste Katalog bei Andronikos (περὶ παϑῶν) zählt zur Begierde 25, zur Freude 5, zur Furcht 13 und zur Trauer 25 Unterarten auf[14].

Den Tugenden und Affekten kommt in der rationalistischen Ethik der Stoa eine erhöhte Aufmerksamkeit zu. Tugend ist wie bei Sokrates ein vernunftgemäßes Verhalten. Der Mensch muß seiner Vernunft folgend nach den Gesetzmäßigkeiten der Natur (Menschennatur und Natur der Dinge) leben, wenn er das Ziel seines Daseins, die höchste Glückseligkeit, erreichen will. Deshalb ist ein vernunftgemäßes Leben zugleich ein tugendhaftes und umgekehrt. Tugend wird in erster Linie als Akt der vernünftigen Einsicht in die Natur der Dinge gesehen und ist deshalb lehrbar. Durch seine Affekte aber wird der Mensch immer wieder daran gehindert, naturgemäß zu leben, so wie er es vermittels seines Logos erkannt hat. Deshalb besteht die oberste sittliche Pflicht des Menschen darin, seine Affekte als Triebfeder falschen Verhaltens auszuschalten.

Durch die popularphilosophische Propaganda ist die Tugend- und Affektenlehre mit den zugehörigen Katalogen bis in die hintersten Winkel des hellenistischen Kulturraumes verbreitet und „demokratisiert" worden. Bei der ungeheuren Bedeutung der Diatribe ist es undenkbar, daß Paulus nicht von ihr beeinflußt sein könnte, zumal es sein Bemühen war, allen alles zu werden[15]. Der Stil der Diatribe, den wir oben bereits beschrieben haben[16], hat das strenge, schulmäßige Schema der Kataloge vielfach abgewandelt und auf die konkrete Situation hin ausgelegt. Die vier Kardinaltugenden bzw. -laster und -affekte wirken noch nach, werden aber nicht mehr in jedem Fall aufgeführt, dafür werden die Kataloge ständig erweitert und neu geformt. In den Bereich der populären Moralphilosophie und seiner situationsbezogenen Weiterentwicklung der Tugendlehre gehören auch die verschiedenen Standes- und Berufsspiegel, mit denen wir uns weiter oben in den Kirchenordnungen der Pastoralbriefe im vorigen Kapitel beschäftigt haben[17]. Daneben gibt es ein weites Feld der Verbreitung und Anwendung von Katalogen in der öffentlichen Rhetorik (Laudatio, Enkomion), in den astrologischen Schriften (Horoskope zum Beispiel) und in den nichtliterarischen Dokumenten (Papyri, Ostraka u. Inschriften), die besonders

---

[14] Vgl. Stoicorum vet. fragm. III, nn. 391, 397, 401, 409, 414.
[15] Vgl. *A. Vögtle*, a.a.O., S. 62 ff.; *A. Deissmann*, Licht vom Osten, S. 255 ff.
[16] Vgl. Kap. 1, Abschn. 4.
[17] Vgl. *A. Vögtle*, a.a.O., S. 73–81, 125–147, 170–178, 237–243.

von Vögtle in die Untersuchung mit einbezogen worden sind[18]. Zum Schluß sei noch auf die Prodikosfabel hingewiesen, die das philosophische Thema von Tugend und Laster, verkörpert durch zwei Frauen ἀρετή (virtus) und ἡδονή (felicitas/voluptas), in den Mythos vom „Herakles am Scheideweg" kleidet, einem in der späteren antiken Literatur sehr beliebten Thema.

Nicht so einheitlich ist jedoch das Bild in der atl.-jüdischen Literatur. Das Alte Testament kennt praktisch keine katalogartigen Aufzählungen von Tugenden und Lastern nach der Art der Stoa. Der Dekalog und die von ihm abhängige atl. Literatur zählen Tatsünden auf und sind als Rechtssatzungen zu verstehen. Ex 20,22–23,19 oder 34,10 ff.; Lv 19,11–18 enthalten zum Beispiel, was für den atl. Bereich typisch ist, Gebots- und Verbotslisten, deren eigentlicher Urheber Jahwe ist. Auch die verschiedentlichen Sündenaufzählungen der Propheten (z. B. Os 4,2 ff., Is 5,8 ff.) und Fluchkataloge (Dt 27,15–26; 28,15–68) sind nicht im Sinne der stoischen Kataloge verfaßt. Abgesehen von einigen Stellen mit katalogartigem Charakter in der Spruchliteratur (etwa Spr 6,17–19; Prd 3,1–8; Sir 41,16 ff.) gibt es nichts den stoischen Tugend- und Lasterkatalogen Vergleichbares[19].

Erst in den hellenisierenden Spätschriften ist ein Einfluß der stoischen Ethik auf die biblischen Schriftsteller zu erkennen. Da werden Weish 8,7 die vier Kardinaltugenden als höchste Lebenswerte empfohlen und 14,25 f. die Folgen der Gottlosigkeit in einem ausführlichen Lasterkatalog geschildert, der allerdings nur die Form der hellenistischen Kataloge aufnimmt, inhaltlich aber keinen einzigen Begriff des stoischen Schulkatalogs enthält. Der Lasterkatalog gehört zu der größeren Paränese Weish 13–15, der ein Stück jüdischer Apologetik und Missionspredigt wiedergibt. Sittliche Verderbnis als Folge von Gottlosigkeit war bereits ein beliebter Topos der heidnischen, besonders der popularphilosophischen Sittenpredigt. Im zweiten Teil unserer Untersuchung werden wir diese Zusammenhänge eingehender untersuchen; hier muß der Hinweis auf die Parallelität zu Röm 1,18 ff. zunächst genügen. Auch die predigtähnliche, philosophische Abhandlung 4 Makk zeigt in erheblichem Umfange hellenistischen Einfluß. Das Thema „Die Beherrschung der Triebe durch die Vernunft" ist stoisch, aber auch die Unterscheidung von psychischen und somatischen Affekten. Daneben kehrt eine ganze Anzahl von Begriffen aus den Katalogen der Schule bzw. der Diatribe wieder.

---

[18] Vgl. ebd., S. 81 ff.
[19] Vgl. ebd., S. 92 ff. und S. Wibbing, a.a.O., S. 24 ff.

Seinen Höhepunkt erreicht die Hellenisierung der jüdischen Literatur in den Schriften Philos von Alexandrien. Vögtle meint: „Nach Zahl und Länge der Tugend- und Lasterkataloge hat sich Philo geradezu die Palme unter den Popularphilosophen erworben. Fast zum Überdruß oft redet er von Tugenden und Lastern"[20]. Die vier Kardinaltugenden, die Kardinallaster, die Hauptaffekte, lange Reihen von Unterarten, das ganze Repertoir der hellenistischen Diatribe ist bei Philo abwechslungsvoll und mit rhetorischem Schwung verarbeitet worden. Wir erwähnen hier nur De sacr. Abelis et Caini (§ 20–44 ff.), wo Philo Tugend ($\dot{\alpha}\varrho\varepsilon\tau\acute{\eta}$) und Laster ($\dot{\eta}\delta o\nu\acute{\eta}$) als zwei Frauen mit ihren Freundinnen auftreten läßt. Ansonsten sei auf die umfangreiche Literatur zu den Schriften Philos verwiesen[21]. Doch fällt bei Philo auf, daß er trotz seiner hellenistischen Tendenzen nicht die eigentliche Basis der jüdischen Gottesbeziehung und sittlichen Haltung aufgibt. Die Begründung des Sittlichen erfolgt in dem personalen Gott, welcher der transzendente Weltschöpfer ist. Urheber des Guten ist nicht die menschliche Tüchtigkeit, sondern die Kraft Jahwes. Damit ist die stoische Ethik im Ansatz umgebogen und in Frage gestellt.

In der übrigen spätjüdischen Literatur ist der enge Zusammenhang mit der Stoa nicht mehr wie bei Philo, dem Weisheitsbuch und dem vierten Makkabäerbuch festzustellen. Doch haben auch das Buch der Jubiläen, die Henochbücher und die Testamente der XII Patriarchen in ihren paränetischen Teilen vielfache Anklänge an die stoischen und popularphilosophischen Kataloge. Diese Schriften bedienen sich zwar gern des Stils der Paränese und Diatribe, sind aber in ihrer ethischen Grundhaltung von der atl. Sittlichkeit und einem anderen, noch zu besprechenden Traditionsstrom geprägt[22].

Vögtle konstatiert in seiner Arbeit, die 1936 veröffentlicht wurde, das Fehlen der Tugend- und Lasterkataloge in der rabbinischen Literatur. Die Midraschim und Talmuden sind formal und inhaltlich anders strukturiert als die oben erwähnten hellenisierenden Schriften. Da sich auch in den atl. Büchern ein ähnlicher Befund ergibt, haben Vögtle und viele andere gefolgert, daß die ntl. Tugend- und Lasterkataloge ausschließlich auf stoischen und popularphilosophischen Einfluß zurückzuführen sind. Dieser Schluß legte sich schon deshalb nahe, weil nur in den hellenisierenden jüdischen Spätschriften stoisierende Kataloge zu beobachten waren. Nun ist aber

---

[20] Ebd., S. 107.
[21] Beispiele für Tugend- und Lasterkataloge aus den Schriften Philos bringen Stoicorum vet. fragm. III, n. 263 ff., 388 ff.; ebenso *A. Vögtle*, a.a.O., S. 107 ff.; *S. Wibbing*, a.a.O., S. 26 ff.
[22] Vgl. *A. Vögtle*, a.a.O., S. 100 ff.; *S. Wibbing*, a.a.O., S. 30 ff.

durch die Schriftenfunde am Toten Meer die Szene völlig verändert worden, was die Herkunft der ntl. Kataloge betrifft, denn in der Gemeinderegel I QS[23] fand sich der von Vögtle[24] vermißte Katalog sicher jüdischen Ursprungs, der Tugend- und Lasterkatalog in Zusammenhang mit der dualistischen Zwei-Wege-Lehre bringt. Ein ausführlicher Tugend- und Lasterkatalog steht I QS 4,2–14, kürzere Tugendkataloge 1,5; 2,24; 5,3 f.; 8,2; 10,25 f. und ein kurzer Lasterkatalog 10,22. Da die kürzeren Kataloge für unser Thema nichts Neues enthalten, können wir sie bei der weiteren Erörterung unberücksichtigt lassen.

Bei einer inhaltlichen Betrachtung[25] offenbaren die Kataloge der Gemeindeordnung keine umwerfenden Überraschungen. Die Typologie der verwendeten Begriffe weist zwar auch hellenistische Parallelen auf, läßt aber im allgemeinen eine Erklärung im atl.-jüdischen Bereich suchen. Bemerkenswert ist allerdings, daß fast alle Begriffe durch die ntl. Kataloge dort mehrfach belegt sind, was S. Wibbing nachgewiesen hat, indem er die hebräischen Begriffe durch die entsprechenden griechischen der LXX ersetzt hat[26]. Neu gegenüber dem Alten Testament ist der hellenistische Gebrauch von Abstrakta anstelle von konkreten Tatsünden, doch ist zu berücksichtigen, daß im Hebräischen im Gegensatz zur Stoa das Abstraktum nicht losgelöst von der konkreten Tat betrachtet werden kann. Es geht nicht wie in der hellenistischen Philosophie um die rechte innere Haltung als entscheidenden Ausgangspunkt der Sittlichkeit, sondern um den Gehorsam gegen den fordernden Gott, weshalb die Sittlichkeit sich notwendigerweise in der Tat manifestieren muß. Außerdem ist die an die hellenistische Diatribe erinnernde asyndetische Aneinanderreihung der Begriffe ohne wirkliche Parallele in der atl. Literatur.

Das eigentlich Neuartige an der Gemeindeordnung I QS ist in der *Form* der Kataloge zu sehen, welche durch eine antithetische Verbindung der beiden Kataloge nach dem Schema der beiden Wege charakterisiert ist. Das Handeln des Menschen wird als Wandel verstanden, entweder auf dem Weg des Lichts oder dem Weg der Finsternis (3,20; 4,2.11.15), die durch einen Tugendkatalog (4,2–6) bzw. Lasterkatalog (4,9–11) beschrieben werden. Den einen Weg gehen die Söhne des Lichtes (3,13.24.25) oder der Gerechtigkeit (3,20.22), den anderen die Söhne der Finsternis oder des Frevels (3,20). Beiden Wegen ist je ein Engel oder Geist zugeordnet (3,18 ff.

---

[23] Zugrunde gelegt wird die Textausgabe von *E. Lohse*, Die Texte aus Qumran, S. 1 ff.
[24] *A. Vögtle*, a.a.O., S. 116.
[25] Vgl. zum folgenden *S. Wibbing*, a.a.O., S. 43 ff.
[26] Vgl. ebd., S. 92 ff. und 104 ff.

und 4,15 ff.), der Geist der Wahrheit und des Lichtes bzw. der Geist des Frevels und der Finsternis, welche über die ihnen zugeordneten Wege bzw. Menschen Herrschaft ausüben. Die dualistische Denkweise, welche aus den religiösen und weltanschaulichen Überlieferungen des Iran stammt, ist in der Ordensregel nicht Selbstzweck, sondern dem jüdischen Monotheismus untergeordnet. Gott ist der Urheber allen Seins, wie der Menschen und der beiden Geister (3,15–25). Gott ist nicht als transzendentes Prinzip verstanden, sondern als souveräner Schöpfergott. Er ist und bleibt der unmittelbare Herr der Geschichte, welcher die Zeiten und „Fristen festsetzt" (3,15.18.23; 4,18.20.25) und die Geschichte in seiner Hand behält (3,17), auch wenn bis zur endzeitlichen Vernichtung (4,18 f.) der Geist des Frevels Macht ausübt. Die Söhne des Lichtes leben bis dahin in der Kampfzone der beiden Geister, so daß sie ständig der Gefährdung und Anfechtung durch die Macht des Frevel-Geistes ausgesetzt sind. Der Widerstreit der beiden Geister ist unversöhnlich (4,17) und endet erst mit dem Zeitpunkt des Gerichtes und der Läuterung (4,20).

In diesen dualistischen und eschatologischen Rahmen sind die beiden Kataloge eingespannt. Sie beschreiben die beiden antithetischen Wege als die zwei Möglichkeiten der menschlichen Existenz vor Gott. Am Ende des Tugendkatalogs steht (4,6–8) eine Heilsverheißung, die ewigen Lohn, Frieden, Segen, Freude in Aussicht stellt. Der Lasterkatalog dagegen schließt mit einer Verdammnisandrohung (4,11–14). Die Kataloge wollen also nicht nur beschreiben, sondern auch zur Entscheidung und zur Tat aufrufen. Das antithetische und eschatologische Schema der Kataloge ist gegenüber den stoischen Reihen völlig neuartig und weist somit in einen ganz anderen Überlieferungszusammenhang, nämlich den der iranischen kosmologischen Religion.

E. Kamlah[27] ist diesem Traditionsstrom nachgegangen, um das dualistische Schema der ntl. Kataloge, das er für das Wesentliche an der Katalogform hält, und seine Herkunft aufzuhellen, um so die Kataloge als Produkt persischer, nicht stoischer Tradition auszuweisen[28]. Ein erster Bericht über die iranische Kosmogonie und Kosmologie, die auf Zoroaster (6./7. Jh. v. Chr.) zurückgeht, wird bei Plutarch, De Iside et Osiride[29] gegeben. Dort wird die iranische Mythologie so dargestellt, daß am Anfang zwei entgegengesetzte Mächte (Prinzipien) stehen: Ormazd (Horomazes), aus dem Licht entstanden, und Ahriman (Areimanios), aus der

---

[27] E. Kamlah, a.a.O., S. 53 ff.
[28] Ebd., S. V, 4, 39, 53 ff., 176, 214 f.
[29] Vgl. ebd., S. 57 ff. Text bei Plutarch, Mor 369 D–370.

Finsternis; beide Mächte stehen in einem ewigen Streit miteinander. Ormazd erschafft eine Sechserreihe von Göttern (εὔνοια, ἀλήθεια, εὐνομία, σοφία, πλοῦτος, τῶν ἡδέων δημιουργός), Ahriman entsprechend 6 Widersacher, was einem Doppelkatalog entspricht. Weitere Geschöpfe des Ormazd sind die Sterne und eine Gruppe von 24 Göttern. Diese setzt er in das Weltenei, das aber von den Geschöpfen des Ahriman, welche gleich an Zahl sind, durchbohrt wird. Daraus resultiert die Vermischung von Gut und Böse in der Welt. Dieser dualistische Weltmythos schließt mit dem eschatologischen Endkampf. Zur „festgesetzten Zeit" – gleicher Ausdruck in der Ordensregel – wird Ahriman vernichtet und es folgt ein paradiesischer Zustand für die Menschen.

Kamlah will in der iranischen Religion den religionsgeschichtlichen Hintergrund für die ntl. antithetische Katalogform aufdecken. Deshalb geht es ihm in seiner Untersuchung darum, nachzuweisen, daß dem iranischen kosmologischen Mythos einerseits ein dualistisches Prinzip zugrunde liegt und daß andererseits die beiden antithetischen Geister dieser Kosmogonie von je einem Kreis von Geistern und Mächten umgeben sind, die als Tugenden bzw. Laster zu verstehen sind, wenigstens in der Folgezeit so verstanden wurden. Zur Ergänzung und Unterstützung des aus Plutarch gewonnenen Bildes zieht Kamlah als weitere Quellen die Weltenlehre des Bundahishn und die kosmogonischen Traditionen in den Spekulationen Manis heran, denn der kosmogonische Teil des Awesta, des hl. Buches der zoroastrischen Religion, ist verlorengegangen. Das Bundahishn[30] hat die gleiche kosmologische Grundstruktur: Zwei Urkräfte, Licht und Finsternis, Ormazd und Ahriman, stehen in unversöhnlichem Gegensatz; sie sind hier allerdings ohne Anfang. Der Angriff der Finsternis gegen das Licht erfolgt zweimal. Beide erschaffen eine Reihe von 6 Geistern, so daß sich mit ihnen selbst die Siebenzahl ergibt. Auch hier dringen Ahriman und seine Geister in den Bereich des Lichtes ein, aber am Ende werden die bösen Mächte durch Ormazd und seine sechs guten Geister, die Amesha Spenta, überwunden. Auch die Kosmogonie des Manichäismus ist, wie Kamlah feststellt[31], vom iranischen Dualismus beeinflußt, jedoch bereits von anderen Einflüssen, etwa den babylonischen, überlagert. Mit besonderem

---

[30] Vgl. ebd., S. 65 ff. Zum Text vgl. *R. C. Zaehner,* Zurvan. A Zoroastrian Dilemma, Oxford 1955, S. 276 ff., vgl. auch S. 103 ff. Weitere Literaturangaben bei *M. Boyce,* Middle Persian Literature, in: Handbuch der Orientalistik 1/4/2, Leiden/Köln 1968, S. 31 ff. (Bundahisn S. 40 ff.); *I. Gershevitch,* Old Iranian Literature, in: Handbuch der Orientalistik 1/4/2, Leiden/Köln 1968, S. 1 ff. Zur Sache vgl. *H. Lommel,* Die Religion Zarathustras nach dem Avesta dargestellt, Tübingen 1930, S. 10 ff.
[31] Vgl. ebd., S. 71 ff.

Interesse wird man wegen der Parallele zum Neuen Testament vermerken, daß Mani die Lichtelemente als „Waffenrüstung" des Urmenschen beschreibt, die dieser zum Kampf gegen den König der Finsternis anlegt[32]. Neu ist auch bei Mani die Bezogenheit des mythischen Weltverständnisses auf die Erfahrungen seines eigenen Ich.

Bei der uns gebotenen Kürze ist es nicht möglich, die Stationen von Kamlahs Untersuchung im Detail wiederzugeben. Kamlah fragt die zeitgenössische jüdische und heidnische Literatur nach parallelen Entwicklungen zu den Katalogen ab, die ein vom iranischen Dualismus beeinflußtes antithetisches Schema bzw. eine eschatologische Einkleidung erkennen lassen[33]. Er findet sie vor allem im Corpus Hermeticum[34]. Das Ergebnis der Untersuchung ist[35]:

Die ntl. Kataloge in der antithetischen Doppelform gehen, was dieses dualistische und eschatologische Schema betrifft, auf die iranische Kosmologie zurück und sind über das Judentum in die christlichen Gemeinden gelangt[36]. Im Neuen Testament haben sie, wie Kamlah ausführt, eine zweifache Gestaltung erhalten: Es findet sich dort erstens ein *beschreibender Katalog*, der die verschiedenen Verhaltensweisen der Sünder schildert und mit einer Verderbnisandrohung schließt, und in Antithese dazu die katalogische Darstellung der Verhaltensweise des Gerechten mit abschließender Heilsverheißung. Eine zweite, *paränetische Katalogform* zeichnet die frühere Existenzweise in der Sünde und fordert zugleich auf, das sündige Wesen „abzulegen" und das neue Sein „anzulegen", das ebenfalls in Katalogform beschrieben wird. Der beschreibende Typ ist nach Kamlah eine Transformation der iranischen Kosmologie ins Anthropologische, insofern hier die den antithetischen Geistern entsprechenden menschlichen Verhaltensweisen dargestellt und unter ein eschatologisches Gericht gestellt werden. Der paränetische Typ ist nach Kamlah aus einer astrologischen Interpretation der iranischen Lehre entstanden, wie sie in Corp. Herm. XIII greifbar wird. Die Seele, welche aus der göttlichen Lichtsphäre stammt, wird bei ihrem Abstieg zur Erde von den sieben Planeten mit den Lastern behaftet und so eingehüllt. Die Befreiung der guten Seele erfolgt dadurch, daß sie bei ihrer Rückkehr nach oben die Laster wieder ablegt und so ihrer Umhüllung entkleidet wird.

---

[32] Vgl. Röm 13,12; 2 Kor 6,7; Eph 6,14 ff.; 1 Thess 5,8.
[33] Vgl. *E. Kamlah*, a.a.O., S. 103 ff.
[34] Vgl. ebd., S. 115 ff.
[35] Vgl. ebd., S. 214 f.
[36] Vgl. auch ebd., S. 176.

## 2. Die Tugend- und Lasterkataloge im Neuen Testament

Nach dieser etwas ausführlichen Darstellung der Katalogform in der ntl. Umwelt zeichnen sich zwei Traditionsströme ab, ein stoisch-hellenistischer und ein jüdisch-persischer. Es wird nun im folgenden nicht unsere Aufgabe sein, zu untersuchen, wie sich die beiden Traditionen im Neuen Testament zueinander verhalten, welcher eventuell die Priorität zukommt und wieweit im einzelnen die Abhängigkeit reicht. Wir möchten im Rahmen unserer Arbeit erfahren, was die urchristliche Gemeinde aus diesem vorgefundenen Material gemacht hat. Daß hier die christlichen Schreiber auf bewährte und zum Teil weitverbreitete Muster und Anschauungen zurückgreifen, liegt auf der Hand.

Lasterkataloge im Neuen Testament finden sich[37]: Mt 15,19; Mk 7,21–22; Röm 1,29–31; 13,13; 1 Kor 5,10–11; 6,9–10; 2 Kor 12,20–21; Gal 5,19–21; Eph 4,31; 5,3–5; Kol 3,5–8; 1 Tim 1,9–10; 6,4–5; 2 Tim 3,2–5; Tit 3,3; 1 Petr 2,1; 4,3; 4,15; Apk 9,21; 21,8; 22,15.

Tugendkataloge sind nicht ganz so zahlreich: 2 Kor 6,6; Gal 5,22–23; Eph 4,2–3; 4,32–5,2 (5,9); Phil 4,8; Kol 3,12; 1 Tim 4,12; 6,11; 2 Tim 2,22; 3,10; 1 Petr 3,8; 2 Petr 1,5–7.

Katalogartigen Charakter haben auch die Pflichtenlehren einzelner Stände in den Past: 1 Tim 2,9; 3,2–6; 3,8; 3,11; 2 Tim 2,24; Tit 1,7–8; 2,2–5.

Auch Mt 5,3–8 (Makarismen); 1 Kor 13,4–7 (Hohes Lied der Liebe); Eph 6,14–16 (geistl. Waffenrüstung); 1 Kor 13,13; Kol 1,4.5; 1 Thess 1,3; 5,8 (christl. Trias) müssen in diesen Themenkreis einbezogen werden.

Die *äußere Form* der Kataloge[38] ist nicht einheitlich, sie wechselt zwischen einer unverbundenen und einer verbundenen Aneinanderreihung der Glieder, was durchaus dem Stil der antiken Diatribe und den parallelen Katalogbildungen in der antiken Literatur entspricht. Ungefähr die Hälfte der Kataloge reiht die einzelnen Glieder asyndetisch aneinander, die andere Hälfte benutzt einfache stilistische Mittel der Verbindung, wie καί, ἤ, οὔτε bzw. οὐ oder μή. Andere Verbindungen kennt nur Eph 4,2 (μετά) und Phil 4,8 (die ersten 6 Glieder werden jeweils durch ὅσα und die beiden letzten durch εἴ τις angebunden); an die rhetorische Figur der Kettenreihe oder Klimax hat sich 2 Petr 1,5–7 angelehnt.

Für den *Aufbau* der einzelnen Katalogreihen läßt sich kein einheitliches Prinzip ausmachen, nicht nur die Zahl der einzelnen Glieder, sondern auch die Reihenfolge ist im großen und ganzen variabel. Neben gewissen rhetori-

---

[37] Die Aufstellung ist von *A. Vögtle*, a.a.O., S. 1 übernommen.
[38] Vgl. *S. Wibbing*, a.a.O., S. 78 ff.; *A. Vögtle*, a.a.O., S. 9 ff.

schen Momenten im Aufbau, wie Gleichklang von Silben zum Beispiel Röm 1,29–31; 2 Tim 3,2–4 oder pleonastische Verbindung von synonymen Begriffen Gal 5,19–21, läßt sich im allgemeinen kein Einteilungsprinzip erkennen. Das Fehlen dieses logischen Aufbaus ist den ntl. Katalogen mit den übrigen gemeinsam.

Bei einer ersten allgemeinen Information über den *Inhalt* ergibt sich kein geschlossenes Bild. Neben einem Stamm von Tugenden und Lastern, die häufiger und in etwa gleichem Zusammenhang vorkommen, steht eine Gruppe, die nur ein- oder zweimal in den Katalogen erscheint. Bei den *Lasterkatalogen* macht das jeweils etwa die Hälfte der Begriffe aus[39]. Eine Sondergruppe bilden dabei die Lasterkataloge der Pastoralbriefe 1 Tim 1,9–10; 6,4–5; 2 Tim 3,2–5; (Tit 3,3). Nur 11 von den 41 hier gebrauchten Begriffen finden sich auch in den übrigen Katalogen, zum Teil sind es Hapaxlegomena. Das verwundert eigentlich nicht, denn die Past nehmen ja auch sonst eine Sonderstellung ein, wie wir bereits im Zusammenhang mit den Gemeindeordnungen und ihren Pflichtenspiegeln bzw. Ständeregeln gesehen haben[40]. Offensichtlich geht es den Past darum, die Irrlehre und ihre Vertreter im Gegensatz zur rechten Lehre in einem besonders schlechten Licht erscheinen zu lassen. Die einzelnen, teilweise recht massiven Laster, die hier aufgezählt werden, sind nicht in jedem Falle als konkrete Vergehen der Gegner zu interpretieren, sondern sollen die Irrlehre als Quelle jedweder Bosartigkeit charakterisieren, ein Vorgehen, das in der hellenistischen Literatur seine Parallelen hat[41]. Die in den Past verwendeten Begriffe entstammen im allgemeinen der gehobenen Gräzität, einzelne Formulierungen in den Lasterkatalogen zeigen Verwandtschaft mit der popularphilosophischen Diatribe. Wibbing urteilt: „Der Lasterkatalog als fester Topos der Paränese ist in seiner Form so traditionell wie sein Inhalt. Der Verfasser schöpft aus der Tradition seiner hellenistischen Umwelt, nimmt ihre Begriffe für seine Lasterkataloge auf und macht sie einem bestimmten polemischen Zweck dienstbar"[42].

Für die inhaltliche Komposition der übrigen Lasterkataloge läßt sich kaum ein einheitlicher Gesichtspunkt finden; die Variabilität des Inhalts wird zum Teil durch die jeweilige Situation oder das Briefthema bedingt sein. Allerdings gibt es eine auffällige Parallele des ntl. Lasterkatalogs in der Ordensregel I QS 4,9–11. Fast alle 20 und mehr in der Ordensregel aufgeführten Laster kommen auch in den ntl. Katalogen vor, wie Wibbing

---

[39] Vgl. den statistischen Überblick bei *S. Wibbing*, a.a.O., S. 87 f.
[40] Siehe oben Kapitel III.
[41] Vgl. *Dibelius/Conzelmann*, Pastoralbriefe, S. 19 f.; Exkurs „Irrlehrer", S. 52 ff.
[42] *S. Wibbing*, a.a.O., S. 91.

unter Zuhilfenahme der LXX dargelegt hat[43]. Da diese Gruppe fast die Hälfte der ntl. Laster und zugleich die häufiger vorkommenden umfaßt, läßt sich aus dieser Tatsache folgern, daß die Katalogbildungen des Neuen Testaments von der spätjüdischen Tradition mitbeeinflußt sind. Bei einer schematischen Zusammenstellung der verschiedenen Lasterbegriffe ergibt sich ein gewisser Schwerpunkt bei zwei Themengruppen[44]: 1. heidnische Laster (oder Laster des früheren, nichtchristlichen Lebens), die vom Reiche Gottes ausschließen, besonders Götzendienst (εἰδωλολατρία), Unzucht (πορνεία, ἀκαθαρσία), Unmäßigkeit (μέθη, κῶμος), Habsucht (πλεονεξία) oder verwandte Begriffe, wie sie in etwa in 1 Kor 6,9; Gal 5,19–21; Eph 5,3; Kol 3,5; (Röm 13,13) enthalten sind. Eine andere Gruppe, die bereits formelhaften Charakter erlangt hat, umfaßt Vergehen gegen die Nächstenliebe und den Geist der Gemeinschaft: Streit (ἔρις), Neid (ζῆλος), Zorn (θυμός), Parteisucht (ἐριθεία) und ähnliches, so in Röm 1,29 ff.; 13,13; 2 Kor 12, 20–21; 1 Tim 6,4; Gal 5,19–21 (auch Jak 3,14); Eph 4,31; Kol 3,8. Verwandte Begriffe sind Zwist, Gruppenbildung, Geschwätz, Schmährede, Geschrei, Ohrenbläserei, Gezänk u. a. Der größere Teil der Begriffe ist auch in der griechischen Alltagssprache geläufig, einige wenige, wie πάθος und ἐπιθυμία, lassen die stoische Tradition der Schulkataloge erkennen.

Die ntl. *Tugendkataloge* sind im Vergleich zu den Lasterkatalogen formal und inhaltlich geschlossener. Der Umfang der Kataloge und die Zahl der Glieder macht etwa ein Drittel der Lasterkataloge aus. Die meisten Begriffe bilden einen festen Stamm von wiederkehrenden Tugenden, nur sechs kommen einmal vor, wie der statistische Überblick bei Wibbing zeigt[45]. Trotzdem sind die Kataloge nicht als uniform zu bezeichnen, auch lassen sie zunächst kein gemeinsames Schema erkennen[46], und Rücksichtnahme auf die konkreten Verhältnisse wird man im allgemeinen vergeblich suchen. Doch lassen sich bei einem schematischen Erfassen der Kataloge zwei Tendenzen ausmachen. In den ntl. Tugendkatalogen nimmt die ἀγάπη eine bevorzugte Stellung ein[47]. Entsprechend ihrer Position am Anfang oder Ende der Kataloge Gal 5,22; Eph 4,2; Kol 3,12–14; Eph 4,32–5,2 und 2 Kor 6,6 hat sie die Funktion des übergeordneten Prinzips und des tragenden Fundamentes. Sodann ist als Kern der ntl. Kataloge eine Gruppe von Tugenden um die Begriffe Liebe (ἀγάπη), Friede (εἰρήνη,

---

[43] Vgl. ebd., S. 92 ff.
[44] Vgl. *Vögtle*, a.a.O., S. 22 ff., 38 ff.
[45] Vgl. *Wibbing*, a.a.O., S. 99 f.
[46] Vgl. *Vögtle*, a.a.O., S. 46 ff.
[47] Vgl. ebd. die Übersicht S. 46 f.

Langmut (μακροθυμία), Geduld (ὑπομονή), Milde (χρηστότης) und gläubiges Vertrauen (πίστις) unschwer zu erkennen. Eine Zusammenstellung, welche in dieser Form nicht in stoischen Katalogen zu finden ist, aber fast vollständig im Tugendkatalog der Ordensregel von Qumran enthalten ist[48], was mehr als eine reine Zufälligkeit sein dürfte. Anders jedoch ist das Bild wiederum in den Past. Hier mehren sich hellenistische Begriffe, wie δικαιοσύνη, ἁγνεία, εὐσέβεια, mit denen bürgerliches Wohlverhalten im allgemein-ethischen Sinne bezeichnet wird, was ganz dem Tenor der Ständespiegel in den gleichen Past entspricht. Diese Tendenz zum Tugendideal einer natürlichen Sittlichkeit tritt noch stärker Phil 4,8 in Erscheinung. Hier dominieren stoische bzw. popularphilosophische Termini. Ἀληθής (wahr), σεμνός (ehrbar), δίκαιος (gerecht), ἁγνός (rein), προσφιλής (liebenswert), εὔφημος (gut beleumdet), ἀρετή (Tugend), ἔπαινος (Lob) sind teils Grundbegriffe der stoischen Tugendlehre (δικαιοσύνη und ἀρετή) und bezeichnen einzeln und miteinander das klassische Ziel der stoisch-hellenistischen Ethik. Auch der Tugendkatalog 1 Petr 3,8 bedient sich mit ὁμόφρων (einträchtig), συμπαθής (mitleidig) und φιλάδελφος (brüderlich) der Ausdrucksweise der hellenistischen Zeit, was noch ausgeprägter in 2 Petr 1,5–7 in Erscheinung tritt. Mit ἀρετή (Tugend), γνῶσις (Erkenntnis), ἐγκράτεια (Enthaltsamkeit), εὐσέβεια (Frömmigkeit) und φιλαδελφία (Bruderliebe) haben wir eine ganze Liste klassischer Tugendbegriffe stoischer und popularphilosophischer Provenienz vor uns.

Dieser allgemeine, informatorische Überblick hat bereits einige wichtige Ergebnisse gezeigt: die ntl. Kataloge gehen sowohl auf stoisch-hellenistische als auch spätjüdische Traditionen zurück. Doch ist auch schon die eigenständige Verarbeitung der Traditionen durch die christliche Gemeinde deutlich geworden. Im folgenden werden wir nun dieser Frage weiter nachgehen, um die ntl. Kataloge in ihrer Eigenständigkeit gegenüber den Traditionen, aus denen sie schöpfen, zu erfassen. Zunächst betrachten wir sie auf dem Hintergrund der stoischen und popularphilosophischen Tugendlehre.

Die Verwandtschaft der ntl. Paränese und hier der Stilform der Kataloge mit ähnlichen Erscheinungen in der hellenistischen Literatur ist unbestreitbar. Wir verweisen in diesem Zusammenhang auf die grundsätzlichen Ausführungen zur Paränese und Diatribe im ersten Kapitel. Bei der großen Beliebtheit der katalogischen Stilform in der popularphilosophischen Diatribe wäre es geradezu verwunderlich, wenn sie keinen Niederschlag

---

[48] Vgl. *Wibbing*, a.a.O., S. 104 ff.

in den ntl. Schriften gefunden hätte[49]. Außerdem ist die thematische Ausrichtung der hellenistischen Lasterkataloge geeignet, diese auch für die christliche Paränese nutzbar zu machen. Der Kampf der Stoa und der popularphilosophischen Predigt gegen die Sittenlosigkeit im privaten und öffentlichen Leben ließ diese zu Weggefährten der christlichen Verkündigung werden. Mochten auch die Voraussetzungen und die Motive beidemal ganz unterschiedlich sein, in den Zielvorstellungen einer sittlichen Lebensführung im Bereiche der gesellschaftlichen Ordnung gab es einen breiten Raum gemeinsamer Überzeugungen, so daß die urchristlichen Verkündiger mit der Form auch einen erheblichen Teil der sittlichen Gehalte der antiken Tugend- und Lasterkataloge übernehmen konnten.

Das haben der obige Überblick und besonders die Rezeption der katalogartigen Ständespiegel in den Past bereits erwiesen. Verbliebe vielleicht noch ein Hinweis auf stilistische Merkmale der Diatribe, wie das überleitende λοιπόν (Phil 4,8), oder die Wendung καὶ τὰ ὅμοια τούτοις (Gal 5,19) oder das zusammenfassende σὺν πάσῃ κακίᾳ (Eph 4,31) und ähnliche Ausdrücke, welche für die antike Diatribe charakteristisch sind[50].

### 3. Die christliche Gestalt der Kataloge

Neben diesem bemerkenswerten Prozeß der Übernahme antiker Ethik in der Form der Tugend- und Lasterkataloge interessiert uns, wie bereits gesagt, im Rahmen unserer Untersuchung ganz besonders der Einbruch des spezifisch christlichen Ethos in die natürliche, allgemeinmenschliche Sittlichkeit. Daß eine kritiklose Rezeption der antiken Ethik auch in den Katalogen nicht stattgefunden hat, war uns bereits klar geworden. Zunächst ist da ein lexikalischer Vergleich der *Tugendkataloge* aufschlußreich. Was als erstes auffällt, ist das Fehlen der vier stoischen Kardinaltugenden und ihrer Systematik. Wo sie einmal anklingen, werden sie in der allgemeinen Bedeutung der Umgangssprache gebraucht. Dagegensteht eine Reihe von Begriffen, die man in stoischen Katalogen vergeblich sucht: ἀγάπη, ἀγαθωσύνη, εἰρήνη, μακροθυμία, welche den stoischen zum Teil direkt widersprechen, wie etwa σπλάγχνα οἰκτιρμοῦ (herzliches Erbarmen Kol 3,12), εὔσπλαγχνος (barmherzig Eph 4,32), ταπεινοφροσύνη (Demut

---

[49] Vgl. *Vögtle*, a.a.O., S. 120 ff.
[50] Vgl. ebd., S. 123 f.

Eph 4,2)[51]. Andere Begriffe haben aufgrund der völlig neuen ethischen Basis in den ntl. Katalogen auch einen neuen Gehalt bekommen. In einem gewissen Sinne gilt diese Feststellung nicht nur für eine beschränkte Anzahl von Begriffen, sondern für die gesamten Kataloge, denn die ethische Ausgangsposition der antiken und der ntl. Kataloge und ihrer Sittlichkeit ist an keinem Punkte voll zur Deckung zu bringen.

Vergegenwärtigen wir uns zunächst nochmals die Grundzüge des stoischen Tugendideals[52]. Höchstes Ziel des sittlichen Strebens ist ein naturgemäßes Leben, das heißt ein Leben in Übereinstimmung mit dem göttlichen Logos, der in den konkreten Gesetzen der Natur Gestalt gewonnen hat. Da diese Naturgesetzlichkeiten durch die menschliche Vernunft, die selbst ein Teil des göttlichen Logos ist, erkannt werden, sind Natur, Vernunft und Logos am Ende eins. Der Mensch wird in diesem ethischen System zum autarken Mittelpunkt: er selbst ist zugleich Ausgangspunkt und Ziel der Sittlichkeit. Gemäß der rationalistischen Grundstruktur der stoischen Sittenlehre richtet sich ihr besonderes Augenmerk auf die ethische Belehrung, denn in der rechten Erkenntnis (Gnosis) des Naturgemäßen liegt der Schlüssel zur sittlichen Vervollkommnung. Ein tugendhaftes Leben ist zugleich ein naturgemäßes, deshalb ist es das Ziel des sittlichen Bemühens, alles auszuschalten, was einem Leben gemäß der Natur im Wege steht: Leidenschaften, innere und äußere Abhängigkeiten von Personen und Dingen. Die höchste Stufe der ethischen Tüchtigkeit (ἀρετή) ist die völlige innere Ausgeglichenheit, die Ataraxia, und die ethische Autokratie.

Die ntl. Ethik dagegen ist mit diesen oder ähnlichen Kategorien gar nicht zu erfassen, sie läßt sich nicht in ein philosophisches System einordnen. Wenn man trotzdem das ntl. Ethos entsprechenden philosophischen Prinzipien subsumiert, ist zu bedenken, daß dabei immer nur ein gewisser Teil erfaßt wird, oft das Wesentliche gar nicht zu Gesicht kommt. Die ntl. Ethik ist nicht als sittliche Lehre oder System zu beschreiben, das ist sie nur in einem untergeordneten Sinne, sondern als Vollzug einer bestimmten Seinswirklichkeit. Das neue Sein ἐν Χριστῷ (κυρίῳ), das wir bereits als Fundament der Haustafelethik erkannt haben, ist Inhalt, Norm und Ziel der christlichen Existenz. Im Mittelpunkt steht also nicht die autarke Persönlichkeit, sondern Christus und sein heilsgeschichtliches Handeln. Christliche Sittlichkeit ist deshalb nicht zuerst und vor allem erkenntnismäßig zu begreifen, ist auch nicht als so oder so geartete sittliche Tüchtig-

---

[51] Vgl. ebd., S. 124.
[52] Vgl. ebd., S. 128 ff.

keit bzw. Tugend feststellbar, sie ist vielmehr Teilhabe an eben diesem Heilshandeln Christi und Vollzug der „in Christus" neu geschenkten Wirklichkeit. Das spezifisch Christliche ist demnach nicht irgendeine sittliche Qualität oder ein besonderes ethisches Prinzip, ein neues philosophisches System: das einmalig Neue und in einem grundsätzlichen Sinne Revolutionierende der ntl. Sittlichkeit ist die neue Existenzweise, die den in Christus erneuerten Menschen sozusagen auf eine völlig neue Ebene hebt, von der aus dann die sittlichen Prinzipien und gesellschaftlichen Bezüge der irdischen Existenz in einem neuen Licht erscheinen, sozusagen in ein anderes Koordinatensystem eingespannt werden. Die neue Sittlichkeit ist zunächst keine inhaltliche Größe. Da aber das ganze Leben des Jüngers Christi neu ausgelotet wird, und zwar auf Christus hin, ergeben sich auch Konsequenzen für den materialen Gehalt der ntl. Ethik. Die Botschaft Christi hat eine selektive Wirkung. Indem die ethischen Präferenzen neu bestimmt werden, tritt einiges in den Hintergrund, was in einer philosophischen Sittenlehre oder in der allgemeinmenschlichen Wertskala an vorderster Stelle steht, anderes wiederum kommt in den Blickpunkt, was bislang vielleicht unbeachtet geblieben war. Daß diese Umorientierung nicht nur im Bereiche des Quantitativen bleibt, verdeutlicht die „Umkehrung der Werte", wie sie in der Bergpredigt stattfindet.

Die ntl. Tugend- und Lasterkataloge, die sich auf den ersten Blick wenig von den hellenistischen und spätjüdischen Katalogen unterscheiden, stellen sich bei näherem Zusehen als integrierte Bestandteile dieser ntl. ethischen Gesamtkonzeption heraus. Auffälliges Merkmal der stoisch-popularphilosophischen *Tugendkataloge*, um mit diesen zu beginnen, ist die Orientierung an den 4 Kardinaltugenden. Darüber hinaus ergeben sich aus den ethischen Voraussetzungen weitere Charakteristika[53]. So lassen die hellenistischen Kataloge im allgemeinen die Tugenden des religiösen Pflichtenkreises fast ganz vermissen, nur in den Schulkatalogen der Stoa haben Frömmigkeit (εὐσέβεια) und Pietät (ὁσιότης) einen Platz, aber lediglich als Unterarten der Gerechtigkeit. Gottesverehrung und religiöser Kult gehören für die Stoa und den Hellenismus zur Staatspflicht. Bei dem Juden Philo stehen diese Tugenden zwar in einer Reihe mit den Kardinaltugenden, bilden aber auch bei ihm nicht den Kern der Tugendlehre[54]. Auf der anderen Seite ist die große Fülle von Tugendbegriffen bemerkenswert, welche das von der Ästhetik mitbestimmte Ideal des ἀνὴρ καλὸς κἀγαθός, der schönen Seele in einem schönen Körper, ausdrücken, zum Beispiel

---

[53] Vgl. ebd., S. 133 ff.
[54] Vgl. ebd., S. 111, 134.

schönheitsliebend (φιλόκαλος), ordentlich (κόσμιος), wohlgeordnet (εὔτακτος) u. a. Die Gleichsetzung von sittlicher und physischer Tüchtigkeit wäre im Bereich der ntl. Offenbarung unmöglich. Eine weitere Gruppe umfaßt die Verstandestugenden um die Kardinaltugend der Erkenntnis (φρόνησις), wie verständig (φρόνιμος), einsichtsvoll (ἐπιστημονικός) und viele andere. Sie entsprechen dem rationalistischen Charakter der hellenistischen Sittlichkeit. Die stoische Auffassung von der Tugend als einer menschlichen Leistung (ἀρετή) drückt sich ebenfalls in einer Reihe von Tugendbegriffen aus, zum Beispiel tüchtig (σπουδαῖος), mannhaft (ἀνδρεῖος), beherrscht (ἐγκρατής). Durch weitere Begriffe wird der unbezwingbare menschliche Wille als Tugendleistung und der Ruhm als Erweis von Tugendkraft verherrlicht.

Da nun das Ziel des sittlichen Mühens und damit das höchste menschliche Glück in der völligen seelischen Unerschütterlichkeit gesehen wird, bekommen Begriffe wie Unempfindlichkeit (ἀπάθεια), Unerschütterlichkeit (ἀταραξία), Furchtlosigkeit (ἀφοβία), Schmerz- und Trauerlosigkeit (ἀλυπία) und schließlich generell die Freiheit (ἐλευθερία) als Freisein von allen äußeren und inneren Zwängen einen hohen ethischen Wert. Die sittliche Freiheit hat jedoch im allgemeinen diesen negativen Sinn des Freiseins *von* etwas und nicht auch die positive ntl. Bestimmung der Freiheit *für* etwas, so daß man hier nicht von einer direkten Berührung mit der Freiheit des Evangeliums sprechen kann.

Ähnlich verhält es sich mit der Menschenliebe (φιλανθρωπία), welche naturgemäß die stärkste Verwandtschaft mit der ntl. Ethik aufweisen muß. Sie ist jedoch aufgrund der stoischen Prinzipien als humanitäre Menschenliebe im Sinne der kosmopolitischen Verbrüderung zu verstehen, welche alle Menschen als Teilhaber an der einen Natur und dem gemeinsamen Logos vereint. Diese Nächstenliebe ist im Endeffekt egozentrisch orientiert, denn sie verurteilt Haß, Neid und dergleichen, weil es der eigenen Affektlosigkeit im Wege steht. Damit soll jedoch nicht die stoische Philanthropie zugunsten der christlichen Agape abgewertet werden. Zwar idealisiert A. Bonhöffer seinen Lieblingsschriftsteller Epiktet, wenn er dessen Humanität gleichwertig neben das hohe ntl. Ethos stellt[55], doch müssen der außerordentliche sittliche Ernst der stoischen Ethik und die tiefe Mitmenschlichkeit voller Hochachtung anerkannt werden. Allerdings tritt diese Nächstenliebe hauptsächlich als passive Tugend in Erscheinung und keineswegs als tragendes Element des sittlichen Verhaltens. Die Philanthropie verflacht oft zu Mitleid, Freundlichkeit, Leutseligkeit.

[55] Vgl. *A. Bonhöffer*, Epiktet und das Neue Testament, z. B. S. 382 ff.

Ein Blick auf die ntl. Tugendkataloge macht den Unterschied zu den stoischen deutlich[56]. Von den zahlreichen Tugendbegriffen der stoischen Kataloge, die keinen Bezug zum Nächsten aufweisen und das stoische Persönlichkeitsideal verkörpern, findet sich nur Eph 5,22 die Selbstbeherrschung (ἐγκράτεια), so daß eine große Zahl der kynisch-stoischen Begriffe unerwähnt bleibt. Am auffälligsten ist aber, daß als Bezeichnung für die Nächstenliebe in den ntl. Katalogen φιλανθρωπία nicht vorkommt. Der Terminus technicus der ntl. Nächstenliebe ist Agape. Diese wiederum ist in der übrigen Gräzität fast völlig unbekannt. Die Wortgruppe um ἀγαπᾶν ist sonst neben φιλεῖν und ἐρᾶν völlig unbedeutend, im Neuen Testament dagegen wird sie zu einem Zentralbegriff. Die Agape steht in der ntl. Botschaft an der Stelle, wo im stoischen System die Arete steht. Sie ist das „Band der Vollkommenheit" (Kol 3,14) und der Inbegriff der Tugend schlechthin. Mit der Agape ist das in Christus neu begründete Verhältnis zum Mitmenschen bezeichnet; diese Liebe mißt sich am Evangelium und an der Heilstat Christi. Sie erhält ihre letzte Durchschlagskraft vom Kreuz her. Die stoische Tugend der δικαιοσύνη (Gerechtigkeit) ist ungeeignet, diesen Sachverhalt zu beschreiben, wie die vier Kardinaltugenden insgesamt keine Grundlage sind, das gänzlich Neue des Christusereignisses zu erfassen.

Der bestimmende Faktor der ntl. Tugendkataloge ist, wie gesagt, die ἀγάπη, nur sie wird in allen Katalogen genannt. Ἐγκράτεια und andere in popularphilosophischen Katalogen häufig genannte Tugenden treten zurück, dafür nehmen Begriffe wie Treue (πίστις), Sanftmut (πραΰτης), Güte (χρηστότης), die ein personales Verhältnis zum Nächsten angeben und der neuen Gemeinschaft der Gotteskinder eignen, eine bevorzugte Stellung ein. Als Bezeichnung für die christliche Tugend der Demut ist ταπεινοφροσύνη praktisch eine christliche Neuschöpfung. Ταπεινός (niedrig, unterwürfig, gemein) rangiert im Hellenismus unter den Lastern und begegnet dort in den Lasterkatalogen. Als christliche Tugend der ταπεινοφροσύνη ist sie dem stoischen Ideal diametral entgegengesetzt. Wie diese erhalten die Begriffe (Kol 3,12) σπλάγχνα οἰκτιρμοῦ (herzliches Erbarmen), χρηστότης (Güte), πραΰτης (Sanftmut) und μακροθυμία (Geduld) von der Tat Christi her ihre inhaltliche Bestimmung: der griechischen Ethik sind sie praktisch unbekannt, aber durchaus von atl. und spätjüdischen Traditionen mitbestimmt. Auch Freude (χαρά) und Friede (εἰρήνη) (Gal 5,22 f.) als Früchte des Geistes sind Ausdruck der neuen

---

[56] Vgl. *A. Vögtle*, a.a.O., S. 144 ff.

Heilswirklichkeit und in ihrer Grundstimmung so neu wie das Leben aus dem Pneuma.

Nicht ganz unbegründet ist die Frage, ob in den ntl. Tugendkatalogen das hohe ntl. Ethos nicht zugunsten eines legalistischen Moralismus abgeschwächt wird, wenn die sittliche Grundhaltung der Agape in viele Einzeltugenden differenziert und so in eine Reihe neben die anderen Tugenden gestellt wird. Durch eine Einordnung in die Kataloge droht zumindest die Gefahr einer Egalisierung und Legalisierung. Aber das Neue Testament will keine neue Vergesetzlichung und kein neues Leistungsprinzip dadurch aufrichten. Wie 1 Kor 13 zeigt, bleibt die Agape gerade in dieser Differenzierung als Lebensprinzip gewahrt. Die Kataloge sind deshalb als Illustration und Demonstration der einen Grundtugend der Agape zu verstehen.

Die *Lasterkataloge*[57] dagegen, auf die wir nun einen kurzen Blick werfen, zeigen weniger konsequent, daß sie vom christlichen Ethos durchdrungen sind. Das Evangelium hat diesen nicht so deutlich seinen Stempel aufgedrückt. Das ist aber durchaus verständlich. Denn hier geht es ja nicht darum, die neue Wirklichkeit zu erfassen und zu beschreiben, sondern den alten Menschen und den vergangenen Zustand zu charakterisieren. Dazu konnte man aber die vorhandenen Muster fast unverändert benutzen. So finden sich denn in den ntl. Lasterkatalogen zahlreiche Parallelen zur Diatribe, denn Paulus und die übrigen ntl. Schreiber haben sich großzügig des Lasterrepertoirs bedient, welches auch der hellenistischen Diatribe und jüdischen Propaganda geläufig war.

Allerdings ist die Frage berechtigt, ob die Rezeption der Lasterkataloge im ganzen nicht doch zu unkritisch geschehen ist, denn die christliche Existenzweise wird nicht nur durch die positive Darstellung der Tugendkataloge erfaßt, sondern ebensosehr durch die negative Abgrenzung und Absicherung, und da haben die Lasterkataloge eine wesentliche Funktion zu erfüllen. Es läßt sich nicht ganz von der Hand weisen, daß durch die recht „großzügige" Übernahme der antiken Muster eine gewisse Weichenstellung für die Weiterentwicklung der christlichen Sittenlehre erfolgt ist, die man keineswegs als optimal bezeichnen kann. Auf jeden Fall werden hier bereits Ansätze für eine bestimmte Entwicklung sichtbar.

Doch gibt es trotz weitgehender Übereinstimmungen auch deutliche Unterschiede. So fehlen das System und die charakteristischen Begriffe der vier Kardinallaster und -affekte. Neben dieser lexikalischen Differenz fallen wie bei den Tugenden auch hier die prinzipiellen Unterschiede ins

---

[57] Vgl. ebd., S. 198 ff.

Gewicht. Die angeprangerten Laster werden im Neuen Testament nicht als Defekte im Sinne des stoischen Intellektualismus verstanden, sondern als Sünde, d. h. Schuld gegenüber Gott[58]. Die Lasterkataloge umschreiben eine Haltung, die mit dem πνεῦμα unvereinbar ist und deshalb von der Christusgemeinschaft ausschließt, sie kennzeichnen die Menschen, welche unter der geist- und gottwidrigen Macht der Sarx stehen.

Auch πάθος und ἐπιθυμία (Kol 3,5; Tit 3,3), zwei für stoische Kataloge typische Laster, werden nicht im Sinne der klassischen Affektenlehre gebraucht, wo die Vernunftwidrigkeit die Immoralität der Affekte bestimmt. Es sollen nicht die Affekte als solche abgetötet werden, sondern nur deren sündhafte Ausrichtung, denn die affektlose Ataraxia ist nicht das sittliche Ideal des Neuen Testaments. Das ntl. Ethos ist gegründet auf die ἀγάπη, wie wir sagten, auf die Liebe also „mit deinem ganzen Herzen und mit deiner ganzen Seele und mit deinem ganzen Verstande". (Mt 22,37)[59]. Die Begriffe πάθος und ἐπιθυμία müssen hier also im Sinne der Umgangssprache verstanden werden. Dieser kurze Aufriß mag genügen, um die ntl. Lasterkataloge in ihren Übereinstimmungen und Differenzen zu den stoischen zu charakterisieren.

Unsere Begriffsanalyse hat die grundsätzliche Verschiedenheit der ntl. Kataloge gegenüber den stoisch-diatribischen schon recht deutlich gemacht. Die ntl. Paränese hat das typisch stoische Schema der *Kardinal*tugenden und -laster nicht übernommen, was nicht rein zufällig geschehen ist. Denn damit wurden auch die ethischen Prinzipien und das Sittlichkeitsideal der Stoa aufgegeben. Das hat seine unübersehbaren Konsequenzen für die Ausgestaltung der Kataloge gehabt. Entscheidende stoische Tugend- und Lasterbegriffe fehlen, andere sind dagegen favorisiert oder ganz neu eingeführt worden. Auch die Prinzipien dieser Neugestaltung sind schon sichtbar geworden: das neue Sein in Christus ist die Basis einer ebenso neuen Lebensform. Nach dieser mehr begrifflichen Untersuchung sollen nun im folgenden die ntl. Kataloge in ihrer grundsätzlichen Andersartigkeit und charakteristischen Gestalt noch genauer herausgearbeitet werden, was bei einer Begriffsanalyse allein nicht möglich ist. Es wird sich nämlich zeigen, daß die ntl. Kataloge ebenfalls in ein für sie *typisches Schema* eingeordnet sind. Die charakteristische Form dieses ntl. Schemas und seine prinzipiellen, dogmatischen Aussagen machen den fundamentalen Unterschied zu den hellenistischen und, bei aller Verwandtschaft, auch zu den spätjüdischen aus.

---

[58] Vgl. ebd., S. 207 f.
[59] Die von Mt zitierte Stelle Deut 6,5 hat nicht als dritten Begriff Vernunft, sondern Kraft.

Vögtle hatte das Vorhandensein eines festen Schemas für die ntl. Kataloge verneint[60]. Die Andeutung eines Schemas in einfachster Form für die Lasterkataloge hatte er in 1 Kor 6,9 ff.; Gal 5,19–21; Eph 5,3 ff. und Kol 3,5 ff. gesehen, bestehend aus einer Einleitung, in der auf den früheren Lebenswandel verwiesen wird, einem Lasterkatalog, der das frühere Leben beschreibt, und einem Schlußsatz, der den Ausschluß vom Gottesreich und das Zorngericht verkündet[61]. Ein weiteres paränetisches Schema vermutete er nach Eph 4,31 ff. und Kol 3,8 ff. in der Mahnung zum Ablegen (ἀποτίθεσθαι) der Sünden gegen die Liebe. Für die Tugendkataloge hatte er jedoch keine schematischen Anklänge gefunden[62]. Grundsätzlich aber war er der Meinung, daß sich die ntl. Kataloge nicht in ein bestimmtes Schema zwingen lassen.

Aber bereits S. Wibbing war es möglich, aufgrund der Schriftenfunde vom Toten Meer einen gegenüber den stoischen Mustern neuartigen Katalogtyp nachzuweisen[63]. Der Doppelkatalog I QS 4,2–14 ist, wie wir weiter oben dargelegt haben, fest in ein antithetisches Schema verankert. Er folgt der dualistischen Anthropologie der Zwei-Wege-Lehre, die ihrerseits auf iranische Einflüsse zurückgeht. Für diesen Katalogtyp ist neben der antithetischen die eschatologische Struktur charakteristisch. Sie bringt das menschliche Verhalten unter ein endzeitliches Gericht, so daß die Tat des Menschen vor dem Hintergrund einer eschatologischen Entscheidung steht. Die ntl. Kataloge folgen diesem antithetisch-eschatologischen Schema, das hat bereits Wibbing gezeigt[64]. E. Kamlah hat die Untersuchung in dieser Richtung fortgesetzt und Gestalt und Herkunft des Schemas näherhin erforscht. Die begriffliche Struktur und den lexikalischen Vergleich hält er für mehr oder weniger bedeutungslos[65]. Kamlah kann überzeugend darstellen, daß die ntl. Kataloge in ihrer Gesamtheit, auch dort, wo das Schema nicht direkt anklingt, in diese dualistisch-eschatologische Struktur eingeordnet sind und erst von dorther in ihrer theologischen Aussage voll erfaßt werden können. Er sieht den Ursprung der dualistischen Denkweise in der Kosmogonie und Kosmologie der iranischen Religion und verfolgt Weg und Entwicklung dieses Dualismus bis zum antithetisch-eschatologischen Schema der ntl. Kataloge.

---

[60] Vgl. *A. Vögtle*, a.a.O., S. 38 ff.
[61] Vgl. ebd., S. 39, 44.
[62] Vgl. ebd., S. 46 ff.
[63] Vgl. *S. Wibbing*, a.a.O., S. 43 ff.
[64] Vgl. ebd., S. 108 ff.
[65] Wie die Arbeit von A. Vögtle und ihre Ergebnisse zeigen, kann man dieser Meinung Kamlahs nicht ohne weiteres beistimmen.

Das Katalogschema kommt im Neuen Testament praktisch in zweifacher Form vor, einer mehr deskriptiven und einer mehr paränetischen. Der *deskriptive* Typ[66], auf den wir zunächst eingehen, beschreibt die unterschiedliche Lebensweise der „Sünder" und der „Gerechten" und schließt im allgemeinen mit dem Verweis auf das eschatologische Gericht, so daß zum Lasterkatalog eine Strafandrohung und zum Tugendkatalog eine Segensverheißung gehört.

Dieser Typ liegt zum Beispiel in 1 Petr 4,1–6 vor. Die Antithese ist hier in die Gegenüberstellung von früherer vorchristlicher Lebensweise nach Art der Heiden (V 3) und dem gegenwärtigen Leben nach dem Bruch mit der Sünde (V 2 und 4) gekleidet. Das Leben der Heiden wird durch einen Lasterkatalog illustriert (V 3) und dem endzeitlichen Gericht unterstellt (V 5). In diesem Text klingt auch bereits eine andere Form der Antithese an, nämlich der Gegensatz von Fleisch und Geist (V 6). Eine Gegenüberstellung von einst und jetzt erfolgt auch 1 Kor 6,9–11. Hier ist der Lasterkatalog V 9 b–10 eingefaßt in die zweifache Versicherung, daß die ἄδικοι, die dann im Katalog aufgezählt sind, das Reich Gottes nicht erben werden. Der Wendepunkt vom einst zum jetzt (V 11) ist begründet im Ereignis der Abwaschung, Heiligung und Rechtfertigung im Namen des Herrn Jesus Christus und im Geiste Gottes. Damit ist auch schon der theologische Ort dieser Paränese angedeutet. Der Katalog expliziert das Ereignis der Taufe, und zwar als totalen Bruch mit der Vergangenheit und Beginn einer neuen Seinsweise in Christus. In beiden Fällen wird der Tugendkatalog nur angedeutet in der allgemeinen Umschreibung des neuen Lebens, er wird aber nicht ausgeführt.

Einen kompletten Doppelkatalog hat Gal 5,19–23. Hier ist die Antithese als Geist (πνεῦμα) – Fleisch (σάρξ) – Feindschaft exakt durchkonstruiert. Dabei ergeben sich starke Parallelen zum Doppelkatalog I QS. Dieser Katalog muß in den größeren Rahmen Gal 5,13–26 gestellt werden. Sarx und Pneuma werden als zwei antithetische Mächte geschildert, die miteinander im Kampf liegen (V 17), um über den Menschen Macht zu gewinnen (vgl. Röm 7,14–25). Im Gefolge der Sarx stehen die „Werke des Fleisches", die im Lasterkatalog definiert sind (V 19–21). Am Schluß wird denen, die der Sarx folgen, der Ausschluß vom Reiche Gottes angedroht (V 21). Die „Früchte des Geistes", so die Bezeichnung für die Taten des Geistes, werden im Tugendkatalog geschildert (V 22–23). Die eschatologische Verheißung für solche, die sich vom Geist „leiten" lassen (V 18), beinhaltet Freiheit vom Gesetz (V 23, auch 18). Aufgrund des paulinischen Wirk-

---

[66] Vgl. *E. Kamlah*, a.a.O., S. 11 ff.

zusammenhanges von Gesetz-Sünde-Tod (Röm 5,12–21; 6,13 ff.; 8,1–10) bedeutet Freiheit vom Gesetz zugleich eschatologisches Leben. Einen Lasterkatalog als Demonstration des Gesetzes und seiner Wirksamkeit beschreibt 1 Tim 1,9 f., obwohl das dualistische Schema dort nicht ausgeführt ist. Auch das Thema der Zwei-Wege-Lehre klingt an unserer Stelle an, und zwar in der Mahnung: „Leben wir durch den Geist, so laßt uns auch im Geiste wandeln!" (Gal 5,25 u. 16). Mit anderen Worten: Das christliche Leben ist Vollzug einer neuen Existenzweise aus dem Geiste.

Ein instruktives Beispiel für die eschatologische Komponente der Kataloge ist Röm 1,18–32. Da im zweiten Teil der Arbeit dieser Text noch ausführlicher behandelt wird, soll er hier nur kurz vorgestellt werden. Der Lasterkatalog V 29–31 versteht sich als Offenbarung des Zorngerichtes Gottes über die Gottlosigkeit (V 18). Diese Offenbarung ist als eschatologisch-heilsgeschichtliches Ereignis zu betrachten, wie der Vergleich mit 1,17 und 3,21 zeigt. Am Schluß des langen Lasterkatalogs wird der Tod als eschatologische Strafe für die Rechtsbrecher der göttlichen Ordnung ausgesprochen (1,32). In diesen eschatologischen Rahmen könnte man auch den Lasterkatalog 2 Tim 3,2–4 einfügen, insofern er die Menschen in den „letzten Tagen" schildern will. Eindeutiger ist aber Schema und eschatologischer Charakter in Apk 21,7 f. und 22,14 f. ausgebildet. Die beiden Lasterkataloge stehen im Kontext einer Schilderung der endzeitlichen Vollendung und des neuen Jerusalems (21,1–22,5). Den Siegern im Endkampf wird als endzeitlicher Lohn „das Erbe" in Aussicht gestellt (V 21,7), sie haben als Söhne Gottes (21,7) Anrecht auf den Baum des Lebens und dürfen durch die Tore in die Stadt „eingehen" (22,14). Die in den Lasterkatalogen 21,8 und 22,15 Aufgeführten aber müssen draußen bleiben (22,15), sie erwartet der Feuer- und Schwefelsee, der endzeitliche (zweite) Tod (21,8). Das Schema begegnet hier in der Antithese „draußen und drinnen" (22,14 f.) oder endzeitliches Leben (22,14) und Feuersee (21,8). Obwohl an beiden Stellen das dualistische Schema klar durchgebildet ist, fehlt ein Tugendkatalog. Auch ein Vergleich mit der Schilderung des Endgerichts Mt 25,31–46 zeigt, daß das dualistische Schema vor einem eschatologischen Hintergrund zu sehen ist und umgekehrt.

Auch die *paränetischen* Kataloge[67], auf die wir nun eingehen müssen, stehen in demselben dualistisch-eschatologischen Gesamtzusammenhang. Das Besondere an ihnen ist, daß sie nicht nur diese eschatologische Entscheidungssituation schildern, sondern auch die paränetischen Konsequenzen daraus ziehen und in irgendeiner Form auffordern, die Entschei-

---

[67] Vgl. ebd., S. 28 ff.

dung zu vollziehen und die neue Existenzweise in Christus zu realisieren und so das Endgericht vorwegzunehmen. Der Lasterkatalog 1 Kor 5,10–11 zum Beispiel ist veranlaßt durch den Fall schwerer Unzucht in der Gemeinde (5,1 f.). Mit der Anweisung, diesen Sünder aus der Gemeinde auszusondern (5,5), verbindet der Apostel die grundsätzliche Mahnung, sich von solchen und ähnlichen Sündern (Lasterkatalog) fernzuhalten. Diese Weisung ist eingekleidet in das antithetische Bild vom „alten Sauerteig" und vom „neuen Teig" und dem Hinausfegen des alten Teiges (V 6–7). Die Entscheidung, die hier gefordert wird, ist begründet in der bereits geschehenen Entscheidungstat Christi am Kreuz (Osterlamm Christus: V 7). Der eschatologische Ernst der Situation wird in V 5 (Tag unseres Herrn Jesus) ausgesprochen.

Röm 13,11–14 hat der Dualismus die aus I QS und den iranischen Parallelen bekannte Form des Gegensatzes von Licht (φῶς) und Finsternis (σκότος) oder Tag und Nacht. Der paränetische Imperativ gebraucht das ebenfalls bekannte Bild vom Ablegen (ἀποθώμεθα) der Werke der Finsternis und Anlegen (ἐνδυσώμεθα) der Waffen des Lichtes (V 12). Die Werke der Finsternis werden im Lasterkatalog (V 13) benannt. Die Waffen des Lichtes sind nicht expliziert, was aber Eph 6,10–17 in der „geistlichen Waffenrüstung" ausführlich geschieht. Daß das Bild von der geistlichen Waffenrüstung im Traditionszusammenhang mit unserem Schema steht, zeigt 1 Thess 5,1–11. Der „Tag des Herrn" wird kommen (5,2), deshalb sollen die Söhne des Lichtes (υἱοὶ φωτός) und des Tages (V 5) wach und nüchtern sein (V 6); sie sollen den „Panzer des Glaubens und der Liebe und den Helm der Hoffnung auf das Heil" anlegen (ἐνδυσάμενοι: V 8). Der Tag ist nicht irgendein beliebiger, sondern der „Tag des Herrn" und des Zornes (V 2 und 9), also der Tag der eschatologischen Entscheidung.

Der theologische Ort der katalogischen Paränese als ethischer Imperativ, der im Indikativ des Heils seine Wurzel hat, ist sehr eindrucksvoll in Kol 3,1 ff. herausgestellt. Das Auferstehen mit Christus (Taufgeschehen) begründet den positiven Imperativ (hier nicht katalogisch ausgeführt): „Suchet, was droben ist!" (V 1), das Sterben mit Christus den negativen Imperativ, das Irdische zu töten (Lasterkatalog: V 5). Die Laster werden in einer Fünferreihe aufgezählt und als irdische Glieder (μέλη τὰ ἐπὶ τῆς γῆς) bezeichnet. Diese Ausdrucksweise und die Fünfzahl (in beiden Lasterkatalogen V 5.8 und dem Tugendkatalog V 12) entsprechen der iranischen Vorstellung, nach welcher die guten und bösen Taten des Menschen seine Glieder sind[68]. In einem zweiten Lasterkatalog wird aufgefordert, die

---

[68] Vgl. R. Reitzenstein, Das iranische Erlösungsmysterium, Bonn 1921, S. 152 ff.; bes. 161, Anm. 2; ders., Die hellenistischen Mysterienreligionen nach ihren Grundgedanken und Wir-

frühere Lebensweise *jetzt* abzulegen (ἀπόθεσθε: V 8). Die Antithese einst-jetzt ist eine katalogische Formel, der wir schon begegnet sind, sie wird fortgeführt mit dem Bild, den alten Menschen mit seinen Werken auszuziehen und den neuen Menschen anzuziehen (V 9–10). In diesem Fall ist der neue Mensch in einem Tugendkatalog (V 12) beschrieben. Durch die Häufung von antithetischen Bildern und Formeln entsteht in diesem Text der Eindruck einer gedrängten Fülle.

Auch in Eph 4,1–6,20 ist eine größere Anzahl von katalogischen Formeln und Bildern verarbeitet worden. So findet sich die Mahnung in der Formel vom rechten Wandel 4,1 (mit Tugendkatalog 4,2–3); 4,17 (Wandel der Heiden); 4,22 (früherer Wandel); 5,2 (Wandel in Liebe); 5,8 (Wandel als Kinder des Lichtes); 5,15 (vorsichtig wandeln). Auch die Antithese vom Ablegen des alten Menschen 4,22 und Anziehen des neuen Menschen 4,24 ist hier wieder aufgenommen worden. Der alte Mensch der Sünde, von dem es sich fernzuhalten gilt (4,31), wird in zwei Lasterkatalogen 4,31 und 5,3–5 gekennzeichnet, und es wird eindringlich eingeschärft („das merket euch wohl" 5,5), daß er keinen Anteil am Reiche (Christi und Gottes) hat (5,5). Diese Androhung ewiger Strafe erhält noch eine Verschärfung in dem Hinweis auf den eschatologischen Zorn Gottes (5,6). Die Verse 5,8–20 bilden in ihrer komprimierten, formelhaften Aussage einen gewissen Höhepunkt. Hier stehen die Antithesen einst-jetzt (V 8), Finsternis-Licht (V 8), Frucht des Lichtes (mit kurzem Tugendkatalog V 9) – Werke der Finsternis (V 11) gedrängt beieinander. Auch die Mahnung, als „Kinder des Lichtes" zu wandeln (V 8), hat hier einen Platz gefunden ebenso wie der eschatologische Weckruf „Wach auf!" (V 14), nämlich vom Todesschlaf der Sünde aufzustehen (vgl. Röm 13,11 f.; 1 Thess 5,5 f.). Damit ist dann auch schon die eschatologische Ausrichtung der katalogischen Paränese angesprochen, die den ganzen Abschnitt in den Vv 6,10–17 zu einem dramatischen Schlußpunkt führt. Der in den Vv 6,10–13 geschilderte Kampf gegen „Mächte und Gewalten, gegen den Weltherrscher der Finsternis, gegen die Geister der Bosheit in der Höhe" (V 12) erinnert an die Bedrängnis der Söhne des Lichtes in 1 QS 3,13 ff. Er macht den Ernst der Lage klar und ist in dieser Eigenschaft eschatologisch zu nennen, denn es geht darum, die Entscheidung für Christus gegen alle Widrigkeiten, selbst die „Herrscher der Finsternis" durchzustehen[69]. Die „geistliche Waffenrüstung" die dabei

---

kungen, Leipzig/Berlin ³1927, S. 265 ff.; *M. Dibelius/H. Greeven,* An die Kolosser, HNT 12 (³1953), S. 40 f.; *H. Conzelmann,* NTD 8 (⁹1962), S. 149 f.; *E. Lohse,* Der Brief an die Kolosser, S. 198 ff.

[69] Vgl. auch 1 Tim 6,11 ff.

angelegt werden soll (6,14–17), ebenfalls ein katalogischer Topos, wie wir sahen, hat die Aufgabe zu zeigen, wie dieser Kampf bestanden werden kann: nur mit den ganz und gar neuen Mitteln, die das Evangelium verleiht. Auch das ist ein Stück ntl. Revolution, nämlich mit Wahrheit, Gerechtigkeit, Friedensbereitschaft und mit der geistigen Waffe des Wortes Gottes gegen das Böse „dieser Welt" zu streiten, die Revolution liegt aber in der Neuartigkeit der Mittel.

Abschließend noch zwei kurze Hinweise. Da ist zum Beispiel der Lasterkatalog 1 Petr 2,1, der ebenfalls mit der katalogischen Formel des Ablegens (ἀποθέμενοι) eingeleitet wird und in den vorausgehenden Versen den heilsgeschichtlichen Indikativ für die katalogische Paränese angibt: die Wiedergeburt durch das lebendige und bleibende Wort Gottes (1,23–25).

Ein gutes Beispiel für die Verankerung der urchristlichen Paränese und hier des Katalogs in der ntl. Gesamtbotschaft ist auch Tit 3,1–8. Der Lasterkatalog 3,3 stellt sich als Rückblick auf die vorchristliche Vergangenheit dar, das Einst. Das Jetzt wird als die heilswirksame Offenbarung Gottes beschrieben (V 4), die eine neue Seinswirklichkeit (als Basis der ethischen Weisung) in der Rechtfertigung durch das Bad der Wiedergeburt im Heiligen Geiste begründet (V 5). Diese in der Taufe geschaffene neue Existenz ist auf die eschatologische Hoffnung, das Erbe des ewigen Lebens, angelegt (V 7).

Zum Schluß verbleibt uns noch, darauf hinzuweisen, daß natürlich nicht jede ntl. Katalogbildung nun zwangsläufig in diesen antithetischen und eschatologischen Rahmen, der sich bei unserer Untersuchung immer deutlicher abgezeichnet hat, hineinpassen muß. Die stilistische Form, Zusammengehörendes in einer kürzeren oder längeren Reihe aufzuzählen, ist so allgemein-menschlich, daß sie sich als rhetorische oder literarische Form aus dem Zweck der Rede oder Niederschrift sozusagen von selbst ergibt. Wenn man allerdings unbedingt will, wird man auch für die übrigen Kataloge[70] eine Verbindung mit dem dualistisch-eschatologischen Schema herstellen können, denn dieses ist, wie wir gesehen haben, nicht eine Einmaligkeit der katalogischen Paränese, sondern eine Grundstruktur des ntl. Kerygmas und der ethischen Weisung schlechthin. Angesichts dieser Tatsache ist die Herkunft des Schemas von untergeordneter Bedeutung für unsere Untersuchung, obgleich die von S. Wibbing und E. Kamlah geführten Untersuchungen eindeutig in Richtung auf den iranischen kosmologischen Dualismus weisen. Wieweit dieser Einfluß im einzelnen bei der ntl.

---

[70] Z. B. 2 Kor 6,4–5; 6,6; 12,20–21; Phil 4,8; 1 Tim 6,4–5; 4,12; 6,11; 1 Petr 4,15; Apk 9,21.

Katalogbildung gereicht hat, ist schwer auszumachen. Uns kam es darauf an, anhand der Rezeption der Kataloge zu zeigen, daß die urchristliche Gemeinde erstens ethische Modelle aus der profanen Umwelt in die christliche Verkündigung aufgenommen und zweitens das vorgegebene Material kritisch selektiert und umgestaltet hat. Die profanen Vorlagen sind nicht unbesehen der sittlichen Unterweisung einverleibt worden. Man könnte den Rezeptionsvorgang gewissermaßen einen „schöpferischen" Akt nennen, insofern die urchristliche Gemeinde das antike Traditionsgut an dem Anspruch der Christusbotschaft gemessen und nach den von dorther gewonnenen Prinzipien neu gestaltet hat. Wir glauben, daß wir das am Beispiel der katalogischen Paränese illustrieren konnten, und zwar sowohl im Hinblick auf die stoisch-hellenistische Vorlage als auch gegenüber dem kosmogonischen Dualismus östlich-persischer Provenienz.

Bei aller Parallelität zu ähnlichen Erscheinungen in der antiken Welt sind das urchristliche Kerygma und das ntl. Ethos etwas so Einmaliges, daß sie nicht unter diese philosophisch-kosmologischen Kategorien subsumiert werden können.

## V. DIE KRITISCHE REZEPTION
## DER NATÜRLICHEN SITTLICHKEIT

Die ntl. Paränese bietet in ihrer Gesamtheit und in den einzelnen Themen ein umfangreiches Material für die Rezeption antiker, natürlicher Ethik in die urchristliche Sittenlehre dar. Anhand von drei besonderen paränetischen Topoi, den Haustafeln, den Gemeindeordnungen und den Katalogen, konnten wir diesen Vorgang verfolgen, seine Gesetzmäßigkeiten studieren, die bestimmenden Faktoren herausarbeiten. Das Ergebnis ist von grundsätzlicher Bedeutung für die christliche Moral. Zwar tragen die von uns dargelegten Rezeptionsvorgänge, besonders die praktischen Gestaltungen christlicher Lebensformen, zu denen sie geführt haben, zeitbedingte und damit zum Teil auch unwiederholbare Züge. Sie können nicht ohne weiteres für heutige gesellschaftliche Aufgaben als Norm herangezogen werden, doch zeigen sie modellhaft, wie auch heute aus der ntl. Botschaft der Weg in die gesellschaftlichen Ordnungen unserer Zeit zu suchen ist. Insofern sind sie von zeitloser Gültigkeit und wegweisend für die je und je neu zu bewältigende Interpretation des Evangeliums in die Zeit und den Lebensvollzug hinein.

### 1. Die kritische Rezeption

Die ntl. Paränese ist in vielfacher Weise mit der antiken Ethik verbunden, wie wir gesehen haben. Sie hat großzügig aus dem breiten Traditionsstrom überlieferter allgemeinethischer Normen und natürlich-sittlicher Lebensordnungen geschöpft. Die urchristlichen Gemeinden leben in ihren sozialen Ordnungen weiter, wodurch diese zunächst einmal pauschal übernommen werden. Da das Evangelium keine direkten gesellschaftspolitischen Direktiven enthält, war es verständlich, daß die sozialethischen Normen der antiken Umwelt auch weiterhin die christliche Lebensform bestimmen. Doch kann in diesem Zusammenhang keineswegs von einer kritiklosen Übernahme einer dem Evangelium wesensfremden oder sogar widersprechenden sittlichen Ordnung geredet werden, wie zum Beispiel die Rezeption der antiken Ordnung des Hauses in der Haustafelethik zeigt.

Hier stellt sich zum erstenmal die Frage: Was geschieht mit den natürlichen Institutionen, wenn sie mit dem Evangelium konfrontiert werden? In welchem Licht erscheint die natürlich-sittliche Ethik, wenn sie vom Heilsereignis in Christus aus betrachtet wird? Hat die neue Seinsweise in Christus, welche die Taufe vermittelt, auch praktische Auswirkungen für die christliche Existenz in dieser Welt?

Das erste, was hier zu sagen ist, mag vielleicht zunächst banal klingen, ist aber für eine sozialethische Betrachtung der Dinge von weitreichender Bedeutung: Das Evangelium hebt die natürlichen Ordnungen nicht auf, sie werden vielmehr in die neue heilsgeschichtliche Wirklichkeit rezipiert. Das Gesetz, hier in seiner Funktion als sozialethische Richtschnur verstanden, wird erfüllt[1]. Daß diese Rezeption des „natürlichen Gesetzes" nicht eine kritik- und vorbehaltlose Rechtfertigung der naturrechtlichen Sittlichkeit bedeutet, kann gerade die christliche Haustafelethik gut demonstrieren. Obgleich die Grundstruktur der antiken Hausordnung, einschließlich des Unterordnungsverhältnisses und der Sklaveninstitution, beibehalten wurde, macht das innere Gefüge dieser Ordnungen eine entscheidende Wandlung durch. Man wird mit besonderem Interesse registrieren, daß die Ansatzpunkte dieses Umformungsprozesses gerade jene Stellen sind, die naturrechtlich betrachtet als die schwächsten bezeichnet werden müssen. Die Sklaveninstitution wird zwar von der urchristlichen Gemeinde nicht aufgehoben – sozialrevolutionäre Maßnahmen lagen außerhalb ihrer Möglichkeit und ihres Interesses; die aus dem Glauben erwachsene Freiheit und Gleichheit aller vor Gott wird aber nun zum Korrektiv der bürgerlichen Unfreiheit und Ungleichheit (Kol 3,22–25; Eph 6,5–9; 1 Petr 2,18–25). Außerdem wird der Sklavendienst auf den Kyrios Christus bezogen und erfährt so seine letztgültige Aufwertung zum „Gottesdienst". Doch wird auch die bürgerlich-rechtliche Institution durch Paulus (Phm 8.16) im Namen des Evangeliums bereits in Frage gestellt, wie die vorsichtigen Formulierungen des Philemonbriefes andeuten.

Entschiedener noch zeigt sich der christliche Ansatz in der neuen Zuordnung der Ehepartner. Die prinzipielle Subordination der Frau wird durchbrochen durch die Agape, das ὑποτάσσειν erhält als Korrelat das ἀγαπᾶν. In der Gestalt der christlichen Agape erfolgt der Einbruch der Christusherrschaft in die natürlich-menschliche Ordnung der Ehe. Dadurch wird die Ehe von Grund auf anders, sie wird in die mysterienhafte Christusgemeinschaft hineingenommen (Eph 5,22 ff.). Wir haben gesehen, daß die

---

[1] „Denkt nicht, daß ich gekommen bin, das Gesetz oder die Propheten aufzuheben; ich bin nicht gekommen, aufzuheben, sondern zu erfüllen" (Mt 5,17).

Formel ἐν Χριστῷ bzw. ἐν κυρίῳ Ausdruck dieser neuen Gemeinschaft mit Christus ist. Besonders in ihrer sozialethischen Relevanz indiziert sie die Konsequenz der neuen Existenzweise ἐν Χριστῷ für die gesellschaftlichen Bezüge. Diese werden wie das ganze irdisch-transitorische Leben ἐν κυρίῳ in eine neue Ausrichtung gebracht, indem sie der Herrschaft des Kyrios Christus unterstellt und seinem eschatologischen Gericht überantwortet werden. Das bedeutet im Rahmen der Haustafeln: Christus tritt als der neue Kyrios in den Oikos ein, die geschöpfliche Ordnung wird in den Bereich des Glaubens aufgenommen. Dabei bleiben diese Ordnungen zunächst, was sie sind; doch werden die naturrechtlichen Strukturen von innen her aufgebrochen, so daß sie den notwendigen Korrekturen Raum geben. Die neue Christuswirklichkeit sprengt den alten, von Sitte und Überlieferung gesetzten Rahmen. Die Konsequenzen reichen weit über die inhaltliche Gestaltung hinaus bis in die formale Struktur hinein. Die ntl. Paränese hat sich ein dem Inhalt in etwa adäquates neues Schema für die Haustafeln geschaffen, das sich nach Aufbau und Form wesentlich von den stoisch-diatribischen Vorlagen unterscheidet.

Nicht überall tritt die neuschöpferische Kraft der christlichen Botschaft so ausgeprägt in Erscheinung wie in den Haustafeln. Auch die Gemeindeordnungen der Past haben in der Gestalt der Ständespiegel und Pflichtenlehren antike, vor allem stoische Muster übernommen. Das Bemühen, das typisch Christliche der einzelnen Stände herauszuarbeiten, ist aber nicht sonderlich stark zu erkennen, eher das Interesse, die christliche Gemeinde und ihre Vorsteher als vorbildlich im Sinne allgemeiner, natürlicher Sittlichkeit darzustellen. Dadurch entsteht das Bild der sogenannten christlichen Bürgerlichkeit. Es handelt sich aber dabei keineswegs um eine bequeme Anpassung an die Eigengesetzlichkeit der Welt, welche den Spannungen und Konflikten, die sich aus dem Evangelium mit der Welt ergeben, aus dem Wege geht. Auch diese „bürgerliche Ethik" ist im Lichte des Evangeliums zu sehen, denn sie ist im Ganzen auf die Erlösungstat Christi ausgerichtet, wie Tit 2,11–15 zeigt.

Doch sind hier zweifellos bis zu einem hohen Grade bürgerlich-sittliche Wertvorstellungen übernommen worden, die nun ihrerseits durch diesen Akt der Rezeption in einem gewissen Sinne eine Bestätigung und Anerkennung durch das Evangelium erfahren. Das beinhaltet keine vorbehaltlose Anerkennung oder einen Freibrief, nun unbekümmert „nach der Art der Welt" zu leben, sondern die Verpflichtung, in jeder Beziehung, auch nach Maßgabe des Natürlich-Sittlichen, vorbildlich zu leben. Zugleich wird aber die spezifische Gefährdung für das Evangelium sichtbar, wenn es so „bürgerlich" verpackt und eingekleidet wird.

Wie unterschiedlich bei aller Übereinstimmung im Einzelfall die stoische und christliche Ethik sind, wird besonders gut an der katalogischen Paränese erkennbar. Die ntl. Tugend- und Lasterkataloge reden zwar weithin in der hellenistischen Sprache und Form, doch ist ihr Inhalt vom Evangelium her neu gestaltet. Wenn auch manches aus den antiken Mustern übernommen wurde, so sind die ntl. Kataloge nach Inhalt und Form am Christusereignis orientiert. Der entscheidende Ansatz der stoischen Tugendlehre ist durchbrochen: an die Stelle des griechischen Tugendideals der ἀρετή ist die christliche ἀγάπη getreten, und damit sind die Kataloge, besonders die Tugendkataloge, einem neuen Selektions- und Strukturprinzip unterworfen worden. Die Einflechtung der ntl. Paränese in das christliche Kerygma wird vor allem durch das charakteristische Schema der ntl. Kataloge demonstriert. Das ntl. Katalogschema gibt in seiner antithetisch-eschatologischen Struktur die Entscheidung wieder, die grundsätzlich in der Tat Christi und für den einzelnen Christen in der Taufe gefallen ist, welche aber jetzt in der christlichen Existenz nachvollzogen werden muß. Die Botschaft vom Hereinbruch des Reiches Gottes in die Welt stellt in ihrer Radikalität und Absolutheit auch den Christen täglich vor diese immer neu zu realisierende Entscheidung.

So hat sich uns die Rezeption der natürlichen Sittlichkeit durch das Neue Testament als ein Prozeß dargestellt, in dessen Mittelpunkt unverrückbar das Christusereignis steht. Die ntl. Botschaft dient nicht als nachträgliche Bestätigung dieses Vorganges, sie ist vielmehr Motor und auch Korrektiv. Deshalb kommt es nirgends zu einer sogenannten Zwei-Stockwerk-Moral oder einer gefährlichen Zweigleisigkeit der christlichen Existenz. Die ntl. Ethik ist auch dort, wo sie die natürliche Sittlichkeit und naturrechtliche Ordnung einschließt, ganz und gar christozentrisch und heilsgeschichtlich angelegt. Das spezifisch Christliche ist deshalb weniger im materialen Bereich zu suchen, auch nicht in erster Linie in der neuen Motivation und Intensität des sittlichen Einsatzes, sondern in dem neuen Fundament, auf dem sie steht. Das unwiederholbare Neue der christlichen Ethik ist die neue Existenz in Christus, deren Vollzug und Entfaltung in die gesellschaftliche Wirklichkeit sie ist. Die Gesetzmäßigkeiten, die diesen Prozeß der Rezeption natürlicher Sittlichkeit bestimmt haben, gelten auch für den Umgang mit dem Naturrecht. Es ist im Neuen Testament natürlich keine Lehre über das Naturrecht entfaltet, wie ja überhaupt die ntl. Schriften nicht im schulmäßigen Sinne lehren wollen, sondern verkünden, und zwar die Botschaft von der Heilstat Christi und der universalen Herrschaft Christi. Die Heilsbotschaft ist universal, wie die Schrift mehrfach erklärt; sie umfaßt alle Menschen, aber auch seine gesellschaftlichen Bezüge, die

Institutionen, in denen er lebt, ja den gesamten Kosmos. Deshalb ist auch das, was wir philosophisch als Natur und Naturrecht bezeichnen, in den allgemeinen Heilswillen Gottes und in der „Neuschöpfung von Grund auf" einbegriffen. In der Universalität der Heilstat Christi und seiner Herrschaft liegt die theologische Rechtfertigung der urchristlichen Rezeption natürlicher Sittlichkeit. Daß die Integration in die christliche Heilsverkündigung keine kritiklose Rechtfertigung beinhaltet, haben wir schon mehrfach betont. Indem diese natürlichen Ordnungen und analogerweise das Naturrecht rezipiert werden, verlieren sie ihren Absolutheitsanspruch, da sie nun der Herrschaft Christi unterstellt und von dorther korrigiert werden. Wer sich der natürlichen Sittlichkeit und der naturrechtlichen Normen bedient, muß dies, um mit dem Wort der Schrift zu reden, ἐν κυρίῳ tun. Die Rezeption natürlicher Sittlichkeit durch die urchristliche Gemeinde gibt darum nicht nur das Recht, biblisch verantwortbar vom Naturrecht Gebrauch zu machen, sie enthält auch schon die grundsätzlichen Entscheidungen über das Wie eines solchen Tuns.

So ist die Übernahme der antiken Ethik und ihrer allgemeingültigen Sittlichkeitsnormen nicht ein Prozeß der sich beiläufig, unreflektiert vollzogen hätte, dagegen spricht die durch die paulinischen Schriften hindurchgehende Reflexion über das Gesetz, aber auch die mehrfache apostolische Anweisung, die vorgefundene antike Ethik auf ihre Brauchbarkeit für die Gemeinde zu prüfen und, was der kritischen Prüfung durch die Gemeinde Christi standhält, als sittlichen Maßstab und Lebensnorm zu übernehmen.

## 2. Die apostolische Legitimation

Eine kurze und pauschale Direktive, welche auf eine kritische Prüfung abzielt, wird von Paulus in 1 Thess 5,21 f. gegeben: „Alles prüfet, das Gute behaltet, von aller Art Schlechtem haltet euch fern". Diese Anweisung steht am Ende einer Reihe ethischer Imperative (5,12 ff.) und hat in ihrer Allgemeinheit die Funktion einer abschließenden Zusammenfassung und die Bedeutung einer grundsätzlichen Entscheidung. Die Weisung zum Prüfen ist mit δοκιμάζετε gegeben (V 21), womit ein Terminus technicus eingeführt wird, der in Röm 12,2; Eph 5,10; Phil 1,10 in gleicher Bedeutung wiederkehrt und zum Sprachgebrauch der griechischen Philosophie gehört. Das Objekt der Prüfung ist in allgemeinster Form mit πάντα angegeben, was grundsätzlich keine Beschränkung zuläßt. Durch die nachfolgenden beiden Imperative: „Das Gute behaltet (V 21 b), von aller Art Schlechtem haltet euch fern" (V 22), wird die Weisung positiv und negativ präzisiert, die Allgemeinheit aber nicht aufgehoben, eher noch unterstrichen. Nun hat M. Dibelius das kritische Ausleseverfahren von V 21 und 22 mit den in V 19 und 20 erwähnten Geist- und Prophetengaben in Verbindung gebracht und auf diese bezogen[2]. Obgleich eine solche Interpretation durchaus nicht zwingend ist, wird man sich doch hüten müssen, diese Stelle zu großzügig auf das gesamte ethische Feld als gemeinten Prüfungsstoff auszuweiten und voreilige Konsequenzen im Sinne der Rezeption außerchristlicher Sittlichkeit zu ziehen. Doch wird man die Befähigung zu einem kritischen Urteil, die hier den Christen zugesprochen wird, nicht auf die Geisteserscheinungen zu beschränken brauchen. Gerade wenn diese Stelle auf die Tätigkeit des Geistes in der christlichen Gemeinde bezogen sein sollte, was ja wohl wahrscheinlich ist, wird man auch an die christliche Freiheit denken dürfen, welche in demselben Geist gegeben ist (2 Kor 3,17). Diese Geistesgabe beinhaltet aber in ihrer positiven Bestimmung auch die Freiheit, in der Kraft des Geistes das Gute ohne Zwang des Gesetzes zu tun, wo immer es sich findet.

Das Prüfen (δοκιμάζειν) wird Röm 12,2 näher präzisiert als Tätigkeit des erneuerten Verstandes. Dort heißt es: „Und machet euch nicht dieser Welt gleichförmig, sondern wandelt euch um durch Erneuerung eueres Sinnes, daß ihr prüfet, was der Wille Gottes sei, was gut, wohlgefällig und vollkommen". Hier ist das δοκιμάζειν begründet in einer ἀνακαίνωσις τοῦ νοός. Die ἀνακαίνωσις gehört zusammen mit μεταμορφοῦσθαι begrifflich (wie παλιγγενεσία) in den Taufzusammenhang (vgl. Kol 3,10; Eph 4,23 f.; Tit 3,5) und ist eine Frucht des πνεῦμα (Tit 3,5)[3]. Die Beziehung zum Taufgeschehen wird aber nicht nur durch die begriffliche Auswahl hergestellt. Wenn Paulus sagt: „Macht euch nicht dieser Welt (τῷ αἰῶνι τούῳ) gleichförmig, sondern wandelt euch um ...", dann will er sich auf die Äonenwende beziehen, die in Christus ein für allemal geschehen und durch die Taufe für den Christen verpflichtende Existenzgrundlage eines neuen Lebens geworden ist. Die Erneuerung des νοῦς ist in dieses Geschehen einbezogen: „die pneumatisch-eschatologische Neuheit, an der der Christ durch die ‚Taufe in Christus' Anteil hat, wirkt sich schon jetzt auch in den natürlichen Lebensverhältnissen aus und muß hier schon zu einer Wende führen"[4]. Das Objekt, auf das sich das Prüfen beziehen soll,

---

[2] Vgl. M. Dibelius, An die Thessalonicher I, in: HNT 11 (³1937), S. 31; vgl. ebenfalls A. Oepke, Die Briefe an die Thessalonicher, in: NTD 8 (⁹1962), S. 176.
[3] Vgl. O. Michel, Der Brief an die Römer, Meyer K 4 (¹²1963), S. 293.
[4] H. W. Schmidt, Der Brief des Paulus an die Römer, ThHK 6 (1963), S. 208.

ist doppelt angegeben mit: „was der Wille Gottes ist" und „was gut (ἀγαθόν), wohlgefällig (εὐάρεστον) und vollkommen (τέλειον) ist". Die drei Adjektive sind typische Ausdrucksformen der hellenistischen philosophischen Ethik, sind hier aber auf Gott bezogen und deshalb biblisch zu deuten[5]. Wenngleich an dieser Stelle nicht expressis verbis von einer Rezeption natürlicher Sittlichkeit die Rede ist, wird man das „Gute, Wohlgefällige, Vollkommene", von dem hier die Rede ist, auch im Bereich der natürlichen Ethik suchen dürfen: der Text selbst macht keinerlei inhaltliche Einschränkung. Das „Verfahren" als solches scheint allgemeine Gültigkeit zu besitzen. Die Berechtigung und Befähigung zu einem derartigen Handeln dürfte in der von Christus geschenkten Freiheit liegen sowie in der Rehabilitation, welche die Vernunft durch die Erneuerung der gesamten Personwirklichkeit erfahren hat[6].

Das δοκιμάζειν als kritische Instanz hat auch in der philosophischen Ethik des Hellenismus seinen festen Platz, wo es aber als autonome Instanz verstanden wird[7]. Im Gegensatz dazu ist es in Röm 12,2 auf den Willen Gottes bezogen und so relativiert.

Das wird auch von Eph 5,10 bestätigt, wo es heißt: „Prüfet, was dem Herrn wohlgefällt (εὐάρεστον τῷ κυρίῳ)". Die letzte Instanz ist nicht der Nous, sondern der Wille des Herrn. Und noch etwas anderes wird an dieser Stelle klar: Der kritischen Funktion des erneuerten Nous kommt im Gesamt der christlichen Heilsaneignung durch das Leben des Christen eine zentrale Bedeutung zu. Das kommt im Kontext dieser Stelle zum Ausdruck. Die Partizipialkonstruktion δοκιμάζοντες ist abhängig von dem Imperativ: ὡς τέκνα φωτὸς περιπατεῖτε (V 8). Das „Wandeln als Kinder des Lichtes" wird also realisiert durch das kritische Prüfen der vorhandenen Lebensmöglichkeiten des Menschen. Diese sind hier in den Tugend- und Lasterkatalogen[8] exemplifiziert, die in den unmittelbaren Zusammenhang dieser Stelle gehören, wie wir weiter oben bereits ausgemacht haben. Damit bekommt die kritische Funktion des Prüfens eine eschatologische Qualität. Sie ist hineingestellt in die Entscheidungssituation zwischen einst und jetzt, altem und neuen Äon, Finsternis und Licht (V 8), sie nimmt teil an dem Entscheidungsprozeß zwischen diesen antithetischen Mächten. Insofern die beiden Wege die Lebensweise der

---

[5] Vgl. *P. Althaus*, Der Brief an die Römer, NTD 6 ([6]1949), S. 107.

[6] Vgl. auch Eph 4,23–24: „Erneuert euch vielmehr durch den Geist in eurem Denken und zieht den neuen Menschen an, der nach Gott geschaffen ist in wahrer Gerechtigkeit und Heiligkeit". Vgl. auch *J. Gnilka* z. St.

[7] Vgl. *J. Gnilka*, Der Epheserbrief, S. 254.

[8] Vgl. Lasterkatalog Eph 4,31; 5,3–5 und Tugendkatalog 5,9.

erlösten und der unerlösten Existenz meinen (vgl. die Zwei-Wege-Lehre), ist hier die erneuerte Vernunft zugleich aufgerufen, an dem „Anziehen des neuen Menschen" (vgl. 4,23 f.) aktiven Anteil zu nehmen. Die Dringlichkeit der angezeigten Aufgabe und der Ernst der Situation wird nochmals durch die Vv 5,15–17 hervorgehoben, die auf die Bedrohung der christlichen Existenz aufmerksam machen wollen.

Es muß auffallen, daß die Weisung zum kritischen Prüfen, wo immer sie bislang in Erscheinung trat, in charakteristischen Termini der hellenistischen Popularphilosophie gegeben wird. Das ist nicht anders in Phil 1,9–10, wo es darum geht, daß die Liebe (ἀγάπη) ständig zunehmen soll „in Erkenntnis und allem Verständnis (ἐν ἐπιγνώσει καὶ πάσῃ αἰσθήσει), damit ihr prüfen könnt, worauf es ankommt (εἰς τὸ δοκιμάζειν ὑμᾶς τὰ διαφέροντα)" V 9–10 a. Ἐπίγνωσις, αἴσθησις, δοκιμάζειν τὰ διαφέροντα gehören eindeutig zu einer Gruppe philosophischer Termini, die rationales Erkennen und Urteilen bezeichnen. Ihre Verbindung mit dem heilsgeschichtlich bestimmten Begriff der Agape will darlegen, daß auch die neue Existenzweise aus der Liebe auf das Urteil des natürlichen Verstandes nicht verzichten will und kann, wenn es darum geht, das Wesentliche, das für den Christen Entscheidende (τὰ διαφέροντα) zu finden. Δοκιμάζειν τὰ διαφέροντα scheint ein festgeprägter Ausdruck zu sein (vgl. Röm 2,18)[9] und setzt voraus, daß es eine größere Auswahl von verschiedenen ethischen Regeln, Vorschriften und Erfahrungen gibt, die von Haus aus noch nicht eindeutig christlich determiniert sind[10]. E. Lohmeyer meint, daß τὰ διαφέροντα „ein eindeutiger Ausdruck hellenistischer Moralphilosophie" und „ein kleines Zeichen für einen weltgeschichtlich bedeutsamen Prozeß" sei, da er die Hellenisierung der christlichen Botschaft signalisiere[11]. Wir möchten diesen Prozeß in dem Stadium, in dem wir ihn bislang im Neuen Testament kennengelernt haben, noch nicht als Hellenisierung bezeichnen; damit ist nach unserer Meinung die sehr differenzierte und kritisch distanzierte Übernahme ethischer Normen und Verhaltensweisen nicht zutreffend wiedergegeben. Der christologische Mittelpunkt und das eschatologische Ziel der christlichen Lebensgestaltung wird dabei nicht aus dem Auge gelassen, wie wir gesehen haben und auch hier wieder der Hinweis auf den „Tag Christi" (V 10) beweist. Aber durch das Evangelium wird den Christen „nicht eine Lebensordnung in die Hand gegeben, in der alle Fragen gelöst sind, sondern ein jeder hat immer

---

[9] Vgl. *M. Dibelius*, An die Philipper, HNT 11 ([3]1937), S. 63 f.
[10] *E. Lohmeyer*, Der Brief an die Philipper, Meyer K 9, ([13]1964), S. 32 f.
[11] Ebd., S. 33.

wieder zu prüfen, was Gottes Wille von ihm fordert"[12]. Zu dieser Freiheit ist der Christ berufen und kraft des ihm verliehenen Geistes befähigt.

Unser Eindruck, daß der Apostel den Kreis der ethischen Normen nicht auf eine bestimmte Herkunft einschränken will, wird durch Phil 4,8–9 bestätigt. Der Tugendkatalog[13] (V 8) will gar nicht in erster Linie als Aufzählung bestimmter Tugenden verstanden werden. Er wird eingeleitet mit τὸ λοιπόν, das aus stoischen und popular-philosophischen Reihen bekannt ist und dem Folgenden den Charakter einer zusammenfassenden Schlußbemerkung gibt[14]. E. Lohmeyer meint sogar, die beiden Verse 8 und 9 seien der „krönende Schluß", was sich formal darin zeige, daß die Worte gehäuft und feierlich seien, die Gliederung streng und sorgfältig und der Aufbau strophisch und rhythmisch[15]. Der Ansicht Lohmeyers, daß der Abschnitt Phil 4,8–9 in zwei Strophen gegliedert ist, hat M. Dibelius widersprochen[16]. Doch wird man Lohmeyer insofern zustimmen müssen, daß Paulus durch den katalogartigen Stil und das Gleichmaß der Glieder (sechsmal ὅσα und zweimal εἴ τις als Bindeglied) den Text besonders hervorhebt und die Aussage eindrucksvoll unterstreicht. Denn die Maxime: „Endlich, Brüder, was wahr (ἀληθῆ), was ehrbar (σεμνά), was gerecht (δίκαια), was rein (ἁγνά), was liebenswert (προσφιλῆ), was gutbeleumdet (εὔφημα), wenn irgendwas Tugend (ἀρετή) und wenn irgendwas Lobenswertes (ἔπαινος), das bedenket (ταῦτα λογίζεσθε)", will keine einzelnen und differenzierten Tugenden aufzählen, sondern nur die eine allgemeine Weisung in sich wiederholenden Termini einschärfen[17]: Das christliche Leben ist nicht nach irgendwelcher partikularistischen oder extravaganten oder elitären Norm aufgebaut, es schließt vielmehr in seiner universellen Anlage alles ein, was irgendwie sittlich wertvoll ist.

Die aufgeführten Begriffe lassen sich unschwer in die Systematik der hellenistischen philosophischen Ethik einordnen. Δίκαιος und ἀρετή sind sogar Zentralbegriffe der stoischen Lehre; sie sind hier aber in eine Reihe mit den anderen Begriffen gestellt und haben dadurch ihre überragende Bedeutung verloren. Ebenso werden σεμνός und ἁγνός hier nicht im Sinne des Kultes gebraucht, sondern in der allgemeinen Bedeutung von „sittlich gut". Auch προσφιλής, εὔφημος – wie ἀρετή paulinische Hapaxlego-

---

[12] G. *Friedrich,* Der Brief an die Philipper, NTD 8 (⁹1962), S. 100.
[13] Vgl. A. *Vögtle,* a.a.O., S. 178 ff.; S. *Wibbing,* a.a.O., S. 101 ff.
[14] Vgl. E. *Lohmeyer,* Der Brief an die Philipper, S. 172; W. *Michaelis,* Der Brief des Paulus an die Philipper, ThHK 11 (1935), S. 68.
[15] E. *Lohmeyer,* Der Brief an die Philipper, S. 172 f.
[16] M. *Dibelius,* Zur Formgeschichte des Neuen Testaments, S. 215.
[17] Vgl. A. *Vögtle,* a.a.O., S. 179; W. *Michaelis,* a.a.O., S. 68 f.

mena – und ebenso ἀληθής sollen die ethische Weisung nicht in einer bestimmten Richtung differenzieren, sondern die Allseitigkeit demonstrieren. Diese generalisierende Tendenz wird durch die beiden letzten Glieder, welche die Reihe in „jedwede Tugend" (ἀρετή) und „jedwedes Lob" zusammenfassen, nochmals bestätigt. Bei λογίζεσθαι tritt an dieser Stelle das kritische Moment zurück, es will in einem mehr konventionellen Sinne die Aufmerksamkeit auf das Gesagte lenken und zum „überdenken" anregen.

Phil 4,8 könnte vordergründig mit seiner popularphilosophischen Begrifflichkeit und den aufgezählten gesellschaftlichen Werten ethischer Allgemeingültigkeit den Eindruck bürgerlicher Wohlanständigkeit erwecken. Doch wird man das, was „ehrbar", „liebenswürdig" und „lobenswert" ist, nicht am stoischen oder einem ähnlichen Tugendideal messen dürfen, noch kann „Wahrheit" und „Gerechtigkeit" nach einer juridischen „Norm" bestimmt werden, und was einen „guten Ruf" im bürgerlichen Sinne hat, muß noch nicht ohne weiteres dieselbe Hochachtung auch nach Maßgabe des Evangeliums verdienen. Wenn auch nicht ausdrücklich erwähnt, so erhalten die überwiegend formalen Begriffe doch ihre inhaltliche Bestimmung und Abgrenzung letzten Endes durch die neuen Maßstäbe, welche die christliche Botschaft gesetzt hat. Das dürfte bereits in dem Hinweis auf die empfangenen Traditionen und das Beispiel des Apostels (V 9) angedeutet sein. Damit kann aber nicht die allgemeinethische, zum Teil stoische oder popular-philosophische Grundbedeutung in Abrede gestellt werden. Eine ähnliche summarische Maxime in der Sprache allgemeiner Sittlichkeit enthalten auch die Evangelienberichte. Mt 7,12 (vgl. Lk 6,31)[18] wird gegen Schluß der Bergpredigt das Gebot der Nächstenliebe in der Form der Goldenen Regel[19] gegeben und als Zusammenfassung von „Gesetz und Propheten" dargestellt. „Gesetz und Propheten" ihrerseits verkörpern die jüdische Sittennorm als durch die Väter des Glaubens autorisierte Gottesordnung, so daß mit der Goldenen Regel hier eine Zusammenfassung der gesamten sittlichen Ordnung gegeben werden soll. Die Goldene Regel ist ein Stück allgemeiner Volksmoral und in allen Kultur-

---

[18] Während bei Mt die Goldene Regel fast unvermittelt im Text steht, ist sie bei Lk in einen Abschnitt über die Feindesliebe eingeordnet. Einige Texte bringen auch die Goldene Regel im Anschluß an das Aposteldekret Apg 15,29.
[19] Zum Komplex „Goldene Regel" vgl. *L. J. Philippidis*, Die „goldene Regel" religionsgeschichtlich untersucht, Leipzig 1929; *A. Dihle*, Die Goldene Regel. Eine Einführung in die Geschichte der antiken und frühchristlichen Vulgärethik, Studienhefte zur Altertumswissenschaft 7, Göttingen 1962.

kreisen in irgendeiner Form zur Sentenz geworden, wie L. J. Philippidis[20] nachweisen kann. Sie ist im abendländischen Kulturkreis wahrscheinlich zum erstenmal von der griechischen Sophistik formuliert worden. A. Dihle stellt fest, „daß die Goldene Regel seit dem 4. Jahrhundert zum integrierenden Bestandteil einer in Gnomen formulierten Vulgärethik gehört, die uns allenthalben in der von der rhetorischen Schultradition stärker oder schwächer bestimmten Literatur der Griechen und Römer entgegentritt"[21]. Das Judentum hat sie aus dem Hellenismus zusammen mit anderem paränetischen Material übernommen und an das Christentum weitergegeben[22].

Häufig wird der Umstand hervorgehoben, daß sie im Neuen Testament in der positiven Fassung gebraucht wird: „Alles nun, was ihr wollt, daß euch die Menschen tun, (so) sollt auch ihr ihnen tun" (Mt 7,12). Man will gern in dieser Positivierung das spezifisch christliche Element sehen, doch ist die positive Form nicht singulär für den christlichen Bereich, sie läßt sich auch in der übrigen Literatur, sogar in Verbindung mit der negativen, als geläufiger Topos nachweisen[23]. Deshalb ist die mit der Zitation der Goldenen Regel verfolgte Absicht weniger in dieser Richtung zu suchen als in der Aussage der Regel selbst und in dem Faktum der Übernahme einer solchen ethischen Maxime von allgemeinster Bedeutung. Der Jünger Jesu soll sich in der Betätigung der Nächstenliebe durch keinerlei Schranken einengen lassen. Darin könnte sogar eine polemische Spitze gegen die Kasuistik der Schriftgelehrten[24] und die jüdische Begrenzung des Liebesgebotes auf das eigene Volk liegen. Auf jeden Fall braucht der Jünger keine gesetzlichen Normen, wenn es um die Realisierung der Liebe geht. Da ist das eigene Wünschen und Wollen zu allen Zeiten der beste Wegweiser gewesen für das, was einem anderen nützt und guttut. Um das zum Ausdruck zu bringen, war die Übernahme einer solchen allgemeinmenschlichen Regel vorzüglich geeignet, da sie schon durch ihre Gültigkeit über alle Grenzen hinweg auf die Universalität der Liebe hinweisen konnte.

Die Rezeption naturrechtlicher Sittlichkeit ist demnach nicht unbemerkt und ungewollt vor sich gegangen. Wie die apostolischen Anweisungen ge-

---

[20] Philippidis weist die Goldene Regel im Christentum, Judentum, griechisch-römischen Kulturkreis, Islam, Konfuzianismus und im religiösen Gedankenkreis Indiens nach.
[21] Vgl. *A. Dihle*, a.a.O., S. 103.
[22] Ebd., S. 104 f.
[23] Ebd., S. 103 ff.
[24] Vgl. *W. Grundmann*, Das Evangelium nach Matthäus, ThHK 1 (1968), S. 227; *A. Schlatter*, Der Evangelist Matthäus. Seine Sprache, sein Ziel, seine Selbständigkeit, Stuttgart [4]1957, S. 248.

zeigt haben, handelt es sich um einen bewußten Vorgang, der kritisch reflektiert und von der Christusbotschaft her gesteuert wurde. Die natürlichen Sittennormen und gesellschaftlichen Ordnungen wurden nicht unbesehen übernommen, sondern in der Konfrontation mit dem Evangelium auf diese neue Wirklichkeit sozusagen umgepolt. Dabei konnte die urchristliche Gemeinde von dem Wissen ausgehen, daß die natürlichen Ordnungen nicht außerhalb des Christusereignisses stehen. Die Erlösungswirklichkeit ist in die Schöpfungswirklichkeit eingegangen (nicht aufgegangen). Die inkarnatorischen Konsequenzen sind nicht auf einen bestimmten Bezirk beschränkt. Deshalb gibt es auch kein unverbundenes Nebeneinander von natürlicher und ntl. Ethik. Die ntl. Sittlichkeit ist auch dort christozentriert, wo es zunächst nicht so scheint. Wenn auch bisweilen das antike Gewand geblieben ist, der Kern ist aber christlich.

In diesen Prozeß ist auch das Naturrecht als Teil der natürlichen Sittlichkeit eingeschlossen. Es fällt damit auch unter das „kritische Prüfen", zu dem der Christ durch die Gabe des Pneuma befähigt ist. Christus hat seinen Jüngern keine fertige Ethik und keine „christliche" Gesellschaftsordnung an die Hand gegeben, dafür aber eine neue Offenheit für alles sittlich Wertvolle. Die christliche Freiheit macht auch vor dem Naturrecht nicht Halt. Doch ist das Naturrecht auch nicht von Haus aus christlich zu nennen, wie es bisweilen geschehen ist und hier und dort noch geschieht. Es gehört zu den natürlichen Ordnungsstrukturen dieser Welt, die das Evangelium vorfindet. Es muß sich wie jede andere natürliche Sittennorm dem kritischen Urteil der ntl. Botschaft unterwerfen. Was das für das naturrechtliche Denken bedeuten kann, haben wir bereits verschiedentlich gesehen; es ist vor allem am Beispiel der Haustafelethik und auch der katalogischen Paränese in seinen Grundzügen erkennbar geworden. Im zweiten Teil unserer Untersuchung werden wir auf einige wichtige Aspekte dieses Vorganges detailliert eingehen. In diesem Zusammenhang wäre es ungemein interessant, die gegensätzlichen Positionen des ntl. und stoisch-hellenistischen Sittlichkeitsideals ausführlich einander gegenüberzustellen. Das würde aber den Rahmen dieser Untersuchung überschreiten und ist auch bereits hinlänglich in der Vergangenheit geschehen, so daß wir uns hier auf eine kurze Übersicht beschränken dürfen, die zum Teil noch einmal zusammenfaßt, was in diesem ersten Teil bereits zur Sprache gekommen ist.

## 3. Die Grundzüge der stoischen und der neutestamentlichen Sittlichkeit

K. Deißner[25] hat im Jahre 1930 aus feierlichem Anlaß das Idealbild des stoischen Weisen gezeichnet. Die stoische Ethik lehrt, „daß allein der Weise der wahrhaft freie Mann ist, der heldenhaft Trotz den Schicksalsschlägen bietet, der auf nichts weiter vertraut als auf das, was der frei gebietende Wille sich selbst zu geben vermag, der in der Unberührtheit von allen äußeren Dingen und Affekten zur vollkommenen Tugend heranreift"[26]. Selbstgenügsamkeit und Bedürfnislosigkeit sind für dieses Ideal höchste sittliche Ziele. Durch ständige Appelle an den Willen und eine „fein ausgebildete Seelentechnik" wird eine Seelenlage erstrebt, die den Weisen über den Dingen stehen läßt. Zwar wird die Diskrepanz zwischen Ideal und Wirklichkeit gespürt, kann aber nicht auf einer höheren, religiösen Ebene überbrückt werden. Den Schicksalsmächten des Lebens spottend, besonders dem Tode, sucht der Stoiker in heroischem Kampf sich von allen Abhängigkeiten frei zu machen. Die innere Harmonie stellt er dadurch her, daß er sein Wollen und Wünschen den realen Möglichkeiten des eigenen und des menschlichen Lebens anpaßt. So blickt der stoische Weise, nachdem er sich in heldenhaftem Ringen über die Niederungen des Lebens erhoben hat, auf gottgleichen Höhen stehend, auf Menschen und Dinge tief unter sich herab[27].

Gewiß ist dieses Bild des stoischen Weisen ein wenig überzeichnet, aber es geht darum, das stoische Sittlichkeitsideal in seiner Eigenart gegenüber dem ntl. herauszuholen. Aus demselben Grunde sollen nun die Schwerpunkte dieser Sittenlehre nochmals stichwortartig zusammengestellt werden, für eine genauere Orientierung muß auf die Spezialliteratur verwiesen werden[28]. 1. Die stoische Ethik hat eine rationalistische Grundstruktur, wodurch ihr Interesse hauptsächlich auf das intellektuelle Erkennen des sittlich Richtigen gelenkt wird und die rationale Seite der Sittlichkeit ein Übergewicht erhält. 2. Die Vernunft als Erkenntnissubjekt und die Natur als Erkenntnisobjekt sind von demselben göttlichen Logos durchwaltet, so

---

[25] *K. Deißner*, Das Idealbild des stoischen Weisen. Rede anläßlich der Reichsgründungsfeier der Universität Greifswald am 18. Januar 1930, Greifswalder Universitätsreden 24, Greifswald 1930; vgl. auch *R. Bultmann*, Das Ideal des stoischen Weisen, in: Das Urchristentum im Rahmen der antiken Religionen, Erasmus-Bibliothek, Zürich/Stuttgart 1963, S. 147 ff.
[26] *K. Deißner*, das Idealbild des stoischen Weisen, S. 4.
[27] Vgl. ebd., S. 14.
[28] Vgl. z. B. *M. Pohlenz*, Die Stoa; *P. Barth*, Die Stoa, Stuttgart 1903, ⁶1946; *A. Bonhöffer*, Epictet und die Stoa; *ders.*, Die Ethik des Stoikers Epictet; *ders.*, Epiktet und das Neue Testament; *J. Stelzenberger*, Die Beziehungen der frühchristlichen Sittenlehre zur Ethik der Stoa, München 1933; *J. Leipoldt*, Christentum und Stoizismus, in: Zeitschr. f. Kirchengeschichte 27, Gotha 1906, S. 129 ff.

daß Vernunft und Natur, vernunftgemäß und naturgemäß in eins gesetzt werden können[29]. Der Mensch ist sich selbst der Maßstab der Sittlichkeit. 3. Das ethische Ziel wird darin gesehen, vernunft- und naturgemäß zu leben. Deshalb besteht die sittliche Aufgabe darin, alle inneren und äußeren (seelischen und sachlichen) Abhängigkeiten, zum Beispiel Affekte und Laster, zu überwinden, die das sittliche Wollen aufhalten können[30]. 4. Das Ideal der stoischen Ethik ist die autonome und autokratische Persönlichkeit, die aus eigener Kraft und nach der in ihr selbst liegenden Gesetzlichkeit zur sittlichen Vollendung gekommen ist, was zu einer individualistischen Übersteigerung führen muß. 5. Wesentlich für einen Vergleich zwischen stoischer und ntl. Ethik ist auch, daß die Stoa Sünde und Schuld als Übertretung göttlicher Gebote nicht kennt, sondern nur den intellektuellen Irrtum, der dann auch durch entsprechende Aufklärung repariert werden kann[31]. 6. Die letzte Begründung dafür liegt in dem Fehlen einer personalen Gottesvorstellung. Der stoische Schicksalsglaube ist nicht mit dem ntl. Glauben an die göttliche Vorsehung zu vergleichen, und die stoische Logosvorstellung mündet in eine pantheistische Gottesidee. Deshalb gibt es weder Geschichte im eigentlichen Sinne noch Heilsgeschichte[32]. 7. Im Bereich der Sozialethik gibt es in der Stoa zwei entgegengesetzte Tendenzen. Auf der einen Seite steht eine individualistische Isolierung von den Mitmenschen und den gesellschaftlichen Bezügen in stoischer Verachtung der Welt. Auf der anderen Seite verbindet der Weltlogos die Menschen untereinander zur kosmopolitischen Gemeinschaft. Es ist mit Hochachtung zu vermerken, daß die Stoa auf dieser Basis ein hohes Humanitätsideal entwickelt hat, das zur Überwindung von sozialen Spannungen fähig war und in vielem der christlichen Ethik nicht nachzustehen braucht. Allerdings kann nicht übersehen werden, daß auch eine negative sozialethische Enthaltung möglich ist und daß auch für das humanitäre Engagement das eigene Ich Maß und Ziel bleibt. Denn wenn ich zum Beispiel den Mitmenschen zürne, lasse ich mich durch einen verwerflichen Affekt von meinem sittlichen Ziel ableiten[33].

---

[29] Vgl. *R. Bultman*, Das Ideal des stoischen Weisen, S. 147 f.
[30] Vgl. ebd., S. 150 ff.
[31] Vgl. *R. Bultmann*, Das religiöse Moment in der ethischen Unterweisung des Epiktet und das Neue Testament, in: ZNW 13 (1912), S. 184.
[32] Vgl. ebd., S. 185 f.
[33] Vgl. *K. Deißner*, Das Idealbild des stoischen Weisen, S. 11 ff.; *R. Bultmann*, Das religiöse Moment in der ethischen Unterweisung des Epiktet und das Neue Testament, S. 187 ff.; *H. Greeven*, Das Hauptproblem der Sozialethik in der neueren Stoa und im Urchristentum, Neutestamentliche Forschung, Reihe 3, Heft 4, Gütersloh o. J. (1934), besonders S. 6 ff. (Die Gleichheit aller Menschen).

Wenn man nun neben das soeben beschriebene Ideal des stoischen Weisen die Gestalt des Apostels Paulus stellt, könnte man an jene bekannte Szene auf dem Areopag von Athen erinnert sein, wo die Reaktion von verständnislosem Kopfschütteln bis höflichem Bedauern reicht. Paulus ist kein auf seine eigenen sittlichen Kräfte vertrauender Heros, der in heldenhaftem Ringen das Ziel sittlicher Vollkommenheit zu erreichen sucht. Äußerlich von bescheidener Gestalt, rühmt er sich seiner Schwachheiten (2 Kor 11,30; Röm 5,3). Von seinem eigenen Vermögen erwartet er nichts, von der Gnade alles. Seine eigene Person ist zur Nebensache geworden, Christus ist alles in allem (1 Kor 8,6; vgl. auch Kol 1,16 f.; 3,11). Seine Zuversicht stützt sich nicht auf menschliche Einsicht, sondern auf „Jesus Christus allein, und zwar den Gekreuzigten" (1 Kor 2,2). Deshalb kennt der Apostel auch keinen auf die eigene Leistung begründeten Tugendstolz. Sein Ruhm ist ausnahmslos in „Ereignissen" außerhalb der eigenen Person begründet, in der Person und im Heilshandeln Jesu Christi, in der Christusgemeinschaft, im Wachsen und Erstarken der Gemeinde etc. (Röm 15,17; Gal 6,14; 1 Kor 1,31; 15,31). In lebhaftem Kontrast zur stoischen Ethik richtet sich das sittliche Streben nicht auf die Perfektionierung seiner eigenen Anlagen; Paulus kennt nur ein einziges Ziel seines Lebens: σὺν Χριστῷ εἶναι (Phil 1,23; 1 Thess 5,10)[34]. Die neue Gottesgemeinschaft in Christus ist denn auch der Grund für die Weltüberlegenheit des Apostels (Röm 8, 31–39), nicht stoische Weltverachtung. Alle Aussagen, die wir über den Apostel machten, sind mit einer Ausschließlichkeitsformel (nur, allein, ausschließlich) verbunden. Das ist nicht zufällig, denn gerade in der Ausschließlichkeit, mit der Paulus sein Leben auf Christus hin orientiert hat, wird die Radikalität der neuen Seinsweise in Christus deutlich. Das Leben des Apostels ist nun in einem solchen Maße christozentriert, daß er sagen kann: „Nicht mehr ich lebe, sondern Christus in mir" (Gal 2,20).

Wir müssen uns auf diese knappe Charakteristik beschränken, wohl wissend, daß wir damit nur die Richtung angeben konnten, in welcher man die Orientierungspunkte suchen muß, um das Leben einer ntl. Gestalt wie der des Apostels Paulus begreiflich zu machen. Von der neuen Basis in Christus aus ist die Perspektive auf das menschliche Leben eine ganz andere als von den Voraussetzungen der stoischen Sittenlehre. Der Christ muß zwar auch jetzt noch in der Welt leben, aber er hat nun einen anderen Maßstab; die Inhalte des bürgerlichen Lebens sind zwar noch die gleichen, aber sie sind nun in ein neues Licht gesetzt. Deshalb wird ein Vergleich zwischen

---

[34] Zur Formel σὺν Χριστῷ vgl. *E. Lohmeyer*, ΣΥΝ ΧΡΙΣΤΩΙ, in: Festgabe für Adolf Deissmann, Tübingen 1927, S. 218 f.; *O. Kuss*, Exkurs „Mit Christus", in: Der Römerbrief, Regensburg ²1963, S. 319 ff.

Paulus und dem Hellenismus[35], zwischen ntl. und stoischer Sittlichkeit[36] eine beträchtliche Zahl an Übereinstimmungen und Parallelen zu Tage fördern, zugleich aber auch den grundsätzlichen Unterschied im Ansatz und in der Sinngebung oft gleicher Sachverhalte aufdecken. Auch die Grundzüge des ntl. Ethos, wie es im Verlaufe der bisherigen Untersuchung sichtbar geworden ist, sollen nun schwerpunktartig zusammengefaßt werden[37]: 1. Im Gegensatz zur stoischen Philosophie wollen die ntl. Schriften keine ethische Lehre oder ein bestimmtes System vermitteln, sondern zum Vollzug der neuen Existenz in Christus aufrufen. Als Seinsvollzug hat die ntl. Ethik einen dynamischen Grundcharakter. 2. Das ntl. Ethos ist radikal theozentrisch und christozentrisch orientiert, das heißt es ist auf Gott als Kausalursache, Inhalt und Ziel ausgerichtet. Der Zielpunkt der sittlichen Anstrengung liegt außerhalb des Ich. Das neue Sein realisiert sich in der Nachfolge Christi, verstanden als totale Ausrichtung der gesamten Existenz auf Christus und durch ihn auf den Vater. Das Endziel ist die Gemeinschaft mit Christus, das σὺν Χριστῷ εἶναι, und die Sohnschaft des Vaters. 3. Wesentlich für die ntl. Auffassung der sittlichen Existenz ist das Gesetz von Gabe und Aufgabe. Das neue Sein als absolutes Geschenk von oben braucht und kann nicht verdient werden, wodurch aller Leistungs- und Verdienstzwang aufgehoben ist. Die ethischen Imperative ergeben sich aus dem Indikativ des Heils, sie wollen zum Vollzug der neuen Heilswirklichkeit aufrufen, denn die Gabe des Heils enthält auch die Aufgabe der Heilsrealisierung im persönlichen Leben. 4. Die ntl. Ethik kann nicht in einem System von Gesetzen und Normen ausreichend erfaßt werden. Die als Gabe des Geistes geschenkte christliche Freiheit widerspricht jeder legalistischen Auffassung des Ethischen. Der christliche Seinsvollzug ist offen für eine Entfaltung in der schöpferischen Freiheit der Liebe. 5. Der gnadenhafte Charakter des Heils erlaubt kein Sich-Rühmen aufgrund eigener Leistung und kein Vertrauen auf eigene

---

[35] Vgl. *K. L. Schmidt*, Der Apostel Paulus und die antike Welt, in: Das Paulusbild in der neueren deutschen Forschung, hrsg. v. *K. H. Rengstorf*, Wege der Forschung 24, Darmstadt 1964, S. 214 ff.; *A. Schlatter*, Paulus und das Griechentum, in: Das Paulusbild in der neueren deutschen Forschung, hrsg. v. *K. H. Rengstorf*, Wege der Forschung 24, Darmstadt 1964, S. 98 ff.; *K. Deißner*, Paulus und Seneca, Beiträge zur Förderung christlicher Theologie 21, Gütersloh 1917, S. 78 ff.

[36] Vgl. *A. Bonhöffer*, Epiktet und das Neue Testament; *H. Greeven*, Das Hauptproblem der Sozialethik in der neueren Stoa und im Urchristentum.

[37] Vgl. *R. Schnackenburg*, Die sittliche Botschaft des Neuen Testamentes; *ders.*, Die neutestamentliche Sittenlehre in ihrer Eigenart im Vergleich zu einer natürlichen Ethik, S. 39 ff.; *H. Preisker*, Das Ethos des Urchristentums; *R. Bultmann*, Theologie des Neuen Testaments, Tübingen ⁶1968, bes. S. 552 ff.; *M. Dibelius*, Das soziale Motiv im Neuen Testament, in: Botschaft und Geschichte. Gesammelte Aufsätze, hrsg. v. *G. Bornkamm*, Tübingen 1953, S. 178 ff.

Kraft. Im Wissen um Sünde und Schuld bleibt der Jünger auf die göttliche Vergebung angewiesen. 6. Die ntl. Ethik ist durch und durch eschatologisch angelegt. Im Vollzug der christlichen Existenz realisiert sich das eschatologische Reich Gottes schon in der Jetztzeit. Von daher erfährt das ntl. Ethos seine unerbittliche Radikalität (zum Beispiel in der Bergpredigt), denn es weiß das sittliche Handeln des Menschen unter das eschatologische Gericht gestellt. Jede Form von ethischem Perfektionismus nach Art der Stoa sollte unmöglich sein, da man darum weiß, daß die Endvollendung noch aussteht. 7. Die Auffassung des christlichen Lebens als einer lebendigen Gemeinschaft mit Christus bedingt einen wesenthaft personalen Ansatz des Sittlichen, dem jede Form von Kasuistik und Gesetzestechnik fremd ist. Der Christ lebt nach dem neuen Gesetz der Agape. 8. Die Christusgemeinschaft verbindet nicht nur den einzelnen mit Christus, sie stellt auch eine neue Gemeinschaft unter den Brüdern (Gliedern des Leibes) Christi her. Die Agape verweist den Christen auf den Mitmenschen. Dadurch erhält das christliche Leben Dienstcharakter an der Gemeinschaft. Darin liegt der stärkste sozialethische Impuls der ntl. Botschaft.

Auf den ersten Teil unserer Untersuchung zurückblickend, können wir feststellen, daß die urchristlichen Gemeinden in dem breiten Überlieferungsstrom natürlich-sittlicher Traditionen der Antike stehen. Sie propagieren nicht einen sektiererischen Exodus aus der Gesellschaft, sondern leben in den bisherigen bürgerlichen und naturrechtlichen Ordnungen weiter, so daß sich die neue christliche Lebensform in einem ständigen Austausch mit den ethischen Traditionen der Umwelt gebildet hat. Die Übernahme tradierter Verhaltensmuster und Ordnungsstrukturen ist aber in einem kritisch-selektiven und transformatorisch-schöpferischen Prozeß geschehen, der grundsätzlich auch das Naturrecht nicht ausschließt. Die theologische Rechtfertigung eines „christlichen" Naturrechts ist also in diesem Rezeptionsvorgang zu sehen und an die gleichen theologischen Bedingungen geknüpft. Damit ist natürlich nicht jede Art von Naturrecht christlich getauft. Ein ntl. legitimierter Gebrauch des Naturrechts hat von den in der Schrift gesetzten Daten auszugehen, wie sie sich für die Übernahme naturrechtlicher Sittlichkeit generell ergeben haben. Wir haben hiermit eine ntl. gesicherte Basis gewonnen, um biblisch und theologisch verantwortbar vom Naturrecht reden zu können. Sie erlaubt uns zwar nicht, das christliche Ethos mit den naturrechtlichen Normen gleichzusetzen, als ob das Christliche lediglich in einer zusätzlichen, allerdings letztgültigen Sanktionierung bestände. Auch die Begrenzung des typisch christlichen Ansatzes auf den Bereich der Motivation und des sittlichen Engagements ist von dorther nicht statthaft. Durch die Übernahme des

Naturrechts in die christliche Gemeinde wird es unter die Autorität des neuen Kyrios gestellt, wodurch es eine völlig neue Grundlage und auch Zielsetzung bekommt. Aber die gewonnene Basis macht es möglich, den durch das urchristliche Modell aufgezeigten Weg auch heute zu gehen, nämlich an die natürlich sittlichen Erfahrungen und naturrechtlichen Erkenntnisse unserer Zeit das kritische Maß der Christusbotschaft anzulegen und, was der Prüfung standhält, in der Freiheit des Christen zu gebrauchen. Um jedwedes Mißverständnis aus dem Wege zu räumen, sei am Schluß nochmals betont, daß es dabei nicht mit einer bloßen Auswahl bestimmter, brauchbarer Stücke der allgemeinen Naturrechtslehre und der überlieferten naturrechtlichen Normen sein Bewenden haben kann, obgleich auch das schon etwas sehr Wesentliches ist. Das gesamte naturrechtliche Ethos erfährt vom Christusereignis her eine neue Interpretation, so daß es bis in die Wurzeln hinein erneuert wird. Was das für ein christliches Naturrecht im einzelnen bedeuten kann, soll nun im zweiten Teil unserer Untersuchung von einzelnen markanten Punkten der christlichen Botschaft aus verdeutlicht werden.

ZWEITER TEIL

Der Theologische Ort des Naturrechts
nach dem Neuen Testament

Während im ersten Teil die gemeindliche Rezeption naturrechtlicher Sittlichkeit im Vordergrund des Interesses stand, fragt der zweite Teil nun nach der möglichen Gestalt eines „biblischen Naturrechts". Der erste Teil brachte als Ergebnis die Rezeption natürlicher Sittlichkeit in die ethische Unterweisung der urchristlichen Gemeinde. Dieser Vorgang hat sich als ein kritischer, von der Mitte des christlichen Kerygmas aus gesteuerter Prozeß dargestellt. In ihm ist die ntl. Rechtfertigung eines christlichen Gebrauchs des Naturrechts gegeben und zugleich die allgemeine Richtung für das Wie eines solchen Handelns angedeutet. Wir sprechen ganz bewußt von „Gebrauch" und „Handeln", denn es geht im folgenden nicht um die Entfaltung einer *Lehre* vom „christlichen" Naturrecht, sondern um die Möglichkeit und Modalitäten eines biblisch verantwortbaren *Umgehens* mit dem Naturrecht. Das Neue Testament enthält grundsätzlich keine schulmäßige, wissenschaftliche oder philosophische Lehre über etwas, schon gar nicht über das Naturrecht. Nachdem also im ersten Teil vornehmlich von natürlicher Sittlichleit bzw. vom natürlichen Sittengesetz die Rede war, steht nun das Naturrecht selbst im unmittelbaren Blickpunkt unserer Untersuchung, und zwar wollen wir versuchen, von zentralen Punkten der ntl. Botschaft aus den theologischen Ort des Naturrechts noch genauer zu bestimmen und seinen christlichen Gebrauch in etwa abzustecken.

## I. DIE THEOLOGISCHE QUALIFIKATION DES NATURRECHTS

Die erste Frage, die wir uns stellen, betrifft den theologischen Stellenwert, der einem ntl. Naturrecht zukommt. Wenn wir im Verlaufe dieser Arbeit von „ntl. Naturrecht" sprechen, so sind wir uns natürlich im klaren, daß es ein explizites Naturrecht im Neuen Testament nicht gibt, sondern immer nur im allgemeinen Sinne natürlicher Sittlichkeit. Wir gebrauchen den Ausdruck „ntl. Naturrecht" formelhaft und meinen damit ein im oben beschriebenen Rezeptionsvorgang eingeschlossenes Naturrecht bzw. ein Naturrecht, das sich von der Christusbotschaft in Dienst nehmen läßt und von daher eine neue Ausrichtung erhalten hat. Welche Bedeutung kann ein so verstandenes Naturrecht im Gesamt der ntl. Botschaft haben, welche Effizienz hat seine Aussage unter theologischem Aspekt? Wenn wir so nach der theologischen Qualität natürlicher Erkenntnis fragen, um eine solche handelt es sich ja, sind wir im Neuen Tesatament wohl am instruktivsten durch den Römerbrief beraten. Deshalb gilt diesem unsere erste Anfrage.

### 1. Die natürliche Gotteserkenntnis (Röm 1,18–32)

Die Exegese dieses Textes muß sich bei der gebotenen Kürze auf die für unser Thema wichtigen Aspekte beschränken[1].

V 18. Gleich zu Beginn wird das zentrale Thema des ganzen Abschnittes ausgesprochen: „Denn offenbart wird Gottes Zorn vom Himmel her über alle Gottlosigkeit und Ungerechtigkeit der Menschen, welche die Wahrheit in Ungerechtigkeit niederhalten". Es geht um die Zornesoffenbarung Gottes. Diese ist der Offenbarung der Gerechtigkeit Gottes in V 17 entgegengesetzt; beide sind gleichlautend durch ἀποκαλύπτεται ausgedrückt. V 17 wird thematisch durch V 3,21 wieder aufgenommen, so daß 1,18–3,20

---

[1] Die Exegese stützt sich auf die folgenden Kommentare: O. *Kuß*, Der Römerbrief, Regensburg ²1963; O. *Michel*, Der Brief an die Römer, Meyer K 4 (¹²1963); H. *Lietzmann*, An die Römer, HNT 8 (³1928); H. W. *Schmidt*, Der Brief des Paulus an die Römer, ThHK 6 (1963); vgl. auch H. *Schlier*, Von den Heiden. Römer 1,18–32, in: Evangelische Theologie 5, München (1938), S. 113 ff.

als zusammenhängendes Zwischenstück gekennzeichnet ist. Der erste Teil dieses Abschnittes, nämlich 1,18–32, steht unter der Überschrift „Der Zorn Gottes".

Der „Zorn Gottes" (ὀργὴ θεοῦ) ist bei Paulus eine eschatologische Größe und meint die endzeitliche Bestrafung alles Bösen (vgl. Röm 2,5.8; 3,5; 5,9; 9,22; 1 Thess 1,10; 5,9). In Kol 3,6 und Eph 5,6 steht der Ausdruck in Verbindung mit einem Lasterkatalog, dessen eschatologische Bestimmung wir bereits kennengelernt haben. Auch in unserem Abschnitt ist das Verwerfliche, worüber am „Tag des Zornes" (Röm 2,5) das Gericht Gottes hereinbrechen wird, am Schluß (V 29–31) in einem Lasterkatalog zusammengefaßt. Ἀποκαλύπτεται bezeichnet aber an unserer Stelle ein präsentisches Geschehen. Wie die Gerechtigkeit Gottes schon jetzt (νυνί) in der Heilstat Jesu Christi erschienen ist (3,21), so vollzieht sich das Zorngericht auch schon im eschatologischen Jetzt. Die Ursache des Zornes ist doppelt angegeben: einmal mit „Gottlosigkeit" (ἀσέβεια) und mit „Ungerechtigkeit" (ἀδικία), zwei Sammelbegriffen, die das Böse vor Gott und den Menschen im umfassenden Sinne ausdrücken wollen, und zum anderen durch „Niederhalten der Wahrheit", wobei das eine das andere erklären soll: Die „gottlose Ungerechtigkeit" der Menschen besteht darin, daß sie „die Wahrheit niederhalten". Welche Wahrheit?

*V 19.* „Denn das Erkennbare (τὸ γνωστόν) an Gott ist bei ihnen offenbar (φανερόν), weil Gott es ihnen offenbart hat". Alle Menschen haben einen Zugang zur Erkenntnis Gottes, jedoch nicht aufgrund eigener (natürlicher) Fähigkeiten, sondern infolge einer Selbstoffenbarung Gottes. Die Gotteserkenntnis ist allerdings keine unmittelbare, sondern eine indirekte; sie geschieht auf dem Wege über die Schöpfung, vermittels der menschlichen Vernunft.

*V 20.* „Denn das Unsichtbare (ἀόρατα) an ihm wird seit der Weltschöpfung an dem Erschaffenen (τοῖς ποιήμασιν) mit der Vernunft (νοούμενα) gesehen, (nämlich) seine ewige Macht und Göttlichkeit, so daß sie unentschuldbar sind". Dieser Vers enthält in nahezu klassischer Formulierung Thema und Inhalt einer natürlichen Theologie: Gott kann kraft der natürlichen Vernunft aus den Werken der Schöpfung erkannt werden. Doch geht es dem Apostel im Grunde gar nicht um den Nachweis einer natürlichen Gotteserkenntnis, obgleich er sie hier expressis verbis ausspricht, denn der Satz gipfelt in der Feststellung der Unentschuldbarkeit der Menschen: εἰς τὸ εἶναι αὐτοὺς ἀναπολογήτους.

*V 21.* Die Menschheit ist vor Gott schuldig, „denn sie kannten Gott, haben ihn aber trotzdem nicht als Gott Ehre und Dank erwiesen, sondern sind in ihren Gedanken Nichtigkeiten verfallen, und ihr unverständiges Herz ist verfinstert worden." Die Unentschuldbarkeit ist also darin begründet, daß trotz tatsächlich vorhandener Gotteserkenntnis nicht die Konsequenzen gezogen wurden. Paulus spricht also nicht theoretisch oder philosophisch von der Möglichkeit einer Erkennbarkeit Gottes. Seine Argumentation zielt auf eine Bloßstellung der menschlichen Situation ab, wie sie im Lichte des Glaubens sich darstellt. Und da muß Paulus konstatieren, daß die Menschen Gott nicht nur erkennen *können*, sondern tatsächlich auch erkennen, aber ihn dann trotzdem nicht als Gott verehren, wie es der rechten Gotteserkenntnis entspricht.

*V 22.* „Sie behaupten, weise (σοφοί) zu sein, wurden aber zu Toren". Das ist ein vernichtendes Urteil über die Weisheit dieser Welt und die gelehrte Betriebsamkeit der Zeit, welche in einer bestimmten „höheren" Erkenntnis ihr Heil sucht (vgl. 1 Kor 1,18–2,16).

*V 23.* „Und sie vertauschten die Herrlichkeit des unvergänglichen Gottes mit dem Abbild der Gestalt eines vergänglichen Menschen und von Vögeln und von Vierfüßlern und von Kriechtieren". Art und Weise der Torheit und auch das Ausmaß werden hier deutlich. Die Menschen haben trotz der Erkenntnis des wahren Gottes erbärmliche Götzen verehrt. Die Aussage wird nachdrücklich unterstrichen durch die betonte Gegenüberstellung von „unvergänglich" und „vergänglich", sowie durch das dreimalig hintereinandergesetzte „und" (καί), das eine gewisse Steigerung bringt, denn die Erwähnung von „vierfüßigen" und gar „kriechenden" Tieren klingt in den Ohren eines Juden nicht besonders gut, z. T. sogar verwerflich.

Mit V 23 ist der erste Teil des Gedankenganges abgeschlossen: Der Zorn Gottes trifft die Menschen, weil sie die Wahrheit niederhalten, und zwar die Wahrheit Gottes, den sie aus den Werken der Schöpfung erkennen, aber trotzdem nicht als Gott anerkennen, da sie ihr Heil bei vergänglichen Götzen suchen. Nun offenbart sich der Zorn Gottes nach der Aussage des Apostels schon zum gegenwärtigen Zeitpunkt. Wie das zu verstehen ist, darüber gibt der Abschnitt V 24–32 Auskunft.

*V 24 und 25.* „Darum hat sie Gott preisgegeben (παρέδωκεν) in den Begierden ihrer Herzen in Unreinheit, daß ihre Leiber an ihnen selbst geschändet wurden. 25Sie haben ja die Wahrheit Gottes mit der Lüge vertauscht und Verehrung und Dienst der Schöpfung erwiesen anstatt dem Schöpfer, der gepriesen ist in Ewigkeit. Amen". In der tiefen sittlichen Verirrung der gottfernen Welt offenbart sich der Zorn Gottes, denn sie ist nach Paulus die direkte Auswirkung des Abfalls von der bereits erkannten Wahrheit. Dieses Faktum wird nun in einem dreifachen Exposé dargelegt, wobei die jeweilige gleichlautende Einleitungsformel „Gott hat sie preisgegeben" (V 24. 26. 28) den ganzen Abschnitt einteilt und gleichzeitig die Aussage wirkungsvoll steigert.

*V 26 und 27.* „Deswegen hat Gott sie preisgegeben (παρέδωκεν) an schändliche Leidenschaften, denn ihre Weiber vertauschten den natürlichen Verkehr mit dem widernatürlichen, ²⁷und ebenso gaben die Männer den natürlichen Verkehr mit dem Weibe auf und entbrannten in ihrer Gier gegeneinander: Männer trieben mit Männern Unzucht und empfingen die gebührende Vergeltung für ihre Verirrung an sich selbst". Die beiden Verse bringen an sich nichts Neues, sie erläutern das bereits Gesagte, insofern hier die „Unreinheit" von V 24 in Form von widernatürlicher Unzucht ausführlich beschrieben wird. Außerdem präzisiert V 27, warum Gott sie preisgegeben hat: es ist die Strafe für den Abfall von der Erkenntnis des wahren Gottes.

*V 28–31.* „Und wie sie es nicht für wichtig hielten, Gott in der Erkenntnis festzuhalten, hat Gott sie preisgegeben (παρέδωκεν) in nichtigen Sinn, so daß sie das Ungebührliche tun, ²⁹erfüllt von jeglicher Ungerechtigkeit, Schlechtigkeit, Habsucht, Bosheit, voll Neid, Mord, Streit, Trug, Arglist, ohrenbläserisch, ³⁰verleumderisch, gottverhaßt, gewalttätig, hoffärtig, prahlerisch, erfinderisch im Bösen, den Eltern ungehorsam, ³¹unverständig, unbeständig, lieblos, mitleidlos". Wir haben auch hier wieder, wie in den vorausgehenden beiden Abschnitten, den gleichen Aufbau. Es wird der Grund (Aufgabe der Gotteserkenntnis) für die Preisgabe durch Gott angegeben (V 28) und dann die Folge als sittliche Verirrung beschrieben (V 29–31). Die Beschreibung der sittlichen Verirrung umfaßt hier nicht nur geschlechtliche Abartigkeit, sondern jedwedes moralische Versagen (πάσῃ ἀδικίᾳ κτλ.), was in einem ausführlichen Lasterkatalog, dem längsten des Neuen Testaments, rhetorisch wirkungsvoll beschrieben wird.

Der 21 Begriffe umfassende Lasterkatalog[2] läßt außer rhetorischen Merkmalen kein inhaltliches Einteilungsprinzip erkennen. Eine Gruppe von 4 Substantiven, die griechisch auf -ία enden, hängt von „erfüllt von" (πεπληρωμένους) ab, eine andere Reihe schließt sich an „voll von" (μεστούς) an; dann folgt eine Gruppe von Adjektiven, aus der 2 doppelgliedrige Begriffe (erfinderisch im Bösen, den Eltern ungehorsam) sich abheben; und am Schluß steht eine Gruppe von Adjektiven, die sich besonders durch das allen gemeinsame α-privativum kenntlich macht. Der Kata-

---

[2] Vgl. *A. Vögtle,* a.a.O., S. 213 ff., 227 ff.; *S. Wibbing,* a.a.O., S. 82 f., 117; *E. Kamlah,* a.a.O., S. 18–20; vgl. auch das Kapitel über die katalogische Paränese in dieser Arbeit.

log erhält dadurch ein besonders diatribisches Kolorit[3], unterscheidet sich aber von den hellenistischen durch das Fehlen der typisch stoisch-philosophischen Merkmale. Erkenntnis (ἐπίγνωσις) und Verstand (νοῦς), die Eckpfeiler philosophischer Sittenlehre, sind in ihrer Wirksamkeit nicht nur in Zweifel gezogen, sondern auch als nichtig und ungeeignet (ἀδόκιμος) abqualifiziert; das kritische Prüfen (δοκιμάζειν) als sittliche Instanz[4] hat hier versagt (V 28). Vielleicht möchte man aus τὰ μὴ καθήκοντα (was sich nicht ziemt) in V 28 stoische Töne heraushören, da in der strengen Lehre der Stoa τὸ καθῆκον (das Pflichtgemäße) die klassische Bezeichnung für die Pflichtenlehre ist[5]. Doch ist schon wiederholt in diesem Zusammenhang darauf aufmerksam gemacht worden, daß die Stoiker den Gegensatz von τὸ καθῆκον mit τὸ παρὰ τὸ καθῆκον ausdrücken, die in Röm 1,28 verwendete Form τὰ μὴ καθήκοντα aber in der stoischen Schultradition praktisch unbekannt ist[6]. „Es bestätigt sich also auch hier wieder, daß nach Form und Inhalt gerade das spezifisch Stoische des Ausdrucks dem Apostel Paulus unbekannt bzw. gleichgültig ist"[7]. Man wird also im Sinne der Koine mit „das Ungeziemende, Ungebührliche" übersetzen müssen und nicht mit „das Pflichtwidrige". Doch wird man nicht ausschließen können, daß Paulus den stoisch klingenden Ausdruck bewußt gewählt hat, um das philosophische Bemühen um Erkenntnis (γνῶσις) ad absurdum zu führen. Der Katalog zeigt seinerseits auch im Inhalt wenig typisch Stoisches, die Begriffe sind der popularphilosophischen Praxis entnommen, weisen aber im ganzen auf alttestamentlich-jüdische Tradition hin[8]. Daß mehr oder weniger Eigenschaften aufgezählt werden, die das Leben der Gemeinschaft gefährden oder gar zerstören, dürfte für einen ntl. Katalog keine Zufälligkeit sein. Doch sollte man nicht zuviel Gewicht der Aussage der einzelnen Begriffe beimessen, denn der Katalog will in seiner Gesamtheit die Verderbtheit des Menschen ohne Christus und seine totale Verfallenheit an die Sünde, nicht einzelne Vergehen beschreiben. Er ist dem *deskriptiven* Typ der Kataloge zuzurechnen[9]. Die dualistische Struktur ist hier zwar weniger ausgebildet, dafür ist aber der eschatologische Bezug um so eindeutiger. Er ist bereits dadurch gegeben, daß der Katalog die Offenbarung des göttlichen Zornes

---

[3] Vgl. neben den rhetorischen Momenten des Lasterkatalogs auch das rhetorisch sehr wirksame Kunstmittel eines fiktiven Gesprächspartners in den sich unmittelbar anschließenden Versen 2,1 ff.
[4] Vgl. hierzu auch die Ausführungen über das „kritische Prüfen" im letzten Kapitel.
[5] Vgl. *A. Vögtle*, a.a.O., S. 215 ff.; *A. Bonhöffer*, Epiktet und das Neue Testament, S. 157 f.
[6] Vgl. ebd.
[7] *A. Bonhöffer*, ebd., S. 158.
[8] Vgl. *A. Vögtle*, a.a.O., S. 229 ff.
[9] Vgl. *E. Kamlah*, a.a.O., S. 18 ff.

bezeugen soll, wird aber nochmals durch die Strafandrohung des abschließenden V 32 hergestellt.

*V 32.* „Obgleich sie die Rechtssatzung Gottes kennen, daß die, welche solches tun, des Todes würdig sind, tun sie es nicht nur, sondern stimmen auch denen zu, die solches tun". Der letzte Vers bestätigt nochmals, daß die Menschen (Heiden) nicht aus Unwissenheit so handeln, denn sie wissen genau, was der Wille Gottes, seine Rechtssatzung (δικαίωμα) ist. Ihre Verwerflichkeit und damit „Todeswürdigkeit" wird dadurch noch gesteigert, daß sie sogar das Böse ausdrücklich billigen und nicht nur aus menschlicher Schwäche sündigen. Damit ist gewissermaßen die Quintessenz des ganzen Abschnittes 1,18 ff. gezogen: Die Heidenwelt ist vor Gott schuldig (ἀναπολόγητος) und dem eschatologischen Gericht verfallen.

Aus der Exegese ergibt sich, daß Röm 1,18–32 als paulinisches Dokument für die Existenz einer natürlichen Gottesoffenbarung einen recht zweifelhaften Wert hat. Denn die Aussage über die Schöpfungsoffenbarung ist nicht selbständiges Thema des Römerbriefes. Nur indirekt wird über sie gehandelt, um an ihr die Verlorenheit und das Angewiesensein aller Menschen ohne Ausnahme auf die Gnadengerechtigkeit Gottes zu demonstrieren. Die Erörterungen über die revelatio naturalis sind deshalb nur Mittel zum Zweck[10]. Wir müssen aber trotzdem mit O. Kuß feststellen: „Die Heiden haben auf Grund ihrer menschlichen Natur durch die Vernunft eine wirkliche und richtige Erkenntnis Gottes; Paulus spricht ganz deutlich nicht lediglich von einer Fähigkeit oder Möglichkeit der Erkenntnis"[11]. Doch kommt nach der Darstellung des Paulus die Schöpfungsoffenbarung nicht zu dem von ihr intendierten Ziel, sie ist in einer merkwürdigen Weise frustriert. Obgleich sie als reale Möglichkeit in der Schöpfung angelegt ist und als solche auch von den Menschen wahrgenommen wird, führt sie dennoch nicht zur wahren Gottesverehrung hin, sondern zur Verehrung vergänglicher Geschöpfe. Auf diesem Wege wird die vorhandene Schöpfungsoffenbarung zur Ursache von Schuld und Verurteilung des Menschen. Die Frage, ob in Röm 1,18 ff. die Überzeugung von der Schöpfungsoffenbarung ausgesprochen wird, ist also mit Ja zu beantworten, denn der

---

[10] Vgl. *G. Bornkamm*, Die Offenbarung des Zornes Gottes, in: Zeitschrift f. neutestamentliche Wissenschaft, 34. Jg. (1935), z. B. S. 240, 249, 260; *K. Oltmanns*, Das Verhältnis von Röm 1,18–3,20 zu Röm 3,21 ff., in: Theol. Blätter, 8. Jg., Leipzig 1929, Sp. 114 f.; *H. Schlier*, Von den Heiden, S. 123 f.; *ders.* Über die Erkenntnis Gottes bei den Heiden, in: Evangl. Theologie, 2. Jg. (1935), S. 9–11, 19, 25 f.

[11] *O. Kuß*, a.a.O., S. 45. Zitiert wird in diesem Kapitel von O. Kuß, wenn nicht anders vermerkt: Der Römerbrief (²1963).

Mensch ist nach Meinung des Apostels objektiv und subjektiv in der Lage, aus den Daten der Schöpfung zur Erkenntnis Gottes zu gelangen. Die Frage aber, ob die Schöpfungsoffenbarung die Voraussetzung für eine echte religio naturalis zu bieten vermag, ist ebenso klar mit Nein zu beantworten, denn die Schöpfungsoffenbarung ist nur in der Lage, die Sünde und Unentschuldbarkeit der Menschen zu offenbaren und damit sein absolutes Angewiesensein auf die Gnade. Sie hat also nach Meinung des Apostels eine ähnliche Funktion wie das Gesetz, nämlich den Menschen seiner Schuld zu überführen[12].

Die Aussage, welche Röm 1,18–32 in diesem Zusammenhang über die menschliche Erkenntnisfähigkeit macht, ist ebenso ambivalent wie das Wort über die Schöpfungsoffenbarung. Sie steht zwischen Ja und Nein in einem eigentümlichen Zwielicht. Wenn von irgendeiner Seite helles Licht auf die menschliche Situation fällt, dann ist es von der Offenbarung her, welche aber die totale Verfallenheit des Menschen sichtbar macht, sein Stehen unter der Zornesoffenbarung. Von dorther ist auch die theologische Qualifikation des menschlichen Wissens zu bestimmen. Bevor wir jedoch in dieser Richtung weiterfragen, wird es sich lohnen, die Ergebnisse der formgeschichtlichen Untersuchung in die Überlegung einzubeziehen.

Es ist seit langem bekannt, daß Paulus für Röm 1,18–32 zeitgenössische jüdische und hellenistische Parallelen benutzt hat. So schreibt H. Daxer: „Es ist demnach so viel gewiß, daß Paulus das γνωστὸν τοῦ θεοῦ so umschreibt, wie sonst in spätjüdischen und christlichen, z. T. auch in heidnischen Schriften die natürliche Gotteserkenntnis geschildert wird"[13]. O. Michel meint zu demselben Sachverhalt: „Formgeschichtlich gesehen haben wir hier einen Predigtstoff vor uns, der bis hin zu den einzelnen gedanklichen Parallelen in allen Zweigen des Judentums vorgebildet ist (Sibyllinische Orakel, Testamente der 12 Patriarchen, Aristeasbrief, Sapientia Salomonis, Damaskusschrift) ... Totz aller hellenistischen Parallelen (stoische Diatribe) kann kein Zweifel sein, daß der paul. Stoff aus einer spätjüdischen Urform abzuleiten ist"[14]. Für den Nachweis der literarischen Parallelen dürfen wir auf die einschlägige Literatur verweisen, da der Sachverhalt hinlänglich bekannt ist[15]. Wir fassen das Ergebnis der form-

---

[12] Vgl. Röm 7,7 ff.
[13] *H. Daxer*, Römer 1,18–2,10 im Verhältnis zur spätjüdischen Lehrauffassung, Diss. Rostock 1914, S. 15.
[14] *O. Michel*, a.a.O., S. 60. (Zit. Der Brief an die Römer)
[15] Vgl. neben den oben angeführten Kommentaren z. B. *H. Daxer*, a.a.O., bes. S. 3–58. *E. Norden*, Agnostos Theos. Untersuchungen zur Formengeschichte religiöser Rede, Leipzig-Berlin 1913, bes. S. 3 ff., 125 ff.; *G. Bornkamm*, Die Offenbarung des Zornes Gottes, S. 242 ff.; *S. Schulz*, Die Anklage in Röm. 1, 18–32, in: Theol. Zeitschrift, 14. Jg., Basel 1958, S. 161 ff.

und religionsgeschichtlichen Forschung zusammen: 1. Es gibt eine Verwandtschaft unseres Abschnittes mit stoisch-hellenistischen Anschauungen, die sowohl sachlich-inhaltliche als auch formal-begriffliche bis ins Detail gehende Übereinstimmungen aufweist. Die hellenistische Popularphilosophie und das hellenistische Diasporajudentum haben eine gleichgerichtete religiöse Propaganda betrieben, die auf die Reinigung der Gottesvorstellung und Hebung der sittlichen Haltung abzielte. Die wesentlichen Inhalte dieser Art religiöser Rede sind: a) Gott kann aus den Werken der Schöpfung kraft des menschlichen Nous erkannt werden. b) Aus der Gotteserkenntnis ergibt sich die Verpflichtung zur rechten Verehrung Gottes. Die hellenistischen Philosophen haben versucht, mit dieser Lehre die heidnische Gottesvorstellung zu läutern und die Götterkulte abzuschaffen. c) Mit der Lehre von Gott war eine Belehrung über das pflichtgemäße Verhalten, eine Sittenlehre, verbunden, die sich aus der rechten Gotteserkenntnis ergibt. d) Sittlicher Verfall ist eine Folge von Vernachlässigung und Unterlassung der Gottesverehrung. Als Belege seien z. B. genannt Jb 12,7–10; Ps 19,2; Philo, Über die Einzelgesetze 1, 35 und Allegorische Erklärung 3,97–99; syr. Baruchapokalypse 54,17.18; ebenso der kosmologische Gottesbeweis bei den Philosophen Heraklit, Anaxagoras, Plato, Aristoteles u. a. bis hin zu Cicero; besonders eindrucksvoll als Parallele zu Röm 1,18 ff. ist Weish 12–15. 2. Zwar gibt es von Röm 1,18 ff. eine ganze Reihe von Verbindungen zur alttestamentlichen Literatur, besonders bezüglich einzelner Begriffe und Bilder (z. B. Zorn Gottes)[16], doch kennt das AT keine im eigentlichen Sinne vergleichbare philosophierende Missionspredigt. 3. Von größter Wichtigkeit sind dagegen die Parallelen in der spätjüdisch-apokalyptischen Literatur, die geradezu ein Schema apokalyptischer Buß- und Missionspredigt entwickelt hat (vgl. Test Napht 3,4 ff.; Äth Hen 91,4 ff.; 99,2 ff.; Apk Bar 54,17 ff.; Ass Mos 1,13; Or Sib 3,6 ff.). Hier ist der Überlieferungszusammenhang für die eschatologische Komponente in Röm 1,18–32 zu finden. Es sind die gleichen Traditionen, welche auch die Bildung des dualistisch-eschatologischen Katalogschemas beeinflußt haben[17], das in unsere Stelle eingearbeitet ist. Paulus greift in Röm 1,18 ff. die Praxis der hellenistisch-spätjüdischen Missionspredigt auf und benutzt eine allgemein anerkannte Lehre, um mit ihrer Hilfe sein Evangelium zu verkünden. Er konnte damit rechnen, daß seine Beweisführung viel Zustimmung fand, weil die Tatsachen, die er anführt, Bestandteil weit verbreiteter Lehre waren[18]. Paulus hat aber nicht eine vorgefundene Lehrpraxis einfach

---

[16] Vgl. *S. Schulz*, a.a.O., S. 163 f.
[17] Vgl. das Kapitel über die katalogische Paränese Teil 1, Kap. 4.
[18] Vgl. *H. Daxer*, a.a.O., S. 86 f.

übernommen, er hat sie gleichzeitig an entscheidender Stelle verändert; und hier setzt unser eigentliches Interesse ein. Denn an diesen „Nahtstellen" sehen wir besonders scharf, worauf es dem Apostel ankam. Zunächst einmal hat der Apostel die partikularistische Fassung dieser Lehre universalisiert. Nach der überlieferten Praxis richtete sich die Lehre jeweils gegen eine bestimmte Gruppe von Menschen, bei den hellenistischen Philosophen gegen die homerisch-mythologischen Göttervorstellungen und die sittliche Gleichgültigkeit der „Nichtphilosophen", in der spätjüdischen Missionspraxis gegen die Heiden, die Nichtjuden. Paulus universalisiert und radikalisiert diese Lehre, so daß sie keine Ausnahme zuläßt. Der „Zorn Gottes" richtet sich gegen alle Menschen (ἐπὶ πᾶσαν ἀσέβειαν καὶ ἀδικίαν ἀνθρώπων), gegen Heiden und Juden (vgl. Röm 1,18; 2,9 ff.; 3,9 ff.)[19].

Danach hat die Lehre von der Gottesoffenbarung in der Schöpfung nicht länger einen selbständigen Aussagewert; sie ist in der Christusoffenbarung eingeordnet. Durch die Ausrichtung auf das Christusereignis wird sie zu einer heilsgeschichtlichen Aussage über den Zorn Gottes und die Schuld des Menschen. Sie offenbart im Endeffekt nur seine Verlorenheit und sein Ausgeliefertsein an die Sünde. „Der Mensch hat sein Sein nur als ein sündiges oder gerechtfertigtes Vorgottsein, und dieses ist seine Qualität"[20]. Im Scheitern der Gotteserkenntnis wird der wirkliche Zustand der Welt aufgedeckt. Es gehört gewissermaßen zur „Natur" des Menschen und dieser Welt (vgl. auch Jo 1,5). Paulus macht hier eine Aussage über das „Heidentum" des Menschen schlechthin[21].

Ihrer ganzen Anlage nach ist also die paulinische Lehre über die Schöpfungsoffenbarung als Bußpredigt zu verstehen, sie ist nicht Apologie, sondern Anklage der natürlichen Religion[22]. Im Grunde hat die Lehre von der Schöpfungsoffenbarung, wie wir schon sagten, keinen selbständigen Aussagewert. Es geht eigentlich um die Offenbarung im Worte Gottes. Erst von dorther kommt die Schöpfung wirklich zum Reden. Nur im Lichte, das vom Heilsereignis in Christus auf die Schöpfungsordnungen fällt, können diese zu ihrer wahren Bestimmung und Würde geführt werden[23]. Insofern hier Aussagen gemacht werden über das wirkliche Sein des Menschen, seine unausweichliche Verlorenheit und sein totales Angewiesensein

---

[19] Vgl. ebd., S. 64, 82; *H. W. Schmidt*, a.a.O., S. 31.
[20] *K. Oltmanns*, Das Verhältnis von Röm 1,18–3,20 zu Röm 3,21 ff., in: Theol. Blätter, 8. Jg. (1929), Sp. 110 ff.; hier 113.
[21] Vgl. *H. Schlier*, Über die Erkenntnis Gottes bei den Heiden, S. 10 f.; vgl. auch *G. Bornkamm*, Die Offenbarung des Zornes Gottes, S. 250.
[22] Vgl. *E. Schlink*, Die Offenbarung Gottes in seinen Werken und die Ablehnung der natürlichen Theologie, in: Theol. Blätter, 20. Jg. (1941), Sp. 10 f.
[23] Vgl. ebd., Sp. 11 f.

auf die Gnade, ist Röm 1 und 2 wichtig als ein Markierungspunkt für das ntl. Menschenbild.

Paulus beurteilt die menschliche Erkenntnisfähigkeit anders als dies grundsätzlich in der hellenistischen Philosophie geschieht, wie auch sein Begriff von Erkennen ein völlig anderer ist[24]. Erkennen schließt die ganze Existenz mit ein und ist nicht nur ein Akt der ratio. Deshalb muß dieses Erkennen auch zur existentiellen Verwirklichung kommen, was im Gehorsam vor Gott geschieht. Paulus will keine philosophisch-apologetische Erörterung über die menschliche Erkenntnisfähigkeit und die Erkennbarkeit Gottes liefern[25]. Für die philosophische Frage, wie die Gotteserkenntnis zustande kommt, zeigt er kein Interesse und ebensowenig für eine Wesensbeschreibung Gottes via comparationis vel negationis. Deshalb ist für ihn das Schuldigwerden des Menschen auch nicht ein reparabler Irrtum oder Fehler im Erkenntnismechanismus, sondern die Aufdeckung der wahren menschlichen Existenz. Auch kann man nicht sagen, daß für Paulus die Gottesverehrung letzte Vollendung menschlicher Möglichkeiten wie für die Stoa wäre; sie besteht für ihn vielmehr im konkreten Gehorsam gegen Gottes Willen und in der Anerkennung der eigenen geschöpflichen Existenz durch den Menschen. Die „theologische Auswertung" der Lehre von der natürlichen Gotteserkenntnis führt also bei Paulus nicht zu einer nachträglichen theologischen Bestätigung derselben, sondern zur Anklage und Verurteilung des Menschen[26]. Am Ende dieser Wahrheitssuche steht wie im Römerbrief (1,32) die Gerichtsandrohung.

Das Urteil des Paulus über die natürliche Gotteserkenntnis impliziert eine theologische Aussage über die menschliche Erkenntnisfähigkeit schlechthin. An die Markierungspunkte, welche Paulus in Röm 1,18 ff. gesetzt hat, wird sich auch die theologische Beurteilung des Naturrechts ausrichten müssen. Was hier in bezug auf die natürliche Gotteserkenntnis gesagt wird, ist paradigmatisch für jedes menschliche Erkenntnisstreben, insbesondere für die Suche des Menschen nach besserer Gerechtigkeit, wie wir das Naturrecht auch umschreiben können. So haben wir durch die Analyse von Röm 1,18–32 zugleich Daten gefunden, die es uns ermöglichen, den theologischen Ort des Naturrechts zu bestimmen.

Paulus beschreibt die Situation des Wahrheit suchenden Menschen in einer dialektischen Aussage: auf der einen Seite kann er die Möglichkeit und das tatsächliche Vorhandensein wahrer Erkenntnis bei den Menschen

---

[24] Vgl. *K. Oltmanns*, a.a.O., S. 115 f.
[25] Vgl. *G. Bornkamm*, Die Offenbarung des Zornes Gottes, S. 248 ff.
[26] Vgl. ebd., S. 248; *S. Schulz*, a.a.O., S. 169.

vor und außerhalb des Evangeliums konstatieren, auf der anderen Seite muß er die Fruchtlosigkeit, ja die Pervertierung dieser Erkenntnis feststellen. Die Schrift setzt beide Aussagen nebeneinander[27]. Im gleichen Dilemma befindet sich, theologisch gesehen, auch das Naturrecht. Möglichkeit und Vorhandensein wird auch durch die Schrift nicht bestritten, aber es besitzt keine endgültige Wahrheit, keine theologische Qualität und keinen Rechtfertigungscharakter. Das jahrhundertelange Bemühen des Menschen nach mehr Gerechtigkeit offenbart gleichzeitig die bestehende Ungerechtigkeit. Auch das Naturrecht steht unter dem vernichtenden Urteil der Zornesoffenbarung. Die Geschichte des Naturrechts ist immer auch die Geschichte seines Versagens und seiner Schuld. Erst durch die Tat Christi wird der Mensch von Gott ins Recht gesetzt, und erst von der Christusbotschaft aus wird der Weg des Naturrechts wirklich zum Ziele führen können. Ein autonomes, selbstherrliches Naturrecht ist im Umkreis des Evangeliums nicht möglich. Das Evangelium legt auch die Korrektur- und Erlösungsbedürftigkeit des Naturrechts offen. Indem aber der naturrechtliche Absolutheitsanspruch gebrochen wird, öffnet es sich in die Zukunft hinein, es kann neue Entwicklungen in sich aufnehmen, kann sich anpassen, verliert seine starre, unbewegliche Struktur. Indem es seine Erlösungsbedürftigkeit erfährt, bleibt es wachsam und kritisch gegen sich selbst.

Wenn wir nach dem theologischen Ort des Naturrechts fragen, müssen wir auch sagen, daß es nicht eigentlich Gegenstand des christlichen Kerygmas ist. Es gehört zum „Vorfindlichen", zur Ordnungswirklichkeit, die das Evangelium in der Welt immer schon vorfindet. Das heißt aber nicht, daß das Naturrecht als menschliches Ordnen und Rechtsuchen keinen Wert besäße, aber es muß sich von Christus in Dienst nehmen lassen. Das kann leicht mißverstanden werden, wenn man dabei an eine falsche Indienstnahme durch die Kirche denkt, um bestimmte Positionen zu verteidigen. Davon ist aber in diesem Zusammenhang gar nicht die Rede. Es soll damit gesagt werden, daß ein ntl. verantwortbarer Umgang mit dem Naturrecht sich nach den Orientierungspunkten der Christusbotschaft ausrichten muß, wie es im Verlaufe unserer Untersuchung immer wieder deutlich geworden ist. Davon bleibt zunächst einmal der materiale Bestand des Naturrechts unberührt, wie auch das Faktum der Offenbarungsmächtigkeit der Schöpfung von Paulus in keiner Weise angegriffen wird. Paulus setzt ganz und gar beim Menschen an: die sich im „Zorne Gottes" offenbarende Krise ist

---

[27] Vgl. *E. Schlink,* a.a.O., Sp. 1 ff.; bes. 3; *H. Schlier,* Über die Erkenntnis Gottes bei den Heiden, S. 10.

eine Krise des Menschen. So ist auch das Problem des Naturrechts letzten Endes ein Problem des Menschen, der damit umgehen muß. Das Scheitern des Naturrechts ist nicht als ein bedauerlicher, aber schließlich doch reparabler Erkenntnisirrtum anzusehen, es offenbart vielmehr die Situation der Menschen schlechthin, die nur von Gott grundlegend geändert werden kann. Deshalb wird ein „ntl. Naturrecht" sich von jeder Form utopischer Schwärmerei fernhalten, welche die eschatologische Zukunft vorwegnehmen will. Es wird sich seiner Unzulänglichkeit und Vergebungsbedürftigkeit bewußt bleiben und aus diesem Wissen heraus kritisch gegen sich selbst und das einmal Erreichte werden müssen. Im Wissen um das Verfallensein allen menschlichen Wissens an das Gericht Gottes sollte es wachsam sein und so vor Verknöcherung und auszehrender Erstarrung bewahrt bleiben.

Andererseits soll nicht übersehen werden, daß eine Unterstellung unter das endzeitliche Gericht das Naturrecht (wie jedes menschliche Erkennen) in die Verantwortung für den Gang der Geschichte nimmt. Dieser Gedanke klingt hier nur an, wird uns aber später noch beschäftigen müssen. Die Gerichtsdrohung von Röm 1,18 ff. impliziert ein neues Geschichtsverständnis[28].

Der Mensch ist nicht Spielball fremder Schicksalsmächte, sondern voll verantwortlich für sein Tun und sündigt deshalb als „autonome" Person „unentschuldbar". Durch die Bezogenheit auf das endzeitliche Gericht empfängt das Naturrecht, trotz seiner Infragestellung, zugleich auch einen ganz neuen Ernst und eine endzeitliche Verantwortung.

## 2. Die Areopagrede (Apg 17,16–34)

Wir wollen nun die Aussage von Röm 1,18–32 durch den Kontrast der Areopagrede noch schärfer profilieren. Obwohl die beiden Texte thematisch eng verwandt sind, stehen sie doch in einem interessanten Gegensatz zueinander. Dabei müssen wir allerdings nahezu ganz darauf verzichten, auf die vielschichtigen Probleme von Apg 17,16–34 bezüglich Verfasser, Herkunft und Exegese des Textes einzugehen[29], denn es interessieren hier

---

[28] Vgl. *H. W. Schmidt*, a.a.O., S. 33.
[29] Zur Exegese vgl. *E. Haenchen*, Die Apostelgeschichte, Meyer K, 3. Abt., 15. Aufl. (1968), S. 453 ff.; *A. Wikenhauser*, Die Apostelgeschichte, RNT 5 ($^2$1951), S. 158 ff., *ders.*, Die Apostelgeschichte und ihr Geschichtswert, Münster 1921.

nur die grundsätzliche Aussage über die Gotteserkenntnis und die natürlichen Fähigkeiten des Menschen. Durch die Areopagrede wird das aus Röm 1,18 ff. gewonnene Bild nicht wesentlich erweitert, dafür um so besser kontrastiert. Deshalb soll sich die Analyse im großen und ganzen auf diesen Punkt konzentrieren.

Die Situation ist folgende: Paulus geht durch die Straßen Athens und sieht die zahlreichen Tempel und Götterbilder, wofür die Stadt berühmt war (V 16). Er entfaltet seine missionarische Tätigkeit in der Synagoge, aber auch auf dem Markt, wie die popularphilosophischen Wanderprediger (V 17). Dabei kommt er in einen Disput mit den philosophischen Schulen (Stoiker und Epikuräer), die ihn teils borniert als „Schwätzer", teils interessiert, aber mißverstehend als „Verkünder fremder Gottheiten" bezeichnen, gemeint Jesus und die Anastasis, wobei man letztere vielleicht als eine Göttin verstanden hat (V 18). Der Ausdruck „fremde Gottheiten" (ξένα δαιμόνια) könnte eine Anspielung des Verfassers der Apostelgeschichte auf die Anklage gegen Sokrates sein. Doch findet der Apostel bei einem Teil seiner Zuhörer ein gewisses Interesse, so daß sie ihn von der Agora zum Areopag (entweder als Behörde oder als Ort verstanden) führen (V 19), um von ihm genauere Einzelheiten zu erfahren (V 20). Die Situationsschilderung V 16–21 schließt bereits mit einer die folgenden Ereignisse einbeziehenden Charakteristik der Szenerie: „Alle Athener und die Fremden dort hatten nämlich zu nichts anderem mehr Zeit, als etwas Neues zu sagen oder zu hören" (V 21). Die Neugier der Athener war nämlich sprichwörtlich[30]. Norden hat diese Bemerkung übertreibend „das Gebildetste" genannt, was im Neuen Testament stehe. Zweifellos richtig ist, daß hier mit wenigen illustrativen Sätzen der Athener Schauplatz eindrucksvoll gezeichnet worden ist.

„Paulus aber stand mitten im Areopag und sprach: Ihr Männer von Athen, ich sehe, daß ihr in jeder Hinsicht höchst religiös seid (V 22). Denn als ich umherging und eure Heiligtümer betrachtete, fand ich einen Altar mit der Inschrift: Dem unbekannten Gott. Was ihr nun unwissend verehrt, das verkünde ich euch" (V 23). Die Rede beginnt, rhetorisch gekonnt, mit einer captatio benevolentiae, die zugleich zum Thema überleitet. Paulus lobt die Athener wegen ihrer „Frömmigkeit", welche durch die vielen Heiligtümer, darunter sogar ein Altar für einen unbekannten Gott (ἀγνώστῳ θεῷ), demonstriert wird. Ein Altar mit einer derartigen Inschrift ist bislang weder von den Archäologen noch von den Philologen entdeckt worden. Es gibt zwar Nachrichten über Altäre in Athen, die unbe-

---

[30] Vgl. E. Haenchen, a.a.O., S. 457.

kannten, d. h. nicht näher bezeichneten, Göttern errichtet wurden[31], aber eine entsprechende Altarinschrift ist bis heute unbekannt. E. Norden ist in seinem bekannten Buch „Agnostos Theos" zu dem Ergebnis gekommen: „Der Verfasser der Areopagrede hat die polytheistische Altaraufschrift durch Umwandlung des Numerus monotheisiert"[32]. Schon Hieronymus (Comment. in Tit 1,12) nimmt einen solchen literarischen Kunstgriff an, wodurch Paulus eine bekannte Inschrift, allerdings in der Mehrzahl, in die Einzahl umgewandelt habe. Da an sich die ganze Frage für die Erklärung der Rede gleichgültig ist[33], gehen wir auf die Sache nicht näher ein. Die Altarinschrift war nur der „Aufhänger", um den „unbekannten Gott" nun verkünden zu können. Man kann den Inhalt der Rede mit M. Dibelius[34] in Motivgruppen einteilen: 1. Aussage: [24]„Der Gott, der die Welt und alles, was darin ist, geschaffen hat, dieser Herr Himmels und der Erde, wohnt nicht in von Menschenhand gemachten Tempeln, [25]und er läßt sich nicht von Menschenhänden bedienen, als bedürfe er etwas, da er selbst allem Leben und Odem und alles gibt". Gott ist der Schöpfer und Herr der Welt und wohnt nicht in von Menschen erbauten Tempeln. Das ist eine fundamentale alttestamentliche Aussage, die sich möglicherweise an Is 42,5 anlehnt, aber auch den philosophischen Zuhörern, die ebenfalls gegen anthropomorphe Gottesvorstellungen ankämpfen, nicht fremd ist[35]. Die Betonung der Bedürfnislosigkeit Gottes ist ein Motiv der hellenistischen Gotteslehre, die via negationis das Wesen Gottes bestimmen will; es ist in der Stoa seit Poseidonios Gemeingut[36]. Das Alte Testament dagegen redet vom Handeln Gottes und seinen Forderungen, nicht von seinem Wesen; dort gibt es nur in den hellenisierten 2 Makk 14,35 und 3 Makk 2,9 f. Belegstellen. Im gesamten Neuen Testament kommt dieses Motiv nur einmal vor, und zwar an unserer Stelle.

2. Aussage: [26]„Er hat gemacht, daß von einem (Menschen) das ganze Menschengeschlecht auf der ganzen Erde wohne, indem er festgesetzte Zeiten und die Grenzen ihres Wohnens bestimmte, [27]damit sie Gott suchten, ob sie ihn erspürten und fänden, ist er doch nicht fern einem jeden von

---

[31] Pausanias I 1,4; Philostratos, Vita Apollonii VI 3,5; Diog. Laert. I 110; vgl. auch die Zusammenstellung bei *E. Haenchen*, a.a.O., S. 458, Anm. 6; ansonsten *E. Norden*, Agnostos Theos, S. 31 ff.

[32] *E. Norden*, a.a.O., S. 121.

[33] Vgl. hierzu und auch zur Altarinschrift *Carl Clemen*, Religionsgeschichtliche Erklärung des Neuen Testaments. Die Abhängigkeit des ältesten Christentums von nicht-jüdischen Religionen und philosophischen Systemen, Gießen ²1924, S. 291 ff.

[34] Vgl. *M. Dibelius*, Paulus auf dem Areopag, Sitzungsberichte der Heidelberger Akademie der Wissenschaften, Phil.-hist. Klasse, Jg. 1938/39, 2. Abh., Heidelberg 1939, S. 4 ff.

[35] Vgl. Zenon v. Kition, bei *J. v. Arnim*, Stoicorum veterum fragmenta I, Nr. 264 ff.

[36] Belege bei *E. Norden*, a.a.O., S. 13 f.; *C. Clemen*, a.a.O., S. 301.

uns". Auf den ersten Blick fällt die Bezugnahme auf biblische Gegebenheiten auf: Schöpfung des Menschen aus einem Stamm, Ausbreitung auf der ganzen Erde (Gen 1,28), Festsetzung von Zeiten (Jahreszeiten?) und bewohnbaren Zonen (vgl. Ps 74/73,17). Doch waren auch die philosophisch geschulten Zuhörer mit gleichen Vorstellungen vertraut. Unbeschadet der verschiedenen Möglichkeiten, den syntaktischen Aufbau von V 26 und 27 zu interpretieren, und der sich daraus ergebenden unterschiedlichen Einzelexegese von ἐποίησεν, καιρούς und ὁροθεσίας[37], wird man sagen können, daß hier eine ganze Reihe von philosophischen Gedankengängen angesprochen wird. So entspricht der Gedanke, daß Gott die Menschen zu Bewohnern des Erdballs gemacht hat, damit sie Gott suchen sollen, durchaus dem anthropologischen Weltverständnis der Stoa[38]. Auch gab es ein philosophisches Interesse an dem einheitlichen Ursprung und der völkischen Differenzierung der Menschheit. Aus der gemeinsamen Überzeugung aller Menschen der Erde von der Existenz Gottes und solchen Eigenschaften wie seine Ewigkeit, seine Fürsorge für die Menschen, seine Vollkommenheit führte man den Gottesbeweis e consensu gentium[39]. Auch wenn man wie M. Dibelius[40] καιροί mit Jahreszeiten und ὁροθεσίαι mit Wohnbezirke übersetzt und nicht auf historische Völker und Grenzen bezieht, kommt man zu einem Gottesbeweis, und zwar aus der göttlichen Fürsorge, welche den Menschen bewohnbare Zonen auf der Erde und fruchtbringende Jahreszeiten schenkt. So hatte auch schon die Predigt in Lystra (Apg 14,17) die Jahreszeiten gedeutet. Doch wird wahrscheinlich die Einzelauslegung dieser Stelle immer umstritten bleiben. Einigkeit besteht jedoch bezüglich des Ausdrucks „Gott suchen" (ζητεῖν τὸν θεόν), was eindeutig im hellenistisch-philosophischen Sinne verstanden ist[41].
Der Mensch besitzt die Fähigkeit der Gotteserkenntnis, weil Gott jedem einzelnen nahe ist.

3. Aussage: [28]„Denn in ihm leben wir und bewegen wir uns und sind wir, wie auch einige eurer Dichter gesagt haben: ‚denn wir sind auch seines Geschlechts'. [29]Da wir nun von Gottes Geschlecht sind, dürfen wir nicht glauben, das Göttliche sei gleich Gold oder Silber oder Stein, dem Erzeugnis menschlicher Kunstfertigkeit und Überlegung". Mit der Aussage

---

[37] Vgl. *E. Haenchen*, a.a.O., S. 460, Anm. 4; *M. Pohlenz*, Paulus und die Stoa, S. 83 ff.; *W. Eltester*, Schöpfungsoffenbarung und natürliche Theologie im frühen Christentum, NTS 3 (1956/57), S. 101 ff.; *M. Dibelius*, Paulus auf dem Areopag, S. 4 ff.
[38] Vgl. *M. Pohlenz*, Paulus und die Stoa, S. 85.
[39] Vgl. ebd., S. 88 ff.
[40] Vgl. *M. Dibelius*, Paulus auf dem Areopag, S. 4 ff.
[41] Vgl. *E. Norden*, a.a.O., S. 14 ff.

über die Gottesnähe des Menschen spricht der Redner wiederum auch hellenistisches Empfinden an. V 28 ist aus pantheistischem Weltgefühl konzipiert und entspricht stoischer Lehre von der Einheit und Harmonie des ganzen Kosmos. Besonders zu dem Stoiker Poseidonios führen diese Gedanken hin[42]. So vertraut nun diese Art von pantheistischer Gottesverwandtschaft der Stoa ist, dem Alten Testament ist sie absolut fremd. Belegt wird die Aussage durch ein Dichterzitat, das sich wörtlich bei dem Cilicier Aratus findet. Durch das Zitat soll der ganzen Gedankenführung Nachdruck verliehen werden, denn aus der Gottesverwandtschaft wird das Verbot des Bilderdienstes gefolgert (V 29). Damit ist das Thema von V 24 wieder aufgenommen und der Gedankengang gewissermaßen abgeschlossen. Erst jetzt zum Schluß bekommt die Rede einen christlichen Bezug. „Gott sieht über die Zeiten der Unwissenheit hinweg und verkündet jetzt den Menschen, sie sollen alle überall Buße tun" (V 30). Hier ist nun die Rede von der Wende der Zeiten, welche die Unwissenheit beenden wird und auf die sich der Mensch durch „Umkehr" vorbereiten soll. Daß diese Zeitenwende durch Christus erfolgen wird am Tage des endzeitlichen Gerichts, sagt der folgende und abschließende Vers, ohne freilich den Namen Christi zu nennen: „Denn er hat einen Tag festgesetzt, an dem er den Erdkreis in Gerechtigkeit richten wird durch einen von ihm bestimmten Mann, den er für alle beglaubigt hat, indem er ihn von dem Tode erweckt hat" (V 31). Die Schlußverse 32 bis 34 berichten hierauf kurz über den Erfolg bzw. Mißerfolg des Auftretens vor dem geistigen Forum Athens.

Abgesehen von ihrem christologischen und eschatologischen Schluß, läßt die Areopagrede keine christliche Verarbeitung des Griechen wie Juden vertrauten Stoffes erkennen. Dieser Umstand und vor allem die auffallende Divergenz zur Verarbeitung ähnlicher Gedankengänge im 1. Kapitel des Römerbriefes hat dazu geführt, daß man nach der Verfasserschaft des Paulus fragt. M. Dibelius urteilt: „Die Areopagrede ist eine hellenistische Rede mit christlichem Schluß ... So erweist sich die Areopagrede in ihrem – auf das Ganze gesehen – rationalem Charakter als ein Fremdling im Neuen Testament"[43]. Sie ist nach Dibelius ein erstes Zeichen für das Eindringen des hellenistischen Geistes in das Neue Testament. Der Verfasser der Apostelgeschichte, so meinen Dibelius und andere Exegeten, hat die Areopagrede, wie auch die übrigen Reden, nach bestimmten literarischen und thematischen Gesichtspunkten frei in ein sogenanntes Itinerar, einen vorhandenen Reisebericht, eingearbeitet[44]. Lukas folge darin

---

[42] Vgl. *M. Pohlenz*, Paulus und die Stoa, S. 89 ff.; *E. Norden*, a.a.O., S. 19 ff.
[43] *M. Dibelius*, Paulus auf dem Areopag, S. 36 f., vgl. auch S. 41 f.
[44] Vgl. ebd., S. 43 ff.

dem Beispiel der berühmten griechischen Geschichtsschreiber wie Thukydides[45]. Die Reden wären deshalb weniger aus der historischen Lage als aus dem Zusammenhang des Buches zu verstehen, sie markieren vielfach einen Wendepunkt in der Entwicklung bzw. einen Höhepunkt wie hier in Athen die Begegnung mit der Kultur und dem Geist der Griechen. Wenn man den Überlegungen von Dibelius folgt, könnte man aus der ganzen Art, wie Lukas die Rede aufsetzt, den Schluß ziehen, daß er gerade in der betont philosophischen Anlage der Rede und ihrer Erfolglosigkeit das Scheitern des philosophischen Gottsuchens klarmachen will. Dazu wäre dann Athen als der geeignete Ort ausgewählt worden.

E. Norden hat bereits 1913 in seinem bekannten Buch die Areopagrede als Konzeption des Verfassers der Apostelgeschichte und Muster einer Missionspredigt dargelegt. Er hat eine große Anzahl von Belegstellen beigebracht, um den Erweis zu bringen, daß die Areopagrede sowohl inhaltlich als auch in der formalen Anlage antiken Mustern folgt, besonders einer von dem Wanderprediger Apollonios von Tyana ebenfalls in Athen und auch etwa um die gleiche Zeit gehaltenen Rede, die von Philostratos (Vita Apoll.) überliefert wurde. Nun sind die Parallelen zwischen beiden Reden (z. B. das Anknüpfen an eine Altarinschrift) auffallend[46]. Doch hat bereits Harnack gegen die weitreichenden Folgerungen von Norden Bedenken angemeldet[47]. Wie dem auch sei, für unser Thema ist zwar die Verfasserschaft der Rede nicht unwichtig, da sie unter Umständen die auffällige Divergenz zu Röm 1,18 ff. zu klären vermag; von größerer Bedeutung ist jedoch der inhaltliche Vergleich mit dieser sicher paulinischen Stelle, zu der sie in einem deutlichen Kontrast steht, wie sich aus der obigen Darlegung bereits ergeben haben dürfte. Wir können uns deshalb im folgenden darauf beschränken, die einzelnen Punkte zusammenzustellen, in denen sich die beiden Texte über die Gotteserkenntnis unterscheiden[48].

Beide Stellen behandeln die natürliche Gotteserkenntnis und -verehrung, gehen aber von einer grundverschiedenen Position aus[49]. Die Areopagrede stellt die natürliche Erkenntnismöglichkeit in einem durchaus positiven

---

[45] Vgl. *M. Dibelius*, Die Reden der Apostelgeschichte und die antike Geschichtsschreibung, in: Sitzungsberichte der Heidelberger Akademie d. Wissenschaften, Phil.-hist. Klasse, Jg. 1949, 1. Abh., Heidelberg 1949, S. 20, 22.
[46] Vgl. die Gegenüberstellung bei *E. Norden*, a.a.O., S. 47 ff.
[47] *A. v. Harnack*, Ist die Rede des Paulus in Athen ein ursprünglicher Bestandteil der Apostelgeschichte? Texte und Untersuchungen zur Geschichte der altchristlichen Literatur, 39. Bd. der gesamten Reihe, Leipzig 1913. Vgl. die Wiedergabe bei *C. Clemen*, a.a.O., S. 296 ff.
[48] Vgl. hierzu *M. Dibelius*, Paulus auf dem Areopag, S. 36 ff.; *M. Pohlenz*, Paulus und die Stoa, S. 96 f.; *E. Haenchen*, a.a.O., S. 466 ff.
[49] Vgl. *M. Dibelius*, Paulus auf dem Areopag, S. 39.

Licht dar, so daß sie sogar zu einem ahnenden „Begreifen" und Verehren Gottes führt; während der Grundton der Briefstelle negativ ist, den Klang einer Bußpredigt hat, denn die Schöpfungsoffenbarung führt dort zum unausweichlichen Schuldigwerden des Menschen und zu seiner Verurteilung. Zwar steht auch am Ende der Rede (V 30 f.) ein Bußruf und eine Gerichtsankündigung; bedeutet aber eher eine wohlwollende Mahnung, sich auf die rechte Gotteserkenntnis, die an sich vorhanden ist, zu besinnen, als ein Innewerden der totalen Verlorenheit wie im Brief. Nach der Rede wäre der Erkenntnismangel nicht grundsätzlich irreparabel, der Brief dagegen sieht keinen irdischen Weg aus dem Dilemma heraus, so daß hier der Mensch unausweichlich auf das Tätigwerden Gottes angewiesen ist.

Sodann muß die Art und Weise auffallen, wie in der Rede von der Gottesverwandtschaft des Menschen gesprochen wird. Eine Gemeinschaft mit Gott im pantheistischen Sinne der Stoa ist beim Paulus der Briefe undenkbar. Paulus kennt wohl auch eine bis ins Mystische gehende Gemeinschaft ἐν Χριστῷ, aber immer nur mit Christus und dann nur von dem erlösten Menschen. Alle derartigen Aussagen beziehen sich auf den erlösten, mit dem πνεῦμα begabten Menschen. Der Römerbrief spricht eigentlich gar nicht von der Gottesnähe, sondern von der Gottesferne, welche die wesenhafte Bestimmung des Menschen ohne Christus ausmacht[50].

Auch die Areopagrede will den Anbruch einer neuen Zeit verkünden, kennzeichnet aber den Wendepunkt in Christus als einen Übergang von der Unwissenheit zur wahren Erkenntnis. Die zu Ende gehende Periode war eine Zeit, da Gott über die Unwissenheit hinwegsah; von Schuld und Sünde ist da nicht die Rede. Im Brief dagegen verhalten sich alte und neue Zeit wie Sünde und Gnade, es gibt keinen kontinuierlichen Übergang von der einen zur anderen, sondern nur den totalen Bruch mit der alten Zeit und die Neuschöpfung durch Christus[51]. Während im Brief die neue Zeit vom Glauben[52] abhängt, wird in der Rede ihr Anbruch von der neuen Erkenntnis erwartet[53]. M. Pohlenz sieht den Unterschied darin, daß der Brief die Gotteserkenntnis von der objektiven Seite aus betrachtet (von der Schöpfung), während in der Rede „ausschließlich die subjektive Seite herausgestellt wird, die Fähigkeit der gottverwandten Seele zur Erkenntnis"[54] zu gelangen.

---

[50] Vgl. ebd., S. 39 f.
[51] Vgl. ebd., S. 40 f.; *E. Haenchen*, a.a.O., S. 466.
[52] Apg. 17, 31 wird πίστις ganz unpaulinisch im Sinne von Beweis, Bürgschaft gebraucht.
[53] Vgl. *M. Pohlenz*, Paulus und die Stoa, S. 96.
[54] Ebd., S. 96.

Die beiden Texte sind demnach in ihrer Blickrichtung diametral entgegengesetzt. In der Areopagrede ist Gottesverehrung grundsätzlich da, aber es fehlt das eigentliche Wissen um den unbekannten Gott, den man verehrt, während im Brief genau umgekehrt die Kenntnis Gottes an sich vorhanden ist, dagegen kommt es nicht zur Anerkennung und Verehrung dieses Gottes[55]. Der dialektische Standpunkt des Römerbriefes ist in der Apostelgeschichte praktisch aufgegeben. Nach E. Haenchen[56] kündigt sich in der Areopagrede wie in der Lystrarede (Apg 14,15–17) bereits eine neue Zeit der Kirchengeschichte an, nämlich der Versuch, die griechische Weisheit christlich zu interpretieren. Doch hat Lukas dabei eine bestimmte durch das Evangelium gesetzte Grenze nicht überschritten; die Christusverkündigung im engeren Sinne (Auferstehungsbotschaft) bleibt unangetastet.

### 3. Die Gesetzeserkenntnis der Heiden (Röm 2,12–16)

Mit diesem Text[57] nehmen wir die Gedankenrichtung von Röm 1,18 ff. nach der Unterbrechung durch Apg 17,16 ff. wieder auf. Die Areopagrede hatte sich als eine im Thema verwandte, aber grundsätzlich anders orientierte Aussage herausgestellt. Sie beurteilt die Erkenntnisfähigkeit des Menschen durchweg positiv und hebt sich so als lebhafter Kontrast vom Römerbrief ab. Paulus setzt in Röm 2,1 seine mit 1,18 begonnene Argumentation fort, was er mit der einleitenden Partikel διό ausdrückt[58].

Der folgende Abschnitt mit der zunächst positiven Aussage über die Gesetzeskenntnis der Heiden (2,14–16) ist eingebettet in den Gesamtzusammenhang 1,18–3,20. Das Generalthema des Apostels ist die Gerechtigkeit des Menschen allein aus dem Glauben, ohne Gesetz und eigenes Verdienst, allein aufgrund der Rettungstat Christi. Die Formulierung dieses Themas hält wie eine Klammer (V 1,17 und 3,21) das Ganze zusammen und wird von Paulus dann 3,21 ff. positiv entfaltet. Die Vv 1,18–3,20 stehen also in Parenthese und sollen einen negativen Beweis liefern für die Kernaussage über die radikale Verfallenheit aller Menschen an das

---

[55] Vgl. *E. Haenchen*, a.a.O., S. 467.
[56] Vgl. ebd., S. 467 f.
[57] Zur Exegese vgl. *O. Kuß*, a.a.O., S. 59 ff.; *O. Michel*, a.a.O., S. 72 ff.; *G. Bornkamm*, Gesetz und Natur. Röm 2,14–16, in: Studien zu Antike und Urchristentum. Gesammelte Aufsätze II, München 1959, S. 93 ff.; *M. Pohlenz*, Paulus und die Stoa, S. 69 ff.
[58] Zur Bedeutung von διό vgl. *G. Bornkamm*, Gesetz und Natur, S. 95, Anm. 4; *O. Kuß*, a.a.O., S. 61; *O. Michel*, a.a.O., S. 73.

Gericht und die absolute Angewiesenheit aller auf die Heilstat Christi. Die Vv 1,18–32, die wir bereits behandelt haben, sprechen von der Offenbarung des Zornes Gottes über die Menschen, welche die *Gottes*-Erkenntnis in ihr Gegenteil verkehrt haben. Damit sind in erster Linie die Heiden angesprochen, obwohl die Juden nirgends ausdrücklich ausgeschlossen sind und die „Heiden" auch nicht namentlich genannt werden. In den Vv 2,1–3,20 geht es nun um die *Gesetzes*-Erkenntnis und ihre Verkehrung. Obgleich hier die falsche Heilsgewißheit der Juden aufgrund von mosaischem Gesetz und Beschneidung ad absurdum geführt werden soll, wie das bei der Gotteserkenntnis zuvor geschehen war, sind in diesem Abschnitt die Heiden nicht ausgeschlossen, vielmehr expressis verbis in die Beweisführung mit einbezogen (2,14–16), denn es geht dem Apostel um das Angewiesensein *aller* auf die Christusoffenbarung.

Die Geschlossenheit der Gedankenführung ist formal hervorgehoben durch das Thema, das am Anfang (1,17) und am Schluß (3,21) programmatisch angeführt wird (Ringkomposition[59]), aber auch durch weitere Wiederholungen wichtiger Punkte, so die Unentschuldbarkeit (ἀναπολόγητος) in V 1,20 und 2,1; die Offenbarung des Zornes in 1,18 und 2,5; die Gemeinsamkeit von Juden und Heiden vor Gott in 1,16 und 2,9–10. Der lebhafte, dialogische Stil, der hier wie anderswo an die freie Vortragsweise der religiösen Diatribe erinnert[60], zeigt, wie sehr der Apostel innerlich engagiert ist. Paulus hatte den Abschnitt 1,18–32 mit einer Gerichtsdrohung abgeschlossen, die für die Verkehrung der Gotteserkenntnis und die daraus resultierende Sittenverderbnis den eschatologischen Tod in Aussicht stellt (V 1,32). Mit dem gleichen Gedanken fährt er nun in Kapitel 2 fort, generalisiert ihn jedoch in radikaler Form, so daß von diesem Urteil ἀναπολόγητος εἶ niemand ausgenommen ist. Wer nämlich glaubt, sich dem Gericht über den Götzendienst und die sittliche Verirrung entziehen zu können (V 1 und 3), soll wissen, daß er im Grunde dasselbe (τὰ αὐτά) tut (V 1 und 3). Bereits hier zeichnet sich ab, daß Paulus nun die Juden im Auge hat, die sich der wahren Gottesverehrung und einer hochstehenden Sittlichkeit gegenüber den Heiden rühmten. In falscher Sicherheit verkannten sie die heilsgeschichtliche Stunde, die ihnen aufgrund der Langmut Gottes Zeit zur Umkehr geben will; sie aber sind blind und werden dem Zorngericht Gottes nicht entgehen (V 4–6). Denn im endzeitlichen Gericht sind allein die Werke des Menschen maßgebend (V 6). Der eschatologische Lohn (ewiges Leben, Herrlichkeit, Ehre, Frieden) gilt ebenso universal für alle,

---

[59] Vgl. *M. Pohlenz*, Paulus und die Stoa, S. 73 f.
[60] Vgl. *O. Michel*, a.a.O., S. 72 f.

die Gutes tun, Juden und Heiden, wie die eschatologische Strafe (Zorn, Ungnade, Trübsal, Angst) für alle, die Böses tun, Juden und Heiden (V 7–10). Im Gerichte sind alle gleich, „denn es ist kein Ansehen der Person bei Gott" (V 11). Mit dem Grundsatz vom Gericht nach den Werken formuliert Paulus eine Regel, die seiner Gnadenlehre (Rechtfertigung allein aus Gnade) zunächst diametral entgegengesetzt ist[61]. Aber das eine ergibt sich aus dem anderen: die Absolutheit und Universalität der Gnadengerechtigkeit setzt die Universalität der Sünde voraus, und die absolute Verlorenheit durch die Sünde verweist alle Menschen, Juden wie Heiden, auf die Heilstat Christi. Das gilt es zu beweisen. In der Beweiskette fehlt dem Apostel noch ein Glied, und zwar das wichtigste, das jüdische Volk. Nun wäre es an und für sich möglich gewesen, einfach das Urteil über den Götzendienst und die sittlichen Verfehlungen von 1,18 ff. auch auf die Juden ausdrücklich auszudehnen, was im Hinbick auf die jüdische Geschichte nicht sehr schwierig gewesen wäre. Aber das war dem Apostel offensichtlich zu allgemein gesprochen, denn es hätte dem Einzelmenschen und dem jüdischen Volke insgesamt mit seinem Pochen auf Bund, Gesetz und Beschneidung einen Ausweg vor der Gnade offengelassen. Deshalb führt Paulus seine Beweisführung durch ein Argument fort, das keine Ausnahme zuläßt: das Gericht Gottes nach den Werken des Gesetzes (V 12–16).

[12]„Denn alle, die ohne (mosaisches) Gesetz gesündigt haben, werden ohne (mosaisches) Gesetz auch verlorengehen; und alle, die unter dem (mosaischen) Gesetz gesündigt haben, werden durch das (mosaische) Gesetz verurteilt werden. [13]Denn nicht die Hörer des Gesetzes (sind schon) gerecht bei Gott, sondern (nur) die Täter des Gesetzes werden gerechtgesprochen werden. [14]Denn wenn die Heiden, die das (mosaische) Gesetz nicht haben, von Natur die (Werke) des Gesetzes tun, sind sie, die das (mosaische) Gesetz nicht haben, sich selbst Gesetz. [15]Sie erweisen ja das Werk des Gesetzes als in ihre Herzen geschrieben, wofür ihr Gewissen mit Zeugnis ablegt und die Gedanken, die sich untereinander anklagen oder auch verteidigen – [16](das wird sich alles einmal erweisen) an dem Tage, an dem Gott das Verborgene der Menschen richtet nach meinem Evangelium durch Christus Jesus"[62].

Zwei Grundsätze hat Paulus aufgestellt: das Gericht nach den Werken (V 6) und die Gleichheit aller im Gericht, Juden wie Heiden (V 11). Das wird nun in den Vv 12–16 erläutert und beweiskräftig gemacht durch eine

---

[61] Vgl. *H. Lietzmann*, An die Römer, S. 40 (Lietzmann versteht „diese ganzen Erörterungen als hypothetisch"); *O. Kuß*, a.a.O., S. 64; *O. Michel*, a.a.O., S. 76 f.
[62] Übersetzung nach *O. Kuß*, a.a.O., S. 67 f.

Beweiskette, die durch ein dreimaliges γάρ verbunden ist und an das γάρ in V 11 anknüpft. Eine ähnliche Komposition (1,16.17.18) hat auch die Beweisführung im ersten Kapitel geleitet. Es gibt keine irgendwie geartete Bevorzugung im eschatologischen Gericht, das hatte V 11, den ersten Abschnitt von Kapitel 2 resümierend, gesagt. Das gilt auch für den Besitz des mosaischen Gesetzes und die anderen Sicherheitsfaktoren des jüdischen Auserwählungsbewußtseins, nämlich den Bund und die Beschneidung. V 12 entzieht diesen falschen Sicherheiten den Boden: das Gericht ist nicht in Abhängigkeit zu bringen von der Kenntnis oder dem Besitz des mosaischen Gesetzes. Die Juden, die das Mosesgesetz haben, werden ebenso gerichtet wie die Heiden, die in Unkenntnis des mosaischen Gesetzes handeln. Denn es geht nicht um Besitz oder Nichtbesitz des Mosesgesetzes, sondern um das dort geforderte Handeln, wie die Gegenüberstellung von Hörern und Tätern sagen will (V 13). Und da zeigt sich, daß auch die Heiden, ohne Kenntnis des mosaischen Gesetzes, „von Natur aus" (φύσει) die Forderungen des Gesetzes erfüllen (V 14). Sie besitzen also ein natürliches Wissen um den Inhalt des Gesetzes, das nicht aus der biblischen Offenbarung stammt, sondern „in ihre Herzen geschrieben ist". Dieses Wissen tut sich kund in der Stimme ihres Gewissens (συνείδησις), das als kritische Instanz ihr Wollen und Tun richtet (V 15). Ein exegetisches Problem ist die Verknüpfung von V 16 mit dieser Darlegung[63]. Er enthält einen Hinweis auf den endzeitlichen Gerichtstag und das vom Apostel verkündete Evangelium. Auf jeden Fall wird man, wenn man nicht mit Bultmann den Vers einfach streicht[64], die Erwähnung beider Momente als eine abschließende Bekräftigung der Darlegung ansehen müssen, insofern hier an den Ernst des endzeitlichen Gerichts und die Autorität der Christusbotschaft appelliert wird.

Allerdings ist die Einordnung dieser Aussage in das „Evangelium des Paulus" (κατὰ τὸ εὐαγγέλιόν μου: V 16) nicht ohne innere Spannung möglich, denn der von Paulus V 5–12 fast apodiktisch verkündete Grundsatz von dem Gericht nach den Werken widerspricht radikal dem Kern seiner Gnadenbotschaft 3,21 ff., nach welcher die eschatologische Gerechtmachung des Menschen, Juden wie Heiden, allein aufgrund eines Gnadenerweises von seiten Gottes erfolgt. Nach H. Lietzmann müssen deshalb diese ganzen Erörterungen als „hypothetisch bezeichnet werden"[65]. Zwar sind diese Sätze in gewissem Sinne „fiktiv und irreal", denn auch nach

---

[63] Vgl. *O. Kuß*, a.a.O., S. 71; *O. Michel*, a.a.O., S. 84 f.
[64] *R. Bultmann*, Theologie des Neuen Testaments, S. 78.
[65] *H. Lietzmann*, An die Römer, S. 40; vgl. auch hierzu *O. Kuß*, a.a.O., S. 64 f.; *O. Michel*, a.a.O., S. 82; *G. Bornkamm*, Gesetz und Natur, S. 110.

Ansicht des Apostels eröffnen sie keine heilswirksame Möglichkeit für den Menschen ohne Christus, da er total unter der Sünde steht. Aber die hypothetische Deutung darf keineswegs auf 2,14 ff. übertragen werden. Die Aussage über die Kenntnis des Gesetzes auch bei den Heiden will keineswegs eine Fiktion sein, sondern den Menschen in die unausweichliche Verantwortung für sein Tun und seine Geschichte nehmen. Die „paradoxe Spannung" zwischen der vollen Verantwortlichkeit des Menschen und der Absolutheit der göttlichen Gnade wird bei Paulus nirgends aufgehoben[66]. Paulus will hier nicht eine bloße „Scheinposition"[67] einnehmen, denn nur wenn Juden und Heiden tatsächlich unter der Forderung des Gesetzes stehen, ist die Beweisführung schlüssig, daß nicht die Werke des Gesetzes, sondern die Gnade rechtfertigt[68].

Wenn Paulus sagt, daß die Heiden „von Natur aus" (φύσει) die Forderungen des Gesetzes (τὰ τοῦ νόμου) erfüllen (V 14), dann gibt er eine Erfahrungstatsache wieder[69], die er wie jeder andere gemacht hat: auch bei den Nichtjuden ist der sittliche Kern des mosaischen Gesetzes bekannt, in der heidnischen Umwelt kommt es „von Natur aus" zu einem sittlichen Tun, das dem im Gesetz Geforderten entspricht. Im Sinne einer solchen Tatsachenfeststellung ist der Ausdruck φύσει als Umschreibung für die „Unmittelbarkeit und innere Notwendigkeit"[70] dieses heidnischen Gesetzesgehorsams zu verstehen.

Wie O. Kuß darlegt, kommt das Adjektiv φυσικός (natürlich) in den paulinischen Hauptbriefen zweimal vor (Röm 1,26.27) und bezeichnet dort ein Verhalten, das sich in Übereinstimmung mit der Schöpfungsordnung befindet (ehelicher Verkehr). Auch das Substantiv φύσις bezieht sich bei Paulus im allgemeinen, eine Ausnahme ist Gal 4,8, auf die Schöpfungsordnung, so daß der umstrittene Vers Röm 2,14 sagen will: „die Heiden tun ‚von Natur' (φύσει), auf Grund ihres Menschenwesens, das von dem Schöpfer Gott so eingerichtet ist, die Werke des (mosaischen) Gesetzes"[71]. Die nun anstehende Frage ist: Wieweit hat Paulus an dieser Stelle die stoische Lehre von der Lex naturae übernommen bzw. verarbeitet?

Die Begriffe φύσις und νόμος und ihre antithetische bzw. synthetische Zuordnung zueinander haben seit alters einen festen Platz in der griechi-

---

[66] Vgl. O. *Michel*, a.a.O., S. 82.
[67] Vgl. G. *Bornkamm*, Gesetz und Natur, S. 110.
[68] Vgl. R. *Bultmann*, Theologie des Neuen Testaments, S. 261 ff.
[69] Vgl. G. *Bornkamm*, Gesetz und Natur, S. 99; H. *Schlier*, Über die Erkenntnis Gottes bei den Heiden, S. 14.
[70] O. *Michel*, a.a.O., S. 78, Anm. 1.
[71] O. *Kuß*, a.a.O., S. 72 ff., hier 73.

schen Philosophie[72]. In der Sophistik und kynischen Popularphilosophie wurden die νόμοι als veränderliche Menschensatzung in schroffem Gegensatz zur unwandelbaren „Natur" gesehen. In der Stoa wird dann der νόμος als Vernunftgesetz gefaßt und in Abhängigkeit bzw. Übereinstimmung mit der φύσις gebracht, so daß die Erkenntnis des sittlichen Sollens letztlich in dem vernunftmäßigen Erfassen der in der Natur gegebenen Gesetzmäßigkeiten besteht. Auf diesem Wege wurde für die Griechen die Physis zur höchsten sittlichen Instanz. Sollte Paulus in seine Überlegungen diese philosophischen Gedanken mit einbeziehen, so ist jedoch im Auge zu behalten, daß es für ihn eine selbständige Natur neben Gott nicht geben kann und daß nicht die Natur, sondern immer das göttliche Gesetz die letzte Instanz ist[73].

Freilich könnte man den Ausdruck φύσει in V 14 für sich betrachtet noch ohne Schwierigkeit undeterminiert mit „von selbst" oder „aus sich selbst heraus" übersetzen, doch steht er nicht allein da. Man wird aber die sich daraus ableitende Aussage, daß die Heiden, die das Gesetz nicht haben, „sich selbst Gesetz sind", schwerlich ohne Reflexion auf die entsprechende philosophische Anschauung der Stoa machen können. Diese Ausdrucksweise ist in jedem Fall „befremdlich", denn daß Menschen „sich selbst Gesetz sind", ist eine Vorstellung, „die allein aus griechischem Denken verständlich wird"[74], „dem rabbinischen Schrifttum sind diese Gedankengänge fremd"[75]. Daß die Norm des sittlichen Handelns im Menschen selbst liegt, und zwar in den seiner Natur inhärenten, auf den göttlichen Logos zurückzuführenden Gesetzen, ist eine Grundlehre der stoischen Ethik, die, wie Philo zeigt, auch in das hellenistische Judentum Eingang gefunden hatte[76].

In V 15 umschreibt Paulus den Sachverhalt noch einmal mit der Formel: „das Werk des Gesetzes (τὸ ἔργον τοῦ νόμου) ist in ihr Herz geschrieben", womit er sich augenscheinlich einer jüdischen Redeweise bedient, wenn auch eine direkte Bezugnahme auf Jer 38 (31), 33 nicht wahrscheinlich ist[77]. Wenn also die Heiden die Forderung des mosaischen Gesetzes erfüllen, ist das nicht ein „moralischer Zufallstreffer"; der Inhalt des Gesetzes (τὸ ἔργον τοῦ νόμου) ist als sittliche Forderung unausweichlich in ihr Herz geschrieben. Der Gedanke der νόμοι ἄγραφοι ist zwar dem Spätjudentum

---

[72] Vgl. *G. Bornkamm*, Gesetz und Natur, S. 102 f.; *M. Pohlenz*, Paulus und die Stoa, S. 75 ff.
[73] Vgl. *M. Pohlenz*, ebd., S. 76 f.
[74] *O. Michel*, a.a.O., S. 77 f.
[75] *H. Lietzmann*, An die Römer, S. 41.
[76] Vgl. ebd., S. 40 f.
[77] Vgl. ebd., S. 41; *O. Michel*, a.a.O., S. 80.

nicht ganz fremd[78], muß aber an unserer Stelle doch wohl im Sinne der griechischen Philosophie verstanden werden, denn es wird den Heiden etwas zugesprochen, was in dieser Form und Reichweite (Gleichstellung mit den Juden) für jüdische Denkweise unmöglich wäre. Eine Exegese, welche dieses Faktum nicht zur Kenntnis nehmen will, wird ohne Gewaltsamkeiten am Text nicht zurechtkommen[79].

Das Vorhandensein des Gesetzes im Herzen der Heiden sieht Paulus als erwiesen an durch die Stimme des Gewissens, die sich bei ihnen regt (V 15)[80]. Auch diese Aussage muß zunächst einmal als eine einfache Tatsachenbeschreibung verstanden werden. Der Begriff wird unvermittelt in V 15 eingebracht als ein jedermann verständlicher Tatbestand. „Paulus setzt die Tatsache, daß die Heiden ein Gewissen haben, als selbstverständlich voraus"[81]. Obwohl der Tatbestand eine alte Erfahrung der Menschheit ausmacht, ist die begriffliche Fassung des Gewissens (συνείδησις, conscientia) erst relativ spät erfolgt. Erst bei Seneca (De ira 3,36) findet sich eine klare Beschreibung. Seneca selbst beruft sich auf den Philosophen Sextius, der seinerseits von den Pythagoreern übernommen haben soll. Das vorhellenistische Alte Testament und die Rabbinen kennen zwar den Sachverhalt, nicht aber den Begriff. Philo von Alexandrien dagegen hat in seinen Schriften eine umfassende Lehre vom Gewissen entfaltet. Ob Paulus den Begriff und seine sachliche Entfaltung direkt der griechischen Philosophie entnommen hat oder jüdisch-hellenistische Anregungen verwertet, ist nicht mit Sicherheit auszumachen. „Sicher ist jedenfalls, daß die Aussagen Röm 2,15 aus vorgeprägter nichtchristlicher Tradition stammen, in der das Gewissen bereits als innerer Gerichtshof des Menschen verstanden und Selbstanklage und -verteidigung zu einer festen Methodik und Topik ausgebildet worden ist"[82]. Da schon in der antiken Tradition der Widerstreit der Gedanken (forensischer Kampf) als Ausdrucksform des Gewissens verstanden wurde, liegt es nahe, auch in V 15 die widerstreitenden Gedanken nicht als einen neuen und selbständigen Zeugen, sondern als Beschreibung des Gewissenszeugnisses zu verstehen.

Freilich ist zu bedenken, daß Paulus kein Interesse an einer anthropologisch-ontologischen Bestimmung des Gewissens zeigt. Er benutzt das

---

[78] Vgl. O. Michel, a.a.O., S. 78 f.
[79] Vgl. G. Bornkamm, Gesetz und Natur, S. 106 ff.
[80] Vgl. hierzu O. Kuß, a.a.O., S. 76 ff.; G. Bornkamm, Gesetz und Natur, S. 111 ff.; M. Pohlenz, Paulus und die Stoa, S. 77 f.; O. Michel, a.a.O., S. 83 f.; H. Lietzmann, An die Römer, S. 41 f.; R. Bultmann, Theologie des Neuen Testaments, S. 217 ff.; E. Norden, a.a.O., S. 136, Anm. 1; B. Reicke, Syneidesis in Röm. 2,15, in: Theologische Zeitschrift 12 (1956), S. 157 ff.
[81] R. Bultmann, Theologie des Neuen Testaments, S. 218.
[82] G. Bornkamm, Gesetz und Natur, S. 115.

Phänomen des Gewissens als Glied einer Beweiskette, die am Ende nicht etwa das Gewissen als letzte sittliche Instanz aufrichtet, sondern durch das eigene autonome Urteil die auf sich selbst bezogene Autonomie vernichtet: Im Gewissen tut sich die Kenntnis des Gottesgesetzes kund; das Wissen um Gut und Böse ist unabhängig von einer direkten Gottesoffenbarung. Damit ist aber auch der Heide in die volle Verantwortung für sein Tun genommen, er ist unentschuldbar, denn alle, Juden wie Heiden, stehen unter dem Urteil von 3,9–20: „alle sind unter der Sünde, ... keiner ist, der Rechtschaffenheit übt, keiner ist da, auch nicht ein einziger". Die Aussage des Apostels über das Gewissen ist wie der ganze Abschnitt eschatologisch ausgerichtet, was auch unabhängig von der exegetischen Beurteilung von V 16 gilt[83], und darin liegt die eigentliche theologische Wertung des Gewissensphänomens durch Paulus an dieser Stelle.

Eine nüchterne und sachliche Wertung von Röm 2,15 f. wird sich wohl kaum der Einsicht verschließen können, daß Paulus an dieser Stelle einen im ganzen positiven Gebrauch von dem antiken Gedanken der Lex naturae macht[84]. Die teilweise emphatische Bestreitung dieser traditionellen Auffassung durch neuere, vorwiegend protestantische Exegeten kommt denn auch ohne bemerkenswerte exegetische Gewaltsamkeiten nicht aus, wie auch G. Bornkamm feststellt[85]. Diese einseitige exegetische Auswertung ist im allgemeinen die Konsequenz einer ganz bestimmten vorgefaßten dogmatischen Position, was besonders bei K. Barth deutlich wird[86]. Gleichwohl muß sich auch eine positive Interpretation des Textes warnen lassen, nicht zu unbekümmert und damit weitab von Paulus in Richtung auf eine vorbehaltlose Naturrechtsauffassung zu exegesieren. Doch wird man G. Bornkamm recht geben müssen, daß die vier vom Apostel eingebrachten Motive: 1. der φύσις-Gedanke, 2. die unbiblische Wendung ἑαυτοῖς εἰσιν νόμος, 3. das Motiv des ἄγραφος νόμος und der Beweis aus der συνείδησις der Heiden, in einem notwendigen Zusammenhang zueinander stehen und zusammengenommen kaum anders als im Sinne der griechischen Tradition gedeutet werden können[87]. O. Kuß sagt in seiner auf die Naturrechtsfrage bezogenen Zusammenfassung von Röm 2,14 f.: „Es gibt vor und neben dem positiven, durch ausdrückliche

---

[83] Vgl. ebd., S. 117.
[84] Vgl. ebd., S. 93, 101, 106 f., 110, 117.
[85] Vgl. ebd., S. 93 und 107 ff. Dort ist auch entsprechende Literatur angeführt. Vgl. ebenfalls O. *Kuß*, a.a.O., S. 70.
[86] Vgl. *K. Barth*, Kirchliche Dogmatik I,2 (1939), S. 324 ff., z. Stelle 332 f.; IV,1 (1953), S. 437. Vgl. auch zur Gesamtposition *Barths* seine Kampfschrift: Nein! Antwort an Emil Brunner, Theol. Existenz heute 14, München 1934.
[87] Vgl. *G. Bornkamm*, Gesetz und Natur, S. 101 f.

Offenbarung Gottes gegebenen sittlichen Gesetz ein jedem Menschen eingeschriebenes sittliches Gesetz, ein natürliches Normenbewußtsein, das mehr oder minder bewußt als ‚göttliche', unbedingte Forderung empfunden wird"[88].

Das ist noch keine entfaltete Lehre vom Naturrecht, aber doch in Übereinstimmung mit der Aussage von Röm 1,18 ff. eine klare Äußerung des Apostels, die das natürliche Wissen des vorchristlichen Menschen von Gott und einem im Gewissen verpflichtenden Sittengesetz zum Inhalt hat. Zwar ist diese Aussage nicht als Selbstzweck gedacht, sie steht im Beweiszusammenhang für eine ganz andere, diese positive Beurteilung wieder korrigierende Feststellung; das aber „ändert nichts an der Tatsache, daß Paulus eine natürliche Gesetzeserfüllung der Heiden kennt"[89]. Man kann und muß sogar sagen, daß dieses Faktum für den Apostel von grundsätzlicher Bedeutung ist, denn seine Beweisführung für die radikale Verlorenheit aller Menschen ist auf die tatsächliche Gesetzeserkenntnis auch der Heiden aufgebaut, so daß jede verflachende Abschwächung dieser Aussage auch die zu beweisende Gnadengerechtigkeit schwächt, ein Herausbrechen dieser Aussage aus der Beweiskette den ganzen Beweis in Frage stellen würde.

Damit ist auch gleichzeitig etwas gesagt über den Stellenwert, den diese Aussage im Gesamtgefüge der paulinischen Theologie hat: sie hat eine eindeutig dienende Funktion, keinen Selbstzweck, was dann entsprechend auch für eine Naturrechtsargumentation zu gelten hat. Paulus entfaltet hier keine Lehre vom Naturrecht oder der natürlichen Sittlichkeit. Er redet hier sogar in einem gewissen Sinne „unbefangen", im Sinne allgemeiner sittlicher Erfahrung, in der Form einer Tatsachenfeststellung von der natürlichen Gesetzeserkenntnis. Dieses „philosophische" Reden gehört nicht zum Zentrum seiner Theologie[90]. Nach der theologischen Qualifikation dieser Aussage gefragt, muß man konstatieren, daß sie insgesamt unter einem „großen Minuszeichen" steht[91]. Die natürliche Gesetzeserkenntnis eröffnet keinen Heilsweg neben dem Evangelium, sie steht unter dem vernichtenden Urteil des „Zornes Gottes" und erhält durch das ἀναπολόγητος ein durch kein dialektisches Rechenkunststück hinwegzudividierendes negatives Vorzeichen. Der Zielpunkt der Argumentation ab Röm 1,18 ist die Zerstörung jedweden menschlichen Selbstvertrauens, sowohl bei den Heiden als auch bei den Juden. Deshalb darf nicht im

---

[88] O. Kuß, a.a.O., S. 76.
[89] M. Pohlenz, Paulus und die Stoa, S. 80.
[90] Vgl. ebd., S. 80.
[91] Vgl. O. Kuß, a.a.O., S. 72.

Namen eines absoluten Naturrechts eine neue Sicherheit aufgebaut werden. Das Gesetz, auch das natürliche Gesetz, begründet keinen Anspruch auf endzeitlichen Lohn, es begründet nur Forderungen und mit diesen Forderungen Verantwortlichkeit. Es nimmt den Menschen in die volle Verantwortung für sein sittliches Tun und seine menschliche Geschichte und stellt ihn so vor das endzeitliche Gericht. Die paulinische Aussage über die natürliche Gesetzeserkenntnis muß vor diesem eschatologischen Horizont gesehen werden, der auch den Rahmen bestimmt, in welchen eine biblische Naturrechtsbetrachtung zu stellen ist. Paulus benutzt zwar den Gedanken der Lex naturae, ordnet ihn aber in die Christusverkündigung ein, wodurch er eine neue Aussagerichtung erhält. Er erhält eine antithetische, eschatologische Struktur wie die Gotteserkenntnis in Röm 1,18 ff. Das Wissen um das Gesetz wird dem Menschen zum Urteil über sich selbst, es ist eine wissende Unwissenheit.

### 4. Die Weisheit der Welt (1 Kor 1,18–2,16)

Die bisherigen Untersuchungen haben eine ganz bestimmte Tendenz in der Behandlung menschlicher Erkenntnismöglichkeit und -fähigkeit durch den Apostel Paulus erkennen lassen. Paulus widmet diesem Thema keine direkten Erörterungen, sie sind einschlußweise in andersgerichtete Gedankengänge aufgenommen worden und erhalten durch diese theologische Zielsetzung ihre grundsätzliche Bedeutung. Eine thematische Auseinandersetzung mit der menschlichen „Weisheit" scheint jedoch in 1 Kor 1,18 ff. vorzuliegen. Paulus ist hier gezwungen, gegen ganz bestimmte Vorgänge in der Gemeinde von Korinth einzuschreiten. Die Einheit der Gemeinde ist durch Gruppierungen und Parteiungen bedroht (1,10–17 und 3,1–8), die in irgendeiner Form durch bestimmte philosophisch-spekulative Evangeliumsinterpretationen verursacht sein müssen. Auch die Person des Apostels und seine bewußt schlichte, unphilosophische, allein auf die Heilstat in Christus ausgerichtete missionarische Verkündigung in Korinth müssen in den Meinungsstreit hineingezogen worden sein (2,1–5; 3,1–8). Wie die Einlassungen des Apostels zeigen, muß es um eine bestimmte Art von Weisheit (σοφία) und „höherer" Erkenntnis (γνῶσις) in Korinth gegangen sein. Ob diese Weisheitsspekulationen mehr philosophisch-hellenistischer Herkunft gewesen sind oder mehr jüdischer und gnostischer Natur waren, läßt sich aus den nur indirekten Bezugnahmen des Korintherbriefes nicht mehr bis in alle Einzelheiten nachweisen. Doch ist das für unsere Überlegungen nicht von Belang, denn Paulus antwortet in seinem Brief nicht konkret auf den Einzelfall bezogen, sondern grundsätzlich, auf den Kern der Sache sich einlassend. Die antignostische Polemik des Korintherbriefes, wie immer diese Gnosis ausgesehen haben mag, wird von Paulus unter dem grundsätzlichen Aspekt „Evangelium und Weisheit der Welt" geführt. Dabei ergibt sich eine interessante Parallele zu dem ähnlich gelagerten Problem „Evangelium und Gesetz" und seine Behandlung durch Paulus. Damit ist auch bereits die Richtung angedeutet, in welche die folgenden Erörterungen führen werden. Da sich jedoch aus 1 Kor 1 und 2 für unsere Untersuchung keine wesentlich neuen Aspekte zur Beurteilung menschlicher Erkenntnismöglichkeit durch Paulus ergeben, werden wir keine eingehendere Exegese vornehmen. Durch die Überlegungen anhand des Korintherbriefes wollen wir die Ergebnisse dieses Kapitels ergänzen und abrunden[92].

Paulus grenzt seine Verkündigung der Christusbotschaft kategorisch gegen jede Form von Weisheitsrede ab, denn durch eine Anpassung an die menschliche Weisheit würde die zentrale Aussage des Evangeliums vom Kreuz verfälscht und damit die ganze Botschaft ihrer Heilskraft beraubt werden (V 1,17). „Die Kreuzespredigt steht ihrem Wesen nach in einem von Gott gewollten Gegensatz gegen die Philosophie"[93]. Das Wort vom Kreuz stellt die Weisheit der Welt in Frage, es führt die menschliche Weisheit in die Krise. Die Paradoxie des Kreuzes ist ein Widerspruch gegen alle menschliche Weisheit und Philosophie[94].

Das ist programmatisch in V 18 ausgesagt: „Denn die Lehre vom Kreuz (ὁ λόγος γὰρ ὁ τοῦ σταυροῦ) ist denen, die verlorengehen, Torheit (μωρία); uns aber, die gerettet werden, ist sie Gottes Kraft (δύναμις θεοῦ)". Am Kreuz scheiden sich die Geister, es ist so etwas wie ein christlicher Prüfstein: den einen ist es Torheit, den anderen Gottes Kraft.

Und entsprechend sind auch die Menschen antithetisch einander entgegengesetzt: Gerettete und Verlorene. Der Apostel fügt dann einen Schriftbeweis aus Is 29,14 „für die Nichtigkeit der Philosophie"[95] an: „Es

---

[92] Zum folgenden vgl. *H.-D. Wendland*, Die Briefe an die Korinther, NTD 7 ([4]1946); *H. Conzelmann*, Der erste Brief an die Korinther, Meyer K 5 ([11]1969); ders., Paulus und die Weisheit, in: NTS 12 (1965/66), S. 231 ff.; *H. Lietzmann*, An die Korinther I/II, HNT 9 ([4]1949); *O. Kuß*, Die Briefe an die Römer, Korinther und Galater, RNT 6 (1940), hier S. 112 ff.; *R. Baumann*, Mitte und Norm des Christlichen. Eine Auslegung von 1 Korinther 1,1–3,4, Neutestamentliche Abhandlungen NF 5, Münster 1968; *U. Wilckens*, Weisheit und Torheit. Eine exegetisch-religionsgeschichtliche Untersuchung zu 1. Kor. 1 und 2, Beiträge zur historischen Theologie 26, Tübingen 1959.
[93] *H. Lietzmann*, An die Korinther, S. 9.
[94] Vgl. *H.-D. Wendland*, Die Briefe an die Korinther, S. 13.
[95] *H. Lietzmann*, An die Korinther, S. 9.

steht ja geschrieben: Vernichten will ich die Weisheit der Weisen (τὴν σοφίαν τῶν σοφῶν) und den Verstand der Verständigen (τὴν σύνεσιν τῶν συνετῶν) zuschanden machen" (V 19). Und so kann der Apostel, vielleicht mit einem triumphierenden Unterton, fragen: „Wo ist der Weise (σοφός)? Wo der Schriftgelehrte (γραμματεύς)? Wo der Disputierer (συζητητής) dieser Welt? Hat nicht Gott die Weisheit dieser Welt zur Torheit gemacht?" (V 20). Über die Bemühungen der Weisen dieser Welt, mit den Mitteln menschlicher Erkenntnis letzte Einsicht zu gewinnen, hat Gott durch das Evangelium vom Kreuz ein vernichtendes Urteil gesprochen. „Denn in der Weisheit Gottes hat die Welt aufgrund ihrer Weisheit Gott nicht erkannt; deshalb hat es Gott gefallen, durch die Torheit der Predigt jene zu retten, die glauben" (V 21). Zwei inkommensurable Wege sind dem Menschen (ὁ κόσμος) eröffnet worden: zunächst konnten sie mit Hilfe der natürlichen Erkenntniskraft (διὰ τῆς σοφίας) Gott in seiner Weisheit (ἐν τῇ σοφίᾳ τοῦ θεοῦ) erkennen. Dieser Weg geht von unten aus, von der Welt. Gedacht ist offensichtlich wie in Röm 1,18 ff. an die Gotteserkenntnis aus der Schöpfung als dem Werk der göttlichen Weisheit[96]. Aber der Weg über die Sophia hat durch menschliches Verschulden versagt (vgl. Röm 1,18 ff.). Die zweite Möglichkeit ist dem Menschen von oben, von Gott, gegeben worden, und zwar in totaler Umkehrung der Werte. Gott bietet als Heilsweg die Torheit der Christusbotschaft an. Damit sind zwei kontradiktorische „Wertsysteme" einander gegenübergestellt. Im Koordinatensystem der menschlichen Weisheit muß die Kreuzesverkündigung als negativer Wert registriert werden. Gott setzt durch das Faktum des Kreuzes ganz neue Wertmaßstäbe.

„Die Juden fordern Zeichen, die Griechen suchen Weisheit (σοφίαν)" (V 22). Sie wollen Gott von ihren eigenen Kategorien aus begreifen und beweisen. „Damit etablieren sie sich als Instanz, die über Gott urteilt"[97]. Deshalb muß die Verkündigung von dem gekreuzigten Christus den Juden zwangsläufig ein Ärgernis (σκάνδαλον) und den Heiden eine Torheit (μωρία) sein (V 23). Vom neuen Standort der Berufung aus (τοῖς κλητοῖς) ist sie jedoch Gottes Kraft und Gottes Weisheit (V 24). Was nach der Norm und dem Kriterium menschlicher Weisheit nur Ärgernis und Torheit sein kann, wird zum Maßstab und Inhalt letztgültiger Weisheit und Kraft. „Denn das Törichte (τὸ μωρόν), das von Gott kommt, ist weiser als die Menschen, und das Schwache, das von Gott kommt, ist stärker als die

---

[96] Vgl. O. Kuß, Die Briefe an die Römer, Korinther und Galater, S. 122; *H. Conzelmann*, Der erste Brief an die Korinther, S. 59ff.; *U. Wilckens*, a.a.O., S. 29ff.; *R. Baumann*, a.a.O., S. 92ff.

[97] *H. Conzelmann*, Der erste Brief an die Korinther, S. 62.

Menschen" (V 25). Dieser Vers formuliert eine allgemeine Sentenz. „Er stellt in zugespitzter Ausdrucksweise eine zeitlose Regel über das Verhältnis von göttlicher und menschlicher Potenz auf"[98]. Er ist nach H. Lietzmann eine „prägnante Ausdrucksweise für die Umkehrung der Werte im neuen Äon"[99]. „Die Torheit Gottes ist ja die wahre Wahrheit"[100]. Die Verkündigung des Gekreuzigten will nicht eine neue Weltanschauung propagieren, sondern jedwede Weltanschauung als Heilsweg zerstören.

Exemplarisch für die totale Umkehrung der Werte ist für Paulus die Zusammensetzung der Korinthischen Gemeinde (1,26–31). Da gibt es nur wenige Gebildete (σοφοί) oder Einflußreiche (δυνατοί) oder Vornehme (εὐγενεῖς). Im Gegenteil! Was in den Augen der Welt dumm, schwach, niedrig und verachtet ist, was also nach den Maßstäben der Welt völlig bedeutungslos ist, gerade das hat Gott auserwählt. Durch diese wahrhaft revolutionierende Tat Gottes sind die menschlichen Leistungs- und Bildungsmaßstäbe außer Kraft gesetzt worden; jeder Form und Möglichkeit von Selbstruhm und Selbstsicherheit ist damit der Boden entzogen (V 29). Das Sich-Rühmen (καυχᾶσθαι), von dem die Vv 29 und 31 sprechen, ist für Paulus die Grundhaltung des auf die eigene Weisheit und Leistung pochenden Menschen[101]. Es offenbart sein Streben nach Selbstgerechtigkeit und autonomer Überlegenheit. Damit ist es nun vorbei. Wenn überhaupt noch menschliches Rühmen, dann „im Herrn", d. h. nach der neuen Gesetzmäßigkeit des Kreuzes (vgl. V 31). Die neue Weisheit, Gerechtigkeit, Heiligkeit und Erlösung empfängt der Mensch als Gabe von Gott in der Tat Christi, so daß seine neue Grundhaltung die des dankbaren Empfängers ist.

Paulus kann aber auch den Gegensatz zwischen der Weisheit der Welt und dem Handeln Gottes an seinem eigenen Auftreten in Korinth und an seiner Verkündigung des Evangeliums demonstrieren (2,1–5). Er hat ihnen die Christusbotschaft nicht mit blendender Beredsamkeit und wissenschaftlich-philosophischer Gelehrsamkeit vorgetragen (V 1 und 4). Seine missionarische Tätigkeit hatte er ganz bewußt auf die Person Christi und das Geheimnis des Kreuzes ausgerichtet (V 2). Wenn der Apostel aber in Korinth auf den Glanz der Rhetorik verzichtete und seine Person ganz hinter der Botschaft zurücktreten ließ (V 3 und 4), so war das von der Sache her gefordert, denn der Glaube der Korinther sollte nicht auf philosophi-

---

[98] Ebd., S. 64.
[99] *H. Lietzmann*, An die Korinther, S. 10.
[100] *H.-D. Wendland*, Die Briefe an die Korinther, S. 15; vgl. auch *R. Baumann*, a.a.O., S. 114 f.
[101] Vgl. *H. Conzelmann*, Der erste Brief an die Korinther, S. 67.

schem Argument oder menschlicher Überzeugungskunst gründen, sondern allein auf der inneren Überlegenheit und Kraft des Wortes Gottes. Denn die Weisheit Gottes ist auf dem Wege menschlicher Erkenntnisbemühungen unerreichbar (2,6–16). Sie ist eine dem natürlichen Menschen absolut unzugängliche, verborgene Größe (V 6–9). Den Glaubenden (ἡμῖν) hat Gott eine neue Verstehensbasis in seinem Geist gegeben, den er der Kirche verliehen hat (V 10–12). „Wir haben aber nicht den Geist der Welt (πνεῦμα τοῦ κόσμου) empfangen, sondern den Geist, der aus Gott ist, damit wir erkennen, was uns Gott geschenkt hat" (V 12). Noch einmal zeigt hier der Apostel die grundsätzliche Andersartigkeit von Evangelium und Philosophie am πνεῦμα-Begriff auf. Es überrascht, daß Paulus sich nun auch seinerseits in den Vv 6–16 der gnostischen Begrifflichkeit bedient und ganz unerwartet von der σοφία Gottes spricht[102]. Dahinter steht aber deutlich das Bemühen, den Korinthern den essentiellen Unterschied klarzumachen, welcher zwischen der wahren Weisheit Gottes und den verurteilten Weisheitsspekulationen besteht. „Dementsprechend konstatiert Paulus in V. 10 f. die wesenhafte Inkommensurabilität dieser Offenbarungserkenntnis gegenüber allem welthaften Erkennen"[103]. Zwischen beiden gibt es keinen harmonisierenden, perfektionistischen Übergang. Der „geistige" Inhalt (τὰ τοῦ πνεύματος τοῦ θεοῦ) der Offenbarung kann mit den Kategorien menschlichen Wissens nicht ausgesagt werden (vgl. V 13–16). Von der Basis der kreatürlichen Erkenntnispotenz (ψυχικὸς ἄνθρωπος) gibt es keinen Zugang zur wahren Sophia Gottes.

Diese Absage an die menschliche Erkenntnisfähigkeit im Hinblick auf das Suchen nach der metaphysischen Seinsbegründung kann kaum deutlicher und endgültiger ausfallen. Wendland stellt deshalb die Frage: „Ist damit alle Wissenschaft, alles menschliche Erkenntnisstreben von Paulus verurteilt worden?"[104]. Nun, Paulus spricht nicht immer so negativ vom Menschen und seinem natürlichen Vermögen, und die übrigen ntl. Schriftsteller tun es erst recht nicht, wie wir im Verlaufe unserer bisherigen Untersuchung darlegen konnten. Wenn aber vom Boden des Neuen Testaments aus nach der Möglichkeit und Qualifikation der natürlichen Erkenntnis und damit auch des Naturrechts gefragt wird, muß aufgrund der ntl. Wertordnung zunächst einmal im vollen Umfang das vernichtende Urteil zur Kenntnis genomen werden, das die Schrift ausspricht; wir glauben das besonders auf diesen letzten Seiten in voller Deutlichkeit dargelegt zu

---

[102] Vgl. *R. Baumann*, a.a.O., S. 171 ff.; *U. Wilckens*, a.a.O., S. 60, 67; *H.-D. Wendland*, Die Briefe an die Korinther, S. 18.
[103] *U. Wilckens*, a.a.O., S. 83.
[104] *H.-D. Wendland*, Die Briefe an die Korinther, S. 18.

haben. Heilscharakter hat das menschliche Erkenntnisstreben und das kreatürliche Suchen nach Gerechtigkeit (Naturrecht) in keinem Fall. „Es gibt keine Weisheit der Welt, auch nicht religiöse Weisheit, die Gottesgemeinschaft und Heil gewinnen und vermitteln könnte"[105]. Ein „christliches" Naturrecht, das dieses ntl. Urteil ernst nimmt, wird niemals absolutistisch und selbstgerecht auftreten können. Es wird im Wissen um die eigenen Grenzen offen bleiben für Kritik und sich gewarnt sein lassen vor jeder Form von ideologischer und religiös-schwärmerischer Verkrampfung. U. Wilckens setzt die grundsätzliche Auseinandersetzung des Paulus nicht nur zur religiös-gnostischen Sophiaspekulation in Beziehung[106], sondern auch zur σοφία des stoischen Systems[107]. Er stellt fest, „daß die Verkündigung des Kreuzes, wie Paulus sie in 1. Kor. 1 f. entfaltet, von einem Stoiker von vornherein und a limine leidenschaftlich abgelehnt werden muß. Denn auf eine so radikale Krisis seiner selbst, wie sie das ‚Wort vom Kreuz' bedeutet, kann sich kein Stoiker einlassen, wenn anders er Stoiker bleiben will. Der λόγος τοῦ σταυροῦ trifft das stoische Denken in seinem Ansatz, insofern der Glaube das Ende alles ‚Rühmens' bedeutet"[108]. Die Person Christi und seine Heilstat ist Mitte, Norm und Ziel des christlichen Lebens und damit müssen sich die rein irdischen Anstrengungen im Bereich der gesellschaftlichen Bezüge an diesem Maßstab orientieren lassen. Keinesfalls kann die ntl. Sittlichkeit mit der natürlichen Ethik einfach gleichgesetzt werden.

Nachdem die ntl. Position dergestalt aufgezeigt worden ist, kann auch die Frage nach der Berechtigung des Naturrechts und der natürlichen Erkenntnis für den bürgerlichen Bereich neu gestellt werden. Bei allem Respekt vor dem grundsätzlichen Urteil des Apostels über die heilsgeschichtliche Relevanz der natürlichen Erkenntnis, würden wir aber 1 Kor 1 und 2 gründlich mißverstehen, wenn wir aus diesem Text eine Stellungnahme des Apostels zur natürlichen Erkenntnisfähigkeit bzw. zum Naturrecht in seiner Bedeutung für den gesellschaftlichen und politischen Bereich herauslesen wollten. Die Fragen der irdischen Kultursachbereiche werden hier gar nicht angesprochen. Nach der Bedeutung der menschlichen Vernunft für die Bewältigung der irdischen Probleme wird nicht gefragt. Wendland stellt fest: „Paulus spricht hier nicht als Feind der Vernunft, als Gefühlsmensch und Anwalt des ‚Irrationalen' (vgl. 14,15.19.20!), sondern

---

[105] Ebd., S. 14.
[106] Vgl. *U. Wilckens*, a.a.O., S. 97 ff.
[107] Vgl. ebd., S. 225 ff.
[108] Ebd., S. 269.

kämpft gegen den Anspruch einer religiösen Weisheit, die ob jüdisch oder hellenisch, in jedem Falle Gotteserkenntnis und ewiges Leben zu vermitteln behauptet"[109]. Der Ertrag dieser Erörterung ließe sich etwa folgendermaßen in einem Satz zusammenfassen: Das Naturrecht muß sich von der „Weisheit Gottes" her sagen lassen, was es in Wirklichkeit ist: ein höchst relativer, ständig gefährdeter und korrekturbedürftiger menschlicher Weg zu mehr *irdischer* Gerechtigkeit.

Überblicken wir nun den Inhalt der ntl. Aussagen über die menschliche Erkenntnisfähigkeit, so müssen wir feststellen: Ein Eindringen in die letzten Kausal- und Wirkzusammenhänge der menschlichen Existenz mit den Mitteln der „natürlichen" Vernunft ist vom Standpunkt des Evangeliums aus nur bedingt möglich. Da die Voraussetzungen gebunden sind an die Möglichkeiten der menschlichen Potenz, also welt-immanenter Natur sind, müssen auch die Ergebnisse notwendigerweise im Rahmen dieser Voraussetzungen bleiben. Die Weisheit „dieser Welt" ist kein adäquates Gefäß für die „Weisheit Gottes". Mit diesem Instrument kann die transzendente Wahrheit weder erfaßt noch begrifflich zureichend dargestellt werden (vgl. Predigt des Paulus in Korinth in 1 Kor 1 und 2).

Die Offenbarung Gottes in seinem Schöpfungswerk führt nicht zum Ziel der Gottesverehrung (vgl. Röm 1,18 ff.), die Erkenntnisse der praktisch-theoretischen Vernunft können aus sich nicht die Schwelle natürlichen Wissens überschreiten und in den eigentlichen Raum des metaphysischen Seins vordringen. Damit ist auch dem naturrechtlichen Bemühen eine unüberschreitbare Grenze gesetzt. Sein Wirkfeld sind die Institutionen der Welt, der Bereich des natürlichen Rechtfindens und der gesellschaftlichen Ordnungen. Das Naturrecht hat keine eigentliche theologische Qualifikation, keinen Absolutheitswert.

Aber auch an seinem legitimen innerweltlichen Standort ist die Kraft des Naturrechts nicht ungebrochen und seine Wirksamkeit nicht widerspruchsfrei. Auch dort, wo das „ins Herz geschriebene Gesetz" der Heiden in Geltung ist, kommt es nicht zu seinem „innerweltlichen" Ziel. Die Schuld und Verlorenheit des Menschen nach Maßgabe der Schrift ist allgemein und ausnahmslos (vgl. Röm 2,1–16). Das theologische Urteil über das menschliche Erkennen und Wissen von seiten der Christusbotschaft ist folglich ein differenziertes. Während auf der einen Seite jede Heilsbedeutung bestritten wird, erhält es auf der anderen Seite eine Bestätigung

---

[109] *H.-D. Wendland,* Die Briefe an die Korinther, S. 18; vgl. *O. Kuß,* Die Briefe an die Römer, Korinther und Galater, S. 126.

als sittliche Instanz und Gewissensforum, ohne jedoch dieser Funktion in allem gerecht werden zu können. Das Urteil der Schrift über die erkenntnistheoretische Potenz des menschlichen Wissens und einschlußweise des Naturrechts ist, wie wir gesehen haben, in einem höchsten Maße ambivalent, ja dialektisch.

## II. DIE SCHÖPFUNG UND IHR NEUTESTAMENTLICHER ORT

Im letzten Kapitel haben wir das naturrechtliche Verfahren nach seinen erkenntnistheoretischen Voraussetzungen befragt. Unsere Fragestellung lautete: Was vermag das menschliche Wissen nach dem Urteil der ntl. Schriften zu leisten? Die Untersuchung, die sich vor allem auf paulinische Texte bezog, ergab ein großes Fragezeichen hinter das menschliche Bemühen um die Erkenntnis der Seinszusammenhänge. Dieses dialektische Urteil der Schrift über die menschliche Erkenntnisfähigkeit und damit auch über die erkenntnistheoretische Möglichkeit des naturrechtlichen Ansatzes gilt es im Auge zu behalten, wenn wir uns nun der objektiven Seite des Problems zuwenden und nach den materialen Inhalten der naturrechtlichen Erkenntnis fragen. Gibt es in der ntl. Botschaft Anhaltspunkte für die naturrechtliche Behauptung, daß die objektive Welt (Natur) Gesetzmäßigkeiten enthält, die Bedingungen für das sittliche Verhalten des Menschen setzen? Gibt es Hinweise dafür, daß die von Gott geschaffene Welt einen Bestand an ursprünglichen Ordnungsstrukturen für das menschlich-gesellschaftliche Zusammenleben aufweist? Die Richtung solchen Forschens geht naturgemäß auf die Schöpfung und auf die in ihr eventuell entfalteten Ordnungsstrukturen. Wenn wir untersuchen, ob Naturrecht, biblisch gesehen, aus den „Schöpfungsordnungen" abgeleitet werden kann, müssen wir uns über die generelle Funktion der Schöpfung in der ntl. Botschaft klarwerden. Eine „Theologie der Schöpfungsordnungen" darf nicht losgelöst von der Gesamtbotschaft des Neuen Testaments allein aufgrund einiger ausgewählter positiver oder auch nur vermeintlich positiver Aussagen des Alten und des Neuen Testaments über die Schöpfung entworfen werden. Es ist allerdings nicht beabsichtigt, das muß an dieser Stelle gesagt werden, die protestantische Diskussion um die Theologie der Schöpfungsordnungen, wie sie besonders zwischen den beiden Kriegen von einigen protestantischen Theologen vertreten worden ist, in diesem Kapitel aufzugreifen, obgleich die dort behandelten Themen sich vielfach mit unserem Themenkreis berühren[1]. Unsere Frage betrifft den materialen Inhalt der

---

[1] Vgl. zur protestantischen Diskussion um die Theologie der Ordnungen: *P. Althaus*, Theologie der Ordnungen, Gütersloh 1934; *K. Barth*, Kirchl. Dogmatik, Bd. III/4 (1951), bes. S. 20 ff., 39 ff.; *W., Künneth*, Die biblische Offenbarung und die Ordnungen Gottes, in: Die Nation vor Gott, hrsg. v. *W. Künneth* u. *H. Schreiner*, Berlin ⁵1937, S. 21 ff.; *W. Wiesner*, Die

naturrechtlichen Sittlichkeit. Es ist zu prüfen, ob die Schrift eine solche naturrechtliche Argumentation, die gekennzeichnet ist durch die ontologische Seinsbetrachtung und die Bindung des sittlichen Sollens an die objektive Norm des Seins überhaupt zuläßt. Gibt es oder kann es nach dem Urteil der Schrift solche objektiven Seinsstrukturen überhaupt geben? Nimmt das Neue Testament vielleicht selbst Bezug auf die Normativität der in der Schöpfung angelegten Ordnungsstrukturen? Inwieweit bietet die Schöpfung und ihre Gesetzmäßigkeit Orientierungspunkte für den materialen Bestand der sittlichen Ordnung? Im Kontext dieses Themenkreises stellen wir nun die Frage nach der Stellung der Schöpfung in der ntl. Botschaft.

## 1. Die protologisch-optimistische Sicht der Schöpfung

Wenngleich sich unsere Untersuchung grundsätzlich auf das Neue Testament beschränkt, halten wir es für zweckdienlich, an dieser Stelle zunächst einen Blick auf das Alte Testament zu werfen. Das hat drei Gründe. Erstens wird es kaum möglich sein, christlich oder gar biblisch von der Schöpfung zu sprechen, ohne, bewußt oder unbewußt, die auf die Schöpfung bezogenen Aussagen des Alten Testaments mitzureflektieren. Zweitens ist davon auszugehen, daß die ntl. Schöpfungssicht weithin durch den atl. Schöpfungsglauben mitbestimmt ist. Der dritte Grund ist durch den Untersuchungsgegenstand gegeben. Die bisherige biblisch-theologische Begründung der naturrechtlichen Argumentation ist ganz entscheidend auf die Schöpfungsaussagen des Alten Testaments, insbesondere den Genesisbericht, abgestellt. Aus den dargelegten Gründen ist es wohl unerläßlich, wenn auch nur summarisch, vorab die Linie der atl. Schöpfungssicht zu skizzieren. Mehr kann und soll in diesem Abschnitt nicht geschehen; auf eine eingehendere Befassung mit den theologischen Aussagen des Alten Testaments über die Schöpfung müssen wir verzichten.

Auf den ersten Blick scheint die Beantwortung der ausgangs des letzten Abschnitts gestellten Fragen keine besonderen Schwierigkeiten zu bereiten. Wenn man gewisse positiv-optimistischen Aussagen über die Güte der

---

Lehre von der Schöpfungsordnung. Anthropologische Prolegomena zur Ethik, Gütersloh 1934; *H. Simon*, Der Rechtsgedanke in der gegenwärtigen deutschen evangelischen Theologie unter besonderer Berücksichtigung des Problems materialer Rechtsgrundsätze, Diss. Bonn 1952; *H. H. Wolf*, Artikel „Ordnung", in: ESL, Sp. 941 ff.; *T. Herr*, Zur Frage nach dem Naturrecht im deutschen Protestantismus der Gegenwart, S. 46 ff., 103 ff.

Schöpfung ins Auge faßt, ergibt sich nahezu von selbst die Folgerung, daß die von Gott erschaffene Welt so etwas wie einen ethischen Fahrplan nicht nur enthalten könne, sondern auch müsse. Nahezu unauslöschlich hat sich den meisten Menschen seit den Kindertagen das Bild vom Schöpfergott und der guten Schöpfung des Paradieses eingeprägt. Und in der Tat, es ist auch eines der Ziele des priesterlichen Berichtes Gn 1,1–2,4a, die Urheberschaft Gottes an der Welt darzustellen. Die „Billigungsformel"[2], die am Ende der einzelnen Tagewerke wiederholt wird – sie fehlt nur beim zweiten Tagewerk –, drückt sozusagen dem Werk den amtlichen Gütestempel auf: „Und Gott sah, daß es gut war". Damit wird ganz bewußt eine Korrektur der altorientalischen Schöpfungsmythen vollzogen, die in irgendeiner Weise das „Rohmaterial" des alttestamentlichen Schöpfungsberichtes gewesen sind[3]. Die dualistisch-mythologische Weltbetrachtung ist eindeutig durch die monotheistische Gottesvorstellung abgelöst worden. Von der Idee einer von Gott unabhängigen, ewigen Materie, die zugleich das Prinzip des Bösen verkörpert, kann keine Rede mehr sein. Der jahwistische Bericht vom Sündenfall (Gn 3,1–24) verlegt den Ursprung des Bösen in die Tat des Menschen und damit in den Bereich der menschlichen Freiheit. Gott hat sein Werk vom Ursprung her nicht fehlerhaft angelegt. Weder hat das Böse seine Wurzel in der Verderbnis der Materie, noch gibt es einen von Gott unabhängigen, nicht geschaffenen Weltstoff. Es fehlt im ersten Genesisbericht jeder Gedanke an die Unvollkommenheit der materiellen Natur. Der Grundzug der Darstellung ist durch und durch optimistisch und charakterisiert die Schöpfung durch Zweckmäßigkeit und Harmonie[4]. Selbst der jahwistische Bericht vom Sündenfall hebt diese positive Orientierung nicht einfach auf. Denn gerade er beantwortet ja die Frage nach dem Bösen in der Welt in einer Weise, die weder die Materie dämonisiert noch den Menschen, welcher als Ursache des Bösen erscheint, in hoffnungslosem Pessimismus versinken läßt. Gott entzieht dem Menschen trotz seines Versagens nicht seinen Schutz und seine Fürsorge, wie die folgenden

---

[2] Vgl. *L. Scheffczyk*, Schöpfung und Vorsehung, Handbuch der Dogmengeschichte, Bd. II/2a, hrsg. v. *M. Schmaus, J. Geiselmann, A. Grillmeier*, Freiburg i. Br. 1963, S. 5. Vorsichtiger jedoch die Beurteilung durch *C. Westermann*, Genesis, Biblischer Kommentar Altes Testament I/1, Neukirchen 1966 ff., S. 228 f.

[3] Vgl. *H. Junker*, Artikel „Schöpfungsbericht", in: LThK 9, ([2]1964), Sp. 466 ff.; *G. Lindeskog*, Studien zum neutestamentlichen Schöpfungsgedanken I, Uppsala Universitets Årsskrift 1952/11, Uppsala-Wiesbaden 1952, S. 15 ff.; *L. Scheffczyk*, a.a.O., S. 3 ff.; *W. Eichrodt*, Theologie des Alten Testaments II/III, Stuttgart [5]1964, S. 71 ff.; *C. Westermann*, Genesis, S. 1 ff., 26 ff.

[4] Vgl. *L. Scheffczyk*, a.a.O., S. 5; *W. Eichrodt*, Theologie II/III, S. 68 ff.

Kapitel der Genesis zeigen. Er ist sogar in den folgenden Bundesschlüssen bereit, mit dem Menschen einen neuen Anfang zu machen.

Auch verliert der Mensch nicht seine dominierende Position im Gesamt der Schöpfung. Nach dem Plane Gottes ist die Schöpfung auf den Menschen hin angelegt. Der priesterliche Bericht drückt die Vorrangstellung des Menschen unter anderem dadurch aus, daß der Schöpfungsbericht in der Erschaffung des Menschen kulminiert (Gn 1,26 ff.). Aber auch der Jahwist läßt keinen Zweifel daran, daß die Welt und das Paradies um des Menschen willen erschaffen sind. Die gesamte Darstellung 2,4b–3,24 ist so angelegt, daß der Mensch im Mittelpunkt steht. Die Priesterschrift hebt auch *formal* die Erschaffung des Menschen hervor[5], indem sie sozusagen einen Augenblick innehält und durch die Selbstaufforderung Gottes „Lasset uns den Menschen machen" (Gn 1,26) den Schöpfungsakt feierlich einleitet.

Bei der naturrechtlichen Betrachtung des Schöpfungsberichtes haben seit eh und je die Aussagen über die schöpfungsmäßige Ausstattung des Menschen eine außerordentliche Rolle gespielt. Dabei setzt die naturrechtliche Auswertung der Schöpfungslehre im allgemeinen bei dem Imago-Dei-Gedanken an (Gn 1,26 f.). Daß der Mensch nach dem „Bilde Gottes" geschaffen ist, muß als eine wesentliche Aussage der Genesis bezeichnet werden[6]. Diese Beschaffenheit hebt den Menschen aus der gesamten übrigen Schöpfung hervor, sie begründet seine Herrschaft über Erde und Tiere, sein dominium terrae, und macht seine unverlierbare Werthaftigkeit aus, die nicht ungestraft verletzt werden kann (vgl. Gn 9,6). Inhaltlich ist allerdings der Charakter der Gottebenbildlichkeit des Menschen nicht definitiv bestimmt. Eine ontologisch und damit auch die naturrechtlich interessierte Exegese folgert aus der Aussage, daß der Mensch nach dem „Bilde Gottes" geschaffen ist, bestimmte seinsmäßige Eigenschaften, wie Verstand und freien Willen, die den Menschen essentiell über die übrige Schöpfung erheben und seine „herrschaftliche Stellung" begründen. Von anderer Seite wird die ontologische Deutung jedoch heftig bestritten[7] und die imago Dei als personale Bestimmung des Menschen erklärt und als Gemeinschaft mit Gott verstanden. „Darum kommt Entscheidendes darauf

---

[5] Vgl. *L. Scheffczyk*, a.a.O., S. 6; *H. Junker*, Genesis, Echter-Bibel, 9. Lfg., Würzburg ²1952, S. 13; *C. Westermann*, Genesis, S. 199–201.
[6] Zur Imago-Dei-Lehre im AT vgl. *H. Gross*, Artikel „Gottebenbildlichkeit", in: LThK 4 (²1960), Sp. 1087 f.; *L. Scheffczyk* (Hrsg.), Der Mensch als Bild Gottes, Wege der Forschung 124, Darmstadt 1969; *F. Horst*, Der Mensch als Ebenbild Gottes, in: Gottes Recht, München 1961, S. 222 ff.; *C. Westermann*, Genesis, S. 201 ff.
[7] Vgl. *H. Thielicke*, Theologische Ethik I, Tübingen ²1958, S. 245 ff. Vgl. auch *J. Fuchs*, Lex naturae. Zur Theologie des Naturrechts, Düsseldorf 1955, S. 57 ff., bes. S. 60, Anm. 3.

an, diese Eigenschaft der imago als Relation festzuhalten", so H. Thielicke[8]. Der Genesisbericht will nach seiner Meinung keine Angaben über die inhaltliche Qualität der Gottebenbildlichkeit machen, sondern den Menschen in seiner Ich-Du-Beziehung zu Gott darstellen und daraus seine Verantwortlichkeit als Person vor Gott ableiten[9].

Daran ist sicherlich richtig, daß die Genesis keinerlei Interesse daran zeigt, die ontologischen Voraussetzungen der Gottebenbildlichkeit zu beschreiben[10]; sie ist vielmehr ganz darauf angelegt, den Menschen als Partner Gottes darzustellen. Seine personhafte Bestimmung ist, Gottes Dialogpartner zu sein, worin seine alles überragende Würde begründet und seine unausweichliche Verantwortlichkeit festgelegt ist. Doch besaß auch der alttestamentliche Mensch schon ein gewisses Interesse, wenn auch wahrscheinlich durch fremde (hellenistische) Einflüsse geweckt, die seinsmäßigen und für die konkrete Ausgestaltung des Menschenbildes wesentlichen Schlüsse aus der Ebenbildlichkeit zu ziehen, wie Sir 17,2–12 veranschaulicht. Man kann sicherlich ein solches philosophisches Fragen nicht als illegitim bezeichnen, wenngleich der Schöpfungsbericht selbst nicht in diese Richtung tendiert.

Eine weitere Eigentümlichkeit des alttestamentlichen Schöpfungsberichtes ist die Hervorhebung des „Wortes Gottes" als schöpferischer Kraft. Durch das schöpferische Wort Gottes „Es werde . . ." ist die Schöpfung ins Leben gerufen worden. Deshalb kann man den Schöpfungsbericht auch unter dem Aspekt der Wort-Gottes-Theologie betrachten. Darin ist ein weiterer Hinweis für die personal-individuale Struktur des alttestamentlichen Schöpfungsglaubens zu sehen. Dieser personale Aspekt ist ebenfalls für den Imago-Gedanken, der zweifellos auf die personale Beziehung des Menschen zu Gott angelegt ist, bestimmend gewesen. Seine personale Würde hat der Mensch im Angerufensein von Gott, und seine Verantwortlichkeit, die Spitze der menschlichen Ausstattung, ist begründet in der Bestimmung, dem Rufe Gottes Antwort geben zu müssen mit der ganzen von Gott geschaffenen Existenz. Es entspricht folglich durchaus der Intention des biblischen Imago-Dei-Gedankens, wenn heute neben

---

[8] Ebd., S. 277.
[9] Vgl. ebd., S. 277 ff.; vgl. auch W. *Eichrodt*, Theologie II/III, S. 80 ff.; F. *Horst*, a.a.O., S. 230 f.
[10] Vgl. W. *Eichrodt*, Theologie II/III, S. 83; vgl. auch G. v. *Rad*, Die Gottesebenbildlichkeit im AT, in: ThW 2 (1935), S. 387 ff., der jede inhaltliche Bestimmung ablehnt: „Die Gottesebenbildlichkeit liegt weder in der ‚Persönlichkeit' des Menschen noch in dem ‚freien Ich' noch in der ‚Würde des Menschen' noch im ‚freien Gebrauch der moralischen Anlage'" S. 388 f. Ebenso C. *Westermann*, Genesis, S. 214–218.

der ontologisch-statischen Struktur des Naturrechts auch verstärkt der personal-dynamische Charakter hervorgehoben wird. Beide Aspekte haben ihre wohlbegründete Berechtigung. Eine Überbetonung der statisch-ontischen Elemente kann das Naturrecht zur Erstarrung bringen, während eine einseitig personal-dynamische Auffassung zum reinen Dezisionismus und zu einer Situationsethik führt, welche die Ethik in eine permanente Entscheidungssituation ohne richtunggebende Normierung auflöst.

Ein weiterer naturrechtlich relevanter Aspekt des Schöpfungsberichtes ist der Kulturauftrag an den Menschen: „Erfüllt die Erde und macht sie euch untertan" (Gn 1,28), welcher mit der herrscherlichen Stellung des Menschen über Erde und Tiere (Gn 1,26.28) verbunden ist. Der Auftrag Gottes, die Schöpfung zu beherrschen, ist dem naturrechtlich Interessierten sowohl eine höchstautoritäre Bestätigung seiner Kulturarbeit, in deren Dienst er das Naturrecht gestellt sieht, als auch der intellektuellen Ausstattung, ohne welche der Mensch bei seiner ansonsten gegenüber der übrigen Schöpfung „minderen" Begabung (physischen Ausstattung) das dominium terrae nicht ausüben könnte. Da aber der Auftrag Gottes nie zurückgezogen worden ist, muß auch die intellektuelle Ausstattung des Menschen trotz des Sündenfalls so weit intakt geblieben sein, wie es für die Wahrnehmung dieses Auftrages nötig ist. Die von dieser Feststellung angesprochene Frage nach dem sogenannten Urstandsrest, die in der interkonfessionellen Diskussion immer eine bedeutende Rolle gespielt hat, kann hier unberücksichtigt bleiben[11]. Soviel ist sicher, daß die „Gottesebenbildlichkeit bei P (Priesterschrift) nicht durch den Sündenfall verloren geht, da P keine Sündenfallserzählung bietet", stellt W. Foerster[12] fest, und G. v. Rad meint: „Davon, daß die Gottesebenbildlichkeit für den Menschen nunmehr verloren sei, weiß das AT nichts. P legt ja gerade Wert auf die Feststellung, daß die Gottesebenbildlichkeit Adams auf Seth übergegangen sei"[13] (Gn 5,3). Zwar wird in den Schöpfungsberichten P und J im Zusammenhang mit der Erschaffung des Menschen nicht von der intellektuellen Ausstattung des Menschen geredet, doch weisen die Gottesebenbildlichkeit, die Partnerschaft mit Gott, das dominium terrae und der Kulturauftrag zusammengenommen dem Menschen einen einzigartigen Platz im Gesamt der Schöpfung zu. Die souveräne Stellung gegenüber der übrigen Schöpfung und das partnerschaftliche Verhältnis zu Gott verlangen

---

[11] Vgl. *J. Feiner*, Artikel „Urstand", in: LThK 10 (²1965), Sp. 572 ff.
[12] *W. Foerster*, Artikel κτίζω etc., in: ThW 3 (1938), S. 999 ff., hier 1014.
[13] *G. v. Rad*, Die Gottesebenbildlichkeit im AT, S. 390; vgl. auch *ders.*, Theologie des Alten Testaments I, München 1957, S. 151.; *F. Horst*, a.a.O., S. 226 f.

eine adäquate Ausstattung des Menschen. Ein an der ontologischen Grundlegung des Menschen interessiertes Naturrecht wird daraus ganz konkrete Folgerungen für die seinsmäßige Anlage des Menschen im geistig-intellektuellen Bereich ziehen. In Verbindung mit dem Urteil über die grundsätzliche Güte der von Gott geschaffenen Welt, die sich nach der Schrift als wohlgeordneter Kosmos darstellt, ist dann der Weg frei für das Anliegen des Naturrechts, mit den Möglichkeiten des menschlichen Verstandes aus der Ordnung der Natur und den Gesetzmäßigkeiten des menschlichen Seins sittliche Normen zu erheben. Denn die positive Aussage über Schönheit und Güte der Schöpfung ist ebenfalls von der Schrift, trotz des Sündenfalls im Paradiesbericht des Jahwisten, nicht widerrufen worden. Sie durchzieht vielmehr das ganze Alte Testament und erreicht im Lobpreis der Schöpfung durch das Psalterium einen Höhepunkt[14].

„Kronzeugen des alttestamentlichen Schöpfungsglaubens"[15] sind Ps 8, 19 und 104. Der Ps 8, ein Lobgesang der Schöpfung auf den Schöpfer, enthält in V 6–9 eine Interpretation von Gn 1,26 f. Majestät und Herrlichkeit, sonst Attribute Jahwes, werden hier dem Menschen zugeschrieben, weshalb nicht wenige Exegeten den Imago-Charakter im Sinne dieser Prädikate interpretiert wissen wollen[16]. Auch Ps 19, der in seinem ersten Teil von der Weltschöpfung Jahwes handelt, verarbeitet den Gedanken, daß der Kosmos die Herrlichkeit Gottes bezeugt. Der Psalm, dem wahrscheinlich ein alter Naturhymnus zugrunde liegt, preist Himmel und Sonne als Offenbarung Gottes. Und ebenso lassen nach Ps 104 die Wunder der Schöpfung Allmacht und Weisheit Gottes erkennen. Ps 104 ist eine künstlerisch freie, dichterisch schwungvolle Interpretation des Schöpfungsberichtes. Das All stellt sich dem Betrachter als eine wunderbare Ordnung und Harmonie dar, so daß der tiefreligiöse Betrachter zum Bekenntnis der Größe und Erhabenheit Gottes gezwungen wird. Weitere Beispiele ließen sich anfügen, so Ps 98 oder Ps 136, welcher litaneiartig die Wunderwerke Jahwes in der Schöpfung preist. Erinnert sei auch an die zahlreichen einfachen Hinweise auf die Schöpfungstat Gottes, wie in Ps 148,5 und 33,6.

Außerhalb des Psalteriums findet sich ein sehr schöner und umfangreicher Lobpreis auf die Schöpfung und den Schöpfer in Sir 42,15–43,33. Auch an Weish 13 und Jb 12,7–10 könnte man in diesem Zusammenhang

---

[14] Vgl. W. *Eichrodt,* Theologie II/III, S. 70 f.; G. v. *Rad,* Theologie des Alten Testaments I, S. 353 ff.
[15] G. v. *Rad,* Das theologische Problem des alttestamentlichen Schöpfungsglaubens, in: Werden und Wesen des Alten Testaments, hrsg. v. P. Volz, F. Stummer und J. Hempel, Beihefte z. Zeitschrift f. d. alttestamentliche Wissenschaft 66, Berlin 1936, S. 138 ff., hier 144.
[16] Vgl. z. B. G. v. *Rad,* Die Gottesebenbildlichkeit im AT, S. 389 f.

erinnern. Besonders auffällig ist die häufige Bezugnahme auf das Schöpfungsereignis bei Isaias, so zum Beispiel Is 40,21 ff.; 42,5 ff.; 44,24 ff.; 45,12.

Wie man aus dem dargebotenen Material entnehmen kann, ist der Blick des Alten Testamentes auf die Schöpfung ein überwiegend positiver und optimistischer; er erweckt Hoffnung und Vertrauen auf Jahwe. Denn die Schöpfung stellt sich dem alttestamentlichen Betrachter auch nach dem Sündenfall in ungebrochener Kraft und Harmonie dar, da sie in Ursprung und Fortdauer bis in die Gegenwart (creatio continua) das unveränderliche Siegel Jahwes, ihres Schöpfers, trägt. Diese positive und optimistische Bilanz des Schöpfungsglaubens im Alten Testament könnte man leicht ergänzen durch entsprechende Hinweise aus dem Neuen Testament. Das Neue Testament setzt zunächst einmal den alttestamentlichen Schöpfungsglauben fort und baut auf diesem auf[17]. So lassen die Synoptiker ein durchweg optimistisches Verhältnis zur Schöpfung erkennen und spiegeln ein tiefes Vertrauen zur väterlichen Fürsorge Gottes wider, der für seine Geschöpfe sorgt (Mt 6,25 ff.) und seine Sonne über Gute und Böse aufgehen läßt (Mt 5,45). Sodann könnten wir auf die Schöpfungsoffenbarung verweisen, wie sie in Apg 14,15–17 und 17,23 ff. ausgesprochen wird. Wir haben diese Stellen bereits im letzten Kapitel analysiert. Wenn auch Röm 1,18 ff. eine weniger optimistische Sprache redet, so gilt doch auch für Paulus, daß in Gott der Ursprung aller Dinge ist (1 Kor 11,12). Und weil er der Herr der Erde ist, gibt es keine in sich unreine Materie (Opferfleisch), wie aus 1 Kor 10,25 f. und Röm 14,14.20 zu entnehmen ist (vgl. auch Mk 7,14 ff. par.). „Alles, was Gott geschaffen hat, ist gut" (1 Tim 4,4). Man könnte eine solche optimistische Betrachtung der Schöpfung, was gar nicht selten geschieht, mit dem pauschalen Hinweis auf die Inkarnation legitimieren, die durch den Akt der Annahme der menschlichen Natur diese und mit ihr die ganze geschaffene Kreatur aufwertet, ja heiligt.

Von dieser optimistischen Weltschau aus ist es nur noch ein kleiner Schritt zu einem ebenso optimistischen und damit idealistischen Naturrecht, das die Schöpfung einseitig vom Standort des paradiesischen Urstandes betrachtet, den Sündenfall kaum höher als einen Betriebsunfall einschätzt und die menschliche Geschichte praktisch ignoriert. Ist die Tatsache einer in sich guten und logisch geordneten Schöpfung grundsätzlich akzeptiert, ist es auch möglich, die Welt ohne Berücksichtigung des Schöpfers ins Auge zu fassen und aus den in ihr angelegten Gesetzmäßigkeiten zu interpretieren. Auf diesem Wege läßt sich dann auch die sittliche Norm aus der Ordnung der Schöpfung und der menschlichen Natur ent-

---

[17] Vgl. *L. Scheffczyk*, a.a.O., S. 13 ff.; *G. Lindeskog*, a.a.O., S. 163, 169 f., 178 ff.; 189 ff.

falten. Der Mensch wird sich selbst Gesetz und Gott stillschweigend aus der Verantwortung für die Welt und den Menschen entlassen. Gott ist dann der Deus absconditus, der in unerreichbarer Ferne über seiner Schöpfung thront, oder das Weltprinzip, welches als ewiges Gesetz in die Schöpfung eingegangen ist. Der Constructor mundi hat sich nach der Abnahme seines Werks („Und er sah, daß es gut war„) zurückgezogen; die Schöpfung funktioniert nun selbständig nach dem eingespeicherten Programm. Dieser Weg führt meistens zu einem idealistischen und absoluten Naturrecht, das als autonomes Gesetz nicht nur auf die Offenbarung verzichten kann, sondern sogar verzichten zu müssen glaubt, weil jeder nachträgliche Eingriff in die Mechanik der ewigen und absoluten Gesetze diese irritiere oder sogar falsifiziere. Eine einseitig optimistische Schöpfungsbetrachtung endet leicht bei idealistischen Naturrechtsspekulationen, die mit der Schrift nur noch über die schmale Brücke der Schöpfungstatsache verbunden sind. Der Schöpfer wird zum unbeteiligten Zuschauer.

Die Schrift selbst bietet dafür keine Grundlage. Sie will gerade durch den Schöpfungsbericht „gegen den Dualismus, der neben Gott ein zweites Prinzip der Welterklärung stellt, und gegen den Pantheismus, der Gott und Welt identifiziert und die Gottheit zu einer unpersönlichen Kraft macht, die allenthalben pulsiert, aber doch nirgends faßbar ist"[18], angehen. Der Schöpfer ist und bleibt der absolute Herr seiner Schöpfung, der die Geschichte der Welt und des Menschen grundsätzlich nicht aus der Hand gibt. Deshalb ist es nicht gestattet, den Ablauf der Geschichte und das Leben des Menschen getrennt von Gott nach der eigenen Gesetzmäßigkeit zu gestalten. Wie die creatio ex nihilo zeigt, ist „der deistische Gottesgedanken der prima causa, der die Gottheit als Glied des Geschehens in die Kette von Ursache und Wirkung einordnet, außer Kraft gesetzt durch die absolute Freiheit des göttlichen Handelns"[19]. Auch sollte man daran denken, daß die optimistische Sicht der Schöpfung, die im Alten Testament zweifellos an manchen Stellen vorhanden ist, vor dem Hintergrund der Bedrohung der Schöpfung und der Menschenwelt zu sehen ist. Der Schöpfungsoptimismus ist unter anderem eine Form, in der die Rätsel und Probleme des menschlichen Lebens (Schicksalsbedrohung, Lebensangst, Tod etc.) gelöst werden. Indem man die Schöpfung und den Gang der Geschichte auf Jahwe zurückführt, entreißt man sie der grundsätzlichen Verfügungsgewalt der bedrohenden Mächte.

Überhaupt wird man bei der Bestimmung des theologischen Ortes der Schöpfung im Alten Testament davon auszugehen haben, daß die

[18] W. *Eichrodt*, Theologie II/III, S. 61.
[19] Ebd., S. 66.

Schöpfungsbetrachtung nicht Selbstzweck ist und nur eine dienende Funktion hat. Die Lehre von der Schöpfung ist im Alten Testament kein zentraler Gegenstand, Priesterschrift und Jahwist sind auf den Heils- und Erwählungsglauben ausgerichtet[20]. Die Schöpfungsterminologie ist häufig nur ein Interpretament für das geschichtliche Heilshandeln Jahwes an Israel, besonders gern verwandt in bezug auf den Exodus (vgl. Ps 77; 106,9; Is 43,16 f.; 51,9 ff.; Ez 29,3; 32,2 f.)[21]. Der Glaube Israels ist ganz auf den Bundesgott konzentriert, nicht auf den Schöpfergott[22]. W. Foerster formuliert den Sachverhalt so: „Es geht im AT nicht von der Schöpfung zur Geschichte, sondern umgekehrt, also nicht: der Schöpfer (Subj) ist Jahwe (dh der Gott Israels), sondern: Jahwe (Subj) ist der Schöpfer"[23]. Israel lernt seinen Gott Jahwe zunächst als den kennen und verehren, der heilsmächtig in die Geschichte Israels eingreift (z. B. Exodus), erst später erfährt es Jahwe auch als den Schöpfer der Welt.

Die Aussagen über die Weltschöpfung finden sich überwiegend in jüngeren Texten: Deuterojesaja, Priesterschrift, einige Psalmen — der Jahwist behandelt die eigentliche Weltschöpfung nicht — und werden dort nicht als selbständiges Thema behandelt[24]. Deuterojesaja sieht die Schöpfung als solche offenbar als ein Heilsereignis an (Is 44,24; 54,5; 51,9 ff. u. a.). Beide Glaubensinhalte, Schöpfung und Heilsgeschichte, stehen nebeneinander, ja fallen fast zusammen. Auch im Psalterium ist die Schöpfung soteriologisch verstanden. Deshalb liegt es nahe, „daß dieses soteriologische Verständnis der Schöpfung auch der jahwistischen und priesterschriftlichen Schöpfungsgeschichte zugrunde liegt"[25]. Die Schöpfungstat ist demnach als ein geschichtliches Werk und ein Heilsereignis zu betrachten. Durch die Schöpfung hat die Heilsgeschichte ihren Lauf begonnen, so stellt der nach rückwärts schauende Israelit fest.

In diesem Sinne stellt Ps 136 die Aussagen über die Schöpfung (V 5–9) und das Heilshandeln Gottes in der Geschichte (ab V 10) in eine Reihe nebeneinander, und ähnlich geschieht es in Ps 148. Auch der Ps 33 preist Jahwe zunächst als den Schöpfer (V 6–9) und dann als den Geber des Heiles. Von der Protologie geht der Sänger bald weiter zur Soteriologie[26].

---

[20] Vgl. *G. Lindeskog*, a.a.O., S. 10 f.; auch *L. Scheffczyk*, a.a.O., S. 2 f.
[21] Vgl. ebd., S. 28.
[22] Vgl. *W. Eichrodt*, Theologie II/III, S. 60.
[23] *W. Foerster*, a.a.O., S. 1004.
[24] Vgl. *G. v. Rad*, Theologie des Alten Testaments I, S. 140 ff.
[25] Ebd., S. 142.
[26] Vgl. *G. v. Rad*, Das theologische Problem des alttestamentlichen Schöpfungsglaubens, S. 140.

Wie aus Is 40,21 ff.; 44,24 ff.; 45,12 f. hervorgeht, ist die Schöpfung auch bei Isaias nicht um ihrer selbst willen erwähnt. v. Rad stellt fest: „Es gibt im ganzen Buch Deutjes. keine Stelle, an der der Schöpfungsglaube selbständig auftritt; nie ist er das Hauptthema eines Spruches, um deswillen der Prophet das Wort ergreift"[27]. Er sieht offensichtlich in der Weltschöffung und in der Errettung Israels ein und dasselbe Handeln Gottes (Is 42,9; 48,6); der Schöpfungsglaube ist in die Dynamik des Heilsglaubens einbezogen und eingeschmolzen (44,24 ff.; 51,9 f.; 54,5)[28]. So ergibt sich von Isaias über das Psalterium bis zur Genesis eine einheitliche Linie: ein soteriologisches Verständnis des Schöpfungswerkes. Die Schöpfung ist sozusagen die erste Heilstat Jahwes, sie eröffnet den Raum für die Heilsgeschichte.

Eine gewisse Ausnahme bilden Ps 8, 19 und 104, welche die Schöpfung in sich zu betrachten scheinen[29]. Es tritt hier auch verstärkt der Gedanke auf, daß der Kosmos Gott bezeugt (Ps 19; 104). Hier liegt ein reiner und unabhängiger Schöpfungsglaube vor, der, wie Ps 8 zeigt, auch an der gedanklichen Spekulation und Reflexion teilhat. Nach G. v. Rad sind diese Schöpfungsbetrachtungen nicht typisch für das Alte Testament. Diese Psalmen nehmen vorisraelitische Vorbilder auf (Ps 19 und 104) oder stammen wie Ps 8 aus der gleichen Quelle wie die alttestamentliche Weisheit, die in ähnlich spekulativer Weise den Schöpfungsglauben verarbeitet. Das ist aber nicht die ursprüngliche und genuine Sicht der Schöpfung im Alten Testament, wie wir gesehen haben.[30]

[27] Ebd., S. 140.
[28] Vgl. ebd., S. 141 f.
[29] Vgl. ebd., S. 144 ff.
[30] Daß der atl. Schöpfungsglaube in die heilsgeschichtliche Erfahrung Israels eingebettet ist, gilt heute als ein von der Exegese allgemein anerkanntes Faktum. *G. v. Rad* hat mit seinem Aufsatz „Das theologische Problem des alttestamentlichen Schöpfungsglaubens" in den dreißiger Jahren die Weichen für die Interpretation des atl. Schöpfungsglaubens im Lichte der Heilsoffenbarung gestellt. Diese Auffassung ist von der Forschung allgemein akzeptiert und seither immer wieder bestätigt worden. Vgl. z. B. *R. Rendtorff*, Die theologische Stellung des Schöpfungsglaubens bei Deuterojesaja, in: Zeitschr. f. Theologie u. Kirche 51, (1954), S. 3 ff.; *O. H. Steck*, Deuterojesaja als theologischer Denker, in: Kerygma u. Dogma 15 (1969), S. 280 ff.; *C. Stuhlmueller*, The Theology of Creation in Second Isaias, in: Catholic Biblical Quarterly 21 (1959), S. 428 ff.; *ders.*, Creative Redemption in Deutero-Isaiah, Analecta Biblica 43, Rom 1970; *C. Westermann*, Das Reden von Schöpfer und Schöpfung im Alten Testament, in: Zeitschrift f. d. alttestamentliche Wissenschaft (ZAW), Beih. 105 (1967), S. 238 ff.; *ders.*, Genesis, S. 89 ff. In neuerer Zeit ist die Ausgangsbasis der einlinigen Konzeption Rads aufgrund verschiedener Beobachtungen vor allem im Text des Deuterojesaja erheblich differenzierter gesehen worden. Besonders in der Frage der Traditionen des atl. Schöpfungsglaubens haben sich neue Erkenntnisse ergeben. Das wird bereits bei den Untersuchungen von Rendtorff, Westermann u. a. zur Sprache gebracht. An diese Ergebnisse anknüpfend, hat *R. Albertz* nun in seiner Arbeit „Weltschöpfung und Menschenschöpfung" (Stuttgart 1974) eine einheitliche Schöpfungssicht für das Alte Testament in Frage gestellt und die atl. Schöpfungsaussagen auf zwei getrennte Traditionen

Bei der Bestimmung des theologischen Ortes der Schöpfung im Alten Testament ist also davon auszugehen, daß die Protologie, obwohl sie am Anfang der Schrift steht, weder heilsgeschichtlich noch wertmäßig das „erste" ist. Deshalb muß auch jede Weltbetrachtung von der Heilsgeschichte ausgehen, d. h. von den Daten, die Gott in der heilsgeschichtlichen Offenbarung gesetzt hat. Von daher ist die Schöpfung zu interpretieren, sie hat eine unter- bzw. nachgeordnete Funktion. Der eigentliche Interpretationsschlüssel zum Verständnis der Schöpfung liegt nicht in ihr selbst, sondern in der Heilsoffenbarung. Das will auch von einem biblisch verstandenen Naturrecht bedacht sein. Obgleich die Schrift kein Interesse an der ontologischen Beschreibung der Schöpfungsinhalte oder der menschlichen Ausstattung (des Humanums) zeigt, setzt sie doch Daten, die ein solches Fragen im philosophischen Sinne als durchaus sinnvoll erscheinen lassen. Auch würde es den Aussagen des Alten Testamentes widersprechen, wollte man das Naturrecht durch den Sündenfall für suspendiert erklären. Nirgends spricht die Schrift in einer Weise von der Schöpfung und dem Menschen, die ein solches Verdikt rechtfertigen könnte. Im Gegenteil! Obgleich der alttestamentliche Mensch sich und seine Welt in ständiger Bedrohung sieht, erfährt er immer wieder aufs neue das beschützende und rettende Heilshandeln Gottes, das auch die Schöpfung nicht ins Chaos versinken läßt, so daß sie dem Menschen immer noch von der Herrlichkeit Gottes, ihres Schöpfers, erzählen kann (Ps 19). Freilich sollten wir nicht vergessen, daß dieses Wissen und das positive Vertrauen auf die Güte der Schöpfung umfangen sind von der Erfahrung Gottes in der Heilsgeschichte Israels. Der Schöpfungsglaube ist geborgen und ent-

---

zurückgeführt, Weltschöpfung und Menschenschöpfung, die sich in Form und Inhalt voneinander in wesentlichen Punkten unterscheiden. Wir können diesem neuen Ansatz nicht weiter nachgehen. Unbeschadet der weiteren Diskussion dieser Frage, dürfen wir, was unseren Untersuchungsgegenstand betrifft, davon ausgehen, daß auch bei einer differenzierteren Beurteilung der Sachverhalte sich an der grundsätzlichen Hinordnung der Schöpfungsaussagen auf die zentralen Heilsaussagen nichts ändern wird.
Einen selbständigen, vom Heilsgott Jahwe unabhängigen Schöpfungsglauben als Glauben *an* die Schöpfung gibt es im AT nicht. Vgl. *C. Westermann*, Das Reden von Schöpfer und Schöpfung im Alten Testament, S. 238 f. Ein solcher Schöpfungsglaube kann deshalb auch nicht als Begründung eines autonomen und absoluten Naturrechts herangezogen werden. „Das Alte Testament kennt keine andere Begründung von Recht als den *Willen* (Sperrung von mir) des Gottes Israels, der der Schöpfer und König der Welt ist. Es kennt deshalb kein Naturrecht (Wesensrecht), das an Gott vorbeigehen könnte, um sich in einen säkularen Bereich von Autonomie zu begeben", so *F. Horst*, Naturrecht und Altes Testament, in: Gottes Recht, München 1961, S. 235 ff., hier 258. Daran wird auch die Tatsache nichts ändern, daß man nach dem heutigen Stand der Forschung gegenüber dem „soteriologischen Schöpfungsverständnis" dem Reden von der Schöpfung im AT wieder ein größeres Eigengewicht zumessen wird. Vgl. hierzu *C. Westermann*, Genesis, S. 238 ff., bes. 241 ff.

dämonisiert durch den Heilsglauben. Ein Naturrecht, das sich in diesen biblischen Rahmen hineinstellt, wird personal, dynamisch, soteriologisch angelegt sein müssen. Personal heißt, daß es nicht einseitig statisch und legalistisch sein darf. Dynamisch muß es sein, weil es für die geschichtliche Entwicklung offen ist. Ein starres und ungeschichtliches Naturrecht würde dem heilsgeschichtlichen Charakter des Schöpfungsglaubens nicht gerecht werden, der die Schöpfung in die Geschichte auf das messianische Heil mit hineinnimmt. Und der soteriologische Charakter verhindert, daß es sich als absolute Größe von der Offenbarung löst und im deistischen Sinne um sich selbst kreist. Ein biblisch verstandenes Naturrecht ist nicht Selbstzweck, es ist nicht um seiner selbst willen da. Es steht wie die ganze geschöpfliche Ordnung im Dienste des Heils oder hier besser des Menschen, hat also dienende Funktion. Wenn man das im Sinne der existentialen Interpretation verstehen will, mag das als Interpretationsformel akzeptiert werden. Keinesfalls jedoch darf damit eine objektive Normierung in Frage gestellt werden. Denn das Schöpfungswerk hat Daten für die menschliche Gemeinschaft gesetzt, die nicht übergangen werden können.

2. Die christologische Sicht der Schöpfung im Neuen Testament

Bei der Bestimmung des theologischen Orts der Schöpfung im Neuen Testament können wir von dem bisherigen Ergebnis ausgehen, denn die heilsgeschichtliche Ausrichtung des Schöpfungsglaubens wird von der ntl. Gemeinde nicht aufgegeben. Sie hält weiter am Alten Testament fest und damit an seiner grundsätzlichen Sicht der Schöpfung[31]. Das Spezifische im Neuen Testament ist, daß die Heilsgeschichte hier in die Christusgeschichte einmündet bzw. von dieser aufgenommen wird. Dadurch erfährt die Schöpfung eine Neuinterpretation auf Christus hin. Die ntl. Sicht der Schöpfung ist anthropologisch und christologisch ausgerichtet: in ihrer Mitte steht immer noch der Mensch, aber jetzt der neue Mensch Christus und der in Christus erneuerte Mensch. Durch die christologische Interpretation der Schöpfung erhält die Christologie ihrerseits eine kosmologische Dimension, d. h. sie wird relevant für den gesamten Kosmos.

Im christologischen Schöpfungsverständnis sind Schöpfung und Erlösung einander zugeordnet. Das bedeutet für die Schöpfung, daß sie an der Ge-

---

[31] Vgl. *G. Lindeskog*, a.a.O., S. 163 ff.; *G. W. H. Lampe*, Die neutestamentliche Lehre von der Ktisis, in: Kerygma und Dogma 11 (1965), S. 24 ff.; *L. Scheffczyk*, a.a.O., S. 13 ff.

schichte der Erlösung teilhat. Mit dieser heilsgeschichtlichen Zuordnung ist aber auch ein Urteil über die Schöpfung gefällt: die Schöpfung ist erlösungsbedürftig (negativ) und auch erlösungsfähig (positiv). Eine solche dialektische Sicht der Schöpfung entspricht dem ntl. Wirklichkeitsverständnis[32]. Das Neue Testament hat auch diese Grundhaltung vom Alten übernommen. Die ntl. Schriften lassen, wie wir bereits ausgeführt haben, eine durchaus positive und optimistische Haltung zur Weltwirklichkeit erkennen. Das drückt sich sowohl in der positiven Stellung gegenüber den Lebenswerten Ehe, Familie, Arbeit, Staat etc. als auch in dem ausdrücklichen Urteil über die Güte der geschaffenen Dinge (z. B. 1 Tim 4,4) aus. Eine solche Feststellung wird nicht widerspruchslos hingenommen werden, wenn man an die nicht gerade wenigen negativen Aussagen der ntl. Schriften über „diese Welt", den αἰὼν οὗτος, und die, vorsichtig gesagt, skeptischen Äußerungen über die Ehe denkt[33]. Es kann kein Zweifel sein, daß die urchristliche Gemeinde in ihrer Stellung zur Welt und den Kulturwerten von bestimmten pessimistischen Zeitströmungen nicht unbeeinflußt geblieben ist.

Es ist aber bemerkenswert und keineswegs zufällig, daß in solchen kritischen Aussagen stets der Begriff „diese bzw. die gegenwärtige Welt" verwandt wird. Mit αἰὼν οὗτος ist aber nicht das gemeint, was wir unter dem neutralen, mehr naturwissenschaftlichen Begriff „Schöpfung" verstehen, sondern ein moralisch-wertender Beziehungszusammenhang des Menschen zu den Werten der geschaffenen Welt. Er meint die Welt des Menschen und das in Unordnung geratene Verhältnis zur Schöpfung und ihrem Schöpfer. Für Schöpfung in unserem Sinne wird „diese Welt" fast nie gebraucht; bisweilen steht κτίσμα oder κτίσις, meistens „Himmel und Erde" oder „das All" (τὰ πάντα)"[34], Begriffe, die im allgemeinen in unserem neutralen Sinne verwandt werden. Und was die ntl. Beurteilung der Ehe angeht, darf man sich nicht von den durch die Parusieerwartung und aszetische Zielsetzungen beeinflußten Aussagen irritieren lassen (z. B. 1 Kor 7,29 ff.). Gerade die Stellungnahme des Apostels Paulus zur Ehe und Ehelosigkeit zeigt auch, daß der Apostel in Abwehr ebensolcher falscher gnostischer Vorstellungen sowohl eine aszetische Eheverachtung als auch eine libertinistische Freizügigkeit verurteilt und die Ehe als positiven Wert

---

[32] Vgl. *Lindeskog*, a.a.O., S. 169 ff.

[33] Vgl. *R. Schnackenburg*, Das Verständnis der Welt im Neuen Testament, in: Christliche Existenz nach dem Neuen Testament. Abhandlungen und Vorträge Bd. I, München 1967, S. 157 ff.; *ders.*, Der neue Mensch – Mitte christlichen Weltverständnisses (Kol 3,9–11), in: Weltverständnis im Glauben, hrsg. v. *J. B. Metz*, Mainz 1965, S. 184 ff., hier 186 ff.

[34] Vgl. *R. Schnackenburg*, Das Verständnis der Welt im NT, S. 174 f.; *Hermann Sasse*, Artikel κόσμος, in: ThW 3 (1938), S. 867 ff.

voll anerkennt, allerdings in Unterordnung unter die noch höhere Zielsetzung des Evangeliums[35].

Der charakteristische Indifferentismus des Apostels gegenüber den irdischen Werten (1 Kor 7,29–31) entspringt einer anderen Wurzel als der stoischen oder gnostischen[36]. Die Urkirche hat gerade in der Auseinandersetzung mit divergierenden Lehren inner- und außerhalb der Gemeinde darauf bestanden, daß die Materie an sich nichts Schlechtes (Unreines) ist, wie Röm 14,14.20 (Mk 7,14 ff. par); 1 Kor 8,1 ff.; 10,25 ff.; 1 Tim 4,1–4 zeigen. Diesen Standpunkt hat sie vor allem in der Opferfleischfrage präzisiert und mit dem Hinweis, daß Gott der Urheber der Materie ist, begründet (1 Kor 8,6; 10,26). Mit deutlicher Anspielung auf Gn 1,31 konstatiert sie expressis verbis die Werthaftigkeit des Geschaffenen in Entgegnung abwertender gnostisch-asketischer Ansichten bezüglich Ehe- und Nahrungsaskese: „Denn alles, was Gott geschaffen hat, ist gut" (1 Tim 4,4). Die Urheberschaft Gottes ist der Gütestempel alles Geschaffenen.

So enthält das Bekenntnis zum Schöpfergott, das sich allenthalben in der Schrift findet, zugleich die Überzeugung von der grundsätzlichen Güte der Schöpfung. Für das Bekenntnis zu Gott als dem Schöpfer Himmels und der Erde, d. h. der ganzen Welt ohne Ausnahme, brauchen wir keinen Beweis mehr zu führen, da es zu den fundamentalen Aussagen des Evangeliums gehört (1. Artikel des Credo). Wie die doxologische Verwendung in Röm 11,33–36 zeigt, hat es schon früh in das Gemeinschaftsgebet und den Gottesdienst Eingang gefunden und wird wohl alttestamentlichen und synagogalen Ursprungs sein, wie ja das eingeschlossene Wissen um die Güte der Welt als Schöpfung Gottes ebenfalls von dort übernommen wurde.

„Der Schöpfungsgedanke wird im Neuen Testament allerdings überlagert vom Wissen um den unheilvollen Zustand der gegenwärtigen Welt"[37]. Die neutestamentliche Wirklichkeitsauffassung ist durch alle Schriften hindurch dualistisch bestimmt, bisweilen in einer apokalyptischen Zuspitzung[38]. Neben dem Erlebnis der Schöpfung als Gottes guter Welt

---

[35] Vgl. *H.-D. Wendland*, Die Briefe an die Korinther, S. 39 ff., bes. 47 f.
[36] Vgl. *H. Braun*, Die Indifferenz gegenüber der Welt bei Paulus und bei Epiktet, in: *ders.*, Gesammelte Studien zum Neuen Testament und seiner Umwelt, Tübingen 1962, S. 159 ff.; *G. Hierzenberger*, Weltbewertung bei Paulus nach 1 Kor 7,29–31. Eine exegetisch-kerygmatische Studie, Kommentare und Beiträge zum Alten und Neuen Testament, Düsseldorf 1967.
[37] Vgl. *R. Schnackenburg*, Der neue Mensch, S. 187.
[38] Vgl. *G. Lindeskog*, a.a.O., S. 169 ff.; *R. Schnackenburg*, Der neue Mensch, S. 186 ff.; *ders.*, Das Verständnis der Welt im Neuen Testament, S. 160 ff.; *W. Foerster*, Schöpfung im NT, S. 1029 ff.

steht eine pessimistisch geprägte Stimmung, die aus der Widerfahrnis des Bösen in der Welt stammt. Oft scheint es so, als ob diese Sicht die ntl. Grundhaltung bestimmen würde. Sie prägt sich aus in den vom apokalyptischen Dualismus mitbestimmten Antithesen Finsternis – Licht, Tod – Leben, Fleisch – Geist und ähnlichen[39]. Unter dem Eindruck dieses Erlebnisses bekommt die Schöpfung die Gestalt der σάρξ im paulinischen Sinne. Als sarkische Welt ist die Schöpfung vom Geist des Bösen infiziert und dem Tode verfallen. Seit dem paradiesischen Sündenfall steht auch der Kosmos unter der Herrschaft des θάνατος, so daß aus κόσμος als Inbegriff der harmonischen Ordnung und des schöpfungsmäßigen Schönen eine Chiffre (κόσμος οὗτος) für die dem Untergang geweihte und gottwidrige Welt des Menschen wird[40]. „Die Gestalt dieser Welt vergeht", deshalb kann der Christ nur noch unter dem eschatologischen Vorbehalt des ὡς μή von ihr Gebrauch machen (1 Kor 7,31). Neben der paulinischen Theologie ist der Gegensatz zwischen der Welt Gottes und „diesem Kosmos" besonders scharf in der johanneischen Theologie ausgeprägt. Obwohl der Kosmos Gott sein Dasein verdankt, hat er den Logos-Schöpfer nicht erkannt und sich ihm versperrt (Jo 1,10 f.). „Dieser Kosmos", in welchem der „Fürst dieser Welt" die Herrschaft ausübt (vgl. 12,31; 14,30) steht in erbittertem Gegensatz zu Gott.

Nun muß aber auffallen, daß überall dort, wo von „dieser Welt" als Schauplatz des Bösen gesprochen wird, eigentlich gar nicht von der Welt im technisch-neutralen Sinne die Rede ist, sondern von der Welt als Exerzierfeld des Menschen, als Lebensraum des Menschen und als Objektträger der menschlichen Geschichte[41]. Der Kosmos wird hier in seiner Bezogenheit auf den Menschen und Verflochtenheit mit der Menschengeschichte geschaut. Das aber entspricht durch und durch der alttestamentlichen Sicht, welche ebenfalls die Schöpfung nur unter anthropologischem und heilsgeschichtlichem Aspekt betrachtet. „Der Mensch steht im Mittelpunkt des ganzen Bildes, und der Rest der belebten Welt wird als eine Art Hintergrund für das Drama der menschlichen Geschichte gesehen"[42]. Die anthropologische Sicht der Schöpfung im Alten Testament, auf die wir bereits oben gestoßen waren, kommt auch darin zum Ausdruck, daß die Geschichte des Kosmos mit der Geschichte des Menschen in der Sündenfallschilderung verknüpft wird. Auch die außermenschliche Schöpfung verliert ihre paradiesische Struktur, der Erdboden ist „verflucht" um des

---

[39] Vgl. die Zusammenstellung bei *G. Lindeskog*, a.a.O., S. 171 f.
[40] Zum Begriff Welt vgl. *Hermann Sasse*, Artikel κόσμος, S. 867 ff., bes. 889 ff.
[41] Vgl. *R. Schnackenburg*, Das Verständnis der Welt im Neuen Testament, S. 157 f.
[42] *G. W. H. Lampe*, a.a.O., S. 21.

Menschen willen (Gn 3,17 ff.). Die Folgen der Sünde affizieren auch den Lebensraum des Menschen, in dem er lebt, wie die Sintflut später die ganze Erde überflutet. Weil das Verhältnis des Menschen zu Gott gestört ist, ist auch seine Beziehung zur Umwelt in Unordnung geraten.

Das Neue Testament übernimmt diese anthropozentrische Schöpfungssicht. Durch die Schuld Adams ist die Sünde in die Welt gekommen (Röm 5,12 ff.). „Die Schöpfung (ἡ κτίσις) ist der Vergänglichkeit unterworfen" (Röm 8,20); die ganze Schöpfung nimmt an dem Leid und der Not Anteil bis auf den heutigen Tag (Röm 8,22)[43]; sie unterliegt dem gleichen Todesurteil wie der Mensch. Himmel und Erde, das Werk Gottes, werden vergehen (Hebr 1,10–12). Die Gestalt dieser Welt ist eine vergehende, sie strebt auf das Ende zu (1 Kor 7,31). Aber die Auflösung der Schöpfung bewirkt zugleich die Geburt eines „neuen Himmels und einer neuen Erde" (Apk 21,1; 2 Petr 3,12 f.). Wie der Kosmos mit der Unheilsgeschichte des Menschen verbunden ist, so ist er auch an der Heilsgeschichte beteiligt. Die Schöpfung befindet sich jetzt in einer Art Wartestellung (sie harrt), die auf die Heilsoffenbarung an den Kindern Gottes ausgerichtet ist (Röm 8,19). Ihre Verfallenheit ist keine endgültige, sie ist nämlich auf Hoffnung hin (ἐφ᾽ ἐλπίδι) angelegt (8,20). Die Schöpfung hat den gleichen Hoffnungshorizont wie die Kinder Gottes: Befreiung von der Sklaverei der Vergänglichkeit zur Doxa der Freiheit der Kinder Gottes (8,21 ff.).

Die dualistische Weltbetrachtung ist für die Schrift charakteristisch. Die pessimistische und optimistische Weltsicht stehen in der Schrift nebeneinander und in innerer Spannung zueinander[44]. Der gnostisch-persische Pessimismus, der die Materie als Struktur des Bösen bezeichnet, ist aber hier durch die Urheberschaft Gottes gebrochen; und der unbekümmerte, naturalistische Schöpfungsoptimismus ist durch das Faktum des Sündenfalls und den realistischen Blick auf die Wirklichkeit korrigiert. Dabei richtet sich das Interesse keineswegs auf die Schöpfungswirklichkeit in ihrer naturwissenschaftlichen Selbständigkeit und menschlichen Verfügbarkeit, sondern auf ihre Bedeutung für den in ihr und mit ihr agierenden Menschen. Die alt- und neutestamentliche Schöpfungssicht ist durch und durch anthropozentrisch orientiert[45]. Die Aussage über die Schöpfung ist zu-

---

[43] Vgl. zu Röm 8,19 ff. *P. Althaus*, Der Brief an die Römer, NTD 3 (1965), S. 1 ff., hier 92 f.; *H. Asmussen*, Der Römerbrief, Stuttgart 1952, S. 177 ff.; *H. Lietzmann*, An die Römer, HNT 8 ([3]1928), S. 84 ff.; *O. Michel*, Der Brief an die Römer, S. 200 ff.; *A. Schlatter*, Gottes Gerechtigkeit. Ein Kommentar zum Römerbrief, Stuttgart [4]1965, S. 267 ff.; *H. Schlier*, Das, worauf alles wartet. Eine Auslegung von Röm 8,18–30, in: Das Ende der Zeit. Exegetische Aufsätze und Vorträge III, Freiburg/Basel/Wien 1971, S. 250 ff.

[44] Vgl. *R. Schnackenburg*, Der neue Mensch, S. 188.

[45] Vgl. *G. W. H. Lampe*, a.a.O., S. 21 ff.; *R. Schnackenburg*, Der neue Mensch, S. 184 ff.

nächst eine moralisch-personale und nicht eine naturwissenschaftlich-ontologische. R. Schnackenburg sagt: „Die Bibel deckt im Grunde nur die Hinordnung der übrigen Welt auf den Menschen und die Auswirkung des menschlichen, moralisch-verantwortlichen Verhaltens in ihr auf"[46]. Dadurch wird die Schöpfung in die Heilsgeschichte eingeschlossen, Schöpfung und Erlösung sind aufeinander bezogen. Die Schöpfung seufzt auch unter dem Fluch der Sünde und wartet auf ihre Befreiung (Röm 8,19 ff.). Sie liegt in Geburtswehen (V 22), mit anderen Worten: das Neue kündigt sich bereits an. Daß und wie Christus einen Neubeginn auch für die Schöpfung setzt, wird im folgenden zu untersuchen sein. Die dualistisch-heilsgeschichtliche Weltsicht ist der Hintergrund, auf dem der ntl. Schöpfungsgedanke sich entfaltet, und will deshalb bei den folgenden Überlegungen stets mitbedacht sein.

Die alttestamentliche Schöpfungsüberlieferung wird im Neuen Testament nicht außer Kraft gesetzt. Das Neue an der urchristlichen Schöpfungsbetrachtung ist die Deutung von der Mitte des Christusereignisses her. „So haben die neutestamentlichen Schriftsteller keine neue Schöpfungsgeschichte verfaßt, sondern sie haben nur ihre Bezogenheit auf die Mitte aufgezeigt"[47].

Eine erste bekenntnishafte Formulierung dieses christozentrischen Schöpfungsglaubens haben wir in 1 Kor 8,6: „Wir haben nur einen Gott, den Vater, von dem alles kommt (ἐξ οὗ τὰ πάντα) und für den wir da sind; und einen Herrn (κύριος), Jesus Christus, durch den alles ward (δι' οὗ τὰ πάντα) und durch den wir sind". Das Bedeutsame dieser Glaubensformel ist, daß hier Christus die gleiche Schöpfungsfunktion wie dem Vater zugesprochen wird, wenn man einmal von dem Unterschied des ἐξ οὗ und δι' οὗ absieht[48]. Was in der Doxologie von Röm 11,36 noch dem Vater allein zukommt, ist hier in vollem Umfange auch von Christus ausgesagt. Die gesamte Schöpfungswirklichkeit (τὰ πάντα) hat im Vater und im Sohn gemeinsam ihren Ursprung und ihre gegenwärtige Existenz. Die Aussage ist knapp und formelhaft, als setze sie bekanntes Wissen, das keiner Erläuterung bedarf, voraus; und doch ist die Schöpfungsmittlerschaft Christi gegenüber der jüdischen Tradition eine unerhört kühne Behauptung, besonders wenn man bedenkt, daß sie die Präexistenz Christi voraussetzt.

---

[46] *R. Schnackenburg*, ebd., S. 190.
[47] *O. Cullmann*, Christus und die Zeit. Die urchristliche Zeit- und Geschichtsauffassung, Zollikon-Zürich ²1948, S. 116.
[48] Vgl. *G. Lindeskog*, a.a.O., S. 208; *L. Scheffczyk*, a.a.O., S. 15 f.; *B. Stoeckle*, Ich glaube an die Schöpfung, Einsiedeln 1966, S. 90 f.

Was im Korintherbrief und an anderer Stelle von Paulus mehr andeutungsweise gesagt worden ist, hat Kol 1,15–20 voll entfaltet. Es ist das klassische Dokument der ersten Christenheit über den Glauben an Christus als die zentrale Mitte für Erlösung und Schöpfung gleichermaßen. Wegen der Vielfältigkeit der in diesen hymnusartigen Versen aufgeworfenen Einzelfragen und des uns zur Verfügung stehenden beschränkten Raumes müssen wir uns, nolens volens, auf eine referierende Wiedergabe der wesentlichen inhaltlichen Aussagen beschränken[49].

Die Vv 15–20 enthalten einen zweistrophigen Christushymnus, dessen formale Struktur von E. Käsemann aufgedeckt worden ist[50].

Die durch die beiden parallelen Relativkonstruktionen ὅς ἐστιν markierten Strophen stellen Schöpfung und Erlösung einander gegenüber. Offenbar kommt es dem Verfasser aus einem Grunde, der mit der Irrlehre von Kolossä zu tun haben muß, auf diese Parallelität an[51]. Zentraler Bezugspunkt dieser hymnischen Verse ist Christus. In ihm und durch ihn und auf ihn hin ist alles geschaffen (1. Strophe); durch ihn, durch Kreuzestod und Auferstehung, ist alles versöhnt (2. Strophe). Wie die häufige Verwendung von τὰ πάντα (πᾶν), nämlich siebenmal, zeigt, liegt viel daran, daß die totale Bedeutung des Christusereignisses demonstriert wird. Es gibt nichts, das sich dem Einfluß dieser Tatsache entziehen oder nebenher bestehen könnte. In der Person Christi ist das Schicksal des gesamten Kosmos von der Schöpfung bis zur endgültigen Erlösung begründet. Die zentrale Bedeutung der Person Christi kommt auch formal zum Ausdruck, und zwar durch die Häufung von Wendungen wie ὅς (αὐτός) ἐστιν und ἐν (δι', εἰς) αὐτῷ (dreizehn- bis vierzehnmal), so daß der Inhalt des ganzen Hymnus in dieser kurzen Formel enthalten ist: τὰ πάντα ἐν αὐτῷ.

---

[49] Zur Einzelexegese vgl. *M. Dibelius/H. Greeven,* An die Kolosser, S. 10 ff.; *E. Lohmeyer,* Der Brief an die Kolosser, Meyer K 9 ([13]1964), S. 41 ff.; *E. Lohse,* Christologie und Ethik im Kolosserbrief, in: Apophoreta. Festschrift. f. E. Haenchen, Berlin 1964, S. 156 ff., hier 160 ff.; *E. Percy,* Die Probleme der Kolosser- und Epheserbriefe, Skrifter utg. av Kungl. Humanistika Vetenskapssamfundet i Lund 39, Lund 1946, S. 68 ff.; *N. Kehl,* Der Christushymnus im Kolosserbrief. Eine motivgeschichtliche Untersuchung zu Kol 1,12–20, Stuttgart 1967; *H. J. Gabathuler,* Jesus Christus, Haupt der Kirche – Haupt der Welt. Der Christushymnus Colosser 1,15–20 in der theologischen Forschung der letzten 130 Jahre, Abh. z. Theologie des AT u. NT 45, Zürich/Stuttgart 1965; *R. Schnackenburg,* Die Aufnahme des Christushymnus durch den Verfasser des Kolosserbriefes, in: Evangl.-Kath. Kommentar z. NT, Vorarbeiten H. 1, Einsiedeln/Neukirchen 1969, S. 33 ff.; *E. Schweizer,* Kolosser 1,15–20, in: Evangl.-Kath. Kommentar z. NT, Vorarbeiten H. 1, Einsiedeln/Neukirchen 1969, S. 7 ff.; *J. Ernst,* Die Briefe an die Philipper, an Philemon, an die Kolosser, an die Epheser, RNT, Regensburg 1974, S. 166 ff.

[50] *E. Käsemann,* Eine urchristliche Taufliturgie, in: Festschrift f. R. Bultmann, Stuttgart/Köln 1949, S. 133 ff.

[51] Vgl. *M. Dibelius,* An die Kolosser, S. 10.

Zwei Prädikationen geben die Stellung Christi gegenüber der Schöpfung an: „er ist das Bild (εἰκών) des unsichtbaren Gottes" (V 15a) und „Erstgeborener (πρωτότοκος) vor aller Schöpfung" (V 15b). Mit „Bild Gottes" ist das Sein Christi funktional als Offenbarung des unsichtbaren Gottes beschrieben; „Erstgeborener vor aller Schöpfung" wird er genannt, weil ihm nicht nur ein zeitlicher, sondern auch potentieller und essentieller Vorrang vor allem Geschaffenen zukommt. Auf ihn hin ist τὰ πάντα, der gesamte Bereich des Geschaffenen, angelegt, „weil in ihm alles erschaffen ist" (V 16). E. Lohmeyer präzisiert die Formel „in ihm" (ἐν αὐτῷ) an dieser Stelle: „Dieses ‚in ihm' bezeichnet, sachlich gesehen, die Möglichkeit, in der alles Dasein sich gründet, das Prinzip, durch das es ist ... ,er' ist, aristotelisch gesprochen, die forma substantialis, die ‚alles' zur Wirklichkeit ihres eigenen Sinnes, sich zur Entelechie allen Seins schafft"[52]. Der Kolosserbrief spricht sicherlich nicht eine solche philosophische Sprache aber so etwa könnte man die Rolle Christi im Hymnus umschreiben. Damit ist die auf die Schöpfung bezogene Strophe inhaltlich wiedergegeben.

Mit den folgenden Worten wird τὰ πάντα an verschiedenen Bereichen des Seins erläutert (Himmel-Erde, Sichtbares-Unsichtbares etc.) und am Schluß das Ganze noch einmal zusammengefaßt. Allerdings läßt sich im Hinblick auf die zusammenfassende Aussage „Alles ist durch ihn erschaffen und zu ihm, und er ist vor allem, und alles besteht in ihm" (V 16–17), die eine gewisse Zwischenstellung zu den beiden Liedstrophen einnimmt, der Eindruck nicht ganz abwehren, daß hier in einer stark von der hellenistischen Philosophie geprägten Sprache geredet wird[53]. Der Abschnitt bringt im Grunde nichts Neues über die Stellung Christi gegenüber der Schöpfung, es sei denn, daß die prinzipielle Bedeutung Christi für den gegenwärtigen Bestand der Welt ausdrücklich sichergestellt wird: „Und alles besteht (συνέστηκεν) in ihm" (V 17). Lohmeyer meint dazu. „Völlig in der Sprache hellenistischen Denkens hält sich die letzte Zeile. Das Wort ‚bestehen', das den innersten Zusammenhang meint, aus dem die chaotische Masse der Dinge zum Kosmos sich gestaltet, ist ein altes Wort platonischer und stoischer Philosophie und fehlt in solchem Sinne der griechischen Bibel völlig"[54].

Die Vv 15–18 geben, so läßt sich abschließend sagen, in hymnischem, feierlichem und doxologisch gedrängtem Stil das Bekenntnis der Gemeinde

---

[52] *E. Lohmeyer*, Der Brief an die Kolosser, S. 56 f.
[53] Vgl. ebd., S. 58 ff.
[54] Ebd., S. 60.

zu Christus, dem Schöpfungsmittler, wieder. Was die Allmachtsformeln[55] von Röm 11,36 dem Vater allein zusprechen, 1 Kor 8,6 von Vater und Sohn gleichzeitig aussagt, wird hier in der gleichen Formelsprache von Christus allein bekannt. Christus ist der zentrale Punkt der ganzen Schöpfung, die Mitte allen Seins.

Mit V 18 beginnt der zweite Teil des Christus-Bekenntnisses. Der Schlußsatz von V 17 „Er ist das Haupt des Leibes, der Kirche" leitet bereits zum folgenden über, weshalb wir ihn in die Erörterung des zweiten Teils einbeziehen. Durch drei Formulierungen wird gesagt, daß Christus eine absolute Vorrangstellung zukommt (ἐν πᾶσιν αὐτὸς πρωτεύων): Er ist Haupt des Leibes, der Anfang und der Erstgeborene. Die drei Prädikationen könnten in einem vermuteten ursprünglich heidnischen Hymnus die herrschaftliche Stellung der Mittlergottheit über das All bezeichnet haben. Hier aber sind sie in ein neues Beziehungsfeld gestellt, das zunächst als die Gemeinde (Haupt des Leibes der Gemeinde) nur allgemein angegeben wird, dann aber durch die Totenerweckung (Erstgeborener aus den Toten) eindeutig als die Gemeinde der Gläubigen bestimmt wird. Was immer zu dem berühmten Bild vom Haupt des Leibes und den anderen Aussagen exegetisch im einzelnen zu sagen ist[56], soviel ist sicher, daß sie die einzigartige Bedeutung Christi für die neue Schöpfung, welche durch das Faktum der Totenerweckung bestimmt ist, kennzeichnen wollen. Das Stichwort ist „Erstgeborener aus den Toten". Christus hat archetypische Bedeutung für eine neue Gemeinde, welche auf die Auferstehung sich gründet, er ist das Haupt und der Ursprung. Wenn auch der Begriff ἀρχή hier nicht einfachhin in seiner philosophischen Bedeutung verstanden werden darf, so soll doch das damit Gemeinte in etwa durch die drei Bildbegriffe Haupt, Arche, Erstgeborener gesagt werden.

Christus kann diese einzigartige Bedeutung haben, weil in ihm das ganze Pleroma, die gesamte Fülle Gottes, wohnt (V 18). Ob man nun Gott oder Pleroma als Subjekt von V 18 betrachtet[57], der Sinn ist klar, „daß in Christus das Höchste, was überhaupt gedacht werden kann, nämlich die ganze Wesensfülle Gottes, zu finden ist"[58]. Damit ist V 20, der den Höhe-

---

[55] Zur Geschichte der Allmachtsformeln vgl. *E. Norden*, a.a.O., S. 240 ff.; *A. Stecker*, Formen und Formeln in den paulinischen Hauptbriefen und den Pastoralbriefen, Diss. Münster 1967, S. 175 ff.
[56] Vgl. *E. Lohmeyer*, Der Brief an die Kolosser, S. 61 ff.
[57] Vgl. *M. Dibelius*, An die Kolosser, S. 18.
[58] *E. Percy*, a.a.O., S. 77. Zum Begriff πλήρωμα vgl. auch *F. Mussner*, Christus, das All und die Kirche. Studien zur Theologie des Epheserbriefes, Trierer Theologische Studien 5, Trier 1955, S. 46 ff.

punkt des Christushymnus bringt, vorbereitet: „Durch ihn alles (τὰ πάντα) zu versöhnen auf sich hin (εἰς αὐτόν) – indem er Frieden schafft durch das Blut seines Kreuzes –, durch ihn, sei es auf der Erde, sei es im Himmel" (V 20)[59]. Durch Christus und auf Christus hin ist alles wieder versöhnt. Christus ist durch die Kreuzestat Mitte der Versöhnung! Wie M. Dibelius[60] sagt, hat das Wort „versöhnen" (ἀποκαταλλάσσειν) kosmologische Bedeutung, was durch die ausdrückliche Erwähnung von „Himmel und Erde" eine Bestätigung findet. Der Friede ist hier nicht eng im gesellschaftlichen Sinne zu verstehen, sondern in seiner umfassendsten Bedeutung als eschatologisches Heilsgut, das den gesamten Bereich des Geschaffenen umfaßt. Im gleichen Sinne bezieht auch Is 11,6–9 in die Schilderung des endzeitlichen Friedensreiches die Schöpfung (Tierwelt) mit ein. Damit ist der Ring geschlossen: Durch den am Anfang die Schöpfung ins Leben trat, ist sie am Ende wieder versöhnt und so in den ursprünglichen Zustand zurückgeführt worden. „Die beiden entscheidenden Taten Gottes, urzeitliche Schöpfung und endzeitliche Erlösung, haben ihr Ziel in Christus"[61]: τὰ πάντα ἐν αὐτῷ. Der ntl. Schöpfungsglaube ist keine von der Christusbotschaft isolierte Größe, sondern, wie Kol 1,15–20 eindrucksvoll bezeugt, voll und ganz in das Heilsgeschehen integriert.

Auch dem Verfasser des Epheserbriefes ist die kosmische Stellung Christi ein vertrautes Thema. Sie klingt Eph 1,4 in dem Gedanken der Erwählung „vor Grundlegung der Welt" an, der von der Präexistenz Christi als einer allgemein anerkannten Tatsache ausgeht und die Relevanz Christi für die Schöpfung einschließt. Deutlicher ist die Bezugnahme in der Anakephalaiosis Eph 1,10. Es ist dies zugegebenermaßen ein vieldeutiger und schwieriger Begriff[62]. Nach F. Mussner soll damit gesagt sein, daß in Christus das All zu einem „einheitlichen Herrschaftsbereich" zusammengefaßt wird, wodurch die ursprüngliche All-Einheit, die durch dämonische Einflüsse gestört war, wiederhergestellt wird[63]. C. Maurer differenziert und sieht in der Formel 1. die einzigartige Stellung Christi gegenüber dem Kosmos ausgedrückt, 2. daß die „Vielfalt des Kosmos Christus gegenüber zu einer neuen Einheit zusammengeschlossen" wird und daß 3. in das Geschehen an und mit Christus das Schicksal des ganzen Kosmos mit

---

[59] Vgl. den Exkurs über Kol 1,20 bei *F. Mussner*, a.a.O., S. 69 ff.
[60] Vgl. *M. Dibelius*, An die Kolosser, S. 19.
[61] Ebd., S. 19.
[62] Vgl. *C. Maurer*, Der Hymnus von Epheser 1 als Schlüssel zum ganzen Brief, in: Evangl. Theologie, 11. Jg. (1951/52), S. 151 ff., hier 163 ff.; *F. Mussner*, a.a.O., S. 64 ff.; *J. Gnilka*, Der Epheserbrief, S. 79 ff.; *H. Schlier*, Der Brief an die Epheser. Ein Kommentar, Düsseldorf ⁶1968, S. 62 ff.
[63] Vgl. *F. Mussner*, a.a.O., S. 66.

eingeschlossen ist[64]. Wir schließen uns im ganzen der Meinung von J. Gnilka an: „Weil nach dem Christusbekenntnis unseres Briefes Christus die Stellung des Hauptes über dem All einnimmt (1,20 ff.), wird das All in ihm als seinem Haupt zusammengefaßt"[65]. In Parallelität zum Kolosserbrief wird über einen Bruch in der Schöpfung nicht reflektiert, dieser aber als gegeben vorausgesetzt. Die Zusammenfassung des Alls bringt darum „die Neugewinnung einer alten Ordnung auf neue Weise". Über die Schöpfungsmittlerrolle ist hier nichts gesagt, die Erlösungsmittlerrolle aber in der Formel von der Allzusammenfassung unter einem Haupt ausgesagt. Die darin implizierte Herrschaftsstellung über das All erinnert an das Kyriosbekenntnis in Phil 2,9 ff.

Einen Höhepunkt, G. Lindeskog sagt „seine höchste Zuspitzung", erreicht die christologische Schöpfungsbetrachtung im Hebräerbrief, der nach L. Scheffczyk ein Zeugnis dafür ist, „wie stark die paulinischen Gedanken über die kosmische Mittlerrolle Christi nachwirkten"[66]. Hebr 1,2 wird Christus als der Offenbarungsmittler der heilsgeschichtlichen Zeit und zugleich als Schöpfungsmittler, „durch den er auch die Welten schuf" eingeführt. V 3 beginnt mit einer Reihe von Partizipialsätzen: Christus ist Abglanz der göttlichen Doxa und Ebenbild des göttlichen Wesens, Träger des Alls durch sein wirkmächtiges Wort (creatio continua) und der Erlösungsmittler. Der Vers gipfelt in der Erhöhung Christi und Inthronisation zur Weltherrschaft. Die Vv 4-14 beschreiben die pantokratische Stellung des Erhöhten mit verschiedenen Psalmzitaten. In V 10 wird da mit den Worten des Ps 102,26 gesagt: „Du hast im Anfang, Herr, die Welt gegründet, und deiner Hände Werke sind die Himmel". Christus ist hier nicht nur der Schöpfungsmittler, sondern der Schöpfer selbst. „Was vom Kyrios des AT gilt, gilt auch von dem Kyrios des NT"[67]. In dieser christologischen Gesamtschau ist Christus die „Mitte" der Zeit und des Seins. „Der Erhöhte ist nicht nur der Kommende, sondern auch der Anfänger und Mittler"[68]. Als Besonderheit der Hebräerbriefstelle bleibt noch zu vermerken, daß der Erhöhte das All durch sein „Wort" trägt (1,3). Die hier angedeutete Vorstellung von der Erschaffung der Welt durch das Wort (vgl. auch Hebr 11,3 und 2 Petr 3,5) weist uns zur Logoschristologie von Jo 1,1 ff.

---

[64] Vgl. C. *Maurer*, a.a.O., S. 165 f.
[65] *J. Gnilka*, a.a.O., S. 80.
[66] L. *Scheffczyk*, a.a.O., S. 17.
[67] O. *Kuß*, Der Brief an die Hebräer, RNT 8 (1953), S. 27 f.
[68] O. *Michel*, Der Brief an die Hebräer, Meyer K 13 ([12]1966), S. 75.

Der Johannesprolog[69] ist ein weiteres eindrucksvolles Beispiel für die ntl. christologische Schöpfungsbetrachtung, auf das wir aber wegen der besonderen Problematik des Logosbegriffes im einzelnen nicht eingehen wollen. Der gedankliche Inhalt ist aber im Grunde auch hier der gleiche geblieben. Christus ist der Offenbarungsträger (V 18), er hat als göttliches Wort die Vorrangstellung der ἀρχή vor aller Schöpfung (V 1). Christus ist aber auch der Schöpfungsmittler, durch den alles geworden ist: πάντα (ὁ κόσμος) δι' αὐτοῦ ἐγένετο (V 3 und 10). Und Christus ist der Erlösungsmittler (V 12 ff.), der die an seinen Namen Glaubenden und aus Gott Geborenen zu Kindern Gottes macht (V 12 f.). „So erfährt die Koinzidenz von Schöpfungs- und Erlösungswirklichkeit im johanneischen Logosbegriff einen neuen und starken Ausdruck, der für die Schöpfungsvorstellung des ganzen NT charakteristisch ist"[70]. Die Heilswirklichkeit geht in die Schöpfungswirklichkeit ein und die Schöpfungsgeschichte wird Teil der Heilsgeschichte.

Das ist auch der innere Grund für den in der ntl. Schöpfungstheologie allen negativen Welterfahrungen zum Trotz grundsätzlich durchgehaltenen Schöpfungsoptimismus. Eine dualistische Trennung von Schöpfungs- und Erlösungswirklichkeit ist durch die Zusammenschau von Schöpfung und Erlösung im Ansatz unmöglich gemacht. Dieses Faktum ist aber nicht die Folge irgendwelcher philosophierender Schöpfungsspekulationen, sondern das Resultat der Heilserfahrnis, welche die Erlösungstat Christi als absolutes und universales Ereignis erlebt. Es gibt also im NT keine in sich ruhende Schöpfungsbetrachtung. Der Blick der ntl. Gemeinde ist nicht nach rückwärts auf den Anfang, auf die Schöpfung gerichtet, sondern nach vorne, auf Christus, auf die Parusie. Im Mittelpunkt der Gemeinde steht der Kyrios, der erhöhte und wiederkehrende Herr, „um dessentwillen und durch den alles ist" (Hebr 2,10). Deshalb ist der ntl. Schöpfungsglaube nicht protologisch, sondern eschatologisch ausgerichtet. Es besteht kein essentielles Interesse an der alten Schöpfung. Die Zukunftserwartung gründet sich auf die in Christus erneuerte Schöpfung. Das Stichwort heißt eschatologische Neuschöpfung des Menschen und des gesamten Kosmos.

Der Begriff Neuschöpfung (καινὴ κτίσις) kommt zwar nur zweimal in den ntl. Schriften vor, nämlich 2 Kor 5,17 und Gal 6,15; das damit Bezeichnete ist jedoch das zentrale Faktum des Neuen Testaments[71]. Es ist

---

[69] Vgl. *R. Schnackenburg*, Das Johannesevangelium, HThK IV/1 (³1972), S. 197 ff. Dort auch Näheres über den joh. Logos-Begriff (S. 257 ff.) und die Verarbeitung eines älteren Logos-Hymnus (S. 205 ff.).
[70] *L. Scheffczyk*, a.a.O., S. 18.
[71] Vgl. *G. Lindeskog*, a.a.O., S. 217 ff.; *L. Scheffczyk*, a.a.O., S. 19 ff.; *G. Schneider*, Neuschöpfung oder Wiederkehr? Eine Untersuchung zum Geschichtsbild der Bibel, Düsseldorf 1961, S. 65 ff.

ein adäquater Ausdruck für das Christusgeschehen, welches von der Gemeinde als etwas absolut Neues, als Umbruch der Äonen erlebt wird. Das in Christus Geschehene sprengt alle bisherigen Normen – wie der neue Wein die alten Schläuche (Mt 9,17); es bringt etwas ganz Neues hervor. Jetzt gilt weder Beschneidung etwas noch Unbeschnittensein, sondern allein „neue Schöpfung, καινὴ κτίσις" (Gal 6,15). Der Wendepunkt ist das Kreuz Christi, die Beschneidung hat ihre Bedeutung verloren. „Denn wenn einer in Christus ist, dann ist er eine neue Schöpfung (καινὴ κτίσις); das Alte ist vergangen, siehe, es ist etwas Neues geworden" (2 Kor 5,17). Die neue Schöpfung wird aber nicht als eine ontologische oder physische Qualität beschrieben; sie realisiert sich vielmehr in dem neuen „Sein in Christus" (vgl. auch Eph 1,10), das keine statische Größe ist, sondern das Leben mit und aus Christus meint. Neue Schöpfung als Interpretament für das durch Christus gewirkte Heil meint in erster Linie ein soteriologisches Ereignis, das den Menschen betrifft, es ist eine in ihrer Zielsetzung soteriologisch-anthropologische Größe. Als solche hat sie aber eine betont eschatologische Prägung[72]. Das endzeitliche Heil schließt „einen neuen Himmel und eine neue Erde" mit ein (Apk 21,1; 2 Petr 3,13). Der Kosmos ist aber kein Hauptgegenstand der Betrachtung; der kosmologische Bezug steckt mehr den Rahmen bzw. den universalen Horizont der Heilsbotschaft ab: im Mittelpunkt steht der Mensch, und zwar der neue Mensch.

Als „neuer Mensch" im soteriologisch-eschatologischen Vollsinn kann aber zunächst nur Christus selbst bezeichnet werden. Christus ist der Anfang einer neuen Schöpfung und Menschheit, wie die Adam-Christus-Analogie[73] in Röm 5,12–21 anschaulich vorführt. Durch Adam kam Sünde, Tod, Gericht und Verdammnis auf alle seine Nachkommenschaft; durch Christus ist Gnade, Rechtfertigung und ewiges Leben gekommen. Christus, der Vermittler der eschatologischen Heilsgüter, hat in der Geschichte der Menschheit einen neuen Anfang gesetzt. Der Kausalnexus Adam-Sünde-Tod ist durchbrochen, an seine Stelle ist eine neue Ursachenreihe Christus-Rechtfertigung – ewiges Leben getreten. Weil diese Tatsache feststeht, kann Paulus aus der Auferstehung Christi die Tatsache der Auferstehung für alle Christen beweiskräftig ableiten (1 Kor 15,21 f.). Als „letzter Adam" ist Christus der Urheber des eschatologischen Gottesvolkes (1 Kor 15,45–58). In Christus ist das ursprüngliche Menschenbild erneuert worden. Deshalb wird im Neuen Testament im allgemeinen die Gottebenbildlichkeit

---

[72] Vgl. *G. Schneider,* Neuschöpfung oder Wiederkehr?, S. 77.
[73] Vgl. *G. Lindeskog,* a.a.O., S. 220 ff.; *O. Kuß,* Der Römerbrief, S. 225 ff.

Christus zugeschrieben (2 Kor 4,4; Kol 1,15)[74]. Er ist im eigentlichen und umfassenden Sinne Ebenbild Gottes (εἰκὼν τοῦ θεοῦ). Der christologischen Interpretation der Imago-Dei-Vorstellung entspricht es, wenn der Mensch imago *Christi* genannt wird (Röm 8,29; 1 Kor 15,49; 2 Kor 3,18; Kol 3,10). Durch die Gleichgestaltung mit Christus erhält der Christ Anteil an dieser neuen, alles andere übertreffenden Gottebenbildlichkeit. Freilich ist dieses εἰκών-Werden ein eschatologisches Ereignis, das „schon jetzt" begonnen hat, aber „noch nicht" endgültig abgeschlossen ist. „Das Anziehen des neuen Menschen" (Eph 4,24; Kol 3,10) ist eine bleibende Aufgabe.

Es bestätigt sich also, was wir schon festgestellt haben: Wenn das Neue Testament von der Schöpfung spricht, schaut es nicht retrospektiv auf den paradiesischen Anfang, sondern prospektiv auf die neue Schöpfung in Christus. Ursprungsspekulationen besitzen kein selbständiges Interesse. Die Blickrichtung geht nach vorn, auf das Neue, das in Christus in die alte Schöpfung eingebrochen ist. Damit ist die ntl. Schöpfungssicht ganz und gar heilsgeschichtlich und christologisch. Christus ist der neue Mensch, der in sich das Menschenbild erneuert hat. Er ist nun das Maß und die Norm für das Humanum. Deshalb ist das ntl. Schöpfungsinteresse auch anthropologisch orientiert, es geht auf den in Christus erneuerten Menschen. Und von der Erneuerung des Menschen und durch dessen erneuerter Tat kommt auch die Welt und ihre Neuschöpfung in den Blick.

Der Mensch seinerseits gewinnt Anteil an der neuen Schöpfung durch die Gemeinschaft mit Christus. „Wer in Christus ist, ist neue Schöpfung" (2 Kor 5,17). Dieses „in Christus" ist der Ort des Heilsgeschehens[75] und damit der Ausgangspunkt der καινὴ κτίσις. Wo die Christusgemeinschaft realisiert ist, dort entsteht eine neue Schöpfung (Gal 6,15; Eph 2,10). In der totalen Schicksalsgemeinschaft mit dem Tod und der Auferstehung Christi wird der neue Mensch geschaffen. Der alte Mensch stirbt mit Christus, die alte Schöpfung wird vernichtet, und ein neuer Mensch wird mit Christus auferweckt (Röm 6,1 ff.; Eph 2,4 ff.). Deshalb kann auch die Taufe, als das Heilsgeschehen, wo die Neuschöpfung entsteht (Röm 6,3 ff.), eine neue Geburt oder Wiedergeburt genannt werden (Jo 3,1 ff.; 1 Petr 1,3.23; 2,2). Tit 3,5 spricht recht plastisch vom Bad der Wiedergeburt und der Erneuerung durch den heiligen Geist (λουτρὸν παλιγγενεσίας καὶ ἀνακαινώσεως). Ein anderes Bild für das Taufgeschehen ist das Anziehen

---

[74] Vgl. *G. Kittel*, Der übertragene Gebrauch von „Bild" im NT, in: ThW 2 (1935), S. 393 ff.; G. *Lindeskog*, a.a.O., S. 226 ff.
[75] Vgl. den Abschnitt „Die sozialethische Bedeutung der ntl. Haustafeln" im 2. Kapitel des 1. Teils und die dortigen Überlegungen über die Formel „in Christus".

Christi (Gal 3,27). Diese Metapher weist aufgrund ihres ethischen Bezuges über die Taufe hinaus auf den Bereich der christlichen Lebensgestaltung, denn das „Anziehen Christi" (Röm 13,14) ist eine in den ntl. Schriften geläufige Formel für den ethischen Imperativ.

Die ntl. Ethik ist, wie dies bereits im ersten Teil der Untersuchung mehrfach deutlich wurde[76], unlöslich, weil essentiell mit dem Heilsgeschehen verbunden und deshalb ein wesentlicher Bestandteil des ntl. Kerygmas. Christliche Lebensgestaltung ist Realisierung des Neuen Lebens, das in der Taufe durch Christus geschaffen worden ist. Daher der pädagogisch illustrative Imperativ, den alten Menschen auszuziehen und den neuen anzuziehen (Eph 4,22–24; Kol 3,9–10). Die Heilsgabe des neuen Lebens schließt die Aufgabe ein, das neue Leben durch einen entsprechenden Lebenswandel zu realisieren: „Leben wir durch den Geist, so laßt uns auch im Geiste wandeln" (Gal 5,25). Der verpflichtende Charakter des neuen Lebens, das in der Taufe empfangen wurde (Röm 6,1 ff.), wird in dem Appell zum „Absterben für die Sünde" (Röm 6,11) ausgesprochen.

Im Rahmen der Untersuchung interessiert nun zunächst der ktisiologische Aspekt dieses ethischen Imperativs[77]. Die ethische Unterweisung wird im Neuen Testament aus der in Christus neugeschaffenen Existenz begründet, wie oben dargelegt wurde. Häufig wird in diesem Zusammenhang auch direkt auf die Tatsache der „neuen Schöpfung" hingewiesen (Eph 2,10; 4,24; Kol 3,10). Darin ist ein weiterer Erweis zu erblicken, wie stark im Neuen Testament der Schöpfungsbegriff – ähnlich war es im Alten Testament – anthropologisch und in unserem speziellen Falle ethisch gefaßt ist. Er zielt im allgemeinen auf den Menschen und seine Erneuerung (Neuschöpfung). Insofern meint Schöpfung, besonders wenn der Begriff im Hinblick auf den Menschen gebraucht wird, weniger eine ontisch-statische als eine dynamisch-geschichtliche Größe. Das neue Leben muß ergriffen, vom Menschen in täglicher Erneuerung (2 Kor 4,16) und nie erlahmender Anstrengung realisiert werden (Röm 12,2; 1 Petr 2,2). Die Neuschöpfung in Christus ist kein automatisches Geschehen auf der Basis eines mystisch-magischen Vorgangs. Deshalb muß die neue Schöpfung im letzten ein eschatologisches Ereignis bleiben. Der Mensch in der Jetztzeit ist nie im absoluten und sicheren Besitz des neuen Lebens. Die Endvollendung, der neue Himmel und die neue Erde (Apk 21,1 und 2 Petr 3,13), steht noch aus. Auch unter diesem Aspekt sollte es sich ntl. verbieten, Schöpfung als eine in sich geschlossene, fertige und deshalb statische Größe

---

[76] Vgl. z. B. Teil 1, Kap. 2, Abschn. 3; Kap. 4, Abschn. 3; Kap. 5, Abschn. 1.
[77] Vgl. G. *Lindeskog*, a.a.O., S. 256 ff.

zu betrachten, weil doch all das, was wir unter dem Begriff von Schöpfung (κτίσις) im Hinblick auf den Menschen und die Welt im Neuen Testament kennengelernt haben, auf Erneuerung und Geschichte hin angelegt ist.

## 3. Naturrechtliche Aspekte des ntl. Schöpfungsglaubens

Wenn wir die bisherigen Überlegungen über den theologischen Ort der Schöpfung im Neuen Testament überblicken, ergibt sich, daß die Schöpfung in den ntl. Schriften ausschließlich unter heilsgeschichtlichem Aspekt betrachtet wird. Schöpfung ist kein selbständiges Thema im Sinne des ontologischen Naturbegriffs. Schöpfung wird ntl. nicht auf ihre ontologischen Wesensbestandteile hin analysiert, sondern in ausschließlichem Sinne von Christus her und auf Christus hin interpretiert. Diese christologische Orientierung schließt die anthropologische ein: es geht immer, wo von Schöpfung die Rede ist, letztlich um den Menschen, und zwar den neuen Menschen Christus und den in Christus erneuerten Menschen[78]. Die Schöpfung wird nicht unter protologischem, sondern eschatologischem Aspekt betrachtet. Im Mittelpunkt des Interesses steht die eschatologische Neuschöpfung. Aufgrund dieser Zukunftsorientierung ist Schöpfung ntl. weniger als statisch-ontische Größe zu verstehen, es muß vielmehr ihre dynamisch-geschichtliche Verfaßtheit mitgesehen werden[79].

Durch diesen Sachverhalt sind der naturrechtlichen Auswertung des ntl. Schöpfungsglaubens und damit auch einem biblisch orientierten Naturrechtsverständnis feste Orientierungspunkte gesetzt: es muß heilsgeschichtlich-christologisch, geschichtlich-dynamisch, personal-anthropologisch, eschatologisch-offen ausgelegt werden. Nun hatten wir bereits festgestellt, daß in der Schrift keine schöpfungsontologischen Betrachtungen im naturrechtlichen Sinne angestellt werden. Natur im Sinne des klassisch-metaphysischen Naturrechts kommt nicht in den Blick[80]. Dort, wo in vergleichbaren Termini geredet wird (Kol 1,15–20) steht Christus für „Natur". Christus ist, naturrechtlich gesprochen, das Seinsprinzip aller Dinge. Die christologische Schöpfungsbetrachtung[81] hatte aber gleichzeitig einen

---

[78] Vgl. *G. W. H. Lampe*, a.a.O., S. 21 f., 25 f., 27, 29.
[79] Vgl. in diesem Zusammenhang den Artikel von *W. Dantine*, Schöpfung und Erlösung. Versuch einer theologischen Interpretation im Blick auf das gegenwärtige Weltverständnis, in: Kerygma und Dogma 11 (1965), S. 33 ff.
[80] Vgl. ebd., S. 42.
[81] Vgl. Kol 1,15 ff.; Eph 1,4 ff., bes. 1,10; Hebr 1,2 ff.; Jo 1,1 ff.

anderen Aspekt aufgedeckt: die kosmologische Dimension der ntl. Christologie. Die Zuordnung von Schöpfung und Erlösung erlaubt es nicht, Schöpfung, Natur und Welt einseitig unter dem Aspekt der Sünde kulturpessimistisch als Chaoswelt und gottwidrige Natur zu disqualifizieren. Die Integration des Schöpfungsglaubens in den Christusglauben macht eine dualistische Trennung von Schöpfungs- und Erlösungswirklichkeit unmöglich. Das dialektische Urteil der ntl. Schriften über die Schöpfung stellt beide Aussagen, die positiv-optimistische und die negativ-pessimistische, nebeneinander. Man vergleiche auch das Nebeneinander der beiden Schöpfungsberichte im Alten Testament. Das sich widersprechende Wirklichkeitsverständnis entstammt einer unterschiedlichen Welterfahrung: einmal wird Welt von ihrem Ursprung her als Gottes gute Welt gesehen (1 Tim 4,4), das anderemal in ihrer Bezogenheit auf den Menschen als Schauplatz der menschlichen Unheilsgeschichte. In der Unheilsgeschichte offenbart sich aber auch die Heilsgeschichte des Menschen. Deshalb deckt die ntl. anthropologische Sicht der Schöpfung nicht nur die Verflochtenheit der Schöpfung mit der Unheilsgeschichte des Menschen, sondern auch die Integration in die Heilsgeschichte auf. Diese Partizipation der Schöpfung an dem Erlösungsgeschehen ist das Fundament des im letzten doch gläubigen Vertrauens auf die Güte der Schöpfung und ist die Grundlage für das grundsätzliche Ja zur Schöpfungsordnung[82].

Ein klassisches Dokument für die Teilnahme der Schöpfung am Erlösungsgeschehen ist Röm 8,18 ff. Die bereits weiter oben erwähnte Römerbriefstelle[83] bezieht ausdrücklich die Schöpfung in die Heilserwartung des Menschen mit ein. Sie charakterisiert die Schöpfung als unter das Joch der Vergänglichkeit (V 20 f.) geknechtet und in äußerster Not befindlich (Seufzen und Geburtswehen: V 22). Aber die Lage ist auch für die Schöpfung nicht hoffnungslos, denn durch die Heilsoffenbarung der Kinder Gottes (V 19) wendet sich auch ihr Schicksal. Sie wird von der Knechtschaft der Vergänglichkeit befreit werden zur Freiheit und Doxa der Kinder Gottes (V 21). Und diese Heilserwartung schließt auch die Erlösung des Leibes mit ein (V 23). Bemerkenswert ist, daß hier in V 23 nicht von der Schöpfung und Welt im allgemeinen Sinne die Rede ist. Es wird ganz konkret der irdische Leib in die Erlösungshoffnung einbezogen[84]. Das geht über die allgemein gehaltenen Aussagen von Kol 1,10; Eph 1,10;

---

[82] Vgl. *R. Schnackenburg*, Der neue Mensch – Mitte christlichen Weltverständnisses, S. 193.
[83] Zur Literaturangabe vgl. Anm. 43; außerdem *G. Schneider*, Neuschöpfung oder Wiederkehr?, S. 83 ff.; *B. Stoeckle*, Ich glaube an die Schöpfung, Einsiedeln 1966, S. 101 ff., 106 ff.
[84] Vgl. *O. Michel*, Der Brief an die Römer, S. 206.

Apk 21,1–5 und 2 Petr 3,13 hinaus, indem hier eine Konkretisierung auf die menschliche Leiblichkeit erfolgt. Mit Blick auf Röm 8,11 sagt R. Schnackenburg: „Es handelt sich nicht etwa bloß um eine ‚innere‘ oder geistig-spiritualistische ‚Erneuerung‘ des Menschen, sondern sie ist von vornherein auf die Einbeziehung der irdischen Stofflichkeit in die Neugestaltung angelegt. Der ganze Mensch, auch mit seinem ‚Fleisch‘, mit seinem ‚Leib‘, ist in diesen Prozeß einbegriffen, der schließlich mit der Auferweckung seinen Abschluß und seine Vollendung erreichen soll"[85]. Auch 2 Kor 5,1 ff. spricht unter dem Bilde vom „Überkleidet-Werden mit der himmlischen Wohnung" oder dem „himmlischen Kleid" von der Einbeziehung des Leibes in die endzeitliche Verwandlung des Menschen. Phil 3,21 wird sogar die Gewißheit verkündet, daß der irdische Leib „umgestaltet" wird zur Ähnlichkeit mit dem Leib Christi. Das schließt, so wie es da steht, eine Identität des jetzigen mit dem eschatologischen Leib ein. Die endzeitliche Verwandlung würde demnach keine Annullierung des bisherigen Leibes voraussetzen, sondern den vorhandenen in eine höhere Existenzweise umwandeln.

Man wird die aufgeführten Textstellen sicherlich nicht pressen dürfen, was offenbar von B. Stoeckle geschieht, wenn er aus 2 Kor 5,1 das Bekenntnis herausliest, „daß es bereits mit einer ‚Überkleidung‘, also mit einem wenn auch aufgebesserten Ingeltungbelassen des Bisherigen vollauf getan sei"[86]. Doch spricht sich in diesen Äußerungen eine klare Erwartung in bezug auf die Einbeziehung der Leiblichkeit in die Erlösung aus, was in Übereinstimmung mit dem Kerygma von der leiblichen Auferstehung in 1 Kor 15,35 ff. steht. Damit verbietet sich jede einseitig pessimistische Leibfeindlichkeit oder dualistische Leibflucht. Eine gnostisch-dualistische Abwertung der Materie findet im Neuen Testament nirgends statt. O. Cullmann meint: „Ja wir müssen sogar sagen, daß gerade für das Urchristentum das eschatologische Geschehen in einem Rahmen stattfinden muß, der die Erde miteinschließt, weil hier das Neue, das die Endvollendung zur schon gefallenen Entscheidung noch hinzufügt, darin besteht, daß das πνεῦμα, das vorläufig in der Taufe nur den inneren Menschen erfaßt, die ganze, in die σάρξ verfallene Materie neu schafft"[87]. Die materielle Welt ist in den Prozeß der Vergöttlichung und Verklärung einbegriffen, durch den die Materie in die Doxa der künftigen Welt umgewandelt wird[88].

---

[85] R. Schnackenburg, Der neue Mensch, S. 195 f.
[86] B. Stoeckle, a.a.O., S. 107.
[87] O. Cullmann, Christus und die Zeit, S. 124 f.
[88] Vgl. R. Schnackenburg, Der neue Mensch, S. 195 f.

Die naturrechtliche Auswertung des Schöpfungsglaubens hat immer große Bedeutung der Frage beigemessen, ob die eschatologische Neuschöpfung der Welt und des Menschen etwas völlig Neues bringt und damit die Vernichtung des Alten oder ob sie im Sinne einer renovatio (ἀνακαίνωσις: Tit 3,5; Röm 12,2), einer restitutio in integrum (ἀποκατάστασις: Apg 3,21), einer regeneratio (παλιγγενεσία: Mt 19,28; Tit 3,5) die Wiederherstellung des ursprünglichen, paradiesischen Zustandes bedeutet. Ist mit den Termini Erneuerung, Wiederherstellung und Wiedergeburt die Rückkehr des Paradieses angezeigt? Schnackenburg interpretiert, daß die Neuschöpfung eine „Wiederherstellung (vgl. ἀποκατάστασις Apg 3,21) und eine ‚Wiedergeburt' (vgl. παλιγγενεσία Mt 19,28) der ursprünglichen gottgemäßen Welt sein wird, nicht eine Zerstörung, sondern eine das Alte aufhebende Überbietung und Vollendung"[89]. Im gleichen Sinne meint G. Schneider, daß die „Wiederherstellung" nicht eine Apokatastasis nach der Formel a=b im Sinne der Stoa ist[90]. „Der Gedanke der Wiederkehr – das ist nun die Antwort auf die Frage, die wir eingangs stellten – steht mit der Idee der Neuschöpfung in Zusammenhang, weil Christus der ‚letzte Adam' ist, der den ersten Adam nicht nur überbietet, sondern auch das ‚Leben' in einem unvergleichlich höheren Maße ‚wieder'-bringt, als es der erste Mensch einst besessen hat"[91]. Aber auch in diesem Falle wird man vor zu weit gehenden philosophischen Schlüssen warnen müssen, denn die Schrift reflektiert die philosophische Frage nach einem durchgehaltenen ontologischen Kontinuum nicht. Die anthropologische Frage nach der ontologischen Identität des alten Menschen und des in Christus erneuerten und des in der eschatologischen Endvollendung umgewandelten Menschen wird hier nicht gestellt.

Diese Beobachtung geht über die konkret angeschnittene Frage hinaus und hat grundsätzliche Gültigkeit für die Naturrechtsfrage. Es gibt im Neuen Testament, das wurde schon mehrfach klargestellt, keine systematische Lehre über das Naturrecht oder naturrechtliche Institutionen. Über „Natur" im naturrechtlich-philosophischen Sinne wird nicht gehandelt[92]. Natur kommt nur im christologischen Sinne in Sicht und das Recht des Menschen nur unter dem Aspekt der eschatologischen Rechtfertigung.

---

[89] Ebd., S. 193 f.
[90] Vgl. *G. Schneider*, Neuschöpfung oder Wiederkehr?, S. 71, S. 68 ff. und 87 ff.; vgl. auch *ders.*, Die Idee der Neuschöpfung beim Apostel Paulus und ihr religionsgeschichtlicher Hintergrund, in: Trierer Theologische Zeitschrift 68 (1959), S. 257 ff.
[91] *Ders.*, Neuschöpfung oder Wiederkehr?, S. 92.
[92] Vgl. *W. Dantine*, Schöpfung und Erlösung, S. 42; *G. W. H. Lampe*, a.a.O., S. 21, 22, 23.

Das Neue Testament forscht nicht nach ontologischen Eigenschaften und metaphysischer Seinserschließung. Die Gottebenbildlichkeit wird vorrangig unter personalem Aspekt als Verhältnisbestimmung zu Gott gesehen, wobei die Befragung des Imago-Charakters nach ontischen Konstanten in der Seinsausstattung des Menschen ganz zurücktritt. Das Interesse an einem seinsmäßigen Erfassen des Bildcharakters wird erst unter griechisch-hellenistischem Einfluß wach. Die sittliche Norm wird nicht aus der Natur und den in ihr angelegten Gesetzmäßigkeiten begründet, sondern als direkter Wille Gottes. Das Gesetz ist Befehl, Auftrag, Willensäußerung Gottes.

Doch führt die Zusammenschau von Schöpfung und Erlösung sowie die Aufnahme der gesamten geschaffenen Welt in das Erlösungsereignis zu einem grundsätzlichen Ja zur Schöpfung und zur Schöpfungsordnung. Die kosmologische Christologie und der Glaube an eine „neue Schöpfung" öffnen den Weg für ein positives Zugehen auf die Welt und ein freies und gelöstes Sicheinlassen mit den natürlichen Werten[93]. „Durch den Glauben an die eschatologische Vollendung wird die protologische ‚Schöpfung' wieder in ihre vollen Rechte eingesetzt"[94]. Für die ntl. Betrachtung ist und bleibt die Schöpfung Gottes gutes Werk. Zwar finden wir in den ntl. Schriften keine Reflexion über die Schöpfung und ihre Gesetzmäßigkeiten als Richtschnur der Sittlichkeit. Als Norm und Maß der sittlichen Ordnung, als Materialobjekt der Sittenlehre ist die Schöpfung wenig gefragt. Doch lassen die Urkirche und urkirchlichen Lehrer keinen Zweifel daran, daß sie die Schöpfung und die in ihr grundgelegte Ordnung als Ausdruck des göttlichen Willens verstehen. Das wird als selbstverständlich vorausgesetzt. Daß sich auch in der Schöpfungsordnung der Wille Gottes äußert und daß dieser Schöpferwille absolut verpflichtet, das bedarf keiner Diskussion. Die vom Schöpfer in der Schöpfung angelegte Ordnung ist absolutes Gesetz, nicht weil es der Eigengesetzlichkeit der Schöpfung entspricht, sondern weil der Wille Gottes sich darin manifestiert.

Die Legitimation für den Rekurs auf die Schöpfungsordnung ist nach der synoptischen Überlieferung von Christus selbst gegeben worden. Christus beruft sich auf die Schöpfungsordnung, um die Unauflöslichkeit der Ehe als ursprünglichen Gotteswillen auszuweisen[95]. Wie bei Mk

---

[93] Vgl. *B. Stoeckle*, a.a.O., S. 95 ff.
[94] *R. Schnackenburg*, Der neue Mensch, S. 194.
[95] Vgl. *H. Baltensweiler*, Die Ehe im Neuen Testament; *H. Greeven*, Ehe nach dem Neuen Testament, in: Theologie der Ehe, hrsg. v. *G. Krems* u. *R. Mumm*, Regensburg/Göttingen 1969, S. 37 ff.; *J.-C. Margot*, Die Unauflöslichkeit der Ehe nach dem Neuen Testament, in: Wie unauflöslich ist die Ehe? Eine Dokumentation, hrsg. v. *J. David* u. *F. Schmalz*, Aschaffenburg 1969, S. 223 ff.; *B. Schaller*, Die Sprüche über Ehescheidung und Wiederheirat in der synop-

10,2–12 (Mt 19,3–12) überliefert wird, hat sich Jesus in der Ehescheidungsfrage bewußt gegen die mosaische Gesetzgebung (5 Mos 24,1) und die jüdische Scheidungspraxis gestellt. Den Pharisäern, die sich auf das Mosesgesetz, das in bestimmten Fällen dem Mann das Recht gab, einen Scheidebrief auszustellen, beriefen (V 4), hält er den ursprünglichen Gotteswillen entgegen. Unter Berufung auf die Schöpfungsordnung setzt Jesus das Mosesgesetz außer Kraft und verbietet die Ehescheidung (V 5–9). Ein für jüdische Verhältnisse unerhörter Vorgang. Aber die lex originalis (ἀπὸ δὲ ἀρχῆς κτίσεως: V 6) bricht das Mosesgesetz. Der Matthäusbericht (19,3–12) weicht von Markus nur unwesentlich ab[96]. Auch hier wird mit Berufung auf den ursprünglichen Schöpferwillen (ἀπ' ἀρχῆς: V 4 und 8) das Mosesgesetz korrigiert (V 4–9).

Ein weiteres Beispiel für die Normativität der Schöpfung wird in 1 Kor 11,2–16 gegeben, wo es um das Verhalten der Frauen im Gottesdienst und speziell um das Schleiertragen geht. Paulus begründet die Verordnung der christlichen Gemeinden (V 16), daß die Frauen beim Gottesdienst verschleiert sein sollen, auf zweifache Weise. Zunächst verweist er auf die Schöpfungsordnung (V 3–12). Der Mann trägt keinen Schleier, weil er das Ebenbild und der Abglanz Gottes ist. Die Frau dagegen ist der Abglanz des Mannes. Außerdem stammt die Frau vom Manne ab und nicht umgekehrt. Das Schleiertragen ist also ein Zeichen der Unterordnung der Frau, was hinwieder aus der Schöpfungsordnung begründet wird. Dann setzt der Apostel einen zweiten Beweisgang hinzu (V 13–16), indem er auf Sitte und Naturgemäßheit verweist. Es ist nach allgemeinem Herkommen schicklich (πρέπον) für die Frau, einen Schleier zu tragen (V 13). Außerdem lehrt dies auch die Natur selbst (natura docet, ἡ φύσις αὐτὴ διδάσκει: V 14): denn das lange Haar ist der Frau als ein natürlicher Schleier gegeben. Der Eindruck der philosophischen Argumentationsweise, der sich an dieser Stelle aufdrängt, wird noch unterstrichen durch die Aufforderung zum sachlichen Abwägen und Urteilen (κρίνατε: V 13).

Man könnte es als Ironie des Schicksals bezeichnen, daß an einer der ganz wenigen Stellen, wo Paulus naturrechtlich argumentiert, auch gleich die ganze Problematik der naturrechtlichen Argumentation sichtbar wird, wie wir aus der heutigen Perspektive mit einer gewissen Betretenheit feststellen müssen. Das von der Natur aus längere Haar der Frau soll ein Beweis

---

tischen Überlieferung, in: Der Ruf Jesu und die Antwort der Gemeinde. Festschrift f. J. Jeremias, hrsg. v. *E. Lohse*, Göttingen 1970, S. 226 ff.; *R. Schnackenburg*, Die Ehe nach dem Neuen Testament, S. 9 ff.

[96] Auf die Unzuchtklausel Mt 5,32 und 19,9 ist in diesem Zusammenhang nicht einzugehen.

sein für das Schleiertragen und letztlich die Unterordnung der Frau. Wir sollten aber gleichzeitig vermerken, daß der Apostel auch nicht durch den Rekurs auf die Schrift, nämlich den alttestamentlichen Schöpfungsbericht, vor einer Fehlinterpretation bewahrt geblieben ist und auf diesem Wege zu dem gleichen Ergebnis, was die soziale Stellung der Frau angeht, gekommen ist.

Auch in 1 Tim 2,11–15 wird die Unterordnung der Frau aus der schöpfungsmäßigen Überlegenheit und Priorität des Mannes begründet: a) Adam wurde eher geschaffen (2,13) und b) Eva ließ sich betören (2,14). Wenn wir auch der Argumentation heute nicht mehr folgen können, so demonstriert sie doch, wie für die urchristliche Gemeinde die Schöpfungsordnung als Norm und Maß des sittlichen Verhaltens in Geltung war. Die schöpfungsorientierte Argumentation ist auch in Eph 5,22–23. 31–32 noch erkennbar, obgleich in der Eheparänese Eph 5,22–33 die Unterordnung der Frau durch die Einordnung der Ehe in die Heilsbotschaft auf einer neuen Ebene durch die christliche Liebe egalisiert ist[97].

1 Kor 11,13–16 ist nicht die einzige Stelle, an der sich Paulus der naturrechtlichen Argumentation bedient[98]. Er zeigt auch bei anderer Gelegenheit, daß ihm die Methode des logischen Schließens aus der Natur vertraut ist. Röm 1,26–27 spricht Paulus vom „natürlichen" Geschlechtsgebrauch (ἡ φυσικὴ χρῆσις). Gleichgeschlechtlicher Verkehr ist „wider die Natur" (παρὰ φύσιν, contra naturam: V 26). Der „natürliche" Verkehr ist also ein solcher, welcher der Intention der Natur entspricht. Röm 11,17–24 argumentiert Paulus folgendermaßen aus der „Natur der Sache" (natura rei). Die natürlichen Zweige (οἱ κατὰ φύσιν κλάδοι: V 21) des (edlen) Ölbaums – gemeint sind die Juden – sind die, welche ihm von Natur aus (κατὰ φύσιν, secundum naturam: V 24c) zugehören, nämlich seine eigenen Zweige. Wenn aber Zweige eines von Natur aus (κατὰ φύσιν) wilden Ölbaums – gemeint sind die Heiden – dem Edelölbaum aufgepfropft werden, so ist das „gegen die Natur" (παρὰ φύσιν), entgegen den natürlichen Verlauf der Natur (V 24b). In abgeschwächter Form liegt dieselbe Argumentationsweise folgenden Stellen zugrunde: der Mensch ist von Natur (ἐκ φύσεως) unbeschnitten (Röm 2,27); Juden, die es von Natur (φύσει), von Geburt sind (Gal 2,15); heidnische „Götter", die „ihrer Natur nach" (φύσει), wegen ihrer natürlichen Beschaffenheit, keine sind (Gal 4,8).

Das vereinzelte Vorkommen solcher „naturrechtlicher" Argumente läßt bereits darauf schließen, daß Paulus im allgemeinen von einem anderen

---

[97] Vgl. die ausführlichere Erörterung der Eheparänese im Zusammenhang der Haustafel im 2. Kapitel des 1. Teils.
[98] Vgl. O. *Kuß*, Der Römerbrief, S. 72 ff.

Fundament aus argumentiert. Diese Tatsache kann aber nicht darüber hinwegsehen lassen, daß der Apostel grundsätzlich die Berufung auf die „natürlichen" Gegebenheiten und seinsmäßigen Voraussetzungen der Natur nicht ablehnt. Im Gegenteil! Röm 2,14–16 bekennt er sich ausdrücklich zur natürlichen Erkenntnisfähigkeit des Menschen. Auch die Heiden haben eine natürliche (φύσει) Gesetzeserkenntnis, sie haben die Gesetze „in ihr Herz geschrieben". Da wir uns mit dieser Stelle im letzten Kapitel ausführlich beschäftigt haben, können wir jetzt auf das verweisen, was dort zur natürlichen Erkenntnisfähigkeit und der Lex naturae bei Paulus gesagt worden ist[99].

Es gibt bei Paulus keine prinzipiellen Ausführungen über das Naturrecht, das ist früher schon gesagt worden. Paulus redet überhaupt nicht „über" das Naturrecht. Er setzt es als gegeben voraus und macht selbst gelegentlich Gebrauch „davon". Gerade die Untersuchung von Röm 2,12–16 hat gezeigt, wie Paulus im Rahmen seiner dortigen Beweisführung das Vorhandensein der natürlichen Gesetzeserkenntnis als allgemein bekannte Tatsache voraussetzt. Wir können nun an das erinnern, was wir im ersten Teil über die Rezeption der natürlichen Sittlichkeit (und analogerweise des Naturrechts) durch die urchristliche Gemeinde gesagt haben. In diesem Rezeptionsvorgang liegt die eigentliche Antwort des Neuen Testaments auf die Anfrage durch das Naturrecht. Die naturrechtliche Sittlichkeit wird von der ntl. Gemeinde als vorgefundene Größe rezipiert und von der Christusbotschaft her neu interpretiert. In diesem Vorgehen liegt aber zugleich eine gewisse Legitimation des natürlichen Sittengesetzes und des Naturrechts. Daß es sich dabei nicht um eine bequeme Anpassung an die „Realitäten" des Lebens handelt, sondern um einen kritisch-reflektierten Vorgang (vgl. 1 Thess 5,21 f.; Röm 12,2; Eph 5,10; Phil 1,9–10), darauf ist ebenfalls bereits hingewiesen worden[100]. Die innere Rechtfertigung für ein solches Handeln, die bislang nicht zur Sprache gekommen war, kann jetzt gegeben werden. Der theologische Grund für die positive Haltung der Urchristenheit gegenüber den natürlichen Werten und schöpfungsontologischen Strukturen liegt in der christologischen Schöpfungsbetrachtung. Die Schöpfung (Natur) ist kein Bereich außerhalb oder unterhalb des Christusereignisses. Die Erlösungswirklichkeit entfaltet sich in die Schöpfungswirklichkeit und der Schöpfungsbereich wird in den Erlösungsbereich aufgenommen.

Deshalb dürfen auch die Schöpfungsordnungen: Ehe, Familie, Staat und Beruf, als die naturgegebenen Ordnungen des gesellschaftlichen Lebens

---

[99] Vgl. die Besprechung von Röm 2,12–16 im letzten Kapitel.
[100] Vgl. das 5. Kapitel des 1. Teils.

grundsätzlich in Geltung bleiben. Wir können auch in diesem Falle auf das verweisen, was wir über diese natürlichen Lebensordnungen bereits bei der Erörterung der urchristlichen Haustafeln und ihrer Problematik gesagt haben[101]. Dem dort Gesagten sind aufgrund unserer jetzigen Überlegung folgende Beobachtungen anzufügen: Systematische Abhandlung über einzelne Ordnungen, wenn man einmal von der Eheparänese Eph 5,22–33 absieht, gibt es im ntl. Schrifttum nicht. Diese Ordnungen werden als vorhandene Strukturen gesellschaftlicher Ordnung vorgefunden und, wie am Beispiel der Ehe ersichtlich, auf den Schöpferwillen zurückgeführt. Ein leitender Gesichtspunkt bei der urchristlichen Beurteilung der gesellschaftlichen Strukturen ist der Gedanke des Ein- bzw. Unterordnens (ὑποτάσσειν)[102]. Ordnet euch unter! so lautet die Mahnung an die Frauen Kol 3,18; Eph 5,22; 1 Petr 3,1; Tit 2,5. Die gleiche Weisung steht als Maxime über der ganzen Haustafelparänese Eph 5,21. Das Verhältnis zur staatlichen Autorität wird ebenfalls grundsätzlich unter diesem Aspekt gesehen (1 Petr 2,13; Röm 13,1), was übrigens auch von der Institution der Sklaverei zu gelten hat (1 Petr 2,18). Wie K. H. Rengstorf[103] sagt, hat der Terminus ὑποτάσσειν an den hier angesprochenen Stellen nicht den üblichen negativen Nebenton. „Diese positive Verwendung rührt daher, daß in ihm das Gewicht bei der Vorstellung der gegebenen Ordnung und der Einordnung in sie liegt"[104]. Hinter dieser Mahnung steht die christliche Überzeugung vom Bestehen geschöpflicher Ordnungen für das menschliche Zusammenleben, in die auch der Christ sich einordnen muß, weil diese durch das Evangelium als Ordnungen des gesellschaftlichen Lebens nicht aufgehoben sind[105].

Unter diesem Aspekt des Einordnens ist auch das Verhältnis der ntl. Gemeinde gegenüber dem Staat (Röm 13,1 ff.; 1 Petr 2,13 ff.) zu sehen[106]. Die ntl. Schriftsteller beschäftigen sich nicht mit metaphysischen Spekulationen über Ursprung und Wesen des Staates, deshalb geben sie auch keine

---

[101] Vgl. das 2. Kapitel des 1. Teils.
[102] Vgl. Anm. 54 im 2. Kapitel des 1. Teils.
[103] Vgl. *K. H. Rengstorf*, Die neutestamentlichen Mahnungen an die Frau, sich dem Manne unterzuordnen, S. 131 ff.
[104] Ebd., S. 133.
[105] Vgl. ebd., S. 138, 143.
[106] Zum folgenden vgl. O. *Cullmann*, Der Staat im Neuen Testament, Tübingen 1956; E. *Käsemann*, Römer 13,1–7 in unserer Generation, in: Zeitschrift für Theologie und Kirche 56, Tübingen 1959, S. 316 ff.; *ders.*, Grundsätzliches zur Interpretation von Röm 13, in: Exegetische Versuche und Besinnungen II, Göttingen ²1965, S. 204 ff.; *K. H. Schelkle*, Jerusalem und Rom im Neuen Testament, in: ThGl 40 (1950), S. 97–119; *ders.*, Die Petrusbriefe, S. 72 ff.; *H.-D. Wendland*, Artikel „Staat in der Bibel", in: ESL, Sp. 1187 ff.; *O. Michel*, Der Brief an die Römer, S. 311 ff.

Seinsanalyse, sondern eine funktionale Beschreibung. Die staatliche Autorität erfüllt eine notwendige Ordnungsfunktion, indem sie über die Einhaltung der gesellschaftlichen Gesetze wacht (Bestrafung der Bösen: Röm 13,3–4; 1 Petr 2,14). Insofern sie diese für die Gesellschaft lebenswichtige Aufgabe erfüllt, geht sie auf eine Anordnung Gottes zurück (Röm 13,1–2); sie kann deshalb sogar „Dienerin Gottes" (Röm 13,4 und 6) genannt werden. Der Staat ist aufgrund dieser Ordnungsfunktion zu den Schöpfungsordnungen zu zählen, was offensichtlich mit dem Ausdruck „Anordnung Gottes" (Röm 13,1–2) gemeint ist. Es gibt im Neuen Testament noch eine andere Sicht des Staates (vgl. Apk 13). Da der Staat aber nicht Thema unserer Arbeit ist, können wir es mit diesem Hinweis bewenden lassen. Hier sollte allein die Tatsache erhärtet werden, daß die ntl. Gemeinde mit der Existenz von geschöpflichen Ordnungen für das gesellschaftliche Leben, die auf den Willen Gottes zurückgehen, rechnet. Zu diesen Ordnungsstrukturen, die auch für den Christen ihre Gültigkeit behalten, rechnet sie offensichtlich die Ehe und den Staat.

Es hat sich für uns demnach als konstruktiv erwiesen, nach dem theologischen Ort der Schöpfung zu fragen. Wir waren von der Frage ausgegangen, ob der Schöpfungsglaube Anhaltspunkte bietet für den naturrechtlichen Weg, aus den Gesetzmäßigkeiten des von Gott geschaffenen Seins Ordnungsstrukturen für das sittliche Verhalten des Menschen und der menschlichen Gesellschaft zu eruieren. Dieses Fragen hat sich vornehmlich auf die materialen Inhalte des Naturrechts bezogen und war deshalb an den Schöpfungsglauben gerichtet, weil ja die Schöpfung im weitesten Sinne das Materialobjekt des Naturrechts ist. Die Frage lautete konkret: Kann es nach dem Urteil der Schrift einen Bestand ursprünglicher Ordnungsstrukturen geben, die als Schöpferwille Norm und Richtmaß für die sittliche Ordnung sind? Wir haben versucht, durch die differenzierte Analyse der biblischen Tatbestände eine Antwort zu geben.

Die Eigenart des Gegenstandes verlangte dabei ein Einbeziehen auch der alttestamentlichen Schriften in die Untersuchung. Dort hatte sich eine positiv-optimistische Grundstruktur des Schöpfungsglaubens herausgestellt, die auch gegen die Erfahrung des Chaotischen und Abgründigen in der Welt, welche sich zum Beispiel im Bericht des paradiesischen Sündenfalles niedergeschlagen hat, durchgehalten wird. Dieser Schöpfungsoptimismus kann aber nicht im Sinne einer absoluten, idealistischen Naturrechtsspekulation in Anspruch genommen werden. Ein absolutes, von Gott absehendes Naturrecht hat im alttestamentlichen Schöpfungsglauben keine Grundlage. Die Schöpfung ist im Alten Testament kein selbständiger Gegenstand der Erörterung, sie kommt nur als Funktion der Heilsgeschichte in den Blick. Der Schöpfungsglaube ist in den Heilsglauben eingebettet. Die soteriologisch-heilsgeschichtliche Schöpfungsbetrachtung setzt für eine naturrechtliche Auswertung ganz bestimmte Richtdaten. Ein biblisch verantwortbares Naturrecht sollte personaldynamisch ausgelegt sein, das heißt am Menschen und seiner personalen Struktur orientiert, offen für die geschichtliche Dimension des Seins. Daß es sich nicht als absolute, von der Offenbarungsgeschichte absehende Größe begreifen kann, versteht sich von selbst. Obwohl die Schrift kein Interesse an den ontologischen Gehalten des Schöpfungsglaubens und einer ontologischen Definition des Humanums zeigt, kann es nicht als illegitim bezeichnet werden, wenn eine den biblischen Aussagen nachgehende Naturrechtsbetrachtung auch nach den ontologischen Inhalten der Gottebenbildlichkeit fragt. Zwar ist nach den Aussagen des Alten Testaments die gesamte Schöpfung von dem Sündenfall des Menschen betroffen, von einem völligen Verlust der Gottebenbildlichkeit oder einer totalen Zerstörung der Schöpfungsordnung weiß die Schrift aber nichts.

Im Neuen Testament erfährt die Schöpfung eine Neuinterpretation auf Christus hin, wodurch der heilsgeschichtlich-anthropologische Aspekt des Schöpfungsglaubens noch verstärkt wird. Das Wirklichkeitsverständnis des Neuen Testaments ist aber ein dialektisches. Es gibt keinen unbekümmerten Schöpfungsoptimismus, kein blindes Vertrauen auf die Güte der Schöpfung. Der biblische Realismus sollte vor utopischer Schwärmerei bewahren und vor dem Gebrauch des Naturrechts nach Art einer mathematischen Formel warnen. Das Finden von Recht und das Schaffen von Ordnung in „dieser Welt" ist nur gegen große Widerstände möglich, wird von Irrtümern begleitet und von Mißerfolgen überschattet. Trotzdem kann die ntl. Gemeinde optimistisch auf die Welt zugehen. Der Grund ist die Zusammenschau von Schöpfung und Erlösung, die Hineinnahme der gesamten Schöpfungswirklichkeit in den Prozeß der Erlösung. Dabei ist der Blick auf Christus, den erhöhten Kyrios, gerichtet, in dem und durch den der Mensch und seine ganze Welt neugeschaffen werden. In Christus ist das Humanum wieder aufgerichtet und neu umschrieben, die Ebenbildlichkeit wieder hergestellt worden. Aus der christologischen Sicht der Schöpfung ergibt sich die anthropologische. Im Mittelpunkt steht der neue Mensch Christus und der in Christus erneuerte Mensch. Deshalb ist die ntl. Schöpfungsbetrachtung auch stets heilsgeschichtlich orientiert und damit geschichtlich-dynamisch. Der Zielpunkt ist der neue Mensch und der neue Himmel. Das Interesse geht nicht auf die protologischen Schöpfungsdaten, sondern auf die eschatologischen Ereignisse der Neuschöpfung. Die Schöpfung ist offen für die zukünftige Geschichte – das Neue; wodurch eigentlich eine einseitig statisch-konservative Naturrechtsauslegung ausgeschlossen sein sollte. Das Wissen um die noch ausstehende Vollendung sollte das Naturrecht zu kritischer Wachsamkeit auch sich selbst gegenüber verpflichten, denn das einmal Erreichte auch im Bereich naturrechtlicher Ordnung und irdischer Gerechtigkeit ist weder sicherer Besitz noch endgültige Wahrheit.

Andererseits ist aber in der kosmologischen Dimension der ntl. Christologie ein nicht zu unterschätzender Ansporn gegeben, gerade als in Christus erneuerter Mensch auch mit den Möglichkeiten des Naturrechts die Kulturaufgaben anzugehen. Durch die Einbeziehung des gesamten Kosmos in die eschatologische Neuschöpfung ist ein grundsätzliches Ja zur Schöpfungsordnung gesprochen, das jedem Kulturpessimismus im Grundsatz widerspricht. Die Materie wird nicht gnostisch-dualistisch abgewertet, vielmehr die Leiblichkeit des Menschen ausdrücklich in den Erlösungsprozeß hineingenommen. Der in Christus sich auch für den Kosmos auftuende neue Hoffnungshorizont erlaubt auch ein erlöstes Sich-Einlassen mit der Welt und ihren Werten, wozu nicht zuletzt das Naturrecht gehört. Wie der Rekurs auf die Schöpfung und ihre Ordnungen zeigt, betrachtet die urchristliche Gemeinde die Schöpfungsordnung als Äußerung des göttlichen Willens, so daß diese Ordnung verpflichtenden Charakter hat. Die ntl. Gemeinden haben die natürliche Sittlichkeit und die naturrechtlichen Ordnungen des gesellschaftlichen Lebens rezipiert und dadurch zum Ausdruck gebracht, daß diese geschöpflichen Ordnungen (Ehe, Familie, Staat, Beruf) weiterbestehen und durch Christus nicht suspendiert sind. Man wird deshalb dem Naturrecht kaum das Recht absprechen können, sich zu seiner Legitimation auf die heilsgeschichtlich-christologische Sicht der Schöpfung im Neuen Testament zu berufen. Allerdings ist eine solche Legitimation nur solange gültig, als sich dieses Naturrecht auch an die Richtdaten gebunden weiß, welche durch den ntl. Schöpfungsglauben gesetzt worden sind.

## III. DIE INFRAGESTELLUNG DES NATURRECHTS DURCH DAS NEUTESTAMENTLICHE ETHOS

Nachdem wir im letzten Kapitel ein grundsätzliches Ja der ntl. Botschaft zur Schöpfung und den Schöpfungsstrukturen festgestellt haben, das trotz des Einbruchs der Sünde in die geschöpfliche Ordnung durchgehalten wird, ist es aber dennoch nicht angängig, allein in der christologischen Hoffnungsstruktur des ntl. Schöpfungsglaubens eine ausreichende biblische Legitimation für eine christliche Naturrechtskonzeption zu sehen. Selbst wenn der personal-dynamische, soteriologisch-eschatologische Ansatz, welcher durch die christologische Interpretation der Schöpfung bedingt und als unverzichtbares Element ntl. Schöpfungssicht zu betrachten ist, voll berücksichtigt wird, müßte sich eine solche vorschnelle, im Grunde simplifizierende biblische Rechtfertigung des Naturrechts durch die Besonderheit des ntl. Ethos in Frage gestellt sehen. Wir können natürlich im Rahmen dieser Untersuchung das Naturrecht nicht mit allen Einzelheiten der sittlichen Botschaft des Neuen Testaments konfrontieren. Unerläßlich ist es aber, die Naturrechtskonzeption der ntl. Sicht von der sittlichen Existenz des in Christus erneuerten Menschen gegenüberzustellen, um anhand von wesentlichen Daten des neuen Seins „in Christus" zu prüfen, ob nicht eine oft konstatierte Unvereinbarkeit im Grundsätzlichen gegeben ist. Zu diesem Zweck werden wir untersuchen, wieweit und mit welchen Konsequenzen für eine christlich-biblische Interpretation das Naturrecht durch die ntl. Botschaft von der Freiheit des Christen, durch das radikale Ethos der Bergpredigt und durch den eschatologischen Charakter der ntl. Ethik in Frage gestellt wird.

### 1. Die Infragestellung durch die Botschaft von der Freiheit in Christus

Die ntl. Auffassung von der sittlichen Existenz des Christen ist zutiefst geprägt durch die Antinomie von Gesetz und Freiheit[1]. Die ntl. Botschaft

---

[1] Einen Überblick über den Fragenkreis gibt folgende Literatur: *K. Niederwimmer*, Der Begriff der Freiheit im Neuen Testament, Theologische Bibliothek Töpelmann 11, Berlin 1966; *C. H. Dodd*, Das Gesetz der Freiheit. Glaube und Gehorsam nach dem Zeugnis des Neuen

von der in Christus gewonnenen Freiheit bedeutet das „Ende des Gesetzes". Aber welchen Gesetzes? Ist damit auch dem Naturrecht die biblisch-neutestamentliche Existenzgrundlage entzogen? Oder ist davon nur der gesetzliche Charakter der ethischen Normen betroffen, so daß die Gesetze als sozialethische Weisungen für das irdische Leben des Christen ihre Funktion behalten? Diese Fragen sind von elementarer Bedeutung für eine an der Schrift orientierte Naturrechtskonzeption. So kann eine christliche Interpretation des Naturrechts an der Gesetzeskritik Jesu bei den Synoptikern nicht unkritisch gegenüber ihrem eigenen Selbstverständnis vorbeisehen. Sie wird sich außerdem kritisch fragen müssen, ob sie mit ihrer inneren Gesetzesstruktur der in Christus geschenkten neuen Freiheit und der schöpferischen Offenheit der christlichen Liebe gerecht wird. Sodann muß sie die notwendigen Konsequenzen aus dem vernichtenden Urteil der Schrift über das Gesetz als Heilsweg ziehen. Es wird zu fragen sein, ob nicht auch das Naturrecht die angeborene Anlage besitzt, sich absolut zu setzen und die eigenen Möglichkeiten, was die Verwirklichung von Recht und Ordnung im irdischen Bereich betrifft, fortschrittsoptimistisch zu überschätzen. Mit diesen kurzen Hinweisen haben wir die Richtung angegeben, in die unser Fragen zielt, wenn wir im folgenden die ntl. Botschaft vom Ende des Gesetzes und der Libertas christiana auf ihre naturrechtliche Relevanz hin untersuchen.

Allerdings müssen wir berücksichtigen, daß mit dem Begriff „Gesetz" im Neuen Testament nicht ohne weiteres das gemeint ist, was sozialethisch darunter verstanden wird. Das gilt insbesondere für das paulinische Gesetzesverständnis, wo das Gesetz die Rolle eines Indikators hat, der die Ausweglosigkeit der menschlichen Existenz angesichts der Heilsoffen-

---

Testaments, München 1960; *G. Bornkamm*, Die christliche Freiheit, in: Das Ende des Gesetzes. Paulusstudien. Gesammelte Aufsätze I, München 1958, S. 133 ff.; *A. Sand*, Gesetz und Freiheit. Vom Sinn des Pauluswortes: Christus, des Gesetzes Ende, in: ThGl 61 (1971), S. 1 ff.; *K. H. Schelkle*, Freiheit nach dem Neuen Testament, in: Bibel und Leben 9, Düsseldorf 1968, S. 157 ff.; *R. Schnackenburg*, Christliche Freiheit nach Paulus, in: Christliche Existenz nach dem Neuen Testament. Abhandlungen und Vorträge II, München 1968, S. 33 ff., *ders.*, Die sittliche Botschaft des Neuen Testamentes, bes. S. 37 ff., 155 ff., 215 ff., 281 ff.; *J. Blunck*, Artikel „Freiheit", in: Theologisches Begriffslexikon zum Neuen Testament 1, Wuppertal 1967, S. 362 ff.; *E. Fuchs*, Artikel „Freiheit im NT", in: RGG 2(³1958), Sp. 1101 ff.; *H. Schlier*, Der Begriff der Freiheit im NT, in: ThW 2 (1935), S. 492 ff.; *H. H. Esser*, Artikel „Gesetz" (νόμος), in: Theol. Begriffslexikon zum Neuen Testament 1, Wuppertal 1967, S. 521 ff.; Artikel „Gesetz", in: RGG 2 (³1958), Sp. 1511; Artikel νόμος, in: ThW 4 (1942), S. 1016 ff.; *P. Bläser*, Gesetz und Evangelium, in: Catholica 14 (1960), S. 1 ff.; *ders.*, Das Gesetz bei Paulus, NTA 19, 1–2 (1941); *F. Böckle*, Gesetz und Gewissen. Grundfragen theologischer Ethik in ökumenischer Sicht, Begegnung 9, Luzern/Stuttgart 1965; *B. Schüller*, Gesetz und Freiheit. Eine moraltheologische Untersuchung, Düsseldorf 1966; *J. Fuchs*, Lex naturae, S. 31 ff., 127 ff.

barung anzeigt. Das Gesetz in dieser Rolle wird als Gegenspieler des göttlichen Gnadenwirkens, das sich in Christus dem Menschen zugewandt hat, verstanden. Aber gerade von dieser Seite, so meinen wir, wird das Naturrechtsbemühen am radikalsten in Frage gestellt, denn seine Autonomiebestrebungen (als gäbe es ein von Gott unabhängiges Recht und eine sich selbst vollendende Gerechtigkeit des Menschen) können als ein Weg an Gott und an seiner endgültigen Gerechtigkeit vorbei verstanden werden. Diese thematischen Vorüberlegungen sollten als einschränkende Bedingungen unseres Gedankenganges bei den folgenden Überlegungen im Auge behalten werden.

Dem ntl. Freiheitsbegriff eignet eine für ihn charakteristische Paradoxie von Freiheit und Bindung: Freiheit durch und in Bindung. Die Freiheit von den Gesetzen des alten Adam (auch dem alttestamentlichen Gesetz) ist dem Christen durch die Bindung an das neue Gesetz Christi ermöglicht worden. Insofern hat die Libertas christiana keine Parallele in der Stoa oder irgendeiner anderen Philosophie oder philosophischen Weltanschauung[2]. Durch die Tat Christi und das neue Sein in Christus ist die Befreiung von jedweder sklavischen Abhängigkeit von kosmisch-schicksalhaften oder gesetzlich-moralischen Mächten (στοιχεῖα) geschehen, so daß jedes Festhalten an den alten gesetzlichen Bindungen, wie Beschneidung und atl. Heilsordnung oder gnostische und aszetische Speise- und Reinheitsvorschriften, einer Rückkehr in die Sklaverei gleichkommen würde (vgl. Gal 4,3.9; Kol 2,8.20). In der Bindung an die Person Christi sind diese Herrschaftsansprüche über den Menschen abgetan, ohne daß damit allerdings der Christ in eine anarchistische und libertinistische Zügellosigkeit entlassen wäre (1 Petr 2,16). Die neue Freiheit kommt zur Entfaltung in der freien Dienstbarkeit für Gott (Röm 6,18.22; 1 Petr 2,16) und im Dienst am Nächsten (Gal 5,13). Deshalb können für die Darstellung der einzigartigen Gestalt der ntl. Freiheit auch keine antik-philosophischen, gnostisch-mystischen oder politisch-sozialethischen Vorbilder herangezogen werden. Präfiguriert ist sie in gewissem Sinne im Alten Testament durch die totale Bindung Israels an Jahwe[3]. Auch hier wird der Bruch mit den alten Bindungen verlangt, und die Treue zu Jahwe wird zur schicksalhaften Entscheidung über politische, soziale und vor allem heilsgeschichtliche Freiheit für Israel.

---

[2] Vgl. zum klassischen und antiken Freiheitsbegriff: *K. Niederwimmer*, a.a.O., S. 1 ff.; *J. Blunck*, a.a.O., S. 362 ff.; *E. Fuchs*, Freiheit im NT, Sp. 1101 f.; Artikel ἐλεύθερος, in: ThW 2 (1935), S. 484 ff. *(H. Schlier).*

[3] Vgl. *K. Niederwimmer*, a.a.O., S. 76 ff.

Wie die Wortstatistik ausweist, ist das Anliegen der „christlichen Freiheit" vor allem in den Paulusbriefen (Röm, 1 Kor, Gal) und im Evangelium des Johannes (Jo 8,30–36) thematisiert worden[4]. Damit ist aber nicht gesagt, daß dieses Thema nicht auch seinen festen Platz in der Verkündigung Jesu gehabt hätte[5].

In der *synoptischen Tradition* wird es allerdings nicht unter dem Terminus „Freiheit" (ἐλευθερία) abgehandelt, die Botschaft von der Freiheit ist hier in der Verkündigung von der neuen Gottesherrschaft, vom hereinbrechenden Reich Gottes sowie in der konfliktgeladenen Begegnung Jesu mit den amtlichen Vertretern der jüdischen Gesetzesautorität enthalten. Verbotenus ist nur in Mt 17,26 (Tempelsteuer) die Rede davon: Die neue Gemeinschaft der Jünger (Petrus) mit Jesus läßt diese an den Freiheitsrechten der Sohnschaft Jesu teilhaben, sie sind damit dem Untertanenstatus enthoben, was durch die Steuerfreiheit dokumentiert wird. Die ntl. Freiheit gehört also zu den eschatologischen Heilsgütern. So kündigt sich auch in der Befreiung von den dämonischen Mächten das Reich Gottes an (Lk 11,20 ff.); und die Heilung von Blinden, Lahmen etc. ist ein eschatologisches Heilszeichen (Mt 11,5 f.), in dem die endzeitliche Freiheit von allen irdischen Leiden (einschließlich Tod) und allen unheilvollen Pressionen zeichenhaft vorweggenommen wird. Das Ende des alten Äons und seiner Herrschaft über den Menschen ist in der Person Jesu gekommen. Seine Polemik gegen das Gesetzesverständnis des offiziellen Judentums ist mehr als eine bloße Korrektur der bestehenden Gesetzesauslegung. Jesus steht souverän über dem Gesetz.

Die Antithesen der Bergpredigt (Mt 5,21 ff.) machen unmißverständlich klar, daß die Autorität der Mosesgesetze durch eine neue Autorität (Ich aber sage euch: Mt 5,22 u. ö.) ersetzt worden ist. Die Mosesgesetzgebung gehört zur alten verfallenden, postlapsarischen Welt, denn sie ist mit Rücksicht auf den heillosen Zustand des Menschen gegeben worden (Herzenshärte: Mt 19,8); deshalb tritt nun an seine Stelle das vollkommene Gesetz des Reiches Gottes, welches kompromißlos den Gotteswillen verkündet. Die radikalen Bergpredigtforderungen dürfen jedoch nicht einfach im Sinne einer Erweiterung oder Verschärfung des bestehenden Gesetzes interpretiert werden, denn sie wollen erst in zweiter Linie als Norm verstanden sein. Durch sie soll zunächst der Mensch in seiner Ganzheit und ohne Kompromiß und Abstrich für Gott eingefordert werden, was ohne Bruch mit dem Bisherigen nicht möglich ist. Deshalb muß sich die Kritik Jesu

---

[4] Vgl. *K. Niederwimmer*, a.a.O., S. 69; *J. Blunck*, a.a.O., S. 364.
[5] Vgl. *K. Niederwimmer*, a.a.O., S. 150 ff.

immer wieder gegen eine legalistische und kasuistische Auslegung des Gotteswillens richten. Darüber geben der siebenfache Wehruf über die Pharisäer in Mt 23,13–36 Auskunft oder auch die Sabbatdiskussionen, die meistens im Anschluß an Sabbatheilungen stattgefunden haben[6], oder die dialektische Gegenüberstellung von äußerer und innerer Reinheit (Mk 7,1–23). In eine gesetzliche Norm und seine möglichst gewissenhafte Erfüllung kann der Gotteswille nie eingefangen werden. Erst die Freiheit vom bloßen Buchstaben des Gesetzes und von der Gesetzeskasuistik macht den wirklichen Gehorsam möglich, der in einer totalen Entscheidung für Gott besteht und deshalb nicht gesetzliche, sondern personale Struktur hat.

Durch das Neue Testament wird die hoffnungslose Situation des Gesetzes im Gegenüber zum eigentlichen Gotteswillen aufgedeckt. Es zeigt sich, „daß die Gebotserfüllung ihrer Struktur nach gerade das Gegenteil von dem bringt, was sie intendiert"[7]. Auf der gesetzlichen Basis kann die eigentliche Zielrichtung des Gesetzes gar nicht erreicht werden. Der Erfüllungszwang führt zum Erfolgswillen und letztlich zur Selbstbehauptung gegenüber Gott. „Durch den Versuch, die Gebote zu erfüllen, wird die Gebotserfüllung verhindert"[8]. Paulus sagt: „Das Gebot, das zum Leben verhelfen sollte, gereicht mir in Wirklichkeit zum Tode" (Röm 7,10). Das ist die ausweglose Situation, in welcher sich der Mensch ohne Christus, allein auf sich und die Führung des Gesetzes angewiesen, befindet.

Diese auf die heilsgeschichtliche Situation des Menschen bezogene Sicht geht natürlich weit über das hinaus, was die gesetzliche Norm an und für sich sein kann und will: Orientierungspunkt und Ordnungsstruktur des sittlichen Lebensvollzuges. Das Gesetz wird zum Indikator für die Ausweglosigkeit menschlichen Existierens und Wollens schlechthin. Besonders deutlich wird das in der *Gesetzestheologie des Apostels Paulus*, wo das Gesetz neben seiner ethisch-sozialen eine heilsgeschichtliche Funktion hat, insofern es die unentrinnbare Verfallenheit des Menschen an die Unheilsmächte dieses Äons, Sünde, Gesetz und Tod, an den Tag bringt[9]. Diese Trias des Unheils hat über den Menschen absolute Macht, gegen die es ohne Hilfe von außen kein Entkommen gibt.

Anschaulich und in bewegter Sprache schildert Paulus diesen Sachverhalt in Röm 6–8[10]. Das Gesetz herrscht über den Menschen wie eine

---

[6] Mk 2,23–28 par; Mk 3,1–6 par; Lk 13,10–17; Lk 14,1–6; Jo 5,1–16 und 7,19–24; 9,1–41. Vgl. hierzu *K. Niederwimmer*, a.a.O., S. 161 ff.
[7] *K. Niederwimmer*, a.a.O., S. 124.
[8] Ebd., S. 125.
[9] Vgl. ebd., S. 113.; *R. Schnackenburg*, Christliche Freiheit nach Paulus, S. 33 ff.
[10] Vgl. *O. Kuß*, Der Römerbrief, S. 292 ff.

fremde Macht (Röm 7,1 ff.), die ihn wie in einem Gefängnis „festhält" (V 6). Der Mensch ist „verkauft unter die Sünde" (V 14), ein Gefangener unter dem Gesetz der Sünde (V 23). Der schicksalhafte Kausalnexus von Gesetz-Sünde-Tod hat ein unentrinnbares Gefälle auf den Untergang der menschlichen Existenz zu. Das Gesetz macht nämlich die Sünde offenbar (V 7 u. 13), es „weckt die sündige Leidenschaft" und führt auf diesem Weg zum tödlichen Untergang der sittlichen Existenz des Menschen (V 5.11.13)[11]. Das Gesetz wird so zum Bindeglied zwischen Sünde und Tod, ein Gesetz der Sünde (V 23) und des Todes (V 11; vgl. auch 8,2). Denn der „Sold" und das „Ende" der Sünde ist der Tod (6,21–23). Für den Menschen gibt es kein Entrinnen aus diesem Gesetz-Sünde-Tod-Mechanismus. Wie ein Sklavenjoch liegt nach den Worten des Paulus die Macht der Sünde auf dem Menschen und zwingt ihn in ihre Knechtschaft (δοῦλοι τῆς ἁρματίας: 6,16. 17.20). Dabei stehen die drei Begriffe je für sich und alle drei zusammen für die Gesamtheit aller den Menschen als physische, sittliche und religiöse Existenz bedrohenden Einwirkungen. Gesetz, Sünde und Tod sind mehr als Einzelphänomene menschlichen Daseins. Sie sind darüber hinaus Kennzeichnung für die Befindlichkeit „dieser Welt" überhaupt und für den Menschen ohne Christus schlechthin. In dieser Chiffre ist die Stellung des Menschen vor Gott beschrieben; das ist sein eigentliches Sein. Die Todeschiffre ist allem Sein aufgedrückt, das gilt für alle Menschen ohne Ausnahme, wie wir bereits bei der Untersuchung von Röm 1 u. 2 im ersten Kapitel des zweiten Teiles erfahren haben. Das ist aber auch das Schicksal der gesamten Schöpfung, wie sich aus der Analyse von Röm 8,19–23 im zweiten Kapitel ergeben hat.

Deshalb geht es Paulus nicht allein um die Rolle des mosaischen Gesetzes und die Bedeutung des alten Bundes, obwohl diese im Vordergrund seines Interesses stehen, wie seine Einlassungen über Gesetz und Beschneidung Röm 2–4 zeigen. Ähnlich ist der leidenschaftliche Impetus in Gal 2,15–5,12 zu verstehen[12], der die Galater vor dem Rückfall in die Abhängigkeit von Gesetz und Beschneidung warnen (4,9–10; 5,1–4) und vor dem Fluch (3,10.13) und der Gefangenschaft (3,23) des Gesetzes bewahren will. Auch hier wird die Totalität der menschlichen Gebundenheit ins Auge gefaßt, insofern die Versklavung unter das Gesetz mit der dämonischen Macht der

---

[11] Vgl. 1 Kor 15,56: „Der Stachel des Todes ist die Sünde, die Macht der Sünde ist das Gesetz".

[12] Zu Gal 2,11–5,12 vgl. *G. Bornkamm*, Die christliche Freiheit, S. 133 ff.; *O. Kuß*, Der Brief an die Galater, RNT 6 (1940), S. 260 ff.; *A. Oepke*, Der Brief des Paulus an die Galater, ThHNT 9 (²1964), S. 55 ff.; *H. Schlier*, Der Brief an die Galater, Meyer K 7 (¹²1962), S. 81 ff.

Weltelemente (στοιχεῖα τοῦ κόσμου) in Verbindung gebracht wird (4,8–11; vgl. auch 4,3 u. Kol 2,8.20)[13].

So universal wie Paulus die Gebundenheit und Verlorenheit des Menschen sieht, so total versteht er auch die Befreiung des Menschen durch die Tat und Person Christi[14]. „Für die Freiheit hat uns Christus frei gemacht. Stehet also fest und lasset euch nicht aufs neue unter das Joch der Knechtschaft zwingen" (Gal 5,1). Der Christ ist zur Freiheit berufen (Gal 5,13), und nachdem er sie in Christus erlangt hat, ist es ein für allemal aus mit jeder Art von Unterjochung in fremde Knechtschaft (Gal 2,4; 5,1). Er gehört jetzt bedingungs- und vorbehaltlos zu Christus (Röm 7,4; 14,7–8; 2 Kor 5,15; Gal 2,20). Nun lebt der Christ „in Christus" nach dem Gesetz des Geistes, und damit ist er vom „Gesetz der Sünde und des Todes" endgültig befreit (Röm 8,2). Er hat eine neue Seinsgrundlage erhalten, so daß nun das alte Gesetz und seine Maßgeblichkeit für ihn nicht mehr existiert, tot ist (Röm 7,4). An die Stelle der alten Lex ist eine neue Ordnung getreten (1 Kor 9,21 f.).

Paulus hat wiederholt zur Illustration dieses Vorganges das plastische Bild vom Sklavenloskauf (1 Kor 6,20; 7,23; Gal 3,13; 4,5; vgl. auch dazu Apk 5,9; 14,3) herangezogen[15], wozu A. Deissmann[16] eine ganze Reihe von Belegstellen aus antiken Freilassungsurkunden anführen konnte, die zum Teil einzelne Textstellen fast wörtlich belegen. G. Bornkamm[17] will demgegenüber das Bild auf den Loskauf aus Kriegsgefangenschaft (redemptio ab hostibus) zurückführen. Ob sakraler Sklavenloskauf oder Loskauf aus Gefangenschaft, in beiden Fällen wird durch das Bild sowohl die frühere totale Abhängigkeit als auch die neue Rechts- und Seinsgrundlage in Freiheit anschaulich dargestellt, ein einprägsames Bild für den befreienden Akt des Todes Christi. „In Christus", das heißt durch seine befreiende Tat, erhält der Mensch eine absolut neue Existenzgrundlage. Wir haben uns an dieser Stelle zu erinnern, was wir früher über die zentrale Bedeutung der paulinischen Formel ἐν Χριστῷ gesagt haben[18]. Die Neuwerdung „in Christus" ist so radikal, daß es jetzt keine Bereiche des

---

[13] Vgl. K. Niederwimmer, a.a.O., S. 121, 132.
[14] Vgl. zum folgenden K. Niederwimmer, a.a.O., S. 168 ff.; G. Bornkamm, Die christliche Freiheit, S. 133 ff.; R. Bultmann, Theologie des Neuen Testaments, S. 331 ff.; H. Schlier, Der Begriff der Freiheit im NT, S. 492 ff.; R. Schnackenburg, Christliche Freiheit nach Paulus, S. 40 ff.
[15] Vgl. K. Niederwimmer., a.a.O., S. 175 ff.
[16] A. Deissmann, Licht vom Osten, S. 273 ff.
[17] G. Bornkamm, Die christliche Freiheit, S. 133.
[18] Vgl. 1. Teil, 2. Kap., 3. Abschn.

christlichen Lebens mehr geben kann, die einer anderen Autorität als Christus unterständen. Die in Christus sind (Röm 8,1), sind deshalb frei vom Gesetz des Fleisches, der Sünde und des Todes (vgl. Röm 8,2 ff.). Sie leben nun nach der Seinsordnung des Geistes (8,4 f.), da der Geist Gottes und Christi in ihnen wohnt (8,10.11.15). „Wo aber der Geist des Herrn ist, da ist Freiheit" (2 Kor 3,17). Der Ursprung dieser Freiheit ist in der Taufe zu suchen[19], wo der Christ in die Lebens- und Todesgemeinschaft mit Christus aufgenommen worden ist (Röm 6,4–5). Der alte Mensch ist mitgekreuzigt worden (Röm 6,6). Und wer mit Christus der Sünde gestorben ist (Röm 6,2.8), über den hat der Tod keine Macht mehr (V 9). Das ist von Paulus so realiter gemeint, daß er von einer Neuschöpfung sprechen kann: „Wenn jemand in Christus ist, so ist er eine neue Schöpfung; das Alte ist vergangen, siehe, Neues ist geworden" (2 Kor 5,17).

Damit ist der Einfluß der Schicksalsmächte Sünde, Gesetz und Tod über den Menschen gebrochen. „In Christus" ist die Freiheit von der *Sünde* geschenkt worden (Röm 6,18–23; 8,2–4; vgl. auch Jo 8,31–36)[20]. Das bedeutet zwar nicht, daß der Christ nun dem Einflußbereich der Sünde völlig enthoben wäre, sonst wären die Imperative (Röm 6,6.12) überflüssig. Aber das Sündersein hat aufgehört das entscheidende Signum seiner Existenz vor Gott zu sein; die Sünde ist keine Todesmacht mehr. Das Gesetz des Geistes und des Lebens hat ihn frei gemacht vom Gesetz der Sünde und des Todes (Röm 8,2).

Auch das *Gesetz* hat mit dem Kommen Christi seine beherrschende Funktion für den Glaubenden verloren[21]. Christus ist das Ende des Gesetzes (Röm 10,4). An die Stelle des Gesetzes ist Christus getreten, der das τέλος des Gesetzes ist, so daß die Getauften nicht mehr unter dem alten Gesetz stehen (Röm 6,14; Gal 5,18; 1 Kor 9,20), da für sie der Rechtsanspruch des Gesetzes erloschen ist (Röm 7,1–6). Alte und neue Ordnung stehen sich antithetisch gegenüber (Röm 3,27; 8,2), weshalb es nur ein „entweder-oder", aber kein „sowohl-als auch" geben kann (Gal 4,8 ff.). Paulus spricht das auch in der Antithese Buchstabe-Geist (Röm 7,6; 2 Kor 3,6) oder alter Bund-neuer Bund (2 Kor 3,4–10) oder in der Allegorie von den Abrahamssöhnen (Gal 4,21–31) oder in dem Bild von der Sohnschaft (Röm 8,14 ff.; Gal 3,26–4,7) aus.

---

[19] Vgl. *K. Niederwimmer,* a.a.O., S. 179 f.; *R. Schnackenburg,* Christliche Freiheit nach Paulus, S. 42; *H. Schlier,* Der Begriff der Freiheit im NT, S. 496 f.
[20] Vgl *K. Niederwimmer,* a.a.O., S. 188 ff.; *R. Bultmann,* Theologie des Neuen Testaments, S. 332 ff.
[21] Vgl. *K. Niederwimmer,* a.a.O., S. 192 ff.; *R. Bultmann,* a.a.O., S. 341 ff.

Nachdem Sünde und Gesetz grundsätzlich ihre Macht über den Menschen eingebüßt haben, hat auch der *Tod* als Funktion (Frucht) der Sünde (Röm 6,21.23) seine eigentliche Daseinsberechtigung verloren[22]. Das Gesetz des Todes hat keine Gesetzeskaft mehr (Röm 8,2). Wer mit Christus gestorben und auferstanden ist (Röm 6,1 ff.), der ist prinzipiell dem Todeszwang enthoben (Röm 8,11 ff.); an dieser Tatsache kann auch der leibliche Tod nichts mehr ändern (1 Thess 4,14–18). Daß Paulus bei seinen Überlegungen nicht nur das Einzelfaktum Sünde, Gesetz und Tod im Auge hat, wird an dieser Stelle wieder einmal deutlich. Tod ist für ihn ein Signum für den eigentlichen Zustand der Welt, worin auch die ganze Schöpfung in ihrer Vergänglichkeit einbegriffen ist (Röm 8,19–23).

Zwar hat Paulus den Freiheitsbegriff besonders ausgeprägt in seine Evangeliumsinterpretation eingebracht, doch ist der Freiheitsaspekt der Christusbotschaft nicht von ihm allein hervorgehoben worden. Auch das *Johannesevangelium* weiß um den Freiheitseffekt von Jesu Verkündigung[23]. „Wenn ihr in meinem Worte verharret, dann seid ihr wahrhaft meine Jünger; und ihr werdet die Wahrheit erkennen, und die Wahrheit wird euch frei machen" (Jo 8,31 f.). Die Zuhörer, welche die Worte Jesu im Sinne bürgerlich-rechtlicher Unfreiheit verstehen, weisen auf ihre bürgerliche Freiheit als Abrahamsnachkommen hin (V 33). Jesus aber versteht die Unfreiheit als Korrelat der Sünde: „Jeder, der Sünde tut, ist der Sünde Knecht" (V 34). Deshalb kann die wahre Freiheit auch nur durch den Gottessohn gegeben werden (V 36). Bei Johannes steht die Freiheit also nicht im Gegenüber zum Gesetz und wird nicht vom πνεῦμα abgeleitet. Die Freiheit korrespondiert hier mit der Wahrheit: der Freiheitsbegriff steckt bei Johannes im Wahrheitsbegriff. Diese Welt[24] (κόσμος οὗτος) ist eine Welt der Sünde, der Finsternis, des Todes und der Knechtschaft. Das ist ihre gottwidrige Struktur, ihr eigentliches Wesen. Der Logos, das Wort der Wahrheit (Jo 1,14.17), kam in die Welt der Finsternis, aber diese hat ihn nicht erkannt und sich in ihrer Gottwidrigkeit von ihm abgewandt. So hat sich die Welt gegen ihr eigentliches Lebens- und Seinsprinzip verschlossen, denn im Logos war das Leben und das Licht der Menschen (Jo 1,4). Aus der Knechtschaft der Sünde und des Todes kann deshalb auch nur die Erkenntnis der Wahrheit, die Christus vermittelt, frei machen (Jo 8,32–40).

---

[22] Vgl. *K. Niederwimmer*, a.a.O., S. 213 ff.; *R. Bultmann*, a.a.O., S. 346 ff.; *H. Schlier*, Der Begriff der Freiheit im NT, S. 494 f.
[23] Vgl. *R. Schnackenburg*, Das Johannesevangelium, HThK IV/2 (1971), S. 258 ff.; *K. Niederwimmer*, a.a.O., S. 220 ff.
[24] Vgl. *R. Bultmann*, Theologie des Neuen Testaments, S. 367 ff.

Die Botschaft von der christlichen Freiheit stellt, so können und müssen wir zusammenfassend sagen, die Welt und ihre Struktur radikal in Frage. Das neue Sein in Christus steht mit seinem Freiheitsanspruch in scharfem Gegensatz zum gesetzlichen Charakter der weltlichen Ordnung. Christus hat das Gesetz und seinen Geltungsanspruch gebrochen, indem er selbst an die Stelle des Gesetzes getreten ist. Ist damit nun jeder Art von Gesetz und jedweder gesetzlichen Norm die Daseinsberechtigung entzogen? So lautet die für unseren Untersuchungsgegenstand entscheidende Frage. Ist es aufgrund des exegetischen Befundes statthaft, das vernichtende Urteil über das Gesetz auf das Mosesgesetz und den Alten Bund einzuschränken bzw. auf seinen heilsgeschichtlichen Anspruch oder auf einen Teil dieses Gesetzeswerkes, nämlich die Zeremonial- und reinen Volksgesetze? Oder betrifft die Kritik und das Vernichtungsurteil das Gesetz im absoluten Sinne, so daß damit auch das Naturrecht in seinem gesetzlichen Kern getroffen wäre?[25]

Zunächst einmal muß darauf mit Ja geantwortet werden[26]. Eine Beschränkung auf die rituellen Bestimmungen „trifft nicht den Kern des Problems und bedeutet letztlich eine Verharmlosung des paulinischen Kampfes um das gesetzesfreie Evangelium"[27]. Gesetz und Evangelium sind für Paulus zwei sich gegenseitig ausschließende Wege, zwei miteinander unvereinbare Grundhaltungen. Deshalb ist das Gesetz nicht nur als Heilsweg, sondern auch als moralische Instanz für den Christen abgelöst. Wenn man die Botschaft von der Gnadengerechtigkeit und der in Christus geschenkten Freiheit nicht verwässern will, muß dieses Faktum zunächst einmal mit aller Kompromißlosigkeit zur Kenntnis genommen werden. Die darin liegende Anfrage an das Selbstverständnis der Naturrechtskonzeption darf nicht überspielt werden; auch sie muß in aller Schärfe zu Gehör gebracht werden.

Doch ist das nicht alles, was die Schrift zum Thema Gesetz zu sagen hat. Das Gesetz ist nach den ntl. Aussagen eine dialektische Größe. Die rechte Haltung des Christen zum Gesetz ist nur in der Paradoxie von Freiheit und Bindung zur Darstellung zu bringen. Neben der Botschaft

---

[25] Wir können hier nur die naturrechtliche Relevanz der Fragestellung untersuchen. Die sonstigen implizierten Aspekte des Problems müssen wir unberücksichtigt lassen, z. B. die Bedeutung für die Kirchenstruktur und das Kirchenrecht. Auch muß an dieser Stelle auf die Erörterung der Problemgeschichte verzichtet werden.
[26] Vgl. *P. Bläser*, Gesetz und Evangelium, S. 14, 18 f.
[27] Ebd., S. 14.

von dem unwiderruflichen Ende des Gesetzes steht die ebenso entschiedene Aussage vom Weiterbestehen des Gesetzes[28].

Bei aller Gesetzeskritik läßt Jesus keinen Zweifel aufkommen, was den Fortbestand des Gesetzes betrifft (Mt 5,17–20). „Glaubet nicht, ich sei gekommen, das Gesetz oder die Propheten aufzuheben. Ich bin nicht gekommen, aufzuheben, sondern zu erfüllen" (5,17). In derselben Machtvollkommenheit (ἀμὴν γὰρ λέγω ὑμῖν), mit der er in den nachfolgenden Antithesen dem Mosesgesetz gegenübertritt, es neu interpretiert und korrigiert, sagt er hier: „Bis der Himmel und die Erde vergehen, wird nicht ein Strichlein oder Häkchen vom Gesetz vergehen, bis alles geschehen ist" (V 18; vgl. Lk 16,17). Das Gesetz und seine Interpretation in die Zeit hinein ist nicht der Beliebigkeit des einzelnen überlassen (5,19–20); es will vielmehr nach seiner inhaltlichen Vollständigkeit (5,19–20) und nach seiner eigentlichen Intention (Wehruf gegen die Gesetzeskasuistik der Pharisäer Mt 23,13 ff. u. Lk 11,37 ff.) ganzheitlich getan werden. Vor allem die Radikalität der Bergpredigtforderungen macht klar, daß Jesus einen uneingeschränkten, vorbehaltlosen Gehorsam will, der kein Ausweichen vor dem Gesetz gestattet.

Auch für Paulus ist das Gesetz als solches, trotz der Ausweglosigkeit des Gesetzesweges, nicht einfach durch den Glauben abgetan. „Heben wir also das Gesetz auf durch den Glauben? Niemals! Vielmehr richten wir das Gesetz auf" (Röm 3,31). Niemand kann aus der Tatsache, daß er aufgrund der Gnade nicht mehr unter dem Gesetz steht, ein Alibi für sein sündhaftes Tun ableiten (Röm 6,15). Das Gesetz selbst ist nämlich keineswegs Sünde (Röm 7,7); es ist zum Leben bestimmt (Röm 7,10) und wird von Paulus heilig, gerecht und gut genannt (Röm 7,12.16). Ja, Paulus kann das Gesetz sogar als pneumatisch bezeichnen, das sein Gegenüber im sarkischen (σαρκινός) Ich des sündigen Menschen hat (Röm 7,14 ff.). Die ganze Argumentation von Röm 1 und 2 ist darauf aufgebaut, daß die Forderungen des Gesetzes zu Recht bestehen, sonst könnte das Schuldurteil über die Menschheit nicht aus der Nichterfüllung des Gesetzes begründet werden. 1 Tim 1,8 setzt als allgemein anerkannt voraus, „daß das Gesetz gut ist, wenn man es gesetzmäßig (sachgemäß) gebraucht". Wahrscheinlich wird hier auf Röm 7,12.17 Bezug genommen[29].

Was in diesen mehr theoretischen Aussagen über das Gesetz ausgesprochen wird, daß nämlich das Gesetz, sofern es die heilbringende Wei-

---

[28] Vgl. K. *Niederwimmer*, a.a.O., S. 120 ff.; H. H. *Eßer*, a.a.O., S. 525 ff.; R. *Schnackenburg*, Christliche Freiheit nach Paulus, S. 43 f.
[29] Vgl. M. *Dibelius*, Die Pastoralbriefe, S. 19.

sung Gottes ist, bestehen bleibt[30], findet eine vielfache Bestätigung durch die apostolische Praxis der ntl. Paränese und Gemeindeleitung. Es ist ein nicht wegzudiskutierendes Faktum, daß die ntl. Schriften konkrete Gebote und Verbote in reichem Umfange enthalten[31]. Paulus sagt von sich selbst, daß er nicht ohne Gesetz Gottes ist, sondern unter dem Gesetz Christi steht (ἔννομος Χριστοῦ: 1 Kor 9,21); und er scheut sich nicht, konkrete Imperative auszusprechen. Zwar ist der Imperativ nicht die typische Form der ntl. Paränese, die eher mahnen als befehlen, eher warnen und abschrecken als anordnen und dirigieren will[32]. Die ntl. ethische Unterweisung versteht sich in erster Linie als sittlicher Appell, das neue Sein in Christus zu realisieren (vgl. z. B. Röm 6,11 ff.; Gal 5,1.25), und als ethische Weisung für das Wie einer solchen Realisation. Doch ist sich Paulus bei all dem bewußt, daß er mit apostolischer Autorität spricht (2 Kor 10,8; 1 Thess 4,1 u. 2; 2 Thess 3,6), daß er an Christi Statt gesandt ist und Gott durch ihn ermahnt (2 Kor 5,20). Und wo es erforderlich ist, kann er auch aufgrund dieser Autorität direkt anordnen (1 Kor 11,17), scharf zurechtweisen (2 Thess 3,6 ff.) und im äußersten Falle den Ausschluß aus der Gemeinde vollziehen (1 Kor 5,5; 2 Thess 3,14).

Wir dürfen an dieser Stelle, um Wiederholungen zu vermeiden, an das erinnern, was wir im ersten Teil unserer Untersuchung bereits über die ntl. Paränese gesagt haben. Wir rekapitulieren mit wenigen Sätzen, was für den Augenblick interessiert.

1. In den ntl. Schriften hat sich eine umfangreiche paränetische Tradition niedergeschlagen, in der sich die sittliche und sozialethische Ordnung der urchristlichen Gemeinde spiegelt[33]. Paränetischer Stoff findet sich in fast allen Briefen, oft ist er systematisch zusammengefaßt im zweiten Teil, so Röm 12,1 ff.; Gal 5,13 ff.; Eph 4,1 ff.; Kol 3,1 ff.; Hebr 10,19 ff.

2. Es hat also bereits in der apostolischen Zeit, teils schon vor Paulus, über die Grenzen der Einzelgemeinde hinweg eine feste paränetische Überlieferung gegeben. Neben dem eigentlichen Kerygma stand also von Anfang an eine Didache, eine sittliche Unterweisung. Das Vorhandensein einer derartigen sittlichen Überlieferung läßt sich nicht nur durch die parä-

---

[30] *R. Schnackenburg*, Christliche Freiheit nach Paulus, S. 43.
[31] Vgl. *C. H. Dodd*, Das Gesetz der Freiheit, S. 7 ff.; *A. Sand*, Gesetz und Freiheit, S. 10 ff.; *W. Schrage*, Die konkreten Einzelgebote in der paulinischen Paränese. Ein Beitrag zur neutestamentlichen Ethik, Gütersloh 1961. Hier ist der Sachverhalt für den paulinischen Bereich umfassend dargestellt; die entsprechenden Literaturangaben finden sich ebenfalls dort. Vgl. auch *B. Schüller*, Gesetz und Freiheit, S. 166 ff., bes. 184 f.
[32] Vgl. *B. Schüller*, a.a.O., S. 166 ff.
[33] Vgl. auch *C. H. Dodd*, Das Gesetz der Freiheit, S. 7 ff.

netische Unterweisung der Briefe und ihre bisweilen wörtlichen, sonst aber häufig inneren Übereinstimmungen, sondern auch durch die ausdrückliche Bezugnahme auf eine als bekannt vorausgesetzte Paradosis nachweisen. Paulus weist die Gemeinde auf die von ihm empfangene Lehre hin (1 Thess 4,1; 2 Thess 2,15; 3,6; 1 Kor 11,2) und auf die Tatsache, daß er selbst auch von anderen eine solche empfangen hat (1 Kor 15,1–3). In Rom, wo er selbst noch nicht gewesen ist, setzt er ebenfalls eine gemeinsame Didache voraus (Röm 6,17–18; 16,17).

3. Die ethische Überlieferung ist nicht ein nebensächlicher Aspekt der apostolischen Predigt, sondern gehört als ein substantieller Teil zur Christusbotschaft (vgl. z. B. die Sendungsformel Mt 28,20). Der ethische Imperativ ist, einer geläufigen Formulierung folgend, im Indikativ des Heils verankert. Er ist also nicht durch irgendwelche sozialethischen oder gesellschaftspolitischen Notwendigkeiten legitimiert, seine Daseinsberechtigung liegt im Christusereignis selbst, ist christologisch begründet.

4. Konkret ist der Ursprung der ntl. Paränese im Taufgeschehen anzusetzen[34]. Die in der Taufe gewonnene neue Existenz muß im sozialen Miteinander der Christen realisiert werden. Die Taufe ist nicht ein unverbindliches mystisch-sakramentales Ereignis. Die Gabe des neuen Christuslebens ist verpflichtender Auftrag, konkreter Imperativ, nach der neuen gnadenhaften Seinsweise und ihren Gesetzmäßigkeiten auch das irdischbürgerliche Leben umzugestalten. Die ntl. Imperative sind Taufimperative (vgl. z. B. Röm 6,1 ff.; 8,12 ff.; 1 Kor 5,7 ff.; 6,9 ff.; Gal 5,1 ff.; Kol 3,1 ff.).

5. Als wesentliche Bestandteile der ethischen Unterweisung der urchristlichen Gemeinden sind u. a. der Dekalog, die Tugend- und Lasterkataloge und die Haustafeln anzusehen. Die Zehn Gebote gehören zum ursprünglichen und ältesten Bestand (vgl. Mt 5,21 ff.; 1 Thess 4,1 ff.). Gerade auch die Komposition der Bergpredigt bei Matthäus zeigt, wie das paränetische Interesse bereits bei der synoptischen Überlieferung eine Rolle gespielt hat[35]. Beispiele konkreten Mahnens und kategorischen Entscheidens in Sachen sittlicher Lebensgestaltung sind vor allem die Tugend- und Lasterkataloge und nicht minder die Haustafeln. Besonders bei der Erörterung des Haustafelschemas war die imperativische Form als charakteristisches Stück dieser Unterweisung in Erscheinung getreten. In beiden Fällen, bei

---

[34] Auf die Frage, wieweit als „Sitz im Leben" eine direkte Taufparänese anzusehen ist (R. *Perdelwitz, H. Windisch, F. Hauck*), kann hier nicht eingegangen werden.

[35] Vgl. *J. Jeremias*, Die Bergpredigt, Calwer Hefte 27, Stuttgart ⁵1965, S. 19 ff. „Wir haben mithin in der Bergpredigt eine unter paränetischen Gesichtspunkten getroffene Zusammenstellung von Worten Jesu vor uns und werden schließen dürfen, daß sie etwa im Katechumenenunterricht ihre Stelle hatte oder in der Unterweisung der Neugetauften" S. 22.

den Katalogen und den Haustafeln, war die dogmatische Begründung im christlichen Heilsglauben als wesentlich hervorgetreten.

Wir müssen aus diesen Fakten, die nur kurz aufgezeigt werden konnten, schließen, daß nach der Meinung der urchristlichen Gemeinde die christliche Freiheit nichts mit ethischer Unverbindlichkeit oder libertinistischer Freizügigkeit zu tun hat. Neben den für die christliche Botschaft charakteristischen Aussagen über die in Christus gewonnene Freiheit stehen ganz klare sittliche Gebote und Verbote, die es nicht erlauben, Gesetz und Norm als ethische Strukturen nun für abgelöst zu erklären. Jeder Versuch, die christliche Freiheit im gnostisch-libertinistischen Sinne zu mißbrauchen, wird von der ntl. Gemeinde kategorisch abgewehrt[36], niemand soll die Freiheit zum Deckmantel der Bosheit mißbrauchen dürfen (1 Petr 2,16). Sexueller Libertinismus zum Beispiel wird aufs schärfste verurteilt und kompromißlos bekämpft (1 Kor 5,1–13; 6, 12–20). Niermand darf sich im Namen der Freiheit seinen sozialethischen Pflichten entziehen (1 Petr 2,13 ff.). Christliche Freiheit ist nicht gleich Schranken- und Gesetzlosigkeit, sie hat ganz im Gegensatz dazu eine klare Abgrenzung und eine eindeutige Zielsetzung. Das Ziel ist der freie und ungeteilte Dienst für Gott (Röm 6,18.22), ein „sich Gott vorbehaltlos zur Verfügung stellen", wie Röm 6,18; 14,8; 2 Kor 5,15; Gal 2,19 f. andeuten. Das Maß jedes Freiheitsgebrauches ist der Dienst am Nächsten (Gal 5,13 f.) und die Rücksichtnahme auf den anderen (Götzenopferfleisch u. ä. 1 Kor 8–10; Röm 14,13 ff.)[37]. Freiheit ist Aufgabe, sie realisiert sich im Tun, und zwar im Werk der Liebe. In der Tat der Liebe wird das Gesetz erfüllt (Röm 13,8–10; Lk 10,25–37). „Denn das ganze Gesetz ist in dem einen Wort erfüllt: Du sollst deinen Nächsten lieben wie dich selbst" (Gal 5,14; vgl. auch die Goldene Regel Mt 7,12). „Die Freiheit der Glaubenden" sagt G. Bornkamm, „ist darum eins mit dem Dienst aneinander in der Liebe. Denn die Freiheit, die uns vom Gesetz befreit, ist zugleich der heftigste Angriff auf das Selbstsein und Sichselbstwollen ($\sigma\acute{\alpha}\varrho\xi$) und so als Befreiung von uns selbst das Freiwerden für den Nächsten"[38].

Durch die Tat Christi und die Verkündigung der in Christus erlangten Freiheit ist das Gesetz, und zwar jeder Gesetzesanspruch, aufgelöst, so daß auch das Naturrecht als gesetzliche Norm seine Existenzberechtigung verloren hat. An diesem Faktum vorbei gibt es auch für das Naturrecht keinen

---

[36] Vgl. *K. Niederwimmer*, a.a.O., S. 199 ff.
[37] Vgl. *J. Blunck*, Artikel „Freiheit", S. 366; *K. H. Schelkle*, Freiheit nach dem Neuen Testament, S. 162 f.; *H. Schlier*, Der Begriff der Freiheit im NT, S. 497 f.; *R. Schnackenburg*, Christliche Freiheit nach Paulus, S. 45 f.
[38] *G. Bornkamm*, Die christliche Freiheit, S. 135.

geheimen Nebenweg. Es muß sich mit dieser Infragestellung in vollem Umfange konfrontieren lassen. Auf der anderen Seite haben wir nun wieder erfahren müssen, daß auch nach der Befreiung durch Christus der Mensch nicht in die Bindungs- und Gesetzlosigkeit entlassen ist. Ganz im Gegenteil! Die Schrift macht kompromißlos Front gegen jeden Mißbrauch der Freiheit im Sinne von Zügellosigkeit. Gerade für den in Christus befreiten Menschen ist der sich im Gesetz manifestierende Gotteswille selbstverständliche Richtschnur seiner sittlichen Lebensführung, so daß nun das Naturrecht sich von neuem bestätigt sehen kann, sogar ermutigt, diesen Gotteswillen auch mit den von Gott gegebenenen Möglichkeiten der Vernunft zu suchen und immer besser zu erkennen. So kommt es zur paradoxen Freiheitsaussage des Neuen Testaments. Durch Christus wird der Mensch vom Gesetz als Sündenmacht befreit, damit er als ein neuer Mensch das Gesetz, soweit es als Kundgabe göttlichen Willens und als sittliche Forderung legitimiert ist, erfüllen kann. In diesem Sinne kann Paulus dann sogar von einem Gesetz Christi oder Gesetz des Geistes (Röm 8,2; Gal 6,2) sprechen, was von seiner Gesetzespolemik aus doch zunächst ausgeschlossen sein sollte. Der Jakobusbrief, welcher von einem (vollkommenen und königlichen) Gesetz der Freiheit spricht (Jak 1,25; 2,8.12), bleibt wegen seiner ganz anderen Problemlage aus unseren Überlegungen hier ausgeklammert.

Gibt es eine Lösung der Aporie: auf der einen Seite die absolute Freiheit (ἐλεύθερος ἐκ πάντων 1 Kor 9,19), „alles ist erlaubt" (1 Kor 6,12; 10,23), „alles ist euer" (1 Kor 3,21–22), Ende des Gesetzes (Röm 10,4); auf der anderen Seite Weitergeltung des Gesetzes auch für den Christen (Röm 3,31; 7,22.25; 1 Kor 9,21), „nicht alles frommt, nicht alles erbaut" (1 Kor 6,12; 10,23), totale Bindung an Christus (1 Kor 3,23; Röm 7,4; 14,7–8; Gal 2,19–20)? Die Lösung liegt in dem durch und in Christus geschenkten neuen Sein.

Das neue Leben aus der Gnade bedeutet das Ende der alten Existenz und damit auch den Bruch mit den alten Bindungen, zugleich aber auch die neue Bindung an Christus. Die neue Bindung realisiert sich aber nicht nach Art der alten Versklavung von außen, obwohl die Begriffe, die gebraucht werden (z. B. δοῦλος Χριστοῦ), oft ähnlich sind. Der Christ hat eine ganz neue Existenzgrundlage in Christus, er existiert nun aus Christus (Gal 2,20), so daß „von selbst", sozusagen automatisch, auch die Lebensform eine andere geworden ist. Das Leben des Christen gestaltet sich nun wie „selbstverständlich" nach den Gesetzen dieses neuen Seins. Das heißt aber nicht, daß sich dieses neue Gesetz Christi materialiter ohne weiteres von den bisherigen Gesetzesverpflichtungen unterscheiden müßte. Eigentlich besteht die Befreiung des Menschen in seiner Neuschöpfung durch

Christus. Ein neuer Mensch begegnet nun dem Gesetz, so daß dieses für ihn aufgehört hat, das zu sein, was es einmal gewesen ist. Der Mensch wird durch die Tat Christi auf den Grund eines neuen und freien Lebens gestellt, so daß ihn nun der Ruf Gottes in ganz neuer Weise erreicht[39]. Die nova lex Christi ist deshalb im Grunde das neue Sein selbst. „Die Gemeinschaft mit Christus, die durch die Taufe begründet wird (Gal 3,27), erfolgt durch den Geist und ermöglicht ein neues Leben im Geist", schreibt Schnackenburg[40]. Das Gesetz, sofern es heilbringende Weisung Gottes ist, bleibt bestehen; aber es begegnet nicht mehr einem Menschen, der seinen Forderungen hilflos gegenübersteht, sondern einem neuen Menschen, einem pneumatischen[41]. Durch die neue Existenz in Christus hat das menschliche Leben eine neue Dimension erlangt, sind ihm neue sittliche Möglichkeiten eröffnet (z. B. Verzicht auf Wiedervergeltung) und eine Quelle neuer sittlicher Kraft. Die gesamte Ordnung der mitmenschlichen Beziehungen hat einen neuen Orientierungspunkt erhalten, der ganze ethische Vorgang ein neues Gepräge. Das In-Christus-Sein „verwandelt sowohl die sozialen Beziehungen als auch die Pflichten, die diese enthalten"[42]. Die gesellschaftlichen Ordnungen werden in die neue Christuswirklichkeit rezipiert und der Herrschaft des erhöhten Kyrios unterstellt. Was das im einzelnen für Ehe, Familie und die übrigen sozialen Institutionen bedeuten kann, haben wir bei der Untersuchung der Haustafeln gesehen[43]. Dort ist deutlich geworden, was geschehen kann, wenn die christliche Agape als Gestaltungsprinzip in die sozialen Beziehungen eindringt und dort den Primat anstelle des Gesetzes einnimmt[44].

Wir sind ausgegangen von der Frage, ob die Naturrechtskonzeption mit ihrer gesetzlichen Struktur im Grundsätzlichen vereinbar ist mit der in Christus verkündeten Freiheit vom Gesetz und seinen Bindungen. Es hat sich ergeben, daß die ntl. Freiheit nur in einer dialektischen Aussage zu umschreiben ist, wie eben auch das Gesetz in ntl. Sicht nur dialektisch zu bestimmen ist. Zunächst wird durch die Ausrichtung der ntl. Botschaft von der Freiheit das Gesetz absolut außer Kraft gesetzt. Angesichts des Kreuzes Christi wird die hoffnungslose Situation des Menschen gegenüber dem Gesetz und der Gesetzesforderung aufgedeckt. Auf der gesetzlichen

---

[39] Vgl. *H. Schlier*, Der Begriff der Freiheit im NT, S. 495 f.; *R. Schnackenburg*, Christliche Freiheit nach Paulus, S. 42 f.; *ders.*, Die sittliche Botschaft des Neuen Testamentes, S. 159 ff.; 215 ff.; *C. H. Dodd*, Das Gesetz der Freiheit, S. 31 ff.
[40] *R. Schnackenburg*, Christliche Freiheit nach Paulus, S. 42.
[41] Vgl. ebd., S. 43.
[42] *C. H. Dodd*, Das Gesetz der Freiheit, S. 43. Vgl. auch die folgenden Seiten.
[43] Vgl. 1. Teil, 2. Kapitel.
[44] Vgl. auch *C. H. Dodd*, Das Gesetz der Freiheit, S. 49 ff.

Basis kann der vom Gesetz intendierte Gotteswille nicht erfüllt werden. Der Mensch kann aus eigener Kraft dem Todeskreis Gesetz-Sünde-Tod nicht entgehen. Die Trias Gesetz, Sünde und Tod ist Ausdruck seiner totalen Verlorenheit und Kennzeichnung seiner eigentlichen Stellung vor Gott. Durch die befreiende Tat Christi aber, und das ist als erstes zu sagen, erhält der Mensch eine neue Seinsgrundlage. Indem Christus selbst die Forderung des Gesetzes erfüllt, durchbricht er den Kausalnexus von Gesetz-Sünde-Tod. Der in Christus erneuerte Mensch ist frei von dem Erfüllungs- und Erfolgszwang des Gesetzes, aber nicht entbunden von dem im Gesetz sich manifestierenden Gotteswillen. Doch steht er nun in einer neuen Relation zum Gesetz. Deshalb kann das Gesetz wieder das sein, was es eigentlich ist: Wegweisung für den Menschen. So eröffnet die neue Existenz im Pneuma dem Menschen einen neuen Zugang zur Welt und einen erneuerten Umgang mit den gesetzlichen Strukturen des menschlichen Lebens, das Naturrecht eingeschlossen. Gerade wenn man das vernichtende Urteil der Schrift über das Gesetz ernst nimmt, muß man den Befreiungseffekt in seiner totalen Auswirkung sehen. Die in Christus gewonnene Freiheit befähigt den Menschen auch zu einem neuen, jetzt freien Umgang mit dem, was wir Naturrecht nennen. In die neue Position des Christen gegenüber dem Gesetz ist das Naturrecht eingeschlossen.

Im gleichen Augenblick, wo das christologisch abgesicherte Ja zum Naturrecht gesprochen wird, muß natürlich das frühere Nein dialektisch mitgedacht werden. Die Infragestellung ist nicht einfach ausgelöscht. Die veränderte Stellung des Menschen zum Gesetz als Resultat der Erlösungstat Christi will in vollem Umfange bedacht sein und verlangt von einem biblisch verantworteten Naturrecht eine selbstkritische Prüfung seiner Position.

Als erstes muß das Naturrecht auf jeden Heils- und Absolutheitsanspruch, auf seinen Selbstbehauptungswillen, verzichten[45]. Eine Heilsaussage kann das Naturrecht aufgrund eigener Heilsmächtigkeit nicht machen. Der theologische Ort des Gesetzes ergibt sich erst als Funktion der Offenbarung: das Gesetz ist der Gnade nachgeordnet. Das Gesetz kann deshalb den Menschen nicht im theologisch-eschatologischen Sinne frei machen, aber in der Freiheit des Christen kann das Gesetz wieder sein, was es ist, nämlich Weisung Gottes. Dem Naturrecht kann deshalb auch keine absolute Geltung zugesprochen werden. Es ist ein höchst korrektur-

---

[45] Vgl. *G. Bornkamm*, Die christliche Freiheit, S. 134 ff.; *H. Schlier*, Der Begriff der Freiheit im NT, S. 492; *E. Fuchs*, Freiheit im NT, in: RGG 2 (³1958), Sp. 1103 f.; *K. Niederwimmer*, a.a.O., S. 232 ff.

bedürftiger, irdischer Weg zu mehr Gerechtigkeit. Solange der eschatologische Freiheitsraum noch nicht endgültig geschaffen ist (Röm 8,16 ff.), muß alles menschliche Suchen nach mehr Gerechtigkeit und mehr Freiheit den Charakter des Vorläufigen und des Experimentellen tragen. In jedem Recht und damit auch im Naturrecht ist wesenhaft die Versuchung angelegt, über sich selbst verfügen zu wollen, die Freiheit und die Gerechtigkeit grundsätzlich im Griff zu haben. Dieser Star muß dem Naturrecht gestochen werden. Daraus ergibt sich nämlich in der Regel ein Selbstbehauptungswille, der auf jede Hilfe von außen verzichten zu können glaubt, so daß Gott höchstens einmal, und zwar am Anfang, zur Etablierung der menschlichen Gesellschaft und ihrer Welt benötigt wird, dann aber als unerbetener Störenfried der autonomen Ordnung empfunden wird.

Des weiteren muß ein biblisch orientiertes Naturrecht ernsthaft prüfen, wieweit es von der Kritik der Gesetzeskasuistik und des Legalismus mitbetroffen ist. Denn die Kritik Jesu am Gesetz richtet sich weithin gegen die legalistische Gesetzesauslegung und die kasuistische Praxis der Pharisäer und Schriftgelehrten[46]. So wendet er sich in der Bergpredigt scharf gegen eine rein formale, legalistische Erfüllung des Gesetzes, die praktisch eine äußere Tat an die Stelle der von Gott geforderten Hingabe der ganzen Person setzt. Am Beispiel des Ehebruchs (Mt 5,27–28) ist zu erkennen, wie trotz einer äußeren Erfüllung der Sinn des Gesetzes verfehlt werden kann, wie sich sogar hinter einer äußerlich korrekten Haltung ein direkter Gesetzesverstoß verbergen kann: der Ehebruch im Herzen. Jesus verlegt die Entscheidung über die Sittlichkeit in das Herz des Menschen als Zentrum seines personalen Wollens. Ähnlich ist es wahrscheinlich mit dem Wort über den Eid (Mt 5,33–37). Es geht hier eigentlich nicht um ein Verbot des Eides, sondern um die unbedingte Wahrhaftigkeit, die ja auch mit einer legalistischen Eidesverweigerung nicht erreicht wird. So ist auch die Übereinstimmung von Tat und Gesinnung das Ziel der Worte über Almosen (Mt 6,1–4), Gebet (6,5–8) und Fasten (6,16–18). Auch hier wird ein veräußerlichtes Tun getadelt, das sich mit der inneren Haltung nicht in Übereinstimmung befindet. Nun wird man zwar in Hinblick auf das Naturrecht sagen müssen, daß ein Gesetz als gesellschaftspolitische Norm niemals eine innere Haltung und ethische Gesinnung befehlen kann. Doch wird auf die Dauer kein Staat und keine Gesellschaft bestehen können, wenn ihre gesetzliche und gesellschaftliche Ordnung nicht von der sittlichen Überzeugung der Bürger getragen werden, was besonders für eine pluralistische Demo-

---

[46] *R. Schnackenburg*, Die sittliche Botschaft des Neuen Testamentes, S. 45 ff.; *K. Niederwimmer*, a.a.O., S. 158 ff.

kratie zum Problem werden kann. Dieses Angesprochensein des Naturrechts durch die Gesetzeskritik Jesu liegt mehr im ideellen Bereich, darf aber nicht außer acht gelassen werden. Darüber hinaus gibt es aber auch eine direkte Infragestellung der gesetzlichen Struktur des Naturrechts und einer legalistischen Handhabung desselben.

Zutage tritt diese Gesetzeskritik sehr deutlich in den Sabbatdiskussionen mit den Pharisäern[47]. Sie wendet sich gegen eine legalistische Auslegung des Sabbatgebotes, die sich einseitig am Buchstaben des Gesetzes orientiert, ohne den Sinn der Sabbatvorschrift ins Auge zu fassen, wodurch das Gesetz das Gegenteil von dem erreicht, was es eigentlich bezweckt: „Der Sabbat ist um des Menschen willen da, nicht der Mensch um des Sabbats willen" (Mk 2,27). Matthäus bringt eine geschlossene Sammlung von Sprüchen, die sich mit dem Thema „Gesetzeskasuistik" beschäftigen (Mt 23,1–39; vgl. Lk 11,37–54), darunter die Komposition der sieben Wehrufe gegen die Schriftgelehrten und Pharisäer. Ein Beispiel für die gelehrte Gesetzeskasuistik ist das Wort über den Eid (Mt 23,16–22), zugleich ein Hinweis für die Intention des Eidesverbotes (Mt 5,33–37). Es geht darum, die Augen zu öffnen für den eigentlichen Sinn und Zweck des Gesetzes, der durch die überwuchernde Kasuistik verdeckt zu werden droht. So kommt es zur übergenauen Erfüllung des Zehntgebotes, während „das Wichtigste vom Gesetz, die Gerechtigkeit, die Barmherzigkeit und die Treue", vernachlässigt werden (Mt 23,23 f.)[48]. Auf diese innere Erfüllung des eigentlichen Gesetzesinhaltes kommt es aber allein an (Mt 23,25 f.: äußere Reinheit der Schüssel). Die Wirkung dieser legalistischen Gesetzeserfüllung und Kasuistik kommt sehr wirksam in den Worten zum Ausdruck: „Sie binden schwere und unerträgliche Lasten und legen sie auf die Schultern der Menschen" (Mt 23,4); „ihr verschließt das Himmelreich vor den Menschen" (Mt 23,13). In diesen Worten liegt natürlich eine Anfrage an jedes Rechtssystem. Der Legalismus ist eine menschliche Versuchung und bleibende Gefahr. Was die Kunst der Advokaten alles zuwege bringt, zeigt die Perikope Mk 7,1–23; Mt 15,1–20. Durch kasuistische Kunstgriffe wird sogar das eindeutige Gebot des Dekalogs (4. Gebot) umgangen (Mk 7,8–13; Mt 15,3–6) und das Gebot Gottes um menschlicher Überlieferungen (Interessen) willen außer Kraft gesetzt. Die Antwort Jesu hierauf ist das Isaiaszitat (Is 29,13): „Dieses Volk ehrt mich mit den Lippen, aber sein Herz ist weit von mir" (Mk 7,6; Mt 15,8).

---

[47] Vgl. Anmerkung 6.
[48] Vgl. *C. H. Dodd*, Das Gesetz der Freiheit, S. 83 ff.

Verschärft im Sinne seiner Gesetzestheologie hat Paulus die Problematik thematisiert in der Formel „Gramma-Pneuma" oder „Buchstabe-Geist" (2 Kor 3,6; vgl. auch Röm 7,6). Weil das Gesetz Gramma ist, Buchstabe, eine von außen herantretende Norm, ist es ohnmächtig und zum Scheitern verurteilt[49]. C. H. Dodd warnt jedoch davor, aufgrund der paulinischen Antithese von Gramma und Pneuma jede objektive Normierung des Sittlichen abzulehnen und als dem Geist des Evangeliums widersprechend abzuqualifizieren[50]. Gegen eine Verlegung der ntl. Sittlichkeit in die reine Innerlichkeit und die Stimme des Gewissens (des Herzens) stehen die eindeutigen Imperative und das autoritäre Sprechen der Schrift. „Es würde ... offenkundig ein Fehler sein, zu meinen, daß der Unterschied zwischen dem ‚Amt des geschriebenen Wortes' und dem ‚Amt des Geistes' genau derselbe ist wie der zwischen objektiven und subjektiven sittlichen Maßstäben oder zwischen Autorität und Freiheit"[51]. Dodd versteht die obige Antithese mehr im Sinne der Gesetzeskritik Jesu, wie sie bei Matthäus sich findet. Regeln und Gebote allein nützen noch nicht; sie sind solange tote Buchstaben, als sie nicht vom Geist (des Evangeliums) her ausgerichtet und konkretisiert werden[52].

Der Sabbat ist für den Menschen da, nicht umgekehrt (Mk 2,27), das muß ein ehernes Gesetz für jedes Rechtssystem und jeden praktischen Umgang mit dem Gesetz sein. Auch eine kritische Naturrechtsreflexion wird sich fragen, ob und wieweit im Mittelpunkt aller Naturrechtsunternehmungen der Mensch steht. Sie wird sich warnen lassen vor der Gefahr eines Gesetzesperfektionismus, der am Ende den Menschen aus dem Auge verliert. Es kann nicht das Ziel des Naturrechts sein, durch eine Vielzahl von abgeleiteten Konklusionen und bis ins einzelne gehenden Normierungen ein komplettes Normensystem zu erstellen. Vor einer Überbewertung der fixierten Normen muß aus vielfachen Gründen gewarnt werden. Sie kann zur Erstarrung im Normen- und Systemdenken führen; sie bringt allzu oft einen Verlust an innerer Offenheit für die tatsächlichen Gegebenheiten des gesellschaftlichen und individuellen Lebens; sie kann blind machen für die geschichtliche Dimension des Menschen und die Wandlungsprozesse in der Gesellschaft. Das würde aber in einer sich rasch verändernden Industriegesellschaft zu einer unproduktiven Sterilität und einem falschen

---

[49] Vgl. P. Bläser, Gesetz und Evangelium, S. 16 f.
[50] Vgl. C. H. Dodd, Das Gesetz der Freiheit, S. 72 ff., bes. 78 ff.
[51] Ebd., S. 79.
[52] Vgl. ebd., S. 78, 80, 82, 86.

Konservatismus führen müssen. Gerade angesichts des raschen Wandels wird es Aufgabe eines progressiven Naturrechtsdenkens sein, durch klare Aussagen die fundamentalen und unaufgebbaren Elemente des Humanums zu umschreiben und durch Aufweis von Zielpunkten die Richtung für eine immer bessere Konkretisierung des Humanums in die Zukunft hinein abzustecken.

Dabei wird es mehr darauf ankommen, Orientierungspunkte und Grenzmarkierungen anzugeben, als in jedem Falle eine fertige Lösung anzubieten. In diesem Sinne wird man E. Wolf zustimmen können, wenn er das Neue Testament als „Weisung" und „Richtschnur" für die soziale Ordnung verstanden wissen will, also weniger als „Rechtssatz" denn als „Rechtsgrundsatz"[53]. Man kann auch, recht verstanden, von „ethischen Modellen" im Neuen Testament sprechen, wenn damit eine Vergesetzlichung der ethischen Weisungen auf der einen Seite und eine Unverbindlichkeit der ntl. Normen auf der anderen Seite verhindert werden soll[54]. Allerdings darf durch ein solches Reden der verbindliche Charakter und die eindeutige Autorität der ntl. Gebote nicht in Frage gestellt werden. Ähnliches wäre auch zur Infragestellung des Naturrechts durch die Situationsethik im Namen der christlichen Freiheit zu sagen[55]. Die Antwort ergibt sich von selbst aus unseren bisherigen Überlegungen. Soweit in dieser Anfrage das Bemühen um eine situationsgerechte und vor allem personengerechte Anwendung der Norm zu Wort kommt, wird man dem nur zustimmen können. Im Mittelpunkt des Rechts und der rechtlichen Normierung muß immer der Mensch stehen. Wenn aber unter dieser Devise im Namen der paulinischen Gesetzestheologie das Vorhandensein konkreter Gebote und verbindlicher Ordnungsanweisungen als Regel für den Einzelfall und als allgemeine Norm geleugnet wird oder gar als unvereinbar mit dem vollkommenen Gesetz der Freiheit erklärt wird, dann geht das an den wirklichen Fakten der ntl. Schriften, auch der paulinischen Briefe, vorbei.

In der protestantischen Theologie wird ein Teil der Fragestellung, die wir in diesem Kapitel behandeln, unter dem Thema „Gesetz und Evangelium" diskutiert. Wir können hier nicht auf die Einzelheiten der Proble-

---

[53] *E. Wolf,* Rechtsgedanke und biblische Weisung, Forschungen der Evangelischen Akademie 5, Tübingen 1948, S. 33 ff.
[54] Vgl. *J. Blank,* Zum Problem „Ethischer Normen" im Neuen Testament, S. 356 ff., bes. 361 f.
[55] Vgl. *J. Fuchs,* Lex naturae, S. 116 ff., 127 ff.; *F. Böckle,* Gesetz und Gewissen, S. 59 ff.

matik, wie sie sich unter dieser Formel darstellt, eingehen[56]. Es geht um die rechte Zuordnung beider Größen. Bei einer völligen Trennung von Gesetz und Evangelium wird die Kompetenz des Evangeliums für die weltliche Ordnung praktisch geleugnet, und die irdischen Kulturbereiche werden in die Eigengesetzlichkeit entlassen; während das Evangelium sich in die pietistische Innerlichkeit zurückzieht. Das hat in der Vergangenheit zu schwerwiegenden Konsequenzen für die evangelische Kirche geführt, insofern sie sich der Möglichkeit begab, das Wort Gottes auch im politischen, wirtschaftlichen und gesellschaftlichen Bereich zu sagen. Unter dem Eindruck der schweren Krise, welche für die Kirche im Dritten Reich entstanden ist, hat K. Barth beide Größen im Sinne der reformierten Tradition wieder zusammengeführt, und zwar unter der nun umgekehrten Formel „Evangelium und Gesetz"[57].

Doch würde auch eine völlige Identität nicht den Aussagen der Schrift entsprechen: das Gesetz würde zum Evangelium und das Evangelium zum Gesetz gemacht werden. Dadurch würde man sowohl dem Evangelium als auch dem Gesetz seinen unverwechselbaren Charakter nehmen. Das führt letzten Endes zu einem nomistischen Mißverständnis des Evangeliums. Darin liegt eine doppelte Fehlleistung: Das Evangelium wird gesetzlich mißverstanden und zum Gesetz „dieser Welt" gemacht. Und die Eigenart der irdischen Strukturen wird verkannt, wenn man zum Beispiel die Bergpredigt zum direkten Gesetz der Politik machen wollte. Solche Versuche sind beispielsweise vom Social Gospel und von Tolstoi unternommen worden. Dabei stehen wir aber bereits vor einer Frage, mit der sich der folgende Abschnitt beschäftigen wird. Es kommt also alles auf die rechte Zuordnung beider Größen an: weder absolute Trennung noch Verwischung der Unterschiede. Die Spannung zwischen Gesetz und Evangelium muß immer bestehen bleiben, so daß das Gesetz durch die Infragestellung von seiten des Evangeliums die stets nötige Korrektur erfahren kann und das Evangelium nicht durch die Kodifizierung seine Spontaneität und Radikalität einbüßt[58].

---

[56] Vgl. *P. Bläser,* Gesetz und Evangelium, S. 1 ff.; *E. Wolf* u. *W. Joest,* Artikel „Gesetz und Evangelium", in: RGG 2 (³1958), Sp. 1519 ff.; *H. H. Wolf* und *H. Gollwitzer,* Artikel „Gesetz und Evangelium", in: ESL, Sp. 495 ff. Aus der sehr umfangreichen Literatur zu diesem Thema nennen wir nur noch den Sammelband: Gesetz und Evangelium. Beiträge zur gegenwärtigen theologischen Diskussion, Wege der Forschung 142, hrsg. v. *E. Kinder* u. *K. Haendler,* Darmstadt 1968, wo die Diskussion der letzten Jahre zusammengefaßt ist und eine umfassende Bibliographie sich findet.

[57] *K. Barth,* Evangelium und Gesetz, ThEx 32 (1935), NF 50 (1961).

[58] Vgl. *T. Herr,* Zur Frage nach dem Naturrecht im deutschen Protestantismus der Gegenwart, S. 94 ff.

## 2. Die Infragestellung durch das radikale Bergpredigtethos

Wir gehen von den Überlegungen des letzten Abschnitts aus. Die ntl. Botschaft von der in Christus geschenkten Freiheit führt das Gesetz, nicht nur das mosaische, sondern jedes Gesetz, in eine ernste Krisis, was uns die paulinische Gesetzestheologie besonders deutlich sehen läßt. In der Erlösungstat Christi wird der Wirkmächtigkeit des Gesetzes ein Ende gesetzt, so daß sich auch das Naturrechtsbemühen vom Evangelium her in Frage gestellt sehen muß. Aber die neue Freiheit ist eigentlich nicht in einer ersatzlosen Streichung des alten Gesetzes zu sehen, denn auch unter der Freiheit in Christus gibt es für den Menschen sittliche Forderungen und ethische Imperative. Unter gewissen Voraussetzungen behält deshalb das Gesetz als sittlicher Wegweiser auch im Einflußbereich des Evangeliums seine ordnende Funktion.

Der Vorgang, welcher mit „Ende des Gesetzes" bezeichnet wird, ist nach Paulus weniger im Gesetz und seiner Struktur angelegt, wie wir sahen, als in der Beschaffenheit des durch Christi Heilswirken neu geschaffenen Menschen. Das Ende des Gesetzes (Röm 10,31), ein Ereignis, das seinen Ausgang im Christusgeschehen hat, signalisiert eine veränderte Dispositionslage im Gesetzesadressaten. Das in seiner materialen Substanz unverändert gebliebene Gesetz trifft nun auf einen ganz neuen Adressaten, wodurch sich seine Möglichkeiten und auch Zuständigkeiten von Grund auf geändert haben. Es läge nun nahe, das Thema „Gesetz und Freiheit" damit als beendet zu betrachten; das Gesetz behält seine relative Funktion, der Christ ist aber in der durch Christus geschenkten Freiheit seiner versklavenden Herrschaft enthoben. An die Stelle des Gesetzes ist Christus getreten, der die alte Ordnung durch eine neue ersetzt hat. Diese neue Ordnung, die von Paulus als Gesetz des Geistes (Röm 8,2) oder auch Gesetz Christi (Gal 6,2) bezeichnet wird, ist aber mehr als eine Neuauflage des mosaischen Gesetzes in einem neuen Geiste oder, wie man auch sagen könnte, unter neuem Vorzeichen. Gewiß gehen die sittlichen Forderungen Jesu nicht am alten Gesetz vorbei, aber sie erschöpfen sich auch nicht in einer einfachen Erfüllung desselben. Zunächst haben die sozialen Beziehungen im Bereich des Evangeliums in der christlichen Agape, die nicht einfach mit der natürlichen Liebe gleichgesetzt werden darf, ein neues Gestaltungsprinzip erhalten. Im Wirken der Liebe ist die Erfüllung des Gesetzes gegeben. Aber die Agape sprengt auch die alten Ordnungen und schafft ganz neue Beziehungsmöglichkeiten unter den Menschen, wie das ansatzweise im Bereich der Haustafelethik sichtbar geworden ist. Das neue Sein in Christus, durch das das sittliche Wollen auf eine vollkommen andere Existenzgrundlage gestellt wird, ermöglicht nicht nur eine neue Erfüllung des Gesetzes, sondern schafft auch eine ganz neue Dimension des Handelns, so daß der Verzicht auf die Wiedervergeltung (Mt 5,38–42) und die Feindesliebe (Mt 5,43–48) nicht lobenswerte ethische Einzelfälle sind, sondern das geforderte Ziel des sittlichen Handelns angeben können.

Die Mosesgesetzgebung gehört zur alten, verfallenen Welt, denn sie ist mit Rücksicht auf den heillosen Zustand des Menschen gegeben worden (Herzenshärte Mt 19,8); deshalb tritt nun an seine Stelle das neue Gesetz des Reiches Gottes, welches kompromißlos den Gotteswillen verkündet. Die Bergpredigt, als Ganzes betrachtet, stellt die Proklamation dieser neuen Ordnung dar, die deshalb in scharfe Antithese zum alten Gesetz treten muß, weil der alte Mensch auf der Basis seiner natürlichen Fähigkeit vom Standort des alten Adams aus den radikalen Forderungen der Bergpredigt verständnis- und hilflos gegenübersteht. Da aber das Naturrecht erklärtermaßen auch zur Ordnung der alten Welt zu zählen ist, wird es durch den Radikalismus und das kompromißlose Ethos der Bergpredigt ebenso in Frage gestellt wie jedes andere Gesetz auf der Basis der gesellschaftlich-bürgerlichen Ordnung. Die Bergpredigt ist seit jeher als Herausforderung der natürlichen Sittlichkeit empfunden worden, weil ihre konsequente Durchsetzung zur Krisis der bürgerlichen Ordnung führen muß. Da aber andererseits die Bergpredigt nicht irgendein beliebiges Stück der ntl. Botschaft ist, sondern als Quintessenz der sittlichen Forderungen Jesu angesehen werden muß, kann eine biblische Naturrechtsbetrachtung nicht, ohne Notiz zu nehmen, an dem Einspruch des Bergpredigtethos gegen die natürliche Sittlichkeit vorübergehen. Dieser Einspruch geht weit über das hinaus, was Inhalt und Ziel der bislang besprochenen Gesetzeskritik ausmacht, denn er stellt die alte Ordnung als solche in Frage, indem ein Verhalten eingefordert wird, das auf der Basis der natürlich-gesellschaftlichen Strukturen dieser Welt im Grunde undurchführbar ist.

Die Bergpredigt[59] liegt uns als eine Überlieferung von Jesusworten in zwei verschiedenen Fassungen vor, in der allgemein als Bergpredigt be-

---

[59] Vgl. *H. W. Bartsch*, Feldrede und Bergpredigt, ThZ (Basel) 16 (1960), S. 5 ff.; *G. Bornkamm*, Jesus von Nazareth, Urban-Bücher 19, Stuttgart ⁶1963; *G. Bornkamm, G. Barth, H. J. Held*, Überlieferung und Auslegung im Matthäus-Evangelium, WissMon ANT 1, Neukirchen ⁴1965; *R. Bultmann*, Die Geschichte der synoptischen Tradition (mit Erg.-Heft), Göttingen ⁶1964; *P. Carrington*, The Primitive Christian Catechism, Cambridge 1940; *W. D. Davies*, Die Bergpredigt. Exegetische Untersuchung ihrer jüdischen und frühchristlichen Elemente, München 1970 (Cambridge 1964); *M. Dibelius*, Die Formgeschichte des Evangeliums, hrsg. v. *G. Bornkamm*, Tübingen ³1959; *C. H. Dodd*, The Primitive Catechism and the Sayings of Jesus, in: N. T. Essays – Studies in Memory of T. W. Manson, Manchester 1959, S. 106 ff.; *J. Jeremias*, Die Bergpredigt, Calwer Hefte 27, Stuttgart ⁵1965; *H. Kahlefeld*,

zeichneten Überlieferung Mt 5–7 und in der sogenannten Feldrede oder „Predigt am Berge" (Schürmann) Lk 6,20–49. Beide Fassungen weichen in Länge, Zahl der Predigtstücke, Ortsangabe (Mt 5,1: Berg; Lk 6,17: ebener Platz am Fuße des Berges) und zeitlicher Ansetzung (vor bzw. nach der Wahl der Zwölf) erheblich voneinander ab, stimmen andererseits aber weithin im Inhalt und im Aufbau sowie in einem gemeinsamen Grundbestand an Redestoff überein. Zum gemeinsamen Bestand gehören: 1. die einleitenden Seligpreisungen Mt 5,3–12 u. Lk 6,20–23; 2. die Sprüche über Wiedervergeltung und Feindesliebe (in unterschiedlicher Anordnung) Mt 5,39–42. 44–48 u. Lk 6,27–30. 32–36; 3. die goldene Regel Mt 7,12 u. Lk 6,31; 4. die Sprüche über liebloses Richten Mt 7,1–5 u. Lk 6,37 f. 41 f.; 5. vom Fruchtbringen Mt 7,16–21 u. Lk 6,43–46, vgl. auch 12,33 ff.; 6. das abschließende Gleichnis vom Hausbau Mt 7,24–27 u. Lk 6,47 ff. Daneben finden sich für viele Stücke der matth. Bergpredigt Parallelen an anderer Stelle bei Lk und für die beiden Sprüche Lk 6,39 u. 40 solche bei Mt 15,40 bzw. 10,24 f.

Die beiden vorliegenden Fassungen der Bergpredigt haben einen stark kompositorischen Charakter und tragen deutlich die Handschrift der kirchlich-gemeindlichen Traditoren und Redaktoren. Es kann heute als gesichertes Ergebnis der traditions-, form- und redaktionsgeschichtlichen Forschung gelten, daß die Bergpredigt bei Mt und Lk eine literarische Komposition ist und daß beide Kompositionen, was den Grundstock ihres Redestoffes betrifft, auf gemeinsame Vorlagen (Q) zurückgehen. Dabei hat Mt seine Vorlage mit weiterem Stoff aus der Redequelle, aus der Markustradition (vgl. Mk 9,43–48; 11,25 f.) und aus anderen Quellen, dem matth. Sondergut, aufgefüllt, was der Anlage seines Evangeliums entspricht, das auch sonst eine Vorliebe für systematisierende Kompositionen des vorgegebenen Stoffes erkennen läßt. So haben wir im Matthäusevangelium allein fünf große Redekompositionen: Kap. 5–7 die Bergpredigt, Kap. 10 die Aussendungsrede, Kap. 13 die Gleichnisrede, Kap. 18

---

Der Jünger. Eine Auslegung der Rede Lk 6,20–49, Frankfurt a. M. 1962; *E. Neuhäusler*, Anspruch und Antwort Gottes. Zur Lehre von den Weisungen innerhalb der synoptischen Jesusverkündigung, Düsseldorf 1962; *R. Schnackenburg*, Art. „Bergpredigt", in: LThK 2 (²1958), Sp. 223 ff.; ders., Die sittliche Botschaft des neuen Testaments, München ²1962, S. 37 ff.; *H. Schürmann*, Das Lukasevangelium, HThK III/1 (1969), S. 323 ff.; *T. Soiron*, Die Bergpredigt. Formgeschichtliche, exegetische und theologische Erklärung, Freiburg 1957; *W. Trilling*, Das wahre Israel. Studien zur Theologie des Matthäusevangeliums, StAuNT 10, München ³1964; *J. Staudinger*, Die Bergpredigt, Wien 1957; *H. Windisch*, Der Sinn der Bergpredigt, UNT 16, Leipzig ²1937; *H.-T. Wrege*, Die Überlieferungsgeschichte der Bergpredigt, WUNT 9, Tübingen 1968.

die Weisungen für die Gemeindeleitung und Kap. 23–25 die große Abschiedsrede in Jerusalem. Alle fünf Reden sind durch die Stereotype „Und es begab sich, als Jesus diese Rede vollendet hatte" (7,28; 11,1; 13,53; 19,1 u. 26,1) deutlich vom Verfasser als geschlossene Einheit gekennzeichnet.

Die Rekonstruktion der ursprünglichen Bergpredigt oder des ursprünglichen Wortlauts einer Rede Jesu, wie es Staudinger[60] durch Kombination des matth. und luk. Textes versucht, ist nicht möglich. Auch ist nicht mit Sicherheit zu sagen, ob Jesus eine wirkliche Predigt dieses Inhalts gehalten hat oder ob die Redequelle, auf die Mt und Lk zurückgreifen, an dieser Stelle ebenfalls schon eine Zusammenstellung von einzelnen Logien bringt. H. Schürmann[61] glaubt feststellen zu können, daß die Redequelle „zwei ursprünglich selbständig tradierte frühe Kompositionen" (Lk 6,27–38 und 6,39–45) kombinierte, die dann mit einer Einleitung (Lk 6,20 f. 22 f. und erst später auch 6,24–26) und einem Schluß (6,46–49) versehen wurde. Die erste Komposition enthielt Worte Jesu über die Nächsten- und Feindesliebe, und die zweite war auf die Warnung vor den Pharisäern gerichtet.

Was die Frage nach dem „Sitz im Leben" der Bergpredigtkomposition betrifft, so ist immer wieder auf den katechismusartigen Charakter hingewiesen worden, der für die Fassung des Mt unverkennbar ist und in Thematik und Aufbau in erheblichem Maße an Did 1–6 anklingt. Auch für Lk 6,20–49 ist nach der Feststellung von H. Schürmann (S. 383–386) wahrscheinlich, daß dieser Stoff ursprünglich beim postbaptismalen (vielleicht auch beim präbaptismalen) Unterricht verwendet worden ist, wenngleich ihn Lukas nicht mehr in der Funktion einer Neophytenunterweisung sieht. Wir dürfen davon ausgehen, daß wir es in der Bergpredigt mit einer unter paränetischen Aspekten zusammengestellten Sammlung von Worten Jesu zu tun haben, die in ähnlicher Form einmal im Katechumenenunterricht oder in der Unterweisung der Neugetauften ihren Platz hatten.

Die ursprüngliche Gestalt der Bergpredigt, wenn Jesus eine solche gehalten hat, haben wir also in unseren Texten nicht mehr vorliegen. Doch wäre es verfehlt, aus der Tatsache, daß die Bergpredigt (bzw. die Feldrede) eine redaktionelle Überarbeitung nicht verleugnen kann und die Spuren der paränetischen Verwendung noch deutlich trägt, folgern zu wollen, daß sie uns schon deshalb nichts mehr von der ursprünglichen Intention der Botschaft Jesu, von der typischen Klangfarbe etc. vermitteln könne. Sowohl Mt als auch Lk wollen mit ihrer Redekomposition ihren Adressaten das

---

[60] Vgl. *J. Staudinger*, a.a.O., S. 11–20.
[61] Vgl. *H. Schürmann*, a.a.O., S. 386.

unerhört Neue der Botschaft Jesu vermitteln und den neuen Lebensweg der Jünger darlegen in deutlicher Absetzung von anderen Möglichkeiten, wenngleich es bei beiden in einem unterschiedlichen und nicht verwechselbaren Ton geschieht.

So wendet sich Mt[62] wohl in erster Linie an Judenchristen. Ihnen setzt er auseinander, wie die Lebensführung der Jünger in der nachösterlichen Gemeinde aussieht, u. zw. im Unterschied zu den jüdischen Zeitgenossen. Sein Thema ist die größere „Gerechtigkeit des Reiches Gottes" (vgl. 5,20, 6,1 u. 6,33). Die Gerechtigkeit der Jünger Jesu wird von ihm als neue Lebensordnung antithetisch der Gerechtigkeit der Schriftgelehrten und Pharisäer gegenübergestellt (vgl. z. B. die Ausbildung der Antithesen 5,21–48), und in dieser Absetzung von dem „Alten" wird programmatisch das ganz Neue verkündet. Dabei ist von Wichtigkeit, daß für Mt die „bessere Gerechtigkeit" nicht in einer Auflösung des Gesetzes (als sittlicher Forderung) bestehen kann (5,17–20), sondern in einer Neuinterpretation, durch welche das Gesetz in seiner ursprünglichen Absicht ganz ernst genommen und der unverfälschte Gotteswille aufgedeckt wird: also keine Auflösung des Gesetzes, sondern seine Intensivierung und Radikalisierung.

Zwar läßt sich nicht verkennen, daß die gemeindliche Praxis bereits zu gewissen Abstrichen gezwungen hat, indem sie die Frage nach der Realisierung der radikalen Forderungen im alltäglichen Leben stellt und nach praktikablen Lösungen sucht (vgl. die Unzuchtsklausel Mt 5,32, 19,9). Dennoch ist der Radikalismus der ethischen Forderungen Jesu nicht prinzipiell gebrochen. Im Gegenteil! Es wird ausdrücklich ein „Mehr" gegenüber der heidnischen Sittlichkeitsauffassung gefordert (5,46–48) und diese Haltung als Kennzeichnung der Jüngerschaft deklariert. Die Radikalisierung ist aber nicht auf der Linie einer Verschärfung der Gesetzes-

---

[62] Vgl. neben der bereits angeführten Literatur: *G. Barth*, Das Gesetzesverständnis des Evangelisten Matthäus, in: Überlieferung und Auslegung im Matthäusevangelium, S. 54 ff.; *G. Bornkamm*, Enderwartung und Kirche im Matthäusevangelium, in: Überlieferung und Auslegung im Matthäusevangelium, S. 13 ff.; *E. Lohse*, „Ich aber sage euch", in: Der Ruf Jesu und die Antwort der Gemeinde (Festschrift J. Jeremias), hrsg. v. *E. Lohse* u. a., Göttingen 1970, S. 189 ff.; *U. Luck*, Die Vollkommenheitsforderung der Bergpredigt. Ein aktuelles Kapitel der Theologie des Matthäus, ThEx NF 150, München 1968; *E. Schweizer*, Matthäus und seine Gemeinde, Stuttgarter Bibelstudien 71, Stuttgart 1974; *A. Sand*, Das Gesetz und die Propheten, Bibl. Untersuchungen 11, Regensburg 1974.
Kommentare: *E. Klostermann*, Das Matthäusevangelium, Handbuch NT 4 ([3]1938), S. 32 ff.; *E. Lohmeyer*, Das Evangelium des Matthäus, Meyer K, Sonderband, hrsg. v. *W. Schmauch*, Göttingen 1956, S. 74 ff.; *J. Schmid*, Das Evangelium nach Matthäus, RNT 1 ([2]1952), S. 62 ff.; *J. Schniewind*, Das Evangelium nach Matthäus, NTD 1 (1965), S. 37 ff.; *W. Grundmann*, Das Evangelium nach Matthäus, Theol. Handkommentar NT 1, Berlin 1968, S. 111 ff.; *E. Schweizer*, Das Evangelium nach Matthäus, NTD 2, Göttingen 1973 S. 44 ff.; *A. Schlatter*, Der Evangelist Matthäus, Stuttgart [6]1963, S. 125 ff.

kasuistik oder einer Perfektionierung der Gesetzeserfüllung zu suchen, sondern darin, daß erstens die vorbehaltlose und radikale Ausrichtung der sittlichen Existenz auf Gott gefordert wird (5,10–12 Leidensnachfolge; 6,1–18 Almosen, Gebet und Fasten „im Verborgenen"; 6,24 zwei Herren; 6,25–34 bedingungsloses Vertrauen) und zweitens das Liebesgebot zum Inbegriff des Gesetzes und damit zum Maßstab der „besseren Gerechtigkeit" erklärt wird (vgl. 5,43–48 bedingungslose Liebesbereitschaft als Kennzeichnung der Jüngerschaft; 7,12 die goldene Regel als Inbegriff von „Gesetz und Propheten").

Auch nach Lk[63] enthält die Bergpredigt bzw. die Feldrede mit ihrem Kernstück, dem Liebesgebot, die entscheidende sittliche Unterweisung der Jüngergemeinde. Die hier aufgezeigte Lebensweise der Jünger Jesu wird ebenfalls alternativ abgesetzt gegen andere Lebenswege, in der Einleitung durch die Antithese von Seligpreisungen und Wehrufen (6,21–26) und im Schluß durch das Gleichnis vom Hausbau (6,46–49). Auch die Darlegung des radikalen Liebesgebotes im Hauptstück der Rede (6,27–38) geschieht nicht ohne Reflexion auf mögliche Alternativen (VV 32–34). H. Schürmann (S. 365–379) interpretiert auch den Abschnitt 6,39–45 unter dem Aspekt einer kritisch-negativen Abgrenzung des Lebensweges der Jünger gegenüber anderen Angeboten (der blinden Lehrer in V 3–4) und nicht so sehr als eine weitere positive Entfaltung des Liebesgebotes. Es soll nach seiner Meinung hier das Liebesgebot dargelegt werden als die entscheidende Lehre des „Kyrios", des unüberbietbaren einzigen „Lehrers" (V 40). Durch die Konfrontation der Lehre Jesu mit anderen „Lehren" wird der Jünger vor eine unausweichliche Entscheidung gestellt. Jüngerschaft ist nur auf dem Hintergrund solcher Abgrenzung möglich. Das ist ein wichtiger Aspekt der lukanischen Fassung der Redesammlung.

Das Liebesgebot ist die lex Jesu und will in ihrer ganzen Radikalität im Leben der Jüngerschaft realisiert werden (Schlußgleichnis 6,46–49). Wahrscheinlich ist die geschilderte Katastrophe ein Bild für das nahende Gericht. Dadurch soll nochmals unterstrichen werden, daß die vorgetragene Lehre

---

[63] Vgl. neben der bereits angeführten Literatur: W. *Grundmann*, Die Bergpredigt nach der Lukasfassung, in: Studia Evangelica 1 = Texte u. Untersuchungen zur Geschichte der altchristlichen Literatur 73 (V, 18), Berlin 1959, S. 180 ff.; G. *Braumann*, Das Mittel der Zeit. Erwägungen zur Theologie des Lukasevangeliums, in: ZNW 54 (1963), S. 117 ff.
Kommentare: W. *Grundmann*, Das Evangelium nach Lukas, ThHK 3, Berlin ⁴1966, S. 139 ff.; E. *Klostermann*, Das Lukasevangelium, HNT 5, Tübingen ²1929, S. 77 ff.; K. H. *Rengstorf*, Das Evangelium nach Lukas, NTD 1, Göttingen 1965, S. 84 ff.; A. *Schlatter*, Das Evangelium des Lukas aus seinen Quellen erklärt, Stuttgart ²1960, S. 237 ff.; J. *Schmid*, Das Evangelium nach Lukas, RNT 3, Regensburg ⁴1960, S. 131 ff.; H. *Schürmann*, Das Lukasevangelium, HThK III/1, Freiburg 1969, S. 323 ff.

und das konsequente Leben nach ihren Weisungen das entscheidende Kriterium für das Bestehen im eschatologischen Gericht sein werden, wie es auch Mt 7,21–27 geschieht. Es gibt also keine Möglichkeit, der Radikalität des Geforderten auszuweichen.

Wir können nach dem Gesagten davon ausgehen, daß die Bergpredigt ein Ausdruck des spezifischen Ethos des Reiches Gottes ist und exemplarisch die neue Lebensordnung der Jüngerschaft Jesu darlegt. Ihr radikales sittliches Ethos sprengt den Rahmen des Bisherigen, das durch die Überlieferung der „Alten" und die Gesetzesauslegung der „Schriftgelehrten und Pharisäer" vertreten wird. In diesem Ereignis kündigt sich der Beginn eines neuen Äons an. In der Radikalisierung der sittlichen Forderungen wird eine Schwelle aufgezeigt, die der überschreiten muß, der an diesem neuen Leben Anteil haben will (Einlaßbedingungen).

Es ist nun unsere Absicht, das Naturrecht und die ihm zugrunde liegende sittliche Lebenshaltung sowie seine gesellschaftliche Ordnungsvorstellung mit dem neuen Ethos, das in dem Bergpredigtprogramm dargelegt wird, zu konfrontieren, um zu erfahren, wieweit die Naturrechtskonzeption nach Inhalt und sittlichem Impetus dadurch in Frage gestellt wird. Da es uns hier allein um diese Gegenüberstellung geht, glauben wir aus Gründen der notwendigen Kürze auf eine weitere Einzelexegese verzichten zu dürfen.

Zu allen Zeiten ist die Bergpredigt mit ihren radikalen und kompromißlosen ethischen Forderungen als eine Infragestellung der bestehenden Ordnung und der herrschenden sittlichen Maßstäbe empfunden worden[64]. Auf jeden, der die Worte Jesu ohne Vorbelastung durch wissenschaftliche und interpretatorische Überlegungen auf sich wirken läßt, wird sie zunächst als ein unerhörter Affront gegen das Bestehende wirken; gegen die menschliche Gesetzgebung, die keine wirkliche Gerechtigkeit schafft, gegen das tatsächliche Verhalten der Menschen, die durch ihre Falschheit und

---

[64] Vgl. zum folgenden: *G. Dehn*, Die Bergpredigt als ethisches Problem, in: Die Zeichen der Zeit 4, Berlin 1950, S. 185 ff.; *M. Dibelius*, Die Bergpredigt, in: Botschaft und Geschichte. Gesammelte Aufsätze I, Tübingen 1953, S. 79 ff.; *E. Fuchs*, Die vollkommene Gewißheit. Zur Auslegung von Matthäus 5,48, in: Neutestamentliche Studien für R. Bultmann (Festschrift), Berlin ²1957 (ZNW, Beih. 21), S. 130 ff.; *L. Goppelt*, Das Problem der Bergpredigt, in: Christologie und Ethik. Aufsätze zum Neuen Testament, Göttingen 1968, S. 27 ff.; *ders.*, Die Bergpredigt und die Wirklichkeit dieser Welt, Calwer Hefte 96, Stuttgart 1968; *J. Jeremias*, Die Bergpredigt; *W. Schmauch*, Reich Gottes und menschliche Existenz nach der Bergpredigt, in: W. Schmauch u. E. Wolf, Königsherrschaft Christi, ThEx NF 64 (1958), S. 5 ff., *R. Schnackenburg*, Die Bergpredigt Jesu und der heutige Mensch, in: Christliche Existenz nach dem Neuen Testament. Abhandlungen und Vorträge I, München 1967, S. 109 ff.; *T. Soiron*, Die Bergpredigt Jesu; *J. Staudinger*, Die Bergpredigt; *H. Thielicke*, Theologische Ethik I, S. 559 ff.; *E. Thurneysen*, Die Bergpredigt, ThEx NF 105 (⁶1965).

Egozentrik immer neues Unrecht hervorrufen, kurzum gegen alle menschliche Unaufrichtigkeit, Durchtriebenheit und Ungerechtigkeit. Die Wirkung ist eigentlich eine doppelte: Insofern sich in den Worten Jesu der Protest gegen menschliche Ungerechtigkeit und heuchlerische Verstellung artikuliert, werden diese volle Zustimmung erfahren. Und wenn Jesus an die Stelle der vielfach korrumpierten Gesetze dieser Welt sein radikales Gesetz der universalen Liebe (Feindesliebe) setzt, wenn er bedingungslose Aufrichtigkeit im mitmenschlichen Verhalten (z. B. Eid) und unbedingte Echtheit des an den Tag gelegten sittlichen Tuns (Almosen, Fasten etc.) fordert, wenn er den bedingungslosen Einsatz für das Gute (Verzicht auf Wiedervergeltung) und vorbehaltloses Dasein für den anderen Menschen (z. B. in der Ehe) verlangt, dann kann er mit dem spontanen d'accord vieler Menschen rechnen. Aber auf der anderen Seite regt sich bald ebenso spontan eine resignierende Skepsis bezüglich der tatsächlichen Möglichkeiten, welche die radikalen Forderungen Jesu angesichts der „Realitäten" dieser Welt haben.

Wie soll in dieser Welt ein Ehe-Ideal gelebt werden, das nicht nur die Scheidung einer gescheiterten Ehe verbietet, sondern auch den Ehebruch bereits in unerlaubten Blicken verwirklicht sieht (Mt 5,27–32)? Welcher Vater und welche Mutter oder sonstwie für andere Verantwortliche kann auf die planmäßige Vorsorge für Nahrung, Kleidung und dergleichen verzichten (Mt 6,24–34)? Wenn das unter den kleinbäuerlichen Wirtschaftsverhältnissen des damaligen Palästinas schon undurchführbar war, unter den Bedingungen unserer heutigen hoch technisierten Industriegesellschaft klingt diese Forderung geradezu utopisch, denn ohne eine mit aller Akribie durchgeführte Wirtschaftsplanung würde die Lebensexistenz von vielen Millionen Menschen heute gar nicht mehr zu sichern sein. Die Forderung der Feindesliebe ( Mt 5,34–48; Lk 6,27–38) als ethische Haltung mag noch angehen, in der Konfrontation mit dem unversöhnlichen Widersacher und in der unerbittlichen Auseinandersetzung des Alltags wird sie meistens auf der Strecke bleiben. Der absolute Verzicht auf Wiedervergeltung (Mt 5,38–42; Lk 6,29) setzt eine so hohe sittliche Kraft voraus, daß er nur in wenigen Fällen gelingen wird. Und was den generellen Verzicht auf Widerstand gegen das Böse (Mt 5,39) angeht, so würde diese Forderung, wenn sie vorbehaltlos in die Tat umgesetzt wird, im Bereiche der gesellschaftlichen und politischen Ordnung zum Chaos und zum Untergang der Freiheit führen. Die Politik der Gewaltlosigkeit Gandhis war erfolgreich gegen einen Gegner, der ethische Grundsätze respektierte, gegen die Militärmacht China hat sie versagt, und in der Auseinandersetzung mit dem Brudervolk der Pakistanis ist sie zu Grabe getragen worden. Angesichts dieser unerbittlichen Fakten wird die Durchführbarkeit zum eigentlichen Problem der Bergpredigt.

Es hat im Laufe der Kirchengeschichte die verschiedensten Antworten auf die Frage gegeben: Was ist der Sinn der Bergpredigt und wie kann sie in unserer Welt und Zeit realisiert werden? Die unterschiedlichen Lösungsversuche spiegeln die innere Brisanz des Themas und die revolutionäre Sprengkraft wider, welche von der Botschaft Christi in der Bergpredigt ausgeht[65], was sich nicht zuletzt in den einzelnen Versuchen zeigt, die Radikalität der Bergpredigtforderungen zu entschärfen.

Da ist als erste die *perfektionistische Interpretation*[66], wie sie zum Beispiel von H. Windisch vertreten worden ist[67]. Diese Auffassung geht davon aus, daß Jesus in der Bergpredigt den unverkürzten Gotteswillen verkündet und diesen in Antithese zum Mosesgesetz und zur pharisäischen Gesetzesinterpretation (Mt 5,21 ff.) setzt. Dabei geht es nicht um eine Auflösung des Gesetzes, sondern um die vollkommene, kompromißlose Erfüllung (Mt 5,17–20). Die Forderungen Jesu bleiben dann grundsätzlich im Rahmen des mosaischen Gesetzes, das lediglich soweit geläutert, perfektioniert und radikalisiert wird, bis das klare, unverfälschte Gottesgesetz wieder sichtbar wird. Die Erfüllbarkeit der Bergpredigtforderungen liegt nach dieser Interpretation nicht grundsätzlich außerhalb der Basis, die durch das Gesetz abgesteckt ist. Mit dieser Auffassung würde das Naturrechtsbemühen um eine immer bessere Verwirklichung von Gerechtigkeit durchaus konformgehen.

Von diesem Lösungsversuch wird richtig gesehen, daß es in der Bergpredigt um das Tun des Menschen geht (Mt 7,24: „Wer diese meine Worte hört und sie tut". Vgl. Lk 6,46 f.). Es soll nicht nur die Gesinnung, sondern auch das Handeln des Menschen erneuert werden. Die Bergpredigt fordert, daß sich der Mensch radikal und kompromißlos dem Gotteswillen stellt. Dadurch aber, daß die Forderungen ohne prinzipielle Bedenken in den Bereich der Erfüllbarkeit durch den Menschen gerückt werden, geht ihr eigentlicher Protest gegen die Wirklichkeit der Welt und die Infragestellung der menschlichen Position verloren. Am Ende einer solchen Inter-

---

[65] Eine Übersicht über die verschiedenen Lösungsversuche findet sich bei: *G. Dehn*, a.a.O., S. 186 ff.; *J. Jeremias*, Die Bergpredigt, S. 7 ff.; *R. Schnackenburg*, Die Bergpredigt Jesu und der heutige Mensch, S. 111 ff.; *T. Soiron*, a.a.O., S. 1 ff.; *J. Staudinger*, a.a.O., S. 318 ff.; *H. Thielicke*, Theologische Ethik I, S. 559 ff.

[66] Vgl. *J. Jeremias*, Die Bergpredigt, S. 7 ff.; *M. Dibelius*, Die Bergpredigt, S. 142 f.; *T. Soiron*, a.a.O., S. 77 ff.

[67] *H. Windisch*, Der Sinn der Bergpredigt. Ein Beitrag zum Problem der richtigen Exegese, Untersuchungen zum Neuen Testament 16, Leipzig 1929, ²1937.

pretation steht allzu leicht die Harmonisierung des Bergpredigtethos mit einem geläuterten, idealistischen Humanismus, der ebenfalls als Ideal unerreichbar, aber prinzipiell erfüllbar ist. Mit dieser Interpretation kann das Ziel der Antithesen nicht zureichend erfaßt werden (Mt 5,21–48). Das antithetische „Ich aber sage euch" im Munde Jesu geht weiter und tiefer, ist absoluter gemeint[68]. Jesus bezweckt keine Harmonisierung von Evangelium und Welt, die am Ende in eine bürgerliche, humanistische Ethik ausläuft. Hier gilt die kritische Frage Jesu (Mt 5,46–47; Lk 6,32–34): Tun dies nicht auch die Zöllner (Heiden)? Christus will nicht mit seiner ethischen Botschaft den Frieden bringen, sondern das Schwert (Mt 10,34: Lk 12,51–53)[69].

Neben der perfektionistischen gibt es es auch eine *schwärmerische Erfüllungsthese*[70]. Auch sie geht von der prinzipiellen Erfüllbarkeit aus, nimmt aber den revolutionären Radikalismus ganz ernst. So hat es nie an Versuchen in der Kirche gefehlt, von den frühchristlichen Schwärmern bis zu den radikalen Pazifisten unserer Tage, die Bergpredigtforderungen im wörtlichen Sinne zum Gesetz des gesellschaftlichen und politischen Handelns zu machen. Besonders das universale Gebot der Feindesliebe und der absolute Verzicht auf die Wiedervergeltung (Mt 5,38–48; Lk 6,27–30) haben immer wieder Menschen bewogen, auf der Basis dieser sozialen Prinzipien, eine Neugestaltung der Gesellschaft und Realisierung des Völkerfriedens herbeizuführen. Durch diese schwärmerisch-buchstäbliche Auffassung der Bergpredigt wird die gesellschaftliche Ordnung dieser Welt radikal in Frage gestellt, da die gesamte staatliche und soziale Ordnung als Widerspruch zur Bergpredigt betrachtet wird. So hat L. Tolstoi im Namen der Bergpredigt die Abschaffung des Staates und der Polizei, der richterlichen Gewalt und des Privateigentums, den Verzicht auf jede Gewaltanwendung und auf Verteidigung im Kriegsfalle gefordert. Es ist leicht einzusehen, warum diese Versuche der direkten Durchsetzung der Bergpredigt, wo immer sie unternommen worden sind, scheitern mußten. Das soziale Gefüge wird nicht geordnet, sondern praktisch aufgelöst[71].

Aber die Schwärmer aller Zeiten haben eines sicher richtig aus den Worten Jesu herausgehört, daß nämlich die Botschaft Jesu, wenn sie ernst genommen wird, zwangsläufig diese Welt mit ihren Ordnungen aus den Angeln heben muß. Wenn auch in der Verkündigung Jesu nirgends ein

---

[68] Vgl. *E. Lohse,* „Ich aber sage euch", so z. B. S. 189 f., 198, 200 f.
[69] Vgl. *M. Dibelius,* Die Bergpredigt, 144.
[70] Vgl. *G. Dehn,* a.a.O., S. 186 f.; *R. Schnackenburg,* Die Bergpredigt Jesu und der heutige Mensch, S. 116 f.; *T. Soiron,* a.a.O., S. 7 ff.; *H. Thielicke,* Theologische Ethik I, S. 582 ff.
[71] Vgl. *G. Dehn,* a.a.O., S. 187.

Anhaltspunkt dafür zu finden ist, daß sie auf eine revolutionär-soziale Veränderung der gesellschaftlichen Verhältnisse abzielt, so ist doch die Sprengkraft der Bergpredigt nicht eine unbeabsichtigte Wirkung der radikalen Forderungen. Jesus wollte zweifellos einen ganz neuen Gehorsam gegenüber dem ursprünglichen Gotteswillen und eine totale Erneuerung des Menschen und seiner mitmenschlichen Bezüge. Deshalb wird sich auch die Naturrechtskonzeption fragen lassen müssen, wieweit sie in der Lage ist, diesem Anspruch gerecht zu werden. Es ist nicht statthaft, mit dem Hinweis auf die Undurchführbarkeit der Forderungen die Kritik des tatsächlichen menschlichen Verhaltens und die Infragestellung der gesellschaftlichen Ordnung, wie sie sich darbietet, außer Kraft zu setzen und sozusagen zur Tagesordnung überzugehen, etwa zum Naturrecht. Dadurch würde das christliche Gewissen in unerlaubter Weise bei dem bisherigen Tun beruhigt. Die Bergpredigt will aber gerade das Gegenteil, nämlich die heilsame Unruhe.

Die Ausweglosigkeit, vor der sich der Mensch angesichts der Bergpredigt gestellt sieht, einerseits die radikalen Forderungen Jesu, die zum Tun verpflichten, andererseits das Unvermögen des Menschen, sie zu erfüllen, ist von protestantischen Theologen als *heilspädagogische Funktion* der Bergpredigt artikuliert worden[72]. Die im Grunde unerfüllbaren Forderungen wollen dem Menschen die Augen öffnen für den hoffnungslosen Zustand, in dem er sich befindet. Dadurch, daß der eigentliche Gotteswille in dieser Welt nicht durchführbar ist, wird sichtbar, in welcher Unordnung sich die Welt befindet. Auf sich allein gestellt, ist der Mensch deshalb in einer aussichtslosen Position gegenüber dem bedingungslos fordernden Gotteswillen. Weil so dem Menschen sein absolutes Angewiesensein auf Christus aufgedeckt wird, wirkt die Bergpredigt in ähnlicher Weise wie das Gesetz (usus legis paedagogicus vel elenchticus), sie führt die Menschen zu Christus hin. Die radikalen Bergpredigtforderungen haben somit eine pädagogische Funktion, insofern der Mensch nun das Heil allein von Christus erwartet.

Diese Interpretation ist heute im allgemeinen in dieser extremen Form aufgegeben worden, weil hier im Grunde die Bergpredigt vom paulinischen Ansatz aus interpretiert wird, was aber unzulässig ist[73]. Denn bei Matthäus und Lukas wird ganz im Gegensatz zu Paulus überhaupt nicht über das

---

[72] Vgl. G. *Dehn*, a.a.O., S. 189 ff.; J. *Jeremias*, Die Bergpredigt, S. 11 f.; R. *Schnackenburg*, Die Bergpredigt Jesu und der heutige Mensch, S. 113.

[73] Vgl. J. *Jeremias*, Die Bergpredigt, S. 12 f.; R. *Schnackenburg*, Die Bergpredigt Jesu und der heutige Mensch, S. 113.

Unvermögen des Menschen nachgedacht; es wird vielmehr vorausgesetzt, daß die Jünger das Geforderte erfüllen werden. Doch ist von der heilspädagogischen und christologischen Auffassung eines sicherlich richtig gesehen worden: die Bergpredigt muß von Christus her verstanden werden. Nur wenn die kompromißlosen Forderungen auf dem Hintergrund des in Christus hereinbrechenden Gottesreiches verstanden werden, lassen sie sich richtig begreifen. Das ist mit großer Klarheit von E. Thurneysen in seiner Abhandlung über die Bergpredigt herausgearbeitet worden, wenngleich er in seiner christologischen Deutung an manchen Stellen einseitig wirkt und zudem Jesus von Paulus her interpretiert. So kommt auch bei ihm die Realität der Forderungen im ganzen zu kurz.

Der Zusammenhang der Bergpredigt mit der Verkündigung Jesu vom kommenden Gottesreich wird auch von der *eschatologischen Interpretation*[74], wie sie zum Beispiel von Johannes Weiß[75] und Albert Schweitzer[76] vorgenommen worden ist, richtig gesehen. Jesus verkündet nach dieser Auffassung das Herannahen des Gottesreiches und damit das unmittelbar bevorstehende Ende dieser Weltzeit. Die sittliche Botschaft der Bergpredigt ist in diese Situation des Umbruchs hineingesprochen; es ist eine Interimsethik, eine Ausnahmeregelung. Das Kommen des Gottesreiches bedeutet die Auflösung der gesetzlichen Ordnungen dieses zu Ende gehenden Äons und damit die Außerkraftsetzung der bisherigen sittlichen Maßstäbe. Weil es zwischen beiden Äonen keinen kontinuierlichen Übergang gibt, muß in dieser Stunde der Entscheidung ein radikaler Bruch mit der alten Welt und ihren Gesetzen vollzogen werden. Von dorther sind die kompromißlosen Forderungen der Bergpredigt zu verstehen; nur als Zeichen des Aufbruchs in den neuen Äon sind sie praktikabel.

Nach dem Urteil dieser konsequenten Eschatologie hat sich Christus aber im Zeitpunkt der Parusie geirrt. Weil nun die Naherwartung sich nicht erfüllt hat, ist auch der auf sie ausgerichteten sittlichen Botschaft das Fundament entzogen, weshalb die Forderungen der Bergpredigt für den heutigen Menschen im gleichen Sinne keine Gültigkeit mehr haben können. Durch die Engführung des eschatologischen Aspektes auf die Naherwartung hat sich die konsequente Eschatologie trotz eines richtigen Ansatzes den Zugang zur Bergpredigt verbaut. In der Predigt Jesu selbst ist kein Anhaltspunkt für eine Weltuntergangsstimmung. Die Radikalität

---

[74] Vgl. *G. Dehn*, a.a.O., S. 188 f.; *J. Jeremias*, Die Bergpredigt, S. 13 ff.; *T. Soiron*, a.a.O., S. 17 ff.; *H. Thielicke*, Theologische Ethik I, S. 562 ff.; *E. Thurneysen*, a.a.O., S. 10 f.

[75] Vgl. z. B. *J. Weiß*, Die Predigt Jesu vom Reiche Gottes, Göttingen 1892.

[76] Vgl. z. B. *A. Schweitzer*, Das Messianitäts- und Leidensgeheimnis. Eine Skizze des Lebens Jesu, Tübingen ³1956.

der Forderungen wird nicht aus dem unmittelbar bevorstehenden Untergang dieses Äons begründet, sondern aus dem Kommen der Basileia Gottes. Die Eigenart der eschatologischen Verkündung Jesu besteht darin, daß in seinem Kommen, in seiner Person und in seinem Wirken (Heilungen etc.) das Reich bereits anbricht, obgleich die Vollendung noch aussteht (realised eschatology)[77]. Das in den Seligpreisungen den Jüngern zugesprochene Reich Gottes ist die unverzichtbare Voraussetzung für die radikalen Imperative[78]. Wie sich in den Wunderzeichen Jesu kundtut, daß das Reich gekommen ist, so sind auch die neuen sittlichen Imperative Zeichen der gegenwärtigen Heilsstunde. Der eschatologische Radikalismus ist nicht das Ergebnis der Naherwartung, sondern das Gebot der Stunde, und zwar nicht nur der damaligen historischen Stunde, sondern jeder Stunde, in der Menschen die Botschaft vom Reiche Gottes hören, bis hin zur Endvollendung. Wo die Imperative der Bergpredigt getan werden, realisiert sich Reich Gottes in dieser Welt. Nicht als ob durch irgendein, wenn auch noch so hochstehendes, sittliches Tun das Reich Gottes innerweltlich, evolutiv aufgerichtet werden könnte. Die Reihenfolge ist umgekehrt: weil und nur wo die Heilsbotschaft vernommen und angenommen wird, werden jene Kräfte entbunden, die mit der alten sittlichen Ordnung brechen und die soziale Wirklichkeit auf die Basis der neuen Sittlichkeit stellen können. Und daß dies realiter geschehen soll, daran kann kein Zweifel bestehen.

Jeder Interpretationsversuch, der die Radikalität der Forderungen entschärft oder gar weginterpretiert, geht deshalb an der eigentlichen Intention der Bergpredigt vorbei. Die Infragestellung der „bürgerlichen" Welt und ihrer sittlichen Wertmaßstäbe ist ein wesentlicher Bestandteil und ein erklärtes Ziel der Bergpredigt. Wo dieser Effekt nicht mehr voll zum Tragen kommt, ist deshalb der eigentliche Sinn verfehlt. Freilich besteht eine fast nicht aufzulösende Schwierigkeit darin, daß die einzelnen Sprüche nicht alle den gleichen Aussagecharakter haben und deshalb auch nicht ohne weiteres auf einen Nenner gebracht werden können[79]. Die von Jesus nach der Lehrtradition seiner Zeit häufig verwandte Bildsprache läßt es nicht immer zu, mit Sicherheit zu sagen, was im Einzelfall als direktes Gebot oder Verbot (Ehescheidung: Mt 5,31–32), was als hyperbolisches Bild (z. B. Abhacken der Hand: 5,30; Balken im Auge: 7,3–5) gemeint ist. So

---

[77] Vgl. *R. Schnackenburg*, Die Bergpredigt Jesu und der heutige Mensch, S. 118 ff.
[78] Vgl. *J. Jeremias*, Die Bergpredigt, S. 24 ff., 27 ff.; *E. Thurneysen*, a.a.O., S. 21 f.; *L. Goppelt*, Das Problem der Bergpredigt, S. 41 ff.
[79] Vgl. *R. Schnackenburg*, Die Bergpredigt Jesu und der heutige Mensch, S. 124 f.

wird es immer umstritten bleiben, wie Jesus das Verbot des Schwörens (5,33–37) verstanden hat. Andere Imperative, wie das universale Gebot der Liebe (5,43–48) und die Sprüche vom Almosen (6,1–4), vom Gebet (6,5–8), vom Fasten (6,16–18), vom ängstlichen Sorgen (6,24–34), widersprechen ihrer Natur nach einer allgemeinen (gesetzlichen) Regelung.

Es liegt deshalb nahe, die allen Sprüchen gemeinsam zugrunde liegende völlige Sinnesänderung zum Interpretationsschlüssel der Bergpredigt im Sinne einer *Gesinnungsethik* zu machen[80]. So sicher es ist, daß die Bergpredigt eine radikale Sinnesänderung und eine Erneuerung der sittlichen Haltung von Grund auf intendiert, mit ebenderselben Entschiedenheit sind aber auch die der erneuerten ethischen Grundhaltung entsprechenden Taten gefordert, und zwar die in der Bergpredigt geforderten Taten, die in ihrem Aussagegehalt bewußt über eine bürgerliche Sittlichkeit hinausweisen. Mit einer Reduktion der Bergpredigt auf eine neue Gesinnung wird allzu leicht die sittliche Botschaft Jesu im Sinne eines humanistischen Ideals umgebogen, die eigentliche Infragestellung jedes ausbalancierten, bürgerlichen Ethos ausgeschaltet und das christliche Gewissen wieder eingeschläfert.

Deshalb kann im Bereich der Bergpredigt auch nur mit entsprechender Absicherung von *ethischen Modellen*[81] gesprochen werden. Den modellhaften Charakter der Bergpredigt hervorzuheben, ist sicher berechtigt, wenn dadurch einer gesetzlich-kasuistischen Auslegung vorgebeugt werden soll[82]. Außerdem können die sittlichen Weisungen der Bergpredigt als modell- oder zeichenhaft bezeichnet werden, weil sie kein komplettes System oder vollständige Lebensregel des Jüngers vermitteln wollen. Sie setzen vielmehr Zeichen und Beispiele, wie es sein wird und jetzt schon ist, wenn die Basileia Gottes in diese Welt der Sünde einbricht[83]. Darüber hinaus kann man auch von Modellen und Zeichen sprechen, wenn man an den Adressaten der Bergpredigt denkt, insofern in dieser äonischen Zeit der Gehorsam des Jüngers trotz restlosen Engagements immer nur zeichenhaft, weil unvollkommen sein kann[84]. In diesem Sinne ist die Bergpredigt, wo aus ihrem Geist heraus Zeichen der restlosen Hingabe im Dienste für Gott

---

[80] Vgl. *L. Goppelt,* Das Problem der Bergpredigt, S. 35; *R. Schnackenburg,* Die Bergpredigt Jesu und der heutige Mensch, S. 114; *T. Soiron,* a.a.O., S. 29 ff.; *H. Thielicke,* Theologische Ethik I, S. 585 ff.

[81] Vgl. *J. Blank,* Zum Problem „Ethischer Normen" im Neuen Testament, S. 360 ff.; *M. Dibelius,* Die Bergpredigt, S. 145 f., 166; *J. Jeremias,* Die Bergpredigt, S. 30; *E. Thurneysen,* a.a.O., S. 41 ff.

[82] Vgl. *J. Blank,* a.a.O., S. 360 ff.

[83] Vgl. *J. Jeremias,* Die Bergpredigt, S. 30.

[84] Vgl. *E. Thurneysen,* a.a.O., S. 41 ff.; *M. Dibelius,* Die Bergpredigt, S. 145 f.

und den Nächsten gesetzt werden, eine Demonstration der neuen Wirklichkeit, die durch Person und Werk Christi in die Welt gekommen ist. Vor all diese Aussagen, welche die sittlichen Weisungen als Modelle verstehen wollen, muß aber das deutliche Vor-Zeichen der konkreten Taten gesetzt werden. Bei all dem muß bedacht werden, daß es nicht damit getan ist, Zeichen und Modelle für den Einbruch des Gottesreiches in diese Welt und für die neue Sittlichkeit des Jüngers aufzurichten.

Indem sich der Jünger das Heil durch Christus zusprechen läßt, stellt er sich unter die neuen Imperative, durch die seine sittliche Existenz totaliter von Christus in Anspruch genommen wird. Das Reich Gottes ist keine statische Größe, keine philosophische Lehre, auch keine sittliche Erneuerungsbotschaft. In Christus, seiner Person und seinem Werk, geschieht etwas, das allerdings eine revolutionierende Wirkung in und an dieser Welt hat. Und in die Gefolgschaft Christi treten, zu seiner Jüngerschaft gehören, das heißt dann an diesem die Zeiten wendenden Faktum Anteil haben und aktiv Anteil nehmen. Die Bergpredigt will deshalb getan werden, weil das Reich Gottes in diese Welt hineinwachsen muß. „Gott braucht den Menschen" ist in diesem Sinne eine Formel, die zu Recht besteht. Es soll nämlich nicht nur zeichenhaft davon gekündigt werden, daß in Christus das „Böse" überwunden ist, sondern der Jünger soll in der Tat das Böse überwinden, immer und sooft er damit konfrontiert wird. Insofern enthält Röm 12,17–21 eine viel zu wenig berücksichtigte Interpretation der Bergpredigt: „Überwindet das Böse durch das Gute" (Röm 12,21). Nur so kann das Unrecht der Welt überwunden werden, wenn es Menschen gibt, die es nicht nach dem Prinzip dieser Welt durch neues Unrecht (Wiedervergeltung) vermehren, sondern im Geiste der Bergpredigt überwinden, indem sie auf ihr Recht verzichten, Unrecht aktiv erleiden und durch die christliche Tat überwinden. An dieser Stelle wird dann Reich Gottes realiter in dieser Welt gegenwärtig.

Deshalb muß auch jede *quantitative Interpretation*[85] der Bergpredigt unbefriedigt lassen, welche das Problem der Erfüllbarkeit dadurch lösen will, daß sie zwischen verschiedenen Gruppen unterscheidet, die je unterschiedlich von den radikalen Imperativen betroffen sind (Mönche – Laien). Gleich unzulänglich ist die Spezifizierung und Klassifizierung nach Geboten und Verboten, sittlich Gebotenem und nur Geratenem. Dadurch wird ebenfalls der Totalanspruch aufgehoben und eine Hintertür geöffnet, um der Radikalität auszuweichen.

---

[85] Vgl. *H. Thielicke*, Theolog. Ethik I, S. 566 ff.; *L. Goppelt*, Das Problem der Bergpredigt, S. 34; *J. Staudinger*, a.a.O., S. 321.

Das gleiche gilt von der Lösung, die Luther gefunden hat, indem er zwischen *Amts- und Privatperson* unterscheidet[86]. Als Amtsperson (Obrigkeit, Richter, Vater etc.) kann ich nicht nach der Bergpredigt im strengen Sinne handeln, da muß ich strafen und dem Bösen mit dem Schwert wehren. Als Privatperson aber soll ich das alles tun und zum Beispiel die linke Wange hinhalten, wenn ich auf die rechte geschlagen werde (Mt 5,39, vgl. Lk 6,29). Die sich auf diese Anschauung aufbauende Zwei-Reiche-Lehre Luthers hebt ebenfalls die Infragestellung der weltlichen Ordnungen praktisch auf und führt zur doppelten Moral. Sie hat in neuerer Zeit zu einer schweren Krise der protestantischen Sozialethik geführt, da es praktisch dahin gekommen war, daß das Wort Gottes vom politisch-gesellschaftlichen Raum ausgeklammert blieb. Das aber ist genau das Gegenteil von dem, was die Bergpredigt will.

Jeder Versuch, durch entsprechende Interpretation an der Radikalität der Bergpredigt vorbeizukommen, ist gleichzeitig eine Bankerotterklärung für diese Welt, denn sie enthält das Eingeständnis der eigenen Unzulänglichkeit. So deckt die Bergpredigt den wahren Zustand der Welt auf und demaskiert die menschliche Sicherheit. Indem die Gerechtigkeit des Gottesreiches aufgerichtet wird, zeigt sich die hoffnungslose Ungerechtigkeit des Menschen. Durch den sittlichen Anspruch, der von der Botschaft Jesu ausgeht, wird der Mensch mit seinen sittlichen Maßstäben und sozialen Gefügen radikal in Frage gestellt. Gleichzeitig stellt sich heraus, daß der von Christus geforderte Gehorsam auf der Basis des natürlichen Menschen gar nicht möglich ist. Christus fordert den Menschen so total, daß mit dem Eintritt in die Jüngerschaft zugleich ein Bruch mit der alten Welt vollzogen wird. Das neue Sein in Christus gibt dem Menschen eine neue Existenzgrundlage, die ihm auch eine neue Dimension des Handelns eröffnet, so daß hier die radikalen Forderungen (z. B. Verzicht auf Wiedervergeltung) zum Prinzip eines neuen Umgehens mit dem Mitmenschen werden können.

Im Hintergrund unserer Überlegungen in bezug auf die Bergpredigt hat die ganze Zeit über das Naturrecht gestanden. Die Antwort auf unsere eingangs gestellten Fragen ist indirekt bei den einzelnen Passagen mitgegeben worden. Was dort über den Menschen an sich, die Infragestellung seiner sittlichen Maßstäbe und gesellschaftlichen Ordnung gesagt wurde, gilt immer auch für das Naturrecht, denn dieses gehört ja zu den Ordnungen dieser Welt. Wenn wir nun zum Schluß die Naturrechtskonzeption

---

[86] Vgl. *G. Dehn*, a.a.O., S. 186; *L. Goppelt*, Das Problem der Bergpredigt, S. 34 f.; *T. Herr*, a.a.O., S. 58 ff.

noch einmal ganz direkt mit dem Ethos der Bergpredigt, seinen sittlichen Imperativen und Zielen konfrontieren, müssen wir zunächst ohne jede Einschränkung mit R. Schnackenburg konstatieren: „Das natürliche Sittengesetz ist also eine unbrauchbare Kategorie für Jesu sittliche Verkündigung. Es mag seinen Wert haben für Menschen, die von der Botschaft Jesu nicht erfaßt sind, mag auch im christlichen Bereich manchen Dienst für Fragen und Folgerungen aus der Schöpfungsordnung leisten, die von Jesus nicht berührt wurden; aber es ist in keiner Weise geeignet, die Botschaft Jesu in ihrer Besonderheit und Fülle in den Blick zu bekommen, als wären nur einige Gebote oder Räte hinzugekommen"[87].

Werden die ntl. Sittlichkeit und das Ethos der Bergpredigt vom Standpunkt des Naturrechts aus beurteilt, so kommt das Wesentliche gar nicht in den Blick, so daß die sittliche Botschaft Christi nur verkürzt und vielfach abgeschwächt wiedergegeben wird. Die ntl. Ethik ist mehr als der krönende Abschluß einer naturrechtlichen Sittlichkeit und die letzte Vollendung einer Naturordnung. Wenn dies klar und deutlich zur Kenntnis gebracht ist, dürfen wir auch vermerken, und auch das mit dem nötigen Nachdruck, daß daraus kein absoluter Gegensatz zwischen dem Naturrecht und der ntl. Sittlichkeit in ihrem inhaltlichen Bestand, den materialen Aussagen, konstruiert werden darf. Das ist hinlänglich in unseren früheren Überlegungen geklärt worden. Es gibt einen weiten Bereich der Übereinstimmungen im sachlichen Gehalt. Auch in diesem Falle gilt, daß Christus nicht die Ablösung des Gesetzes will, sondern seine Erfüllung.

Mit dieser in gewissem Sinne „beruhigenden" Feststellung, daß es zwischen dem Naturrecht und der ntl. Sittlichkeit keinen prinzipiellen Gegensatz gibt, können wir es aber nicht bewenden lassen. Dann würden wir ebenfalls die Bergpredigt, was den Bereich des Naturrechts betrifft, durch eine bestimmte Interpretation suspendieren und ihre eigentliche Zielsetzung blockieren. Wenn durch die Bergpredigtbotschaft die sittliche Existenz des Menschen „in dieser Zeit", seine ethischen Maßstäbe und gesellschaftlichen Ordnungen in Frage gestellt werden, dann kann davon grundsätzlich auch das Naturrechtsbemühen als ein Teil dieses menschlich-irdischen Rechtsuchens und Sich-selbst-Behauptens nicht ausgeklammert werden.

Es ist deshalb das Naturrechtskonzept sehr ernsthaft daraufhin zu befragen, wie es dieser Herausforderung begegnet, ob es sich dem Angriff der Bergpredigt auf seine „gesetzlichen" Positionen stellt. Läßt es sich von

---

[87] *R. Schnackenburg*, Die ntl. Sittenlehre in ihrer Eigenart im Vergleich zu einer natürlichen Ethik, S. 52.

daher in Frage stellen? Dann müßte es seine eigene Unzulänglichkeit und Vorläufigkeit erkennen. Es müßte offen sein, sich selbst zu relativieren und falsche Absolutheitsansprüche abzubauen. Es müßte die mit seiner Institution ständig gegebene Gefahr einkalkulieren, sich in einmal gewordenen Strukturen zu verfestigen und so zum „Establishment" zu werden. Es läßt sich nicht leugnen, daß gerade das Naturrechtsverfahren eine gewisse Tendenz entwickelt, einmal geschichtlich erreichte Positionen zu behaupten und zu perpetuieren. Das muß nicht sein, ist aber in der bisherigen Naturrechtsgeschichte häufig so gewesen.

Des weiteren ist an die Adresse der kirchlichen Soziallehre die Frage zu richten: Darf sich die kirchliche Sozialverkündigung damit begnügen, naturrechtliche Postulate und, wenn auch noch so gut begründete, eben naturrechtlich, sozialwissenschaftlich begründete, gesellschaftliche Ordnungsmodelle zum alleinigen Handlungsziel ihres sozialethischen und gesellschaftspolitischen Wollens zu machen? Muß sie sich nicht fragen, ob die christliche Botschaft nicht *auch* Impulse auslösen will und muß, gerade diese naturrechtlichen, im rechten Sinne verstanden „bürgerlichen" Positionen zu überschreiten, ja außer Kraft zu setzen. Die christliche Botschaft enthält eine sozial-revolutionäre Sprengkraft, die in der bisherigen Naturrechtskonzeption kaum oder gar nicht spürbar geworden ist. Daher auch das heutige inner- und außerkirchliche Fragen nach dem spezifisch Christlichen, dem Proprium christianum, einer kirchlichen Sozialverkündigung. Es hat den Anschein, als ob die Sensibilität für dieses Anliegen heute wieder neu erwacht sei. Die Suche nach neuen sozialethischen Ansätzen und zum Teil sozial-revolutionären Gesellschaftskonzepten innerhalb der Kirche muß als eine ernst zu nehmende Herausforderung an die kirchliche Soziallehre verstanden und von dieser angenommen werden.

Es ist aber andererseits auch nicht angängig, das Naturrechtsunternehmen und seine Anstrengungen in einen prinzipiellen Gegensatz zur Struktur der christlichen Liebe zu setzen[88]. Soweit die Liebe Ausdruck der neuen sittlichen Existenz ist, wie sie die Bergpredigt verkündet, ist das Nötige dazu bereits gesagt worden. Es gibt aber darüber hinaus eine weitverbreitete Anschauung, nach welcher die Struktur der Liebe jeder gesetzlichen Orientierung widerspricht. Die Liebe weiß sich an keine gesetzlichen Bestimmungen und legalistischen Vorschriften gebunden, sie setzt sich entschlossen darüber hinweg. Die Liebe ist ungesetzlich, unkonventionell, sie

---

[88] Vgl. *J. Fuchs*, Lex naturae, S. 130 ff. u. 157 ff. Illustrativ für den exegetischen Befund ist der Artikel von *E. Dinkler*, Zum Problem der Ethik bei Paulus. Rechtsnahme und Rechtsverzicht (1. Kor. 6,1–11), in: Zeitschr. f. Theologie und Kirche 49 (1952), S. 167 ff., bes. 174, 175, 185.

ist persönlich und konkret. So und ähnlich lauten die Einlassungen, die man leicht um ein Erhebliches vermehren könnte. Das Thema ist wahrlich nicht neu, geht aber über den Rahmen dieser Untersuchung hinaus, wenn man an die Grundsatzfragen Institution und Gemeinschaft, Gerechtigkeit und Liebe denkt.

Nur soviel sei gesagt: Die Liebe realisiert sich nicht neben oder außerhalb der Ordnungen, sondern in ihnen[89]. Andernfalls kann Liebe statt Gerechtigkeit geboten werden, was unter Umständen weniger ist als Gerechtigkeit ohne Liebe. Die Liebe kann grundsätzlich nicht in die gesetzlichen Strukturen eingegrenzt werden, sie wird diese Grenzen und Strukturen von Fall zu Fall sprengen müssen; sie darf aber auch nicht prinzipiell am Gesetz vorbeigehen, sonst wird sie leicht zur Gesetzlosigkeit. Außerdem ist festzuhalten, was schon mehr als einmal gesagt worden ist, daß es nämlich in unserer industriewirtschaftlichen und großgesellschaftlichen Lebensstruktur für den Bereich der christlichen Caritas einfach unmöglich ist, ohne institutionelle Einrichtungen wirksam und nachhaltig Hilfe zu leisten, was am Beispiel von „Misereor" und „Adveniat" verständlich wird.

### 3. Die Infragestellung durch den eschatologischen Charakter der ntl. Botschaft

Im Verlaufe unserer Untersuchung sind wir schon mehrfach auf den eschatologischen Aspekt der ntl. Botschaft gestoßen. Dabei haben wir die eschatologische Verfaßtheit der Aussagen des Neuen Testaments als einen entscheidenden Gesichtspunkt der ntl. Botschaft und wichtigen Interpretationsschlüssel kennengelernt. So wird die Bergpredigt nur verständlich vor ihrem eschatologischen Hintergrund. Die radikalen Forderungen zeigen den eschatologischen Kairos an, der durch das Kommen des Reiches Gottes in der Person Jesu, seiner Botschaft und seinem Wirken angekündigt wird. Sie sind machtvolle ethische Demonstrationen der neuen Seinswirklichkeit, denn in ihrer die alte Ordnung der gefallenen Welt überwindenden Kraft wird bereits das neue eschatologische Gesetz für die Welt postuliert. Dadurch, daß sie kompromißlos den Gotteswillen verkünden, stellen sie die alte Weltordnung und ihre Gesetze radikal in Frage und zwingen den

---

[89] Vgl. *H.-D. Wendland*, Liebe und Gerechtigkeit, in: Die Kirche in der modernen Gesellschaft, Hamburg ²1958, S. 173 ff.; *ders.*, Diakonie zwischen Kirche und Welt, in: Botschaft an die soziale Welt, Hamburg 1959, S. 253 ff.; Aufgaben der gesellschaftlichen Diakonie, hrsg. v. *F. Karrenberg* u. *K. v. Bismarck*, Kirche im Volk 25, Stuttgart ²1960.

Menschen in die Entscheidung hinein. Hier wurde bereits ein entscheidender Gesichtspunkt der ntl. Eschatologie erkennbar, den wir den *kritischen* nennen wollen: ständige Beunruhigung der menschlichen Selbstsicherheit und satten Zufriedenheit, Infragestellung aller Ordnungen und gesetzlichen Positionen der alten Welt.

Besonders charakteristisch tritt dieser Wesenszug auch in Erscheinung, wenn es um den Freiheitsanspruch des Evangeliums geht. Die Mosesgesetzgebung und mit ihr das Gesamt der gesetzlichen Ordnungen dieser Welt, die immer nur im Kontext der postlapsarischen Strukturen promulgiert und eingefordert werden, sind in ihrem absoluten Geltungsanspruch außer Kraft gesetzt. In dieser eschatologischen Stunde (νυνὶ δέ), in welcher die horizontale Ebene menschlich-irdischer Anstrengungen durch den vertikalen Einbruch einer neuen Ordnung aufgerissen wird, tritt das wirkmächtige Gesetz der Freiheit auf den Plan. Sicherlich, die christliche Freiheit ist selbst noch einmal von ihrer Entfaltungsmöglichkeit in der Zwischenzeit des „nicht mehr" und „noch nicht" als eine eschatologische Größe gekennzeichnet: sie gehört zwar nicht mehr der alten Welt an, kann sich aber, solange diese Welt fortbesteht, noch nicht voll entfalten. Indem sie aber den Anspruch der Freiheit stets aufs neue anmeldet, werden die gesetzlichen Ordnungen unaufhörlich in Frage gestellt, so daß sie sich nicht mit der Unzulänglichkeit des menschlichen Vermögens abfinden können und aus begreiflicher Resignation einfach das Bestehende konservieren. Indem sich nun in der Freiheit der Kinder Gottes ein ganz neuer Weg und, wie sich zeigt, der einzig mögliche zu Gerechtigkeit, Frieden und Freiheit eröffnet, ist das irdische Gesetz als menschlicher Heilsweg und letzte sittliche Instanz abgetan.

Die eschatologische Bestimmtheit der ntl. Botschaft gilt nicht nur für diesen oder jenen Teilaspekt, sondern muß als konstruktives Element aller ntl. Aussagen angesehen werden. Das hat sich auch bei unserer Untersuchung der Schöpfungssicht des Neuen Testaments gezeigt[90]. Wenn die ntl. Gemeinde auf die Schöpfung schaut, ist ihr Blick nicht protologisch auf den Anfang gerichtet, sondern eschatologisch auf die „neue Schöpfung" in Christus. Die Schöpfung wird im Grunde überhaupt nicht als in sich ruhende, eigenwertige Größe betrachtet. Eine echte Aussagefähigkeit, so daß sie einen tragfähigen Grund für den menschlichen Ordnungswillen abgeben könnte, erhält sie erst im eschatologischen Licht der Botschaft Christi. Deshalb ist ntl. Interesse an der Schöpfung ausschließlich heilsgeschichtlich-soteriologisch gerichtet, was seine Rechtfertigung in der

---

[90] Vgl. Teil 2, Kap. 2.

kosmischen Dimension des Christusereignisses hat. Bei den Überlegungen, die wir im Hinblick auf die ntl. Schöpfungssicht angestellt haben, waren neben dem kritischen noch zwei weitere Aspekte ntl. Eschatologie zur Sprache gekommen: der *personale* und der *geschichtlich-dynamische*.

Wir haben bereits gesagt, daß die Schöpfung im Neuen Testament nicht als autonome Größe betrachtet wird. Schon der alttestamentliche Schöpfungsbericht, sowohl der priesterliche als auch der jahwistische, ist anthropologisch orientiert, das heißt im Mittelpunkt des Interesses steht der Mensch und seine Geschichte. Im Neuen Testament tritt an die Stelle des alten Adam der neue Adam, Christus. In Christus enthüllen sich Sinn und Ziel der Schöpfung. Er ist die Sinnmitte des Geschaffenen und der Zielpunkt des gesamten Kosmos. Die soteriologische Tat Christi hat in ihrer universalen Geltung auch für den außermenschlichen Schöpfungsbereich Bedeutung. „Neue Schöpfung" ist zunächst der Mensch, insofern er in Christus eine neue Existenzgrundlage erhält; aber die Neuschöpfung ist auch ein Hoffnungselement für die übrige Schöpfung: wie sie am Todesschicksal des alten Adam teilhat, so partizipiert sie nun an der Hoffnung des in Christus erneuerten Menschen. Schöpfung ist also, vom Neuen Testament aus gesehen, nicht die statisch in sich ruhende Materiewelt, sondern die am Schicksal des Menschen orientierte dynamische Geschichte der gesamten von Gott geschaffenen Welt.

Dann war uns der eschatologische Aspekt der ntl. Botschaft im Zusammenhang mit den ntl. Tugend- und Lasterkatalogen in recht eindrucksvoller Weise als eine *formende* und *schöpferische* Kraft begegnet[91]. Die katalogische Paränese, ein weitverbreitetes und beliebtes Stilmittel antiker ethischer Unterweisung, ist in ihrer ntl. Fassung ganz und gar von der eschatologischen Botschaft her bestimmt. Die Einmaligkeit und Besonderheit der christlichen Botschaft hat sich ein ihr adäquates Katalogschema geformt, durch das sowohl der kritisch-eschatologische Buß- und Erneuerungsruf als auch der erlösende und befreiende Zuspruch des Evangeliums zum Ausdruck gebracht wird. Obgleich das schöpferische Element hier mehr in der Auswirkung auf die äußere Form zu erkennen ist, darf der Einfluß der eschatologischen Botschaft auch auf die inhaltliche Gestaltung nicht gering veranschlagt werden. Hatten wir doch feststellen können, daß die ntl. Kataloge nur aus ihrer inneren Verknüpfung mit dem Christusereignis, von dem ihre Aussagerichtung bestimmt wird, recht verstanden werden können.

---

[91] Vgl. Teil 1, Kap. 4.

Ein großartiges Beispiel für die gestalterische Kraft der eschatologischen Botschaft sowohl im formalen als auch im materialen Bereich haben wir in der ntl. Haustafelethik. Es würde zuweit führen, wollte man noch einmal auf die vielen interessanten Einzelaspekte eingehen, auf welche wir bei unserer Untersuchung gestoßen sind[92]. Wir erinnern an dieser Stelle vor allem an folgende Punkte: 1. Die ntl. Haustafeln weichen in ihrer charakteristischen Struktur und ihrem schematischen Aufbau so deutlich von den antiken Mustern ab, daß sie die schöpferische und gestaltende Kraft des sie tragenden Kerygmas klar erkennen lassen. 2. Diese formale Beobachtung wird durch die inhaltliche Analyse voll bestätigt. Der Inhalt der ntl. Haustafeln läßt, wenn auch nicht an allen Stellen gleich stark, so doch unverkennbar den Einbruch der Christusbotschaft in die alten Ordnungen dieses Äons erkennen. Indem die Gemeinde die gesellschaftlichen Ordnungen unter den Herrschaftsanspruch des erhöhten Herrn stellt, werden die alten Strukturen des sozialen Zusammenlebens aufgebrochen und neu ausgerichtet. Der Christ lebt zwar in ihnen weiter, aber nun als in Christus erneuerter und befreiter Mensch. Durch die schöpferische Energie der Agape wird ein Prozeß in Gang gesetzt, der die gesetzlichen Ordnungen umgestaltet und so aus ihrer zeitlich-irdischen Verfremdung zu befreien vermag.

Wie sich aus dem bisherigen Verlauf der Untersuchung ergeben hat, werden das natürliche Recht und die naturrechtlichen Ordnungen nicht zuletzt von seiten der ntl. Eschatologie ernsthaft in Frage gestellt. Allerdings sind wir dem eschatologischen Aspekt bislang fast ausschließlich in konkreten Ausformungen und Auswirkungen begegnet, wie zum Beispiel im Bergpredigtethos und in den eschatologischen Heilsgütern der Agape und der Libertas christiana sowie deren Konsequenzen für die ntl. Sittlichkeit. Was dort aus der Sicht konkretisierter Gestaltungen eschatologischer Existenzweise gesagt worden ist, soll im folgenden noch einmal erhärtet werden durch eine Analyse des eschatologischen Aspektes als eines fundamentalen strukturellen Elements der ntl. Glaubensaussage und der ntl. Existenzweise aus dem Glauben. Was bedeutet die Tatsache, daß die christliche Botschaft und die ntl. Existenz aus dem Glauben eschatologisch gefaßt und gerichtet sind, für die christliche Sozialethik und insbesondere für einen christlichen Umgang mit dem Naturrecht? Die ntl. Eschatologie ist mehr als ein bloßes Glaubensinterpretament oder gar eine christliche Zukunftsanalyse; sie muß vielmehr als eine fundamentale, vielleicht sogar die entscheidende Aussage des ntl. Kerygmas bezüglich der Herkünftigkeit, Gegenwärtigkeit und Zukünftigkeit des Heils verstanden werden.

[92] Vgl. Teil 1, Kap. 2, bes. Abschn. 2 u. 3.

Unsere Ausführungen können natürlich nicht den Anspruch erheben, einen vollständigen Überblick über die Vielzahl der Probleme, die sich hinter dem Thema „Neutestamentliche Eschatologie" verbergen, geben zu wollen. Auch ist es unmöglich, auch nur auf die wichtigsten Deutungsversuche näher einzugehen[93]. Wir müssen uns, wie an anderer Stelle, darauf beschränken, die konkreten Auswirkungen auf die ntl. Sittlichkeit zu eruieren, um herauszufinden, welches Licht von dem Faktum der eschatologischen Dimension des Neuen Testaments auf eine „christliche" Naturrechtsposition fällt. Auf gleichgerichtete Versuche anderer Positionen, das „Prinzip der Hoffnung" und die geschichtliche Dimension des Seins für eine Daseinsinterpretation und Zukunftsbewältigung fruchtbar zu machen, können wir nun von Fall zu Fall eingehen[94].

Das Neue Testament ist in entscheidender Weise geprägt von der Dynamik des zukünftig-gegenwärtigen Gottesreiches. Im Mittelpunkt steht die Botschaft vom Hereinbruch der Gottesherrschaft in der Person und im Werk Jesu[95]. Das Bewußtsein, im eschatologischen Kairos der Äonenwende zu leben, ist die treibende Kraft der ntl. Gemeinde. Eine klassische und prägnante Formulierung der Situation gibt Markus: „Erfüllet ist die Zeit (ὁ καιρός), und nahe herbeigekommen ist die Königsherrschaft Gottes; kehrt um und glaubt an die Heilsbotschaft!" (Mk 1,15). Durch sein Kommen und Wirken ist nach den Worten Jesu die eschatologische Zeit erfüllt (vgl. Lk 4,16–21; Mt 11,5). In der Proklamation der Basileia Gottes ist aber nicht nur das Angebot und der Zuspruch des Heiles enthalten, sondern auch der Mahnruf zur Umkehr und die Forderung der menschlichen Antwort[96]. Jesus nimmt den Bußruf des Täufers auf (Mt 3,2), aber er radikalisiert ihn bedingungslos. Während Johannes noch sagen kann, daß „die Axt schon an die Wurzeln der Bäume gelegt ist" (Mt 3,10), werden

---

[93] Vgl. zur Orientierung z. B. Artikel „Eschatologie", in: LThK 3 (²1959), Sp. 1083 ff.; *R. Schnackenburg*, Der Christ und die Zukunft der Welt, in: Christliche Existenz nach dem Neuen Testament. Abhandlungen und Vorträge II, München 1968, S. 149 ff.; *ders.*, Gottes Herrschaft und Reich. Eine biblisch-theologische Studie, Freiburg 1959; *H.-D. Wendland*, Artikel „Eschatologie", in: ESL, Sp. 358 ff.; *O. Cullmann*, Christus und die Zeit, Zürich ³1962; *W. Kreck*, Die Zukunft des Gekommenen. Grundprobleme der Eschatologie, München 1966; *W. G. Kümmel*, Die Eschatologie der Evangelien, in: Heilsgeschehen und Geschichte. Gesammelte Aufsätze 1933–1964, Marburg 1965, S. 48 ff., ebenso die anderen Artikel dieser Aufsatzsammlung; *J. Moltmann*, Theologie der Hoffnung. Untersuchungen zur Begründung und zu den Konsequenzen einer christlichen Eschatologie, Beiträge zur evangelischen Theologie 38, München ⁸1969.

[94] Vgl. z. B. das philosophische Werk von *E. Bloch*.

[95] Vgl. *W. G. Kümmel*, Die Eschatologie der Evangelien, S. 50 ff.; *R. Schnackenburg*, Der Christ und die Zukunft der Welt, S. 151 ff.; *ders.*, Die sittliche Botschaft des Neuen Testamentes, S. 3 ff.; *ders.*, Gottes Herrschaft und Reich, S. 49 ff., 77 ff.

[96] Vgl. *R. Schnackenburg*, Die sittliche Botschaft des Neuen Testamentes, S. 3.

in der Person Jesu bereits die Früchte eingefordert und das Gericht vollzogen (Mk 11,12–14)[97]. Dafür steht das Bild vom Baum ohne Früchte und das Fluchgericht über ihn. Dadurch ist der Ernst der augenblicklichen Stunde markiert, in der sich die Krise gewissermaßen zuspitzt und zur Entscheidung drängt. Die sittlichen Imperative dieses eschatologischen Kairos verlangen deshalb äußerste Kraftanstrengung und einen kompromißlosen Einsatz, so etwa in der Bergpredigt (Mt 5–7; Lk 6,20 ff.). Konzentrierte Wachsamkeit und stete Bereitschaft sind das Gebot der Stunde, um für das Kommen des Herrn gerüstet zu sein (Mk 13,33–37; Lk 12, 35–48), denn der Herr kommt unerwartet wie ein Dieb (Lk 12,39.40.46). Wer die Stunde verpaßt (Mt 25,1–13: die törichten Mädchen ohne Öl in den Lampen) hat seine Chance unwiderruflich vertan. Und nur derjenige, der bereit ist, alles einzusetzen und zu wagen (Mt 13,44–46: Schatz im Acker und kostbare Perle), wird das Reich Gottes erwerben: denn das Reich der Himmel erleidet Gewalt, „und die Gewalt gebrauchen, reißen es an sich" (Mt 11,12).

Das Reich Gottes mit seinen Aktivitäten wirkt bereits in die Gegenwart hinein; auch ganz unabhängig von der Entscheidung für eine gegenwärtige oder zukünftige Eschatologie muß diese Feststellung getroffen werden. Durch die Botschaft vom Reiche Gottes werden schon jetzt die Menschen in die Entscheidung gezwungen. Die eschatologische Stunde gibt aber nicht nur den sittlichen Imperativen eine neue und unvergleichlich stärkere Motivation, sie stellt darüber hinaus alles bisherige Sich-im-Recht-Wissen und das gesamte menschliche Ordnungsgefüge in Frage. Angesichts der Gerechtigkeit Gottes, wie sie in der Bergpredigt verkündet wird, bricht das menschliche „Rechtsgebäude" rettungslos zusammen. Die bisherigen Wertmaßstäbe stimmen nicht mehr, es findet eine „Umwertung aller Werte" statt. Den Armen, Hungernden, Ausgestoßenen, Habenichtsen wird in den Seligpreisungen die eschatologische Zukunft zugesprochen. Die bürgerlichen Tugenden können jetzt nur noch eine bedingte Gültigkeit für sich in Anspruch nehmen. Unermüdliches Sorgen für den Lebensunterhalt, als hausväterliche Tugend sonst hoch geschätzt, hat in Anbetracht der größeren Aufgabe, wie sie das Reich Gottes stellt, nur noch untergeordnete Bedeutung. Deshalb darf das Wort: „Gebt dem Kaiser, was des Kaisers ist, und Gott, was Gottes ist" (Mt 22,21) nicht im Sinne einer Harmonisierung von Reich Gottes und Weltordnung verstanden werden.

---

[97] Vgl. *J. Schmid*, Das Evangelium nach Markus, RNT 2 (²1950), S. 166 f.; *P. Carrington*, According to Mark. A Running Commentary on the Oldest Gospel, Cambridge 1960, S. 237 f.; *A. Schlatter*, Die Evangelien nach Markus und Lukas, Erläuterungen zum Neuen Testament 2, Stuttgart 1961, S. 118 f.

Es muß vielmehr in diesem Spruch zunächst einmal eine Relativierung jenes Geltungsanspruches gesehen werden, der durch den Kaiser in dieser Welt vertreten wird. Auch das eschatologische Gericht, obgleich ein Ereignis in der Zukunft, hat schon gegenwärtige Bedeutung, da es dem sittlichen Tun die Unverbindlichkeit nimmt. Indem das menschliche Handeln in die Verantwortung vor dem kommenden Gericht gestellt wird, muß es sich gleichzeitig an den neuen Wertmaßstäben des Reiches Gottes messen lassen. Dieses Gericht trifft den Menschen mit unerbittlicher Schärfe (Mt 13,36–43: Unkrautgleichnis), kein Wort kann seinem kritischen Urteil entzogen werden (Mt 12,36). Worte und schöne Reden zählen da nicht, nur die sittliche Tat (Mt 7,21 ff.; Lk 6,46 ff.). Ein unbestechlicher Maßstab des endzeitlichen Gerichts, an dem alle Taten gemessen werden, ist die Nächstenliebe (vgl. Mt 25,31–46). Damit wird das menschliche Dasein ganz auf den Nächsten hin orientiert, was für die gesellschaftliche Ordnung nicht ohne Einfluß sein kann. Die soziale Dimension des Seins ist von dieser Warte aus nicht eine akzidentelle, sondern eine letztlich entscheidende und darum fundamentale Bestimmung der menschlichen Existenz.

Die Urkirche lebt aus dem ungebrochenen Bewußtsein, schon im Besitz eschatologischer Heilsgüter zu sein[98]. Die Gottesgabe des Geistes ist bereits über die Gemeinde Christi ausgegossen. Die Geistausgießung von Pfingsten (Apg 2,1 ff.) wiederholt sich immer wieder an den Getauften, so in Samaria (Apg 8,17), beim Hauptmann Kornelius und seinem Hause (Apg 10,44; 11,15) und in Ephesus (Apg 19,6–7). In vielfältiger Weise tuen sich die Geistesgaben in der Gemeinde kund (1 Kor 12,4–11). Zahlreiche Stellen geben Zeugnis davon, daß die Gläubigen vom Hl. Geist erfüllt sind (Apg 2,4; 4,31; 13,52 u. a.) und daß der Geist in ihnen wohnt (1 Kor 3,16; 6,19; Gal 3,14; 4,6 u. a.). Der Geist leitet die Gemeinde Christi (Apg 13,2; 20,23; 21,11), führt die Apostel (Apg 16,6–7), ist die innere Antriebskraft der Gläubigen (Röm 8,14).

Das eigentliche Ereignis, das die Wende der Äonen markiert, ist also für die Urgemeinde schon geschehen. In der Person Jesu, seinem Tod und seiner Auferstehung ist die entscheidende Heilstat, welche den alten Äon im Grundsätzlichen zu Ende führt, bereits erfolgt (Röm 3,21; Gal 4,5), der Prozeß der Neuschöpfung ist schon in Gang gesetzt (2 Kor 5,17; Gal 6,15). Der Glaubende ist in Christus bereits eine neue Existenz geworden. Aber der eschatologische Prozeß ist noch nicht an sein Endziel gelangt. Der neue Himmel und die neue Erde werden noch als endzeitliches Ereignis erwartet (2 Petr 3,13; Apk 21,1). Erst mit der Parusie Christi wird die Heils-

---

[98] Vgl. *R. Schnackenburg*, Die sittliche Botschaft des Neuen Testamentes, S. 131 ff.

geschichte an ihr Ziel gelangen und die Erlösung der Welt endgültig sein. In der Zwischenzeit lebt der Christ in der unaufgelösten Spannung des „schon jetzt" empfangenen Heils und des „noch nicht" endgültigen Besitzes. Deshalb kann auch der Christ der sittlichen Imperative noch nicht entbehren. Er lebt noch in der Welt, und das heißt in der Zone der Gefahr und des Kampfes. Immer wieder ergeht aus diesem Grunde die Mahnung, die frühere Lebensweise in der Sünde aufzugeben und das Leben nun aus der neuen Existenzweise des Glaubens zu gestalten.

So wiederholt sich die Mahnung zum rechten Lebenswandel: Wandelt im Geiste (Gal 5,16); laßt euch vom Geist leiten (Gal 5,18); leben wir durch den Geist, so laßt uns auch im Geiste wandeln (Gal 5,25); wandelt würdig der Berufung (Eph 4,1); wandelt in Liebe (Eph 5,2); wandelt wie die Kinder des Lichtes (Eph 5,9); wandelt vorsichtig (Eph 5,15); wandelt nicht mehr wie die Heiden (Eph 4,17). Diese Gruppe von Aufrufen, die sich um den Begriff des rechten Wandelns ansiedelt – sie könnte noch vermehrt werden –, will dazu auffordern, nach Erlangung des Heiles nun auch ein den Glaubensinhalten entsprechendes Leben zu führen. Ähnlich ist es mit dem Appell, den alten Menschen und die Werke der Finsternis auszuziehen bzw. abzulegen (Eph 4,22.25; Kol 3,9; Röm 13,12) und den neuen Menschen bzw. den Herrn Jesus anzuziehen (Eph 4,24; Kol 3,10; Röm 13,14). Die Mahnungen erfolgen nicht im ruhigen Ton schulmäßiger Belehrung, sondern sind gekennzeichnet durch die Atmosphäre einer scharfen geistigen Auseinandersetzung zwischen der geistigen Macht des Lichtes und der dämonischen Macht der Finsternis (vgl. z. B. Röm 13,11–14; Eph 5,8 ff.).

Der Christ ist, solange er lebt, in einen dauernden Abwehrkampf gegen das in diesem Äon noch Macht und Einfluß ausübende Böse gestellt[99]. Auch nach seiner Bekehrung zu Christus ist er der Gefährdung noch nicht endgültig enthoben. Deshalb der eschatologische Weckruf, aufzuwachen und wachsam zu sein (Eph 5,14; vgl. auch Röm 13,11 f.; 1 Thess 5,5 f.), und deshalb der Aufruf, die Waffenrüstung Gottes anzulegen (Eph 6,11 ff.). In allen diesen paränetischen Formeln drückt sich das Klima der eschatologischen Entscheidungssituation aus, das für die urchristliche Grundhaltung so charakteristisch ist. Man vergleiche in diesem Zusammenhang, was wir bei der Erörterung der ntl. Kataloge und ihres antithetischen Schemas gesagt haben[100].

Der Christ lebt gewissermaßen zwischen den Zeiten. Der alte Äon ist für ihn in seiner Mächtigkeit und Maßgeblichkeit durch die Heilstat Christi

---

[99] Vgl. ebd., S. 223 ff.
[100] Vgl. Teil 1, Kap. 4, bes. Abschn. 3.

gebrochen; aufgrund der Gemeinschaft mit Christus weiß er sich bereits dem neuen Äon zugehörig. Aber noch steht sein Leben auch unter den Bedingungen dieser Welt, so daß er in gewissem Sinne von zwei Seiten beansprucht wird. Deshalb kann es für den Christen keine saturierte Zufriedenheit geben, christliches Sein und damit seine Selbstsicherheit sieht er tagtäglich angegriffen und in Frage gestellt. Ein Rückzug in die Innerlichkeit und eine gesellschaftspolitische Askese sind keine Lösung des Problems, nur das entschlossene Zugehen auf die Welt und die aufgeschlossene Bereitschaft, die Herausforderung anzunehmen, sind der Progressivität und dem Öffentlichkeitscharakter, den man heute auch den politischen oder gesellschaftskritischen bezeichnet, der ntl. Botschaft angemessen. Doch ist der Kampfplatz dieser Welt nicht mehr die letzte Heimat des Christen.

Der Blick ist nach vorne gerichtet auf die Parusie, auf den erhöhten und wiederkehrenden Herrn. Das ganze Gewicht der ntl. Botschaft liegt auf dem Zukunftsaspekt der christlichen Hoffnung, auf der erwarteten neuen Welt als Endpunkt der Erlösung und Befreiung des Menschen[101]. In Christus hat sich für das Leben eine ganz neue Dimension aufgetan, das Menschsein ist auf die Zukunft hin geöffnet worden. Die Parusieerwartung ist eine aus dem Neuen Testament nicht wegzudenkende Tatsache, die ohne die ganze Zielrichtung und innere Logik zu zerstören, nicht aus der christlichen Botschaft gestrichen werden kann. Sie gehört zum urapostolischen Kerygma (vgl. Mt 24 par; Apg 3,20 f.; 10,42) und braucht als ntl. Faktum von uns nicht näherhin erwiesen zu werden[102]. Der Einfluß auf die urchristliche Lebensgestaltung ist kaum hoch genug anzuschlagen, denn die christliche Gemeinde lebt ganz aus dieser Erwartung. Maranatha (1 Kor 16,22 u. Did 10,6; vgl. Apk 22,20 u. 1 Kor 11,26) ist nicht nur ein Gebetsruf, sondern eine Lebenshaltung auch.

Die lebhafte Parusieerwartung bringt in das urchristliche Leben Bewegung und Dynamik, auch frohe, erwartungsvolle Gestimmtheit, aber auch einen nüchternen sittlichen Ernst. Das christliche Leben wird unter das kritische und unbestechliche Urteil des endzeitlichen Gerichts gestellt, denn der wiederkehrende Herr ist auch der endzeitliche Richter, nicht nur für die Heiden, auch für die Gläubigen[103]. „Denn wir alle müssen vor dem Richterstuhl Christi offenbar werden, damit jeder den Lohn empfange für

---

[101] Vgl. *J. Ratzinger*, Glaube und Zukunft, München ²1971, S. 97.
[102] Vgl. *E. Pax*, Artikel „Parusie" (I. Schrift und Judentum), in: LThK 8 (²1963), Sp. 120 ff.; *R. Schnackenburg*, Die sittliche Botschaft des Neuen Testamentes, S. 145 ff.
[103] Vgl. *R. Schnackenburg*, Der Christ und die Zukunft der Welt, S. 175 ff.; *ders.*, Die sittliche Botschaft des Neuen Testamentes, S. 223 ff.

das, was er in der Leibeszeit getan hat, es sei gut oder böse" (2 Kor 5,10; vgl. Röm 14,10). „Täuschet euch nicht, Gott läßt seiner nicht spotten. Was einer sät, das wird er auch ernten" (Gal 6,7 ff.). Der Gerichtsgedanke motiviert aber nicht nur den sittlichen Ernst des christlichen Lebens, er initiiert auch den verantwortlichen Einsatz für den Nächsten (Gal 6,9 f.; vgl. Mt 25,31–46). Das sozialethische Engagement ist also essentiell notwendig für das Bestehen im Gericht, und eine christliche „Flucht in die Passivität"[104] ist deshalb nicht möglich. Das innerweltliche Wirken wird durch die eschatologische Weltvollendung nicht aufgehoben, sondern ganz im Gegenteil, unter gewissen Vorbehalten, vom eschatologischen Charakter des Kerygmas gefordert, sofern diese Erde mit ihren Strukturen jener Ort ist, wo der christliche Glaube sich bewähren muß, und zwar nicht nur in der Übung gewisser Tugenden, sondern auch im Engagement für den Nächsten, das heißt auch für mehr Gerechtigkeit, für eine bessere gesellschaftliche Ordnung, auch für eine progressive technische und soziale Zukunftsgestaltung.

Zweifellos liegt in der Parusieerwartung, vor allem in der Naherwartung der Wiederkunft, auch ein den gesellschaftspolitischen Einsatz dämpfendes Moment, das jeden Versuch zur Änderung der Verhältnisse für die kurze Zeit, die noch aussteht, als überflüssig erscheinen läßt. Der Rat: „Jeder soll bei der Berufung bleiben, mit der er berufen wurde" (1 Kor 7,17 ff.), kann zur unproduktiven Passivität und Konservierung des einmal Bestehenden führen, wenn er nicht aus der heilsgeschichtlichen Situation verstanden wird, in die er gesprochen wurde. Ebenso dürfen die Worte 1 Kor 7,29–31 vom „haben als hätte man nicht" nicht von ihrer historischen und heilsgeschichtlichen Stunde getrennt werden. Freilich ist in dem ὡς μή eine Reserve gegenüber der Welt und ihren Kulturwerten ausgesprochen, die auch unabhängig von dem historischen Kontext eine bleibende Gültigkeit für den Christen hat. Aus der eschatologischen Sicht der größeren ntl. Hoffnung erfahren die innerweltlichen Institutionen eine Relativierung, die es verbietet, sie absolut zu setzen. Auch die innerweltlichen Zukunftsentwürfe müssen sich eine Verweisung auf ihren vorgegebenen Spielraum gefallen lassen. Für den Christen gehört dieses Bemühen, das damit nicht disqualifiziert werden soll, samt und sonders zur Struktur dieser Welt, und „die Gestalt dieser Welt vergeht" (1 Kor 7,31).

Die gebotene Reserve gegenüber der Welt darf jedoch nicht als ein Alibi für eine Askese verstanden werden, die sich mit scheinbar biblischen Argumenten „fromm" aus der Verantwortung gegenüber der Welt- und

---

[104] Vgl. *J. Ratzinger*, Glaube und Zukunft, S. 58.

Zukunftsgestaltung zurückzieht. „Auch der Christ muß sich als Bürger dieser Welt für Wissenschaft, Technik, Wirtschaft, soziale Entwicklung, Politik interessieren und engagieren; aber er sieht in dieser Sorge um das irdische Wohl und den Fortschritt der Menschheit nicht das Letzte"[105]. Der Christ weiß, daß die letzte Vollendung der weltlichen Zukunft und der menschlichen Hoffnung nicht in seiner Kraft liegt, sondern ein Ereignis ist, das von Gott in einem eschatologischen Schöpfungsakt herbeigeführt wird. Wie dieses Wissen ihn vor falschen Hoffnungen und unrealen Utopien bewahren sollte, so dürfte in dieser Kenntnis auch eine Sperre gegenüber der immerwährenden Versuchung liegen, sich von der Mühsal des Ringens um immer bessere Gerechtigkeit zu dispensieren. Durch die eschatologische Öffnung der Gegenwart in die Zukunft hinein, erhält das Weltbild des Christen eine geschichtliche Dimension, die ihn auch in die Verantwortung für die Zukunftsplanung und -bewältigung nimmt[106].

Der eschatologische Aspekt des ntl. Kerygmas ist für die christliche Sozialethik, wie wir gesehen haben, von größter Wichtigkeit. Die Auswirkungen sind vielfältig und nicht nur auf diesen oder jenen Teilbereich beschränkt, sondern müssen als tragendes und bestimmendes Element der gesamten sozialethischen Haltung des Christen angesehen werden. Außerdem kommt der Zukunftsbezogenheit der christlichen Botschaft auch eine hohe Aktualität zu, denn das Thema „Zukunft" ist in den letzten Jahren in der Prioritätenskala mit an die erste Stelle gerückt. Wenn die Theologie sich nun auch ihrerseits mehr und mehr an der Zukunftsreflexion beteiligt, so tut sie es nicht aus einer billigen Effekthascherei oder einem gewissen Dabeiseinwollen, sondern weil die geschichtliche Dimension Zukunft ihre ureigenste Domäne ist. „Kein Christ kann sich der Verantwortung für den Fortgang der Geschichte, für die Zukunft der Kirche, für das Heil der Völker entziehen"[107]. Der Christ darf nicht nur, er soll auch an der „Stadt des Menschen"[108] mitbauen. Er hat bei der Planung der Zukunft einen wichtigen Beitrag zu leisten, damit nicht die „Stadt um der Stadt willen" als Exerzierfeld für Architekten gebaut wird, sondern für den Menschen; damit nicht letztlich der Mensch den Planungszielen geopfert wird; damit nicht eine Stadt ohne Gott, das heißt ohne Berücksichtigung der nicht meß-

---

[105] *R. Schnackenburg*, Der Christ und die Zukunft der Welt, S. 179; vgl. auch *K. Rahner*, Über die theologische Problematik der „Neuen Erde", in: Zur Theologie der Zukunft, München 1971, S. 183 ff.
[106] Vgl. *J. Ratzinger*, Glaube und Zukunft, München ²1971; *K. Rahner*, Zur Theologie der Zukunft; *R. Schnackenburg*, Der Christ und die Zukunft der Welt, S. 177 ff.
[107] *R. Schnackenburg*, Die sittliche Botschaft des Neuen Testamentes, S. 153.
[108] Vgl. *J. Ratzinger*, Glaube und Zukunft, S. 100 ff.

baren transzendentalen Implikationen des Menschlichen gebaut wird; damit nicht am Ende trotz allem ein neues Babel entsteht.

Doch weiß der Christ sich auch durch die Schrift belehrt, daß jene Stadt, die alle menschlichen Hoffnungen erfüllt, nicht von Menschen gebaut wird, sondern das neue Jerusalem ist, eine Stadt, die von oben kommt und allen menschlichen Entwürfen ein Ende setzt[109]. Deshalb kann der Christ hier auch keine bleibende Stätte haben, er ist noch auf der Wanderschaft. Wie Abraham muß er seine Stadt verlassen können, wenn Gott ihn ruft. Daß seine Heilserwartung in der menschlichen Geschichte keinen endgültigen Erfüllungshorizont hat, sollte ihn davor bewahren, sich mit dem einmal Erreichten zufrieden zu geben, und ihn fähig machen, immer wieder zum Aufbruch in eine neue Zukunft zu rüsten[110].

Spätestens seit dem Vatikanum II wird allseits eine stärkere biblische Begründung der Moraltheologie gefordert. B. Häring schreibt: „Das dringlichste Anliegen der Moraltheologie ist heute eine überzeugende Gesamtschau des sittlichen Lebens aus dem Reichtum der Heilsgeheimnisse"[111]. Auch nach J. Leclercq ist „ein Vorstoß in die zentralen Gedanken des Christentums" dringend notwendig[112]. Es „soll die Heilige Schrift die grundlegende Orientierung und Konzeption der Moraltheologie bestimmen", so J. Fuchs in „Moral und Moraltheologie nach dem Konzil"[113]. Nun gehört, wie wir gesehen haben, zu den zentralen Gedanken der christlichen Botschaft und grundlegenden Erfahrungen des Neuen Testaments die eschatologische Ausrichtung des christlichen Lebens. Deshalb wird auch eine „eschatologische Ausrichtung der christlichen Moral" von B. Häring gefordert, womit die vorwiegend statische Ausrichtung der alten Morallehre durch eine nach vorwärts drängende Dynamik abgelöst würde[114]. I. Lobo, der die Perspektiven einer christlichen Moral unter Berücksichtigung des Zeitfaktors und der historischen Dynamik untersucht, fordert: „Zur Bewegung der Rückkehr zu den Quellen muß bei einer erneuerten Moral ein Bemühen um eine größere Inkarniertheit und ein Aufgeben des elfenbeinernen Turmes der Zeitlosigkeit, in den sie sich geflüchtet hatte, hinzutreten"[115]. Was hier für die Moraltheologie gefordert wird, gilt in

---

[109] Vgl. ebd., S. 105 f.
[110] Vgl. ebd., S. 39 ff., bes. 43 ff., 56 ff.
[111] *B. Häring*, Moraltheologie gestern und heute, in: Stimmen der Zeit 167 (1960/61), S. 110.
[112] *J. Leclercq*, Christliche Moral in der Krise der Zeit. Probleme des christlichen Moralunterrichts, Einsiedeln/Zürich/Köln 1954, S. 39.
[113] *J. Fuchs*, Moral und Moraltheologie nach dem Konzil, Freiburg/Basel/Wien 1967, S. 34.
[114] Vgl. *B. Häring*, Moralverkündigung nach dem Konzil, Theologische Brennpunkte 3/4, Bergen-Enkheim 1966, S. 87 ff., auch 43 ff.
[115] *I. Lobo*, Geschichtlichkeit und Erneuerung der Moral, in: Concilium 3 (1967), S. 363 ff., hier 374.

mancherlei Hinsicht auch für die Christliche Soziallehre. Es ergibt sich deshalb für uns die Frage, wie das Naturrecht in seiner überkommenen Gestalt sich zu diesen Forderungen stellt. Will es auch für die Zukunft seinen Platz wahren, muß es eine überzeugende Antwort auf die Anfrage von seiten der ntl. Eschatologie und der geschichtlich-dynamischen Bestimmtheit des modernen Lebens geben können.

Durch die geschichtlich-eschatologische Perspektive des Neuen Testaments ergibt sich zweifellos eine ernste Infragestellung der herkömmlichen Naturrechtskonzeption. Die kritische Anfrage der ntl. Eschatologie an den naturrechtlichen Standpunkt darf in keiner Weise heruntergespielt werden, wenn die Antwort, die wir zu geben versuchen, überzeugen soll. Das Naturrechtsunternehmen ist aufgrund seiner historischen Genese ungeschichtlich angelegt; sein auf die Ontologie und Natur der Dinge ausgerichtetes Interesse gibt ihm eine statische und objektbezogene Struktur, welche die geschichtliche Dimension des Seins, vor allem der menschlichen Existenz, nur sehr unbefriedigend berücksichtigt. Auch das Eingehen auf den Faktor Zeit durch die Unterscheidung von absolutem und relativem, primärem und sekundärem Naturrecht kann dem eigentlichen geschichtlichen Anspruch nicht gerecht werden. Die Zeit- und Situationsbedingtheit menschlichen Existierens und sittlichen Entscheidens wird heute radikaler empfunden als es von der Lehre von den circumstantiae vorausgesetzt wird.

Außerdem hat das Naturrecht aufgrund seiner sachbezogenen, objektiven Orientierung einen unpersönlichen Charakter, der die subjektive Entfaltung des Seins sehr in den Hintergrund treten läßt. Durch seine auf eine immer weiterführende Abstraktion ausgehende Methode erhält es eine unkonkrete, von den tatsächlichen Gegebenheiten absehende Gestalt. Die eschatologische Sicht der ntl. Sittlichkeit dagegen ist geschichtlich-dynamisch angelegt. Im Mittelpunkt steht der Mensch als Träger des geschichtlichen Prozesses und verantwortlicher Gesprächspartner Gottes, weshalb die ntl. Weisungen von ihrer Wurzel her eine konkrete und personale Struktur haben[116].

Ein christlicher Umgang mit dem Naturrecht, der sich vor der ntl. Botschaft rechtfertigen läßt, kann an diesen für die ntl. Sittlichkeit wesentlichen Faktoren nicht achtlos vorübergehen. H.-D. Wendland schreibt: „Es gibt keine einzige Aussage, keinen einzigen Begriff christlicher Verkündigung und Theologie, der nicht in die universale eschatologische

---

[116] Vgl. *R. Schnackenburg*, Die neutestamentliche Sittenlehre in ihrer Eigenart im Vergleich zu einer natürlichen Ethik, S. 44 ff.; *M. Dibelius*, Das soziale Motiv im Neuen Testament, S. 181 ff.

Perspektive eingeordnet und aus dieser heraus bestimmt werden müßte"[117]. Die praktische Trennung von biblisch-eschatologischem Ethos und naturrechtlicher Sittlichkeit hat sich in der Vergangenheit für die christliche Sittenlehre weithin als Verlust ihrer Sauerteigwirkung erwiesen. Christliche Sozialethik kann nicht darauf verzichten, die irdischen Ordnungen im hellen Schein des eschatologischen Lichtes kritisch zu prüfen. Deshalb muß auch das Naturrecht in seiner christlichen Gestalt eschatologisch interpretiert werden.

Nun hat A. Kaufmann darauf aufmerksam gemacht, daß dem Naturrecht von seiner ontologischen Struktur her Geschichtlichkeit zukommt, denn das Naturrecht muß allemal, um rechtlich wirksam zu werden in geschichtlicher Rechtsnorm konkretisiert werden. Dieser innere Zwang zur Positivierung begründet die ontologische Geschichtlichkeit des Naturrechts[118]. Geschichte kommt aber nicht ohne den Menschen als Geschichtssubjekt, der in Aktion und Reaktion Geschichte macht, in Gang. Der Mensch ist als weltoffenes und noch nicht fertiges Wesen daraufhin angelegt, aus sich herauszutreten und sich so im geschichtlichen Vollzug zu verwirklichen. Er hat seine Wesenheit nicht als eine ein für allemal fertige Größe, sondern muß seine Natur in einem geschichtlichen Prozeß immer wieder neu Gestalt werden lassen. Deshalb ist Geschichte auch immer Befreiungs- oder Verfremdungsgeschichte des Menschen, je nachdem der Mensch das ihm gesteckte Ziel erreicht oder verfehlt. Geschichte ist Chance und Risiko zugleich. Deshalb ist aber mit der Geschichtlichkeit des Menschen immer auch seine Personalität gegeben, denn nur der Mensch als freie Person kann Subjekt dieser Freiheitsgeschichte sein.

Ein Naturrecht, welches den ontologisch-geschichtlichen und biblisch-eschatologischen Aspekt des Menschseins ernst nimmt, wird offen sein für die geschichtliche Dimension des Seins. Es wird darauf bedacht sein, sich nicht als komplettes und unveränderliches System von Naturrechtssätzen zu etablieren. In der Beschränkung auf oberste und letztgültige Leitsätze wird es die Freiheit gewinnen, die konkrete Rechtsverwirklichung den sich verändernden Verhältnissen anpassen zu können. Damit soll nicht einer inhaltlichen Beliebigkeit des Rechts das Wort geredet werden, sondern das Naturrecht hellhörig gemacht werden für geschichtliche Veränderungen in einer mit raschen Schritten vorwärtsdrängenden Menschheit; es soll in der Lage sein, selbst progressiv und kreativ an der Zu-

---

[117] *H.-D. Wendland,* Die Kirche in der modernen Gesellschaft, S. 109.
[118] Vgl. *A. Kaufmann,* Die ontologische Struktur des Rechts, in: Die ontologische Begründung des Rechts, hrsg. v. *A. Kaufmann,* Darmstadt 1965, S. 470 ff., bes. 492 ff.; *ders.,* Naturrecht und Geschichtlichkeit. Recht und Staat 197, Tübingen 1957, bes. S. 25 ff.

kunftsgestaltung teilzunehmen. Dabei wird es in einem weit höheren Maße, als dies in der Vergangenheit der Fall war, auf den Menschen als den Geschichtsträger bezogen sein müssen. Im Mittelpunkt muß der Mensch stehen und nicht die gesetzte Norm. Aber gerade wenn das Naturrecht geschichtlich ausgelegt wird, kann es in einem hohen Maße personal- und situationsbezogen sein, was nicht einer Auslieferung des Rechts an die Situation und Beliebigkeit gleichkommen muß. Je mehr aber das Freiheitsbewußtsein des Menschen wächst, um so stärker muß auch die personale Entscheidungsfunktion in der Rechts- und Sozialgestaltung berücksichtigt werden.

Die eschatologische Botschaft des Neuen Testaments hat nicht nur eine Hoffnungsstruktur, das ist die eine Seite, sie hat auch eine kritische Funktion gegenüber dem Menschen und seinen sozio-ökonomischen Ordnungen[119]. Die Botschaft vom Kommen des Gottesreiches setzt mit seiner neuen und besseren Gerechtigkeit alles menschliche Rechtsbemühen ins Unrecht. Angesichts der radikalen Bergpredigtforderungen, so sahen wir, werden die irdischen Rechtsstrukturen und das menschliche Für-Recht-Halten unerbittlich in Frage gestellt. Außerdem werden die gesellschaftlichen Institutionen dieser Welt durch die Verheißung einer neuen Schöpfung als viatorisch deklariert und somit in ihrem Geltungsanspruch allein schon von ihrer geschichtlichen Geltungsdauer her begrenzt und relativiert. Der Stempel der Vorläufigkeit, der ihnen so aufgeprägt wird, verbietet jeden Absolutheitsanspruch. Schließlich muß das Wissen um das endzeitliche Gericht den Christen nüchtern und selbstkritisch im Hinblick auf den Umgang mit Recht und Ordnung machen: „Die christliche Hoffnung ist Hoffnung auf das Gericht, und diese Hoffnung macht die christliche Sozialethik kritisch, nüchtern und illusionslos. Wer um das kommende Gericht weiß, der sagt allen Utopien ab, den optimistischen, aber auch den neuesten, den pessimistischen"[120].

Deshalb darf ein biblisch verantworteter Umgang mit dem Naturrecht von diesem kritischen Aspekt nicht absehen. Das Naturrecht muß sich selbstkritisch als viatorische Ordnung immer wieder in Frage stellen lassen. Daneben hat aber das Naturrecht auch selbst eine kritische Funktion gegenüber den gesellschaftlichen Ordnungen und dem Recht, indem es als sittlicher Maßstab des Rechts die Frage nach einer immer besseren Verwirklichung von Gerechtigkeit offenhält. Selbstkritisch hat ein „christ-

---

[119] Vgl. *J. B. Metz*, Die Verantwortung der christlichen Gemeinde für die Planung der Zukunft, in: Die neue Gemeinde, Festschrift f. T. Filthaut, hrsg. v. *A. Exeler*, Mainz ²1968, S. 247 ff., bes. 254 ff.; *M. Dibelius*, Das soziale Motiv im Neuen Testament, S. 188 ff.
[120] *H.-D. Wendland*, Botschaft an die soziale Welt, S. 158.

liches" Naturrecht darüber zu wachen, daß es sich nicht selbst absolut setzt und so als Konkurrent neben die Offenbarung tritt. Ein absolutes Naturrecht verschließt sich leicht gegenüber den tatsächlichen Gegebenheiten und wird geschichtlich unfruchtbar. Ein selbstkritisch und nüchtern seine eigenen Möglichkeiten einschätzendes Naturrecht bleibt offen für die Geschichte und vor allem für die ganz andere, die höhere Gerechtigkeit des Reiches Gottes (Bergpredigt). Beides darf nicht miteinander verwechselt werden. Der Umgang mit dem Naturrecht darf den Blick nicht dafür verschließen, daß sich die sittliche Botschaft des Neuen Testaments nicht in naturrechtliche Normierungen einfangen läßt. Das Naturrecht kann zwar auch unter dem Evangelium eine begrenzte Funktion behalten, die genuine ntl. Sittlichkeit liegt aber auf einer ganz anderen Ebene. Auch das Naturrecht hat nur einen transitorischen Charakter und kann deshalb keine endgültige Gerechtigkeit vermitteln. Zwar gelingen ihm hier und da metaphysische Durchblicke, die aber immer nur Teilaspekte offenlegen können. Auch das beste Naturrecht kann nur in einem begrenzten Umfang Gerechtigkeit in der gegenwärtigen Gesellschaftswirklichkeit schaffen. Deshalb muß es selbstkritisch und offen bleiben.

Das ureigenste Anliegen des Naturrechts ist jedoch seine gesellschaftskritische Funktion gegenüber den sozialen Institutionen und der bestehenden Rechtsordnung und der aktuellen Rechtspflege. Ein kritisches Naturrecht mißt die bestehenden Ordnungen und das verwirklichte Recht an dem Maßstab der überzeitlichen und ortsunabhängigen Gerechtigkeit. Indem es dabei Maß nimmt an der je höheren Gerechtigkeit des Reiches Gottes, öffnet es den Blick für den tatsächlichen Stand des bisher Erreichten. Es verhindert, daß der Mensch, vielfach entmutigt, in seinen Rechtsbemühungen vorzeitig resigniert oder im schwärmerischen Irrtum über seine wirklichen Möglichkeiten utopische Ziele verfolgt und an der Wirklichkeit vorbeiorganisiert. Es wacht auch darüber, daß das Recht und die gesellschaftliche Ordnung nicht in eine ideologische Zwangsjacke gesteckt werden. Als gesellschaftskritisches Instrument muß das Naturrecht natürlich auch ein wachsames Auge dafür haben, daß es nicht selbst zum ideologischen Instrument degeneriert oder als solches mißbraucht wird[121]. Indem ein kritisches Naturrecht Menschen und Welt unter das endzeitliche Gericht stellt, gewinnt es einen unbestechlichen Maßstab, an dem es sich selbst und die Welt zu messen hat: das ist die in jedem Menschen in-

---

[121] Vgl. *K. Rahner*, Ideologie und Christentum, in: Concilium 1 (1965), S. 475 ff.; *J. Ratzinger*, Naturrecht, Evangelium und Ideologie in der katholischen Soziallehre. Katholische Erwägungen zum Thema, in: Christlicher Glaube und Ideologie, hrsg. v. *K. Bismarck* u. *W. Dirks*, Stuttgart/Berlin/Mainz 1964, S. 24 ff.

karnierte göttliche Würde und Unverletzlichkeit (vgl. die Gerichtsschilderung Mt 25,31 ff.). Gleichzeitig erfährt das Naturrecht von der Tatsache des endzeitlichen Gerichts auch eine relative Bestätigung seiner selbst, denn als Bestandteil menschlichen Rechtsbemühens und zeitlichen Ordnungswillens wird es zweifellos auf der Waagschale der Ewigkeit mit ins Gewicht fallen. Deshalb kann gesagt werden: „Die eschatologische Hoffnung radikalisiert den Einsatz zur Ordnung der zeitlichen Gesellschaft und relativiert gleichzeitig jede schon verwirklichte irdische Ordnung"[122].

Ein biblisch orientiertes Naturrecht wird sich von der ntl. eschatologischen Botschaft den Blick schärfen lassen für die geschichtliche Dimension des Seins, nicht nur für die vergangene und gegenwärtige Geschichte, sondern auch für die zukünftige. Naturrecht in der Verantwortung des eschatologischen Glaubens muß selbst auf Zukunft hin geöffnet sein, soll selbst auch kreativ-planerisch in den Raum der Zukunft vorzugreifen suchen. Die verkündete ntl. Hoffnung ist nicht eine rein endzeitliche, zukünftige Größe, denn der Prozeß der eschatologischen Neuschöpfung ist schon in Gang gekommen, insofern in Christus das entscheidende Ereignis schon geschehen ist. Hier liegt die außerordentliche Bedeutung der existentialen Interpretation der Eschatologie durch die Bultmannschule. Infolge der Konzentration der eschatologischen Erfahrung auf den gegenwärtigen Kairos wird der Christ in eine unausweichliche Entscheidungssituation für sich und seine Welt gestellt. Darin liegt ein wichtiger Impuls für das gegenwärtige engagierte Einlassen auf die innerweltlichen Aufgaben. Die Botschaft des Neuen Testaments ruft auf, den eschatologischen Ernst der gegenwärtigen Stunde zu erkennen und schon jetzt ein neuer Mensch zu werden, das neue Sein anzuziehen. Die sittlichen Appelle ziehen aus der Situation des Christen „zwischen den Zeiten" nicht die Konsequenz eines untätigen Abwartens und unproduktiven Stillstandes, indem sie zum Rückzug in die Innerlichkeit und zur gesellschaftspolitischen Askese auffordern. Sie wollen vielmehr den Prozeß der Neuwerdung schon jetzt in Gang setzen. Der Blick des neuen, eschatologischen Menschen ist nach vorne gerichtet, er hat den Weg in die Zukunft bereits angetreten. Deshalb kann und muß die endzeitliche Erwartung eine Reserve gegenüber der bestehenden Welt auferlegen und eine Relativierung der Kulturwerte auslösen, sie will aber nicht ein Alibi für eine bequeme Passivität sein. Der Christ

---

[122] *E. Schillebeeckx*, Von der theologischen Tragweite lehramtlicher Verlautbarungen über gesellschaftspolitische Fragen, in: Concilium 4 (1968), S. 419; vgl. auch *M. Dibelius*, Das soziale Motiv im Neuen Testament, S. 193 ff.; *H.-D. Wendland*, Die Kirche in der modernen Gesellschaft, S. 111, 114; *H. Thielicke*, Die Infragestellung der Gebote und der objektiven Werte durch die Eschatologie, in: Theologische Ethik I, S. 426 ff.

hat ein dialektisches Verhältnis zur Welt. Er ist nicht *aus* der Welt herausgenommen, er muß vielmehr *in* der Welt den Glauben bewähren und verantworten; aber er ist auch nicht mehr *von* der Welt, so daß er noch nach den Gesetzlichkeiten dieses Äons vorbehaltlos handeln könnte. „Die Gemeinde steht also ebensowohl unter dem Gebot Christi, das ihr stets neu gesagt wird, als in der Gnade Christi, die sie frei macht"[123]. Die in Christus gewonnene neue sittliche Existenz gibt ihr die Freiheit des ὡς μή (des Gebrauchens als gebrauchte man nicht: 1 Kor 7,30), den überlegen Abstand von der Welt, aber auch die Freiheit, auf die Welt zuzugehen, den Menschen in seinen weltlichen Bindungen aufzusuchen, und vor allem die Freiheit, neue Wege sozialer Gerechtigkeit und gesellschaftlicher Ordnung zu suchen[124]. Die eschatologische Existenz gibt dem Christen auch die Freiheit, den weltlichen Weg des Naturrechts zu beschreiten, sich des Naturrechts als Hilfsmittel zu bedienen, soweit es von Nutzen sein kann, ohne deshalb an dasselbe sklavisch gebunden zu sein.

Das Naturrecht hat jedoch nur einen begrenzten Wert, wenn es nicht geschichtsbezogen und operativ ist. Es genügt nicht, um den gegenwärtigen Anforderungen gerecht zu werden, wenn sich der Aktionsradius des Naturrechts nur auf die Durchdringung des realisierten Seins und die Analyse seiner Seinsgesetze beschränkt. Sicher kann es dann wertvolle Erkenntnisse für jede menschliche Gesellschaft vermitteln, auch für jede zukünftige. Im neuzeitlichen Daseins- und Weltverständnis hat jedoch die Zukunft einen kategorialen Vorrang[125]. Das Bewußtsein der modernen Menschen wird immer weniger durch die Reflexion vergangener Geschichte und ihrer Sozialstrukturen bestimmt. Die sich rasch wandelnde Industriekultur reißt unaufhörlich die alten Gebäude ab, um Raum für großzügige und kühne Zukunftsprojekte zu schaffen. Der Primat der Zukunft im modernen Leben erobert sehr rasch alle Bezirke der individuellen und sozialen Existenz. Die innere Motorik der technischen und wissenschaftlichen Zivilisation ist auf Fortschritt programmiert. Dadurch ist die wissenschaftliche und exakte Zukunftsplanung zu einer zwingenden Notwendigkeit geworden, von der die Human- und Gesellschaftswissenschaften nicht ausgeschlossen sind. Auch der Christ kann sich dieser Notwendigkeit nicht

---

[123] *H.-D. Wendland*, Die Kirche in der modernen Gesellschaft, S. 41.
[124] Vgl. *ders.*, Botschaft an die soziale Welt, S. 160–165.
[125] Vgl. *J. B. Metz*, Die Verantwortung der christlichen Gemeinde für die Planung der Zukunft, S. 247 ff., hier S. 153; *ders.*, Verantwortung der Hoffnung, in: StdZ 177 (1966), S. 451 ff.; *ders.*, Zur Theologie der Welt, bes. S. 132 ff.: Christliche Verantwortung für die Zukunftsplanung in einer weltlichen Welt; *ders.*, Gott vor uns. Statt eines theologischen Arguments, in: Ernst Bloch zu ehren. Beiträge zu seinem Werk, hrsg. v. *S. Unseld*, Frankfurt/M. 1965, S. 227 ff.

verschließen. „Seine Ethik muß darum die Gestalt einer praktischen Wissenschaft von der Zukunft sein, eine Möglichkeitswissenschaft und ein Veränderungswissen . . . Dann würde eine solche Ethik geschichtlichen Handelns aus Hoffnung die christliche Theologie dazu bringen, der gesellschaftlichen Wirklichkeit nicht länger die Schleppe nachzutragen, sondern die Fackel voran"[126].

Gerade dem Christen ist wie keinem anderen die Verantwortung für die Zukunft, die ja auch eine Dimension des Reiches Gottes ist, aufgegeben. Wenn das Naturrecht hier eine Hilfe sein will, muß es operativ und handlungsfreudig sein. Eine offene, geschichtlich-dynamische Naturrechtskonzeption wird auf der einen Seite die unveräußerlichen Elemente des menschlichen Seins abzusichern haben gegen einen Verlust an humaner Substanz und menschlicher Freiheit. Das geschieht durch die Formulierung fundamentaler Rechtssätze, die als äußerste Grenzmarkierung den Planungsraum zukünftiger Entwicklung nach der negativen Seite hin abgrenzen (negatives Naturrecht). Andererseits kann das Naturrecht auch die „Strategie der Zukunft" inspirieren und lenken, indem es Richtungsweiser aufsetzt und Zielpunkt für eine bessere Realisierung menschlicher Gerechtigkeit aufweist (positives Naturrecht). So ist das Naturrecht sowohl negativ-kritisch, indem es negativ den Freiheitsraum abgrenzt und auf Fehlentwicklungen und Gefährdungen des Humanums aufmerksam macht, als auch positiv-gestalterisch, insofern es selbst an der Gestaltung der Zukunft mitwirkt. Das Naturrecht kann auf diesen progressiv-operativen Einsatz nicht verzichten, wenn es als gesellschaftsgestalterische Kraft wirksam werden will. Es muß auch selbst in die Freiheitsgeschichte investieren und das Wagnis von Zukunftsentwürfen auf sich nehmen, wenn es Motor und Treibsatz gesellschaftlicher Entwicklung sein will. Es wäre zu wenig, wenn es nur die sozialethische Feuerwehr spielen würde, obgleich hier naturgemäß die größere Bedeutung des Naturrechts liegt. Erst dann hat das Naturrecht die Zukunft ganz ernst genommen, wenn es selbst den Schritt in die Zukunft tut. Der Christ jedenfalls kann sich nicht von der Verantwortung und Gestaltung der Zukunft dispensieren.

Das „christliche" Naturrecht muß deshalb sowohl konservativ als auch revolutionär sein. Als operativ-revolutionäre Kraft soll es geschichtlich überholte und erstarrte Institutionen aufbrechen und für neue, zukunftsorientierte Entwicklungen den Weg frei machen. Hierbei kann der Christ die ganze Kraft eschatologischer Hoffnung, die kreative Energie der Liebe und die schöpferische Phantasie christlicher Freiheit einsetzen. Das Natur-

---

[126] *J. Moltmann*, Die Kategorie Novum in der christlichen Theologie, in: Ernst Bloch zu ehren, S. 243 ff., hier 256 f.

recht muß jedoch konservativ sein, wenn es darauf ankommt, vor utopischen Vorstellungen zu warnen oder auf Entwicklungen aufmerksam zu machen, die im Namen irgendeiner Ideologie oder eines Scheinfortschritts das Humanum aufs Spiel setzen. Der Mensch darf nicht dem Fortschritt untergeordnet werden, sei es dem technischen oder wirtschaftlichen Fortschritt, sei es neuen wissenschaftlichen Zukunftsperspektiven. Die eschatologische Hoffnung des Christen impliziert zwar auch eine Infragestellung des Bestehenden, der Fortschritt hört aber auf, das zu sein, was er vorgibt, wenn er die Entfaltungsmöglichkeiten echten Menschseins einengt, statt zu erweitern.

Der operative Horizont der Menschen hat sich in einem für frühere Generationen unvorstellbaren Ausmaß erweitert. Neue, bislang ungeahnte Möglichkeiten zukünftiger Entwicklung haben sich vor uns aufgetan. Der Christ braucht vor ihnen weder zu erschrecken, denn er kennt den „Herrn" der Zukunft und das letzte Ziel aller Seinsentfaltung, noch wird er im Überschwang der Erwartungen die Realitäten aus den Augen verlieren, denn er weiß auch um die dämonische Gefährdung des Menschen. Obwohl der Christ weiß, daß die eschatologische Weltvollendung nicht auf dem Wege innerweltlichen Fortschritts einzuholen ist, wird er doch den gläubigkreativen Einsatz für den Fortgang menschlicher Entwicklung nicht für vergeblich halten. Als Christ ist er gerufen, schon jetzt in der schöpferischen Kraft des Glaubens und im Engagement der Liebe, Zeichen jener eschatologischen Zukunft zu setzen, die durch das Werk Christi für ihn bereits angefangen hat, lebendige Gegenwart zu sein.

## SCHLUSSWORT

Wenn heute allenthalben von einer „Krise der Moraltheologie" gesprochen wird[1], so kann man das nicht als modische Attitüde einer aus den Fugen geratenen Zeit abtun. In diesem Falle würde man den Blick verschließen vor den mannigfachen Veränderungen, die sich im Bereiche der Wissenschaft und Wirtschaft, der Philosophie und Gesellschaft, der Weltanschauung und Politik vollzogen haben. Sie sind auf manchen Gebieten so weitreichend, daß es vielen als unmöglich erscheint, mit dem Normenkatalog und der Denkstruktur der „alten" Moral diese neue Wirklichkeit überhaupt erfassen, geschweige denn in eine sachentsprechende Ordnung bringen zu können. Aber nicht nur die äußeren Gegebenheiten, in die sich das christliche Leben einordnen muß, haben sich von Grund auf geändert, auch der Mensch selbst ist von diesen Prozessen nicht unberührt geblieben. Der heutige Mensch, und der vom Glauben an Christus bestimmte Mensch ist da nicht ausgeschlossen, hat ein völlig verändertes Verhältnis zu seiner Umwelt und zu sich selbst[2]. Die angedeuteten Veränderungen sind für das religiöse und sittliche Leben der Kirche von so tiefgreifender Wirkung, daß es notwendig erschien, ein allgemeines Konzil einzuberufen, um von der kritischen Fragestellung des modernen Menschen her die Glaubenswahrheiten neu zu formulieren und die Strukturen des christlichen Lebens der veränderten Wirklichkeit anzupassen. Das Vatikanum II ist in der Pastoralkonstitution „Gaudium et spes" in detaillierter Darstellung auf die gänzlich neue „Situation des Menschen in der heutigen Welt" eingegangen[3] und hat auch versucht, in diesem Dokument richtungweisende Durchblicke und pastorale Hilfen für das christliche Leben in dieser Welt zu geben.

[1] Vgl. z. B. *J. Leclercq*, Christliche Moral in der Krise der Zeit; *B. Häring*, Moraltheologie gestern und heute, S. 99 ff.; ders., Moralverkündigung nach dem Konzil; *J. Fuchs*, Moral und Moraltheologie nach dem Konzil; *F. Böckle*, Bestrebungen in der Moraltheologie, in: Fragen der Theologie heute, hrsg. v. *J. Feiner, J. Trütsch* u. *F. Böckle*, Einsiedeln/Zürich/Köln 1957, S. 425 ff.; *R. Egenter*, Artikel „Moraltheologie", in: LThK 7 (²1962), Sp. 613 ff.; *V. Redlich* (Hrsg.), Moralprobleme im Umbruch der Zeit, München 1967.

[2] Vgl. *J. B. Metz*, Die Verantwortung der christlichen Gemeinde für die Planung der Zukunft, S. 247 ff.; *T. Herr*, Perspektiven eines dynamisch-geschichtlichen, biblisch-eschatologischen Naturrechts, in: Jahrbuch für Christliche Sozialwissenschaften 13 (1972), S. 111 ff., bes. 114–119.

[3] Pastoralkonstitution „Gaudium et spes", Einführung: Die Situation des Menschen in der heutigen Welt (Art. 4–10).

Die Forderung nach einer „neuen Moral", wie sie angesichts der komplexen Wirklichkeit des modernen Lebens und des neuen Selbstverständnisses des neuzeitlichen Menschen seit längerem auch innerhalb der Kirche erhoben wird, zielt in ihrer Grundtendenz auf eine stärkere Hinwendung zur Schrift und damit zu den eigentlichen Wurzeln der christlichen Sittlichkeit[4]. Das würde eine Abkehr von dem Übergewicht der Philosophie innerhalb der Sittenlehre bedeuten. Christus als das Zentrum des christlichen Lebens soll wieder Ausgangspunkt, Mitte und Ziel der sittlichen Verkündigung werden. Was nicht besagen soll, daß bislang die Sittenlehre der Kirche nicht auf die Schrift und damit auf Christus bezogen gewesen wäre, doch allzu oft nur so, daß die Schrift mehr dazu diente, die Deduktionen der philosophischen Ethik zu bestätigen, als daß sie selbst der Nährboden war, aus dem das sittliche Leben erwuchs. Daraus resultierte eine gefährliche Zwei-Stockwerk-Moral, die das eigentlich Christliche nur mehr als Erfüllung und Vollendung des natürlichen Sittengesetzes betrachtete oder als stimulierende Motivation für die Erfüllung der sittlichen Forderungen im Leben des Christen. Anstatt eine „oberflächlich getaufte philosophische Ethik"[5] zu sein, soll die christliche Sittenlehre das neue Sein in Christus auf das konkrete Leben des Christen in den gesellschaftlichen Bezügen hin aktualisieren; sie soll also christozentrisch, heilsgeschichtlich, eschatologisch angelegt sein. Es genügt eben nicht, wenn die Moraltheologie von Christus spricht, sondern das „Wort Gottes" muß das alles bestimmende und beherrschende Faktum des Christenlebens sein. Es wird einer so verstandenen Moral entscheidend darum gehen, das spezifisch Christliche auszuweisen; denn die sittliche Lehre Christi ist, wie wir gesehen haben, mehr als eine Stütze des Naturgesetzes (Naturrechts), und sie ist grundverschieden von der philosophischen Pflichtenlehre, etwa der stoischen, und dem kategorischen Imperativ Kants. Das dürfte im Verlaufe unserer Untersuchung hinreichend deutlich geworden sein.

Mit dem Ruf nach einer Erneuerung der christlichen Sittenlehre aus den biblisch-theologischen Grundlagen heraus, wie wir kurz zu skizzieren versuchten, ist auch die Soziallehre der Kirche angesprochen. Die allseits erhobene Forderung nach einer biblischen Neuorientierung von Theologie und christlichem Leben ist auch für sie Veranlassung, ihr bisheriges Selbstverständnis zu hinterfragen und ihre theoretisch-wissenschaftlichen Voraussetzungen zu überdenken, denn die christliche Soziallehre ist aufgrund ihres Gegenstandes weithin soziologisch-naturrechtlich, wirtschafts- und

---

[4] Vgl. *B. Häring,* Moralverkündigung nach dem Konzil, S. 15 ff., 50 ff., 87 ff.; *J. Fuchs,* Moral und Moraltheologie nach dem Konzil, S. 11 ff., 33 ff.

[5] *B. Häring,* Moralverkündigung nach dem Konzil, S. 70.

sozialwissenschaftlich ausgerichtet. Zudem enthält die Schrift, wie allgemein bekannt, nur wenige oder gar keine direkten Weisungen zu den konkreten sozialethischen Fragen. Was die ntl. Botschaft an sozialethischen Weisungen gibt, reichte kaum für die endzeitlich gestimmten Gemeinden der Urkirche; für die ungeheuer komplizierten und vielschichtigen Vorgänge einer Industriegesellschaft und technisierten Wirtschaftswelt bietet sie fast gar keine konkrete Handhabe. Aufgrund dieses Sachverhaltes darf aber nicht kurzschlüssig gefolgert werden, daß die sittliche Botschaft des Neuen Testaments, abgesehen von ihrer metaphysischen Motivation, für die Christliche Soziallehre keine entscheidenden und grundsätzlichen Aussagen zu machen habe. Dann nämlich wäre die Sozialverkündigung der Kirche von einer Neubesinnung grundsätzlich dispensiert, und sie könnte unbekümmert zur Tagesordnung übergehen. Daß dem nicht so ist, glauben wir durch unsere Untersuchung aufgezeigt zu haben.

Für die Erneuerungsbewegung innerhalb der Kirche und der Theologie ist das seit etwa der Jahrhundertwende einsetzende neuerweckte Interesse an der Schriftlesung und dem intensiven exegetischen Studium von außerordentlicher Bedeutung gewesen. Seit Pius X. etwa haben auch die Päpste das Bibelstudium gefördert und auf die Bedeutsamkeit der Schrift für das christliche Leben aufmerksam gemacht. So hat besonders Pius XII. durch seine Enzyklika „Divino afflante Spiritu" vom 30. 9. 1943 dem Bibelstudium neuen Auftrieb gegeben. Es ist zweifellos das Verdienst der mit der liturgischen Bewegung Hand in Hand gehenden Bibelbewegung[6], daß die Erneuerung aus den Quellen der Schrift nach und nach alle Gebiete der Theologie und des praktischen Lebens erfaßte.

So war es für die Väter des Zweiten Vatikanischen Konzils eine Selbstverständlichkeit, daß das „Aggiornamento" aus dem Geist der Schrift erfolgen müsse. Nur so kann Kirche sich aus ihren ureigensten Grundlagen heraus erneuern, wenn sie sich neu auf ihre Mitte hin, auf Christus, ausrichten läßt. In der dogmatischen Konstitution über die göttliche Offenbarung „Dei verbum" (Art. 22) wird deshalb gefordert, die Tore zur Heiligen Schrift für alle Gläubigen weit aufzutun und zu einem immer tieferen Verständnis derselben zu kommen (Art. 23). Besonders die Priester werden zum Studium der Schrift ermuntert (Art. 24–25) und allen Gläubigen die häufige Lesung eindringlich empfohlen (Art. 25); denn die Schrift ist „gesunde Nahrung und heilige Kraft" (Art. 24).

---

[6] Vgl. *J. Kürzinger*, Artikel „Bibelbewegung", in: LThK 2 (²1958), Sp. 344 ff.; *F. Böckle*, Bestrebungen in der Moraltheologie, S. 425 ff.

Von geradezu revolutionierender Bedeutung ist die Aussage des Artikels 24, das Studium der Schrift sei „die Seele der heiligen Theologie"[7] und diese ruhe auf dem geschriebenen Wort Gottes „wie auf einem bleibenden Fundament". In dieser programmatischen Feststellung ist die Konzeption einer von Grund auf biblischen Theologie enthalten. Im Dekret über die Ausbildung der Priester „Optatam totius" wird das näherhin erläutert. Hier wird im Artikel 16 das Schriftstudium an die erste Stelle der theologischen Disziplinen gerückt, was für den Katalog der theologischen Fächer, aber auch den Aufbau der einzelnen Disziplinen gilt. Die einzelnen theologischen Disziplinen sollen „aus einem lebendigeren Kontakt mit dem Geheimnis Christi und der Heilsgeschichte neu gefaßt werden" (Art. 16). Was hier von der biblischen Erneuerung der Theologie und ihrer verschiedenen Disziplinen gesagt wird, hat grundsätzlich auch Gültigkeit für die Christliche Soziallehre. Die Grundzüge dieser neuen Konzeption werden in Artikel 16 am Beispiel der Moraltheologie näherhin erläutert. Als Basis[8] der Sittenlehre wird die Schrift genannt, als Ziel das Sein (Berufung) in Christus und dessen Konkretisierung (Frucht bringen) in der Liebe „für das Leben der Welt". Damit ist eine biblische, christozentrische, heilssoziale Moral im Gegensatz zu einer philosophischen (naturrechtlichen), juridischen, heilsindividualistischen gefordert.

Die Perspektiven einer biblisch-heilsgeschichtlich orientierten Soziallehre haben bereits in der Pastoralkonstitution über die Kirche in der Welt von heute „Gaudium et spes" ihren Niederschlag gefunden. In diesem Dokument ging es dem Konzil darum, die Tore zur modernen Welt zu öffnen und Wegweisung für das Handeln des Christen in der „weltlichen Welt" zu geben. Gleichzeitig war es die erklärte Absicht der Konzilsväter, in einen Dialog mit allen „Gutgesinnten" zu treten, um in der Zusammenarbeit mit ihnen die Probleme der Zeit zu lösen[9]. Es war nun die große Frage, wie man diese Aufgabe angehen sollte. Mußte man nicht, um auch von den Nichtchristen verstanden und als Gesprächspartner akzeptiert zu werden, sich vornehmlich der naturrechtlichen und soziologischen Argumentation bedienen, was vielleicht auf Kosten der theologischen Substanz geschehen wäre? Außerdem hätte man einwenden können, daß damit nichts Neues und nichts spezifisch Christliches, was ja für ein Konzil

---

[7] Dieselbe Formel „universae theologiae anima" wird auch im Dekret über die Ausbildung der Priester (Art. 16) gebraucht; sie ist übernommen aus der Bibelenzyklika Leo XIII. „Providentissimus Deus" (1893).

[8] Vgl. auch die dogmatische Konstitution „Dei verbum" (Art. 7) „tamquam fontem omnis et salutaris veritatis et morum disciplinae", wo die Schrift die Quelle der Sittenlehre genannt wird.

[9] Vgl. „Gaudium et spes", Art. 3, 21, 40, 43, 89 f.

ausschlaggebend sein sollte, gesagt wäre. Oder sollte man entschlossen und unbeirrt eine biblisch-theologische Sicht der Dinge geben, in der Erwartung, daß gerade ein überzeugender christlicher Beitrag eine echte Hilfe für den Christen wie für den Nichtchristen sein würde? In diesem Falle mußte man sich sagen, daß diese Sprache wahrscheinlich im nichtchristlichen Raum nur schwer ankommen würde und auch für den Christen wenig Hilfe geboten wäre, wenn man zu sehr im Allgemein-Theologischen verbliebe, ohne auf die konkrete Gestalt der sozio-ökonomischen Wirklichkeit einzugehen. Die hier aufgezeigte Dialektik hat von Anfang an die Arbeit am zunächst Schema 13 genannten Dokument entscheidend bestimmt[10]. Den endgültigen Konzilstext zeichnet aufgrund der Polarität von biblisch-theologischer und naturrechtlich-soziologischer Sehweise[11] eine fruchtbare Spannung aus, die nicht wenig zu seiner Lebendigkeit und Dynamik beiträgt. Man hat eine Synthese gefunden, in der beide Notwendigkeiten zu ihrem Recht kommen, ohne die Unterschiede zu verwischen.

Es sind aber nicht wenige Theologen und Sozialwissenschaftler, die, mit dieser Lösung unzufrieden, der einen oder anderen Betrachtungsweise ihre Berechtigung absprechen oder wenigstens einer von beiden einen dominierenden Rang zuerkennen möchten. Aus diesem Grunde erschien es notwendig zu sein, Berechtigung und Existenz des Naturrechts in der Pastoralkonstitution und in der Christlichen Sozialwissenschaft nachzuweisen, wie ein Artikel von A. Rauscher im Jahrbuch des Instituts für Christliche Sozialwissenschaft vom Jahre 1966/67 zeigt[12]. Die Diskussion um die Ortsbestimmung der Christlichen Sozialwissenschaften ist nicht neu; doch hat sie durch das Konzil einen neuen Akzent erhalten, da dieses in vielen Fragen nicht wie bisher der naturrechtlichen Begründung und Argumentation den Vorrang gab, sondern mehr die biblische Sicht bevorzugte. Sicherlich ist in der Vergangenheit oft ein recht einseitiger Gebrauch vom Naturrecht gemacht worden; ein Blick in die bekannten Lehrbücher der Moral und Soziallehre wird das hinlänglich bestätigen. Auch manche Dokumente der höchsten kirchlichen Autorität zeigen das gleiche Bild.

---

[10] Vgl. den Bericht über die Textgeschichte der Pastoralkonstitution von *C. Moeller*, in: LThK, Das II. Vatikanische Konzil, Erg.-Bd. 3 (1968), S. 242 ff., so 248 f., 250 f., 257 f.; W. Weber (Hrsg.), Pastoralkonstitution *Die Kirche in der Welt von heute*. Authentischer lateinischer Text der Acta Apostolicae Sedis. Deutsche Übersetzung im Auftrag der deutschen Bischöfe. Mit einer Einleitung von Prof. DDr. W. Weber, Münster 1967, S. 12.

[11] Der Begriff „Naturrecht" ist vermieden worden, weil eine zu eindeutig naturrechtliche Formulierung aus verschiedenen Gründen auf Widerstand stoßen würde. Vgl. *C. Moeller*, a.a.O., S. 267, 274.

[12] *A. Rauscher*, „Sub luce Evangelii". Naturrecht und Evangelium in der Pastoralen Konstitution, in: Jahrbuch des Instituts für Christliche Sozialwissenschaften 7/8 (1966/67), S. 69 ff.

Angesichts dieser Tatsache ist es begreiflich, wenn J. Blank von einem „Graben zwischen der Exegese und der moraltheologischen Tradition" spricht[13]. Ist es deshalb aber gerechtfertigt, dem Naturrecht seinen Platz im Rahmen einer „neuen" Moraltheologie und Soziallehre grundsätzlich zu bestreiten, wie es hier und da geschieht? Aber auch wer keinen derart einseitigen Standpunkt einnimmt, wird heute seine Position gegenüber dem Naturrecht, soweit es die katholische Morallehre und Sozialwissenschaft angeht, überprüfen müssen. Unsere Untersuchung will zur Klärung der anstehenden Fragen einen Beitrag leisten. Aus der Sicht der Christlichen Sozialwissenschaften, unsere Arbeit ist dieser theologischen Disziplin zugeordnet, kommt dem Naturrecht eine besondere Bedeutung zu, da die Schrift, wie bereits gesagt, wenig konkrete Weisungen für das wirtschaftliche, soziale und politische Leben bietet. Deshalb ist der Sozialethiker weithin darauf angewiesen, die profanen Sozialwissenschaften und namentlich das Naturrecht zu Hilfe zu nehmen, um die sozialen Prozesse zu analysieren und zu praktikablen Direktiven für den gesellschaftlichen Bereich zu kommen. Doch kann der Komplex der Christlichen Sozialwissenschaften von dem Bemühen um eine Neuorientierung des theologischen Standortes nicht ausgeklammert werden. Gerade hier, wo der Kontakt des christlichen Glaubens mit der Welt von heute am unmittelbarsten ist, erscheint eine Überprüfung der theologischen Grundlage als unverzichtbar.

Wie bereits in der Einführung vermerkt, wird seit längerem eine einseitig naturrechtliche Argumentation als ungenügend empfunden und nach den eigentlich theologischen und biblischen Aussagen für das soziale Leben gefragt. Deshalb haben wir es unternommen, das vielfach in Frage gestellte Verhältnis von Naturrecht und ntl. Botschaft einer kritischen Prüfung zu unterziehen. Aus Gründen, die wir in der Einführung des näheren erläutert haben, sind wir nicht von den klassischen Naturrechtsstellen Röm 1,18 ff. und 2,14 ff. ausgegangen. Wir haben vielmehr, um zu einer umfassenden Beurteilung des Naturrechts aus der Sicht des Neuen Testaments zu kommen, zunächst nach dem Verhältnis der ntl. Gemeinden zur natürlichen Ethik ihrer profanen Umwelt gefragt. In der Begegnung der christlichen Botschaft mit dem antiken Ethos der griechisch-römischen Tradition sind Entscheidungen von prinzipieller und für die ntl. Sittlichkeit exemplarischer Bedeutung gefallen, so daß es möglich ist, im Rückgriff auf diese Grundsatzentscheidungen ntl. Sittlichkeit auch das Naturrecht, das ja einer späteren geistesgeschichtlichen Epoche angehört, einer kritischen Prüfung aus der Sicht des Neuen Testaments zu unterziehen, denn

---

[13] *J. Blank*, Zum Problem „Ethischer Normen" im Neuen Testament, S. 358.

das Naturrecht ist ja dem Bereich des natürlichen Sittengesetzes zuzurechnen.

Was das grundsätzliche Für oder Wider einer naturrechtlichen Argumentation innerhalb der Sozialethik angeht, scheint uns aus der Sicht des Neuen Testaments ein exklusives Entweder-Oder nicht gerechtfertigt zu sein. Die urchristlichen Gemeinden und ihre apostolischen Lehrer haben sich nicht gescheut, die natürlich-sittliche Ethik der Antike, wo immer sie in Einklang mit dem Evangelium zu bringen war, in die sittliche Botschaft vom Reiche Gottes zu integrieren, wie wir ausführlich dargestellt haben. Die entscheidende Frage ist also nicht, ob das Naturrecht im Rahmen einer Christlichen Sozialwissenschaft eine Existenzberechtigung hat, sondern welchen Gebrauch man von ihm macht. Wie die ersten christlichen Gemeinden die antike Ethik ihrer Zeit an dem Maßstab der Christusbotschaft gemessen und kritisch geprüft und, wo erforderlich, korrigiert haben, so wird auch eine spätere Epoche mit den sozialethischen Erkenntnissen und Erfahrungen ihrer Zeit grundsätzlich verfahren dürfen.

Das Naturrecht, so wie es uns heute vorliegt, ist zweifellos eine geschichtliche Größe. Wir können hier nicht auf die innere Problematik dieser Rechtsinstitution, wie sie in der Naturrechtsdiskussion der ersten beiden Nachkriegsjahrzehnte offengelegt worden ist, detailliert eingehen. In einem Punkte waren und sind sich die Kontrahenten einig: das Anliegen des Naturrechts, die Verwirklichung und Sicherung einer gerechten gesellschaftlichen Ordnung, ist unverzichtbar. In diesem Punkte konvergieren Naturrecht und ntl. Botschaft. Wenn auch beide in der Verfolgung dieses Zieles getrennte Wege gehen, so schließt das nicht aus, daß sie streckenweise kooperieren. Welches die Konditionen einer solchen Kooperation von seiten des Evangeliums sind, haben wir in unserer Untersuchung herauszuarbeiten versucht. Was nun die zeitbedingte Gestalt des Naturrechts angeht, so ist die vielfache Kritik, die in den vergangenen Jahren laut geworden ist, sicherlich in ihrer Grundtendenz berechtigt. Das überkommene Naturrecht in seiner ungeschichtlich-starren und abstrakt-verallgemeinernden Struktur ist den Gegebenheiten einer sich rasch wandelnden, äußerst differenzierten und sehr komplexen gesellschaftlichen Wirklichkeit nur ungenügend angepaßt. Daher ist der Ruf nach einer geschichtlich-dynamischen, konkreten und situationsbezogenen Auslegung naturrechtlicher Axiome durchaus verständlich. Mit besonderer Genugtuung dürfen wir zum Schluß unserer Untersuchung vermerken, daß sich ähnliche Forderungen auch aus der Sicht des Neuen Testaments ergeben. Ein ntl. verantwortbares Naturrecht sollte heilsgeschichtlich und dynamisch, eschatologisch und kritisch, konkret und operativ angelegt sein.

## LITERATURVERZEICHNIS

1. Textausgaben, griechisch-römische

M. T. Ciceronis Scripta, hrsg. v. C. F. W. Mueller, Bibliotheca Teubneriana, Leipzig 1881 ff.
Cicero, M. T., De officiis, hrsg. v. C. Atzert, Bibliotheca Teubneriana, Ciceronis Scripta omnia, Fasc. 48, Leipzig 1963.
Diogenes Laertius, Lives of Eminent Philosophers, 2 Bde., griech. u. engl., hrsg. v. R. D. Hicks, The Loeb classical Library, London 1950.
Diogenes Laertius, Leben und Meinungen berühmter Philosophen, 2 Bde., griech. u. deutsch, übers. v. O. Apelt, Philosophische Bibliothek 53/54, Leipzig 1921, Hamburg ²1967.
Dio Chrysostomos, Opera, 2 Bde., hrsg. v. J. von Arnim, Berlin 1893–1896.
Dio Chrysostom, griech. u. engl., hrsg. v. J. W. Cohoon u. H. L. Crosby, 5 Bde., The Loeb classical Library, London 1949–56.
Epicteti Dissertationes ab Arriano digestae, rec. H. Schenkl, editio maior, Lipsiae ²1916, Stutgardiae 1965.
Epictetus, The Discourses as reported by Arrian, the Manual and Fragments, 2 Bde., griech. u. engl., hrsg. v. W. A. Oldfather, The Loeb classical Library, London 1952/56.
Onosandri de imperatoris officio liber, hrsg. v. A. Koechly, Leipzig 1860.
Seneca, L. A., Opera, hrsg. v. F. Haase, 3 Bde., Leipzig 1884–87.
Seneca, Ad Lucilium epistularum moralium Libri, hrsg. v. O. Hense, Teubnersche Ausgabe Bd. 3, Leipzig 1898.
Seneca ad Lucilium epistulae morales, 3 Bde., lat. u. engl., hrsg. v. R. M. Gummere, The Loeb classical Library, London 1961–62.
Stobaei Anthologium, hrsg. v. C. Wachsmuth u. O. Hense, 5 Bde., Berlin 1884–1912.
Stoicorum Veterum Fragmenta, coll. J. ab Arnim, Lipsiae I–III. 1903–1905, IV (Indices) 1924, Stutgardiae 1964.
Isocrates, Orationes, 2 Bde., hrsg. v. F. Blass, Leipzig ²1902–1909.
Isocrates, Works, griech. u. engl., 3 Bde., hrsg. v. G. Norlin u. L. v. Hook, The Loeb classical Library, London 1961–1966.
Plutarchi Moralia, hrsg. v. D. Wyttenbach, Leipzig 1796–1834.
Plutarchs Moralische Abhandlungen (Moralia, deutsch), 9 Bde., hrsg. v. J. F. S. Kaltwasser, Frankfurt/M. 1783–1800.
Plutarchus, Moralische Schriften, 3 Bde., hrsg. v. O. Apelt, Philosophische Bibliothek 198.205.206, Leipzig 1926–27.
Polybius, The Histories, 6 Bde., griech. u. engl., hrsg. v. W. R. Paton, The Loeb classical Library, London 1954–1960.
Polybius, Geschichte, deutsch, 2 Bde., hrsg. v. H. Drexler, Die Bibliothek der alten Welt, Zürich/Stuttgart 1961–63.

2. Textausgaben, spätjüdische und frühchristliche

Die Apostolischen Väter, griech. u. deutsch, hrsg. v. J. A. Fischer, München 1956.

Die Apostolischen Väter, deutsch, hrsg. v. F. Zeller, Bibliothek der Kirchenväter, Kempten/München 1918.

Die Apokalypsen des Esra und des Baruch in deutscher Gestalt, hrsg. v. B. Violet, Die griechischen christlichen Schriftsteller der ersten drei Jahrhunderte 32, Leipzig 1910–1924.

3 Enoch or The Hebrew Book of Enoch, hrsg. v. H. Odeberg, Cambridge 1928.

Flavii Josephi Opera, hrsg. v. B. Niese, 6 Bde. u. Indexband, Berlin 1877–1904, Neudruck 1955.

Hermetica, hrsg. v. W. Scott, 4 Bde., Oxford 1924–36 (Bd. 4 mit Indices von A. S. Ferguson).

Corpus Hermeticum, griech. u. franz., hrsg. v. A. D. Nock u. A.-J. Festugière, 4 Bde., Paris 1945–54.

Gressmann, H., Altorientalische Texte zum Alten Testament, Berlin ²1926.

Oracula Sibyllina, hrsg. v. J. Geffcken, Die griechischen christlichen Schriftsteller der ersten drei Jahrhunderte (8), Leipzig 1902.

Philonis Alexandrini Opera, hrsg. v. L. Cohn u. P. Wendland, 6 Bde., Berlin 1896–1915, 7. Bd. (Indices) bes. v. J. Leisegang 1926–1930.

Philo von Alexandrien, Die Werke in deutscher Übersetzung, hrsg. v. L. Cohn u. a., 6 Bde., Berlin ²1962, 7. Bd. Sachweiser 1964.

Pseudo-Phokylides: J. Bernays, Über das Phokylideische Gedicht, in: Gesammelte Abhandlungen von Jacob Bernays I, hrsg. v. H. Usener, Berlin 1885, S. 192 ff.

Die Texte aus Qumran, hebr. u. deutsch, hrsg. v. E. Lohse, Darmstadt ²1971.

Riessler, P., Altjüdisches Schrifttum außerhalb der Bibel, Augsburg 1928.

Testamenta XII Patriarcharum, hrsg. v. M. d. Jonge, Leiden 1964.

Testamenta XII Patriarcharum. The Greek Versions of the Testaments of the Twelve Patriarchs, hrsg. v. R. H. Charles, Oxford 1908, Neudruck 1960.

3. Lexika und Nachschlagewerke

Bauer, W., Griechisch-deutsches Wörterbuch zu den Schriften des NT und der übrigen urchristlichen Literatur, Berlin ⁴1952, ⁵1958.

Denzinger, H., Enchiridion Symbolorum, Definitionum et Declarationum de rebus fidei et morum, hrsg. v. K. Rahner, Barcelona/Freiburg/Rom ³¹1960.

Evangelisches Soziallexikon, im Auftrag des Deutschen Evangelischen Kirchentages hrsg. v. F. Karrenberg, Stuttgart ⁴1963.

Lexikon für Theologie und Kirche, hrsg. v. J. Höfer u. K. Rahner, Freiburg i. Br. ²1957 ff.

Paulys Realencyclopädie der classischen Altertumswissenschaft, neue Bearb. v. G. Wissowa u. W. Kroll (mit K. Mittelhaus), Stuttgart 1893 ff.

Reallexikon für Antike und Christentum, hrsg. v. T. Klauser, Stuttgart 1941 (1950) ff.

Die Religion in Geschichte und Gegenwart, Tübingen ³1956 ff.

Theologisches Begriffslexikon zum Neuen Testament, I–II/2, hrsg. v. L. Coenen, E. Beyreuther u. H. Bietenhard, Wuppertal 1967–1971.

Theologisches Wörterbuch zum NT, hrsg. v. G. Kittel u. G. Friedrich, Stuttgart 1933 ff.

Staatslexikon. Recht, Wirtschaft, Gesellschaft, hrsg. v. der Görres-Gesellschaft, Freiburg i. Br. $^6$1957 ff.

## 4. Aufsätze und Monographien

Albertz, R., Weltschöpfung und Menschenschöpfung, Calwer Theologische Monographien, Stuttgart 1974.

Allan, J. A., The "in Christ" Formula in Ephesians, in: NTS 5 (1958/59), S. 54 ff.

– The "in Christ" Formula in the Pastoral Epistles, in: NTS 10 (1963/64), S. 115 ff.

Althaus, P., Der Brief an die Römer, NTD 6 ($^6$1949), NTD 3 (1956).

– Theologie der Ordnungen, Gütersloh 1934.

Asmussen, H., Der Römerbrief, Stuttgart 1952.

Aufgabe der gesellschaftlichen Diakonie, hrsg. v. F. Karrenberg u. K. v. Bismarck, Kirche im Volk 25, Stuttgart $^2$1960.

Baltensweiler, H., Die Ehe im Neuen Testament. Exegetische Untersuchungen über Ehe, Ehelosigkeit und Ehescheidung, Abhandlungen zur Theologie des Alten und Neuen Testaments 52, Zürich/Stuttgart 1967.

Barth, G., Das Gesetzesverständnis des Evangelisten Matthäus, in: Überlieferung und Auslegung im Matthäusevangelium, Neukirchen $^4$1965, S. 54 ff.

Barth, K., Christengemeinde und Bürgergemeinde, München 1946.

– Evangelium und Gesetz, ThEx 32 (1935), NF 50 (1961).

– Kirchliche Dogmatik I–IV, Zollikon-Zürich 1932 ff.

– Nein! Antwort an Emil Brunner, ThEx 14 (1934).

Barth, P., Die Stoa, Stuttgart 1903, $^6$1946.

Bartsch, H. W., Feldrede und Bergpredigt. Redaktionsarbeit in Luk. 6, in: Theologische Zeitschrift 16, Basel 1960, S. 5 ff. Neudruck in: Entmythologisierende Auslegung, Theol. Forschung 26, Hamburg-Bergstedt 1962, S. 116 ff.

Baumann, R., Mitte und Norm des Christlichen. Eine Auslegung von 1 Korinther 1,1–3,4, Neutestamentliche Abhandlungen NF 5, Münster 1968.

Becker, K.-H., Was ist Naturrecht?, Kirche im Volk 27, Stuttgart/Berlin 1964.

Bernays, J., Über das Phokylideische Gedicht, in: Gesammelte Abhandlungen von Jakob Bernays, hrsg. v. H. Usener, Berlin 1885, S. 192 ff.

Bienert, W., Die Arbeit nach der Lehre der Bibel. Eine Grundlegung evangelischer Sozialethik, Stuttgart 1954.

Blank, J., Zum Problem „Ethischer Normen" im Neuen Testament, in: Concilium 3 (1967), S. 356 ff.

Bläser, P., Das Gesetz bei Paulus, NTA 19/1–2 (1941).

– Gesetz und Evangelium, in: Catholica 14 (1960), S. 1 ff.

Blunck, J., Artikel „Freiheit", in: Theologisches Begriffslexikon zum Neuen Testament I, Wuppertal 1967, S. 362 ff.

Böckle, F., Bestrebungen in der Moraltheologie, in: Fragen der Theologie heute, hrsg. v. J. Feiner, J. Trütsch u. F. Böckle, Einsiedeln/Zürich/Köln 1957, S. 425 ff.

– Gesetz und Gewissen. Grundfragen theologischer Ethik in ökumenischer Sicht, Begegnung 9, Luzern/Stuttgart 1965.

Böhlig, H., Ἐν κυρίῳ, in: Neutestamentliche Studien für G. Heinrici, Untersuchungen z. NT, H. 6, Leipzig 1914, S. 170 ff.
Bonhöffer, A., Die Ethik des Stoikers Epictet, Stuttgart 1894.
– Epiktet und das Neue Testament, Religionsgeschichtliche Versuche und Vorarbeiten 10, Gießen 1911.
– Epictet und die Stoa. Untersuchungen zur stoischen Philosophie, Stuttgart 1890.
Bornkamm, G., Die christliche Freiheit, in: Das Ende des Gesetzes. Paulusstudien. Gesammelte Aufsätze I, München ²1958, S. 133 ff.
– Enderwartung und Kirche im Matthäusevangelium, in: Überlieferung und Auslegung im Matthäusevangelium, Neukirchen ⁴1965, S. 13 ff.
– Die Offenbarung des Zornes Gottes (Röm 1–3), in: ZNW 34 (1935), S. 239 ff.
– Gesetz und Natur. Röm 2,14–16, in: Studien zu Antike und Urchristentum. Gesammelte Aufsätze II, München 1959, S. 93 ff.
– Jesus von Nazareth, Urban-Bücher 19, Stuttgart ⁶1963.
Bouttier, M., En Christ. Étude d'exégèse et de théologie pauliniennes, Études d'histoire et de philosophie religieuses 54, Paris 1962.
Braun, H., Die Indifferenz gegenüber der Welt bei Paulus und bei Epiktet, in: Gesammelte Studien zum Neuen Testament und seiner Umwelt, Tübingen 1962, S. 159 ff.
Braumann, G., Das Mittel der Zeit. Erwägungen zur Theologie des Lukasevangeliums, in: ZNW 54 (1963), S. 117 ff.
Brox, N., Die Pastoralbriefe, RNT 7/2, Regensburg ⁴1969.
Büchsel, F., „In Christus" bei Paulus, in: ZNW 42 (1949), S. 141 ff.
Bultmann, R., Das Ideal des stoischen Weisen, in: Das Urchristentum im Rahmen der antiken Religionen, Erasmus-Bibliothek, Zürich/Stuttgart ³1963, S. 147 ff.
– Das religiöse Moment in der ethischen Unterweisung des Epiktet und das Neue Testament, in: ZNW 13 (1912), S. 97 ff. u. 177 ff.
– Der Stil der paulinischen Predigt und die kynisch-stoische Diatribe, Forschungen zur Religion u. Literatur des Alten und Neuen Testaments 13, Göttingen 1910.
– Die Geschichte der synoptischen Tradition (mit Erg.-Heft), Göttingen ⁶1964.
– Theologie des Neuen Testaments, Tübingen ⁶1968.
Boyce, M., Middle Persian Literature, in: Handbuch der Orientalistik 1/4/2, Leiden/Köln 1968, S. 31 ff.
Capelle, W., u. Marrou, H. I., Artikel „Diatribe", in: Reallexikon für Antike und Christentum 3, Stuttgart 1957, Sp. 990 ff.
Carrington, P., According to Mark. A Running Commentary on the Oldest Gospel, Cambridge 1960.
– The Primitive Christian Catechism, Cambridge 1940.
Clemen, C., Religionsgeschichtliche Erklärung des Neuen Testaments. Die Abhängigkeit des ältesten Christentums von nichtjüdischen Religionen und philosophischen Systemen, Gießen ²1924.
Conzelmann, H., Der Brief an die Kolosser, in: NTD 8 (⁹1962) = 3 (1965).
– Der Brief an die Epheser, NTD 3 (1965).
– Der erste Brief an die Korinther, Meyer K 5 (¹¹1969).
– Die Apostelgeschichte, HNT 7 (²1972).
– Paulus und die Weisheit, in: NTS 12 (1965/66), S. 231 ff.
Crouch, J. E., The Origin and Intention of the Colossian Haustafel, Forsch. z. Religion u. Literatur des AT u. NT 109, Göttingen 1972.

Cullmann, O., Christus und die Zeit. Die urchristliche Zeit- und Geschichtsauffassung, Zollikon-Zürich ²1948, ³1962.
– Der Staat im Neuen Testament, Tübingen 1956.
Dahl, N. A., Bibelstudie über den Epheserbrief, in: Kurze Auslegung des Epheserbriefes, Göttingen 1965, S. 7 ff.
Dantine, W., Schöpfung und Erlösung. Versuch einer theologischen Interpretation im Blick auf das gegenwärtige Weltverständnis, in: Kerygma und Dogma 11, Göttingen 1965, S. 33 ff.
Daube, D., The New Testament and Rabbinic Judaism, London 1956.
Davies, W. D., Die Bergpredigt. Exegetische Untersuchung ihrer jüdischen und frühchristlichen Elemente, München 1970 (Cambridge 1966).
Daxer, H., Römer 1,18–2,10 im Verhältnis zur spätjüdischen Lehrauffassung, Diss. Rostock 1914.
Dehn, G., Die Bergpredigt als ethisches Problem, in: Die Zeichen der Zeit 4, Berlin 1950, S. 185 ff.
Deissmann, A., Die neutestamentliche Formel „in Christo Jesu", Marburg 1892.
– Licht vom Osten. Das Neue Testament und die neuentdeckten Texte der hellenistisch-römischen Welt, Tübingen ⁴1923.
Deißner, K., Das Idealbild des stoischen Weisen. Rede anläßlich der Reichsgründungsfeier der Universität Greifswald am 18. Januar 1930, Greifswalder Universitätsreden 24, Greifswald 1930.
– Paulus und Seneca, Beiträge zur Förderung christlicher Theologie 21, Gütersloh 1917, S. 78 ff.
Delling, G., Artikel ὑποτάσσω, in: ThW 8 (1969), S. 40 ff.
Dibelius, M., An die Kolosser, Epheser, an Philemon, HNT 12, 3. Aufl. 1953 bes. v. H. Greeven.
– An die Philipper, HNT 11 (³1937).
– An die Thessalonicher I, in: HNT 11 (³1937).
– Das soziale Motiv im Neuen Testament, in: Botschaft und Geschichte. Gesammelte Aufsätze I, hrsg. v. G. Bornkamm, Tübingen 1953, S. 178 ff.
– Der Brief des Jakobus, Meyer K 15 (⁷1921), zit. ¹¹1964 hrsg. v. H. Greeven.
– Die Bergpredigt, in: Botschaft und Geschichte. Gesammelte Aufsätze I, hrsg. v. G. Bornkamm, Tübingen 1953, S. 79 ff.
– Die Pastoralbriefe, HNT 13, Tübingen ⁴1966, hrsg. v. H. Conzelmann.
– Die Reden der Apostelgeschichte und die antike Geschichtsschreibung, in: Sitzungsberichte der Heidelberger Akademie der Wissenschaften, Phil.-hist. Klasse, Jg. 1949, 1. Abh., Heidelberg 1949.
– Die Formgeschichte des Evangeliums, Tübingen 1919, zit. ³1959 hrsg. v. G. Bornkamm.
– Geschichte der urchristlichen Literatur I u. II, Sammlung Göschen 934 u. 935, Berlin/Leipzig 1926.
– Paulus auf dem Areopag, Sitzungsberichte der Heidelberger Akademie der Wissenschaften, Phil.-hist. Klasse, Jg. 1938/39, 2. Abh., Heidelberg 1939.
– Zur Formgeschichte des Neuen Testaments, in: Theologische Rundschau NF 3, Tübingen 1931, S. 207 ff.
Dihle, A., Die Goldene Regel. Eine Einführung in die Geschichte der antiken und frühchristlichen Vulgärethik, Studienhefte zur Altertumswissenschaft 7, Göttingen 1962.

Dinkler, E., Zum Problem der Ethik bei Paulus. Rechtsnahme und Rechtsverzicht (1. Kor. 6,1–11), in: Zeitschrift für Theologie und Kirche 49, Tübingen 1952, S. 167 ff.
Dodd, C. H., Das Gesetz der Freiheit. Glaube und Gehorsam nach dem Zeugnis des Neuen Testaments, München 1960.
– The Primitive Catechism and the Sayings of Jesus, in: New Testament Essays. Studies in Memory of T. W. Manson, Manchester 1959, S. 106 ff.
Dombois, H., Naturrecht und christliche Existenz, Kassel 1952.
Egenter, R., Artikel „Moraltheologie", in: LThK 7 ($^2$1962), Sp. 613 ff.
Eichrodt, W., Theologie des Alten Testaments, Stuttgart/Göttingen, Teil I $^8$1968, Teil II/III $^5$1964.
Ellul, J., Die theologische Begründung des Rechts (Le Fondement théologique du Droit), Beiträge zur Evangelischen Theologie 10, München 1948.
Eltester, W., Schöpfungsoffenbarung und natürliche Theologie im frühen Christentum, NTS 3 (1956/57), S. 93 ff.
Ermecke, G., Katholische Moraltheologie von Joseph Mausbach, hrsg. v. G. Ermecke, Bd. III, Münster $^9$1953.
Ernst, J., Die Briefe an die Philipper, an Philemon, an die Kolosser, an die Epheser, RNT, Regensburg 1974.
Eßer, H. H., Artikel „Gesetz" (νόμος), in: Theol. Begriffslexikon zum Neuen Testament 1, Wuppertal 1967, S. 521 ff.
Feiner, J., Artikel „Urstand", in: LThK 10 ($^2$1965), Sp. 572 ff.
Foerster, W., Artikel κτίζω, in: ThW 3 (1938), S. 999 ff.
– Herr ist Jesus. Herkunft und Bedeutung des urchristlichen Kyrios-Bekenntnisses, Ntl. Forschungen, R. 2, H. 1, Gütersloh 1924.
– Schöpfung im NT, in: ThW 3 (1938), S. 1027 ff.
Friedrich, G., Der Brief an die Philipper, NTD 8 ($^9$1962).
Fuchs, E., Artikel „Freiheit im NT", in: RGG 2 ($^3$1958), Sp. 1101 ff.
– Die vollkommene Gewißheit. Zur Auslegung von Matthäus 5,48, in: Ntl. Studien f. R. Bultmann (Festschrift), Berlin $^2$1957, S. 130 ff. (= ZNW, Beih. 21).
Fuchs, J., Lex naturae. Zur Theologie des Naturrechts, Düsseldorf 1955.
– Moral und Moraltheologie nach dem Konzil, Freiburg/Basel/Wien 1967.
Gabathuler, H. J., Jesus Christus, Haupt der Kirche – Haupt der Welt. Der Christushymnus Colosser 1,15–20 in der theologischen Forschung der letzten 130 Jahre, Abh. z. Theologie des AT u. NT 45, Zürich/Stuttgart 1965.
Gershevitch, I., Old Iranian Literature, in: Handbuch der Orientalistik 1/4/2, Leiden/Köln 1968, S. 1 ff.
Gesetz und Evangelium. Beiträge zur gegenwärtigen theologischen Diskussion, Wege der Forschung 142, hrsg. v. E. Kinder u. K. Haendler, Darmstadt 1968.
Gnilka, J., Der Epheserbrief, HThK 10/2 (1971).
Goppelt, L., Das Problem der Bergpredigt, in: Christologie und Ethik. Aufsätze zum Neuen Testament, Göttingen 1968, S. 27 ff.
– Die Bergpredigt und die Wirklichkeit dieser Welt, Calwer Hefte 96, Stuttgart 1968.
– Jesus und die „Haustafel"-Tradition, in: Orientierung an Jesus, hrsg. v. P. Hoffmann, Freiburg/Basel/Wien 1973.

Greeven, H., Das Hauptproblem der Sozialethik in der neueren Stoa und im Urchristentum, Neutestamentliche Forschungen, R. 3, H. 4, Gütersloh o. J. (1934).
– Ehe nach dem Neuen Testament, in: Theologie der Ehe, hrsg. v. G. Krems u. R. Mumm, Regensburg/Göttingen 1969, S. 37 ff.
Gressmann, H., Altorientalische Texte zum Alten Testament, Berlin ²1926.
Gross, H., Artikel „Gottebenbildlichkeit" (I. Im AT), in: LThK 4 (²1960), Sp. 1087 f.
Grundmann, W., Das Evangelium nach Matthäus, ThHK 1 (1968).
– Das Evangelium nach Lukas, ThHK 3, Berlin ⁴1966.
– Die Bergpredigt nach der Lukasfassung, in: Studia Evangelica 1 = Texte u. Untersuchungen zur Geschichte der altchristlichen Literatur 73 (V,18), Berlin 1959, S. 180 ff.
Haag, H., Der Dekalog, in: Moraltheologie und Bibel, hrsg. v. J. Stelzenberger, Paderborn 1964, S. 9 ff.
Haenchen, E., Die Apostelgeschichte, Meyer K 3 (¹⁵1968).
Häring, B., Das Gesetz Christi, Freiburg ²1955.
– Moraltheologie gestern und heute, in: StdZ 167 (1960/61), S. 99 ff.
– Moralverkündigung nach dem Konzil, Theologische Brennpunkte 3/4, Bergen-Enkheim 1966.
Harnack, A. v., Ist die Rede des Paulus in Athen ein ursprünglicher Bestandteil der Apostelgeschichte?, Texte und Untersuchungen zur Geschichte der altchristlichen Literatur, 39. Bd. der gesamten Reihe, Leipzig 1913.
Herr, T., Zur Frage nach dem Naturrecht im deutschen Protestantismus der Gegenwart, Abhandlungen zur Sozialethik 4, München/Paderborn/Wien 1972.
Hierzenberger, G., Weltbewertung bei Paulus nach 1 Kor 7,29–31. Eine exegetisch-kerygmatische Studie, Kommentare und Beiträge zum Alten und Neuen Testament, Düsseldorf 1967.
Höffner, J., Artikel „Sozialethik", in: Staatslexikon 7 (⁶1962), Sp. 269 ff.
Horst, F., Gottes Recht. Gesammelte Studien zum Recht im Alten Testament, hrsg. v. H. W. Wolff, München 1961.
Jeremias, J., Der erste Brief an Timotheus, in: NTD 9 (⁸1963) = NTD Bd. 4 (1965).
– Die Bergpredigt, Calwer Hefte 27, Stuttgart ⁵1965.
Junker, H., Genesis, Echter-Bibel, 9. Lfg., Würzburg ²1952.
– Artikel „Schöpfungsbericht", in: LThK 9 (²1964), Sp. 466 ff.
Kahlefeld, H., Der Jünger. Eine Auslegung der Rede Lk 6,20–49, Frankfurt a. M. ²1962.
Kähler, E., Die Frau in den paulinischen Briefen unter besonderer Berücksichtigung des Begriffes der Unterordnung, Zürich/Frankfurt a. M. 1960.
Kamlah, E., Die Form der katalogischen Paränese im Neuen Testament, WUNT 7 (1964).
Käsemann, E., Eine urchristliche Taufliturgie, in: Festschrift f. R. Bultmann, Stuttgart/Köln 1949, S. 133 ff.
– Grundsätzliches zur Interpretation von Röm 13, in: Exegetische Versuche und Besinnungen 2, Göttingen ²1965, S. 204 ff.
– Leib und Leib Christi. Eine Untersuchung zur paulinischen Begrifflichkeit, Beitr. zur hist. Theologie 9, Tübingen 1933.
– Römer 13, 1–7 in unserer Generation, in: Zeitschrift f. Theologie und Kirche 56, Tübingen 1959, S. 316 ff.

Kaufmann, A., Die ontologische Struktur des Rechts, in: Die ontologische Begründung des Rechts, hrsg. v. A. Kaufmann, Wege der Forschung 22, Darmstadt 1965, S. 470 ff.
- Naturrecht und Geschichtlichkeit, Recht und Staat in Geschichte und Gegenwart 197, Tübingen 1957.
Kehl, N., Der Christushymnus im Kolosserbrief. Eine motivgeschichtliche Untersuchung zu Kol 1,12–20, Stuttgart 1967.
Kittel, G., Der übertragene Gebrauch von „Bild" im NT, in: ThW 2 (1935), S. 393 ff.
Klein, G., Der älteste christliche Katechismus und die jüdische Propaganda-Literatur, Berlin 1909.
Klostermann, E., Das Matthäusevangelium, HNT 4 ([3]1938).
- Das Lukasevangelium, HNT 5, ([2]1929).
Klüber, F., Artikel „Soziallehre", in: LThK 9 ([2]1964), Sp. 917 ff.
Knopf, R., Die Lehre der zwölf Apostel, in: HNT Erg.-Bd. (1920), S. 1 ff.
Kreck, W., Die Zukunft des Gekommenen. Grundprobleme der Eschatologie, München 1966.
Kroll, W., Artikel „Phokylides", in: Paulys Realencyklopädie der classischen Altertumswissenschaft 20,1 (1941), Sp. 503 ff.
Kümmel, W. G., Die Eschatologie der Evangelien, in: Heilsgeschehen und Geschichte. Gesammelte Aufsätze 1933–64, Marburg 1965, S. 48 ff.
- Einleitung in das Neue Testament, Heidelberg [17]1973.
Künneth, W., Die biblische Offenbarung und die Ordnungen Gottes, in: Die Nation vor Gott, hrsg. v. W. Künneth u. H. Schreiner, Berlin [5]1937, S. 21 ff.
Kürzinger, J., Artikel „Bibelbewegung", in: LThK 2 ([2]1958), Sp. 344 ff.
Kuß, O., Der Brief an die Hebräer, RNT 8 (1953).
- Der Römerbrief, Regensburg [2]1963.
- Die Briefe an die Römer, Korinther und Galater, RNT 6 (1940).
Lampe, G. W. H., Die neutestamentliche Lehre von der Ktisis, in: Kerygma und Dogma 11, Göttingen 1965, S. 21 ff.
Leclercq, J., Christliche Moral in der Krise der Zeit. Probleme des christlichen Moralunterrichts, Einsiedeln/Zürich/Köln 1954.
Leipoldt, J., Christentum und Stoizismus, in: Zeitschrift f. Kirchengeschichte 27, Gotha 1906, S. 129 ff.
Leo, P., Das anvertraute Gut. Eine Einführung in den ersten Timotheusbrief, Die urchristliche Botschaft, 15. Abt., Berlin 1935.
Lietzmann, H., An die Korinther I/II, HNT 9 ([4]1949).
- An die Römer, HNT 8 ([3]1928).
Lindeskog, G., Studien zum neutestamentlichen Schöpfungsgedanken I, Uppsala Universitets Årsskrift 1952/11, Uppsala/Wiesbaden 1952.
Lobo, I., Geschichtlichkeit und Erneuerung der Moral, in: Concilium 3 (1967), S. 363 ff.
Lohmeyer, E., Das Evangelium des Matthäus, Meyer K, Sonderband, hrsg. v. W. Schmauch, Göttingen 1965.
- Der Brief an die Kolosser, Meyer K 9/2 ([13]1964).
- Der Brief an die Philipper, Meyer K 9/1 ([13]1964).
- ΣΥΝ ΧΡΙΣΤΩΙ, in: Festgabe f. A. Deissmann, Tübingen 1927, S. 218 ff.

Lohse, E., Christologie und Ethik im Kolosserbrief, in: Apophoreta. Festschrift f. E. Haenchen, Berlin 1964, S. 156 ff.
- Der Brief an die Kolosser, Meyer K 9/2 ([14]1968).
- (Hrsg.), Die Texte aus Qumran. Hebräisch und deutsch. Mit masoretischer Punktation. Übersetzung, Einführung und Anmerkungen, Darmstadt [2]1971.
- „Ich aber sage euch", in: Der Ruf Jesu und die Antwort der Gemeinde. Festschrift f. J. Jeremias, hrsg. v. E. Lohse (C. Burchard u. B. Schaller), Göttingen 1970, S. 189 ff.

Lommel, H., Die Religion Zarathustras nach dem Avesta dargestellt, Tübingen 1930.

Luck, U., Die Vollkommenheitsforderung der Bergpredigt. Ein aktuelles Kapitel der Theologie des Matthäus, ThEx NF 150, München 1968.

Margot, J.-C., Die Unauflöslichkeit der Ehe nach dem Neuen Testament, in: Wie unauflöslich ist die Ehe? Eine Dokumentation, hrsg. v. J. David u. F. Schmalz, Aschaffenburg 1969, S. 223 ff.

Maurer, C., Der Hymnus von Epheser 1 als Schlüssel zum ganzen Briefe, in: EvTh 11 (1951/52), S. 151 ff.

Meinertz, M., Der Kolosserbrief, HSNT 7 ([4]1931).
- Theologie des Neuen Testamentes, 2 Bde., HSNT, Erg.-Bd. 1 u. 2, Bonn 1950.

Messner, J., Das Naturrecht. Handbuch der Gesellschaftsethik, Staatsethik und Wirtschaftsethik, Innsbruck/Wien/München [4]1960.

Metz, J. B., Die Verantwortung der christlichen Gemeinde für die Planung der Zukunft, in: Die neue Gemeinde, hrsg. v. A. Exeler (Festschrift f. T. Filthaut), Mainz [2]1968, S. 247 ff.
- Die Zukunft des Glaubens in einer hominisierten Welt, in: Weltverständnis im Glauben, S. 45 ff.
- Gott vor uns. Statt eines theologischen Arguments, in: Ernst Bloch zu ehren. Beiträge zu seinem Werk, hrsg. v. S. Unseld, Frankfurt/M. 1965, S. 227 ff.
- Kirche und Welt im Lichte einer „politischen Theologie", in: Zur Theologie der Welt, S. 99 ff.
- „Politische Theologie" in der Diskussion, in: StdZ 184 (1969), S. 289 ff.
- Verantwortung der Hoffnung, in: StdZ 177 (1966), S. 451 ff.
- (Hrsg.), Weltverständnis im Glauben, Mainz 1965.
- Zur Theologie der Welt, Mainz/München 1968.

Michaelis, W., Der Brief des Paulus an die Philipper, ThHK 11 (1935).

Michel, O., Artikel οἶκος, in: ThW 5 (1954), S. 122 ff.
- Der Brief an die Hebräer, Meyer K 13 ([12]1966).
- Der Brief an die Römer, Meyer K 4 ([12]1963).

Michl, J., Der erste Petrusbrief, RNT 8 (1953), S. 193 ff.

Mitton, C. L., The Epistle to the Ephesians. Its Autorship, Origin and Purpose, Oxford 1951.

Moeller, C., Die Geschichte der Pastoralkonstitution, in: LThK, Das II. Vatikanische Konzil, Erg.-Bd. 3 (1968), S. 242 ff.

Moltmann, J., Die Kategorie Novum in der christlichen Theologie, in: Ernst Bloch zu ehren. Beiträge zu seinem Werk, hrsg. v. S. Unseld, Frankfurt/M. 1965, S. 243 ff.
- Theologie der Hoffnung. Untersuchungen zur Begründung und zu den Konsequenzen einer christlichen Eschatologie, Beiträge zur evangelischen Theologie 38, München [8]1969.

Monzel, N., Was ist Christliche Gesellschaftslehre?, Münchener Universitätsreden NF 14, München 1956.
Mussner, F., Christus, das All und die Kirche. Studien zur Theologie des Epheserbriefes, Trierer Theologische Studien 5, Trier 1955.
Nauck, W., Probleme des frühchristlichen Amtsverständnisses (1 Ptr 5,2 f.), in: ZNW 48 (1957), S. 200 ff.
Nell-Breuning, O. v., Christliche Soziallehre, in: StdZ 173 (1963/64), S. 208 ff.
– Katholische und evangelische Soziallehre – ein Vergleich, in: Una Sancta. Rundbriefe für interkonfessionelle Begegnung 11 (1956), S. 184 ff.
Neirynck, F., Die Lehre des Paulus über „Christus in uns" und „Wir in Christus", in: Concilium 5 (1969), S. 790 ff.
Neugebauer, F., In Christus. EN ΧΡΙΣΤΩΙ. Eine Untersuchung zum Paulinischen Glaubensverständnis, Göttingen 1961.
Neuhäusler, E., Anspruch und Antwort Gottes. Zur Lehre von den Weisungen innerhalb der synoptischen Jesusverkündigung, Düsseldorf 1962.
Niederwimmer, K., Der Begriff der Freiheit im Neuen Testament, Theologische Bibliothek Töpelmann 11, Berlin 1966.
Norden, E., Agnostos Theos. Untersuchungen zur Formengeschichte religiöser Rede, Leipzig/Berlin 1913, Darmstadt [4]1956.
Ochel, W., Die Annahme einer Bearbeitung des Kolosser-Briefes im Epheser-Brief in einer Analyse des Epheser-Briefes untersucht, Diss. Marburg 1934.
Oepke, A., Artikel ἐν, in: ThW 2 (1935), S. 534 ff.
– Das neue Gottesvolk, Gütersloh 1950.
– Der Brief des Paulus an die Galater, ThHK 9 ([2]1957).
– Die Briefe an die Thessalonicher, in: NTD 8 ([9]1962) = 3 (1965).
Oltmanns, K., Das Verhältnis von Röm 1,18–3,20 zu Röm 3,21 ff., in: Theol. Blätter 8, Leipzig 1929, Sp. 110 ff.
Pax, E., Artikel „Parusie" (I. Schrift und Judentum), in: LThK 8 ([2]1963), Sp. 120 ff.
Percy, E., Der Leib Christi in den paulinischen Homologumena und Antilegomena, Lunds Universitets Årsskrift NF, Avd. 1, 38, 1, Lund–Leipzig 1942.
– Die Probleme der Kolosser- und Epheserbriefe, Skrifter utg. av Kungl. Humanistiska Vetenskapssamfundet i Lund 39, Lund 1946.
Peschke, K., Naturrecht in der Kontroverse. Kritik evangelischer Theologie an der katholischen Lehre von Naturrecht und natürlicher Sittlichkeit, Salzburg 1967.
Philippidis, L. J., Die „goldene Regel" religionsgeschichtlich untersucht, Leipzig 1929.
Pohlenz, M., Die Stoa. Geschichte einer geistigen Bewegung, 2 Bde., Göttingen 1948.
– Paulus und die Stoa, in: ZNW 42 (1949), S. 69 ff.
Prächter, K., Hierokles der Stoiker, Leipzig 1901.
Preisker, H., Das Ethos des Urchristentums, Darmstadt [3]1968.
Rad, G. v., Das theologische Problem des alttestamentlichen Schöpfungsglaubens, in: Werden und Wesen des Alten Testaments, hrsg. v. P. Volz, F. Stummer u. J. Hempel, Beiheft z. Zeitschr. f. d. alttestamentliche Wissenschaft 66, Berlin 1936, S. 138 ff.
– Die Gottesebenbildlichkeit im AT, in: ThW 2 (1935), S. 387 ff.
– Theologie des Alten Testaments, 2 Bde., München 1957.

Rahner, K., Ideologie und Christentum, in: Concilium 1 (1965), S. 475 ff.
- Über die theologische Problematik der „Neuen Erde", in: Zur Theologie der Zukunft, München 1971, S. 183 ff.
Ratzinger, J., Glaube und Zukunft, München ²1971.
- Naturrecht, Evangelium und Ideologie in der katholischen Soziallehre. Katholische Erwägungen zum Thema, in: Christlicher Glaube und Ideologie, hrsg. v. K. Bismarck u. W. Dirks, Stuttgart/Berlin/Mainz 1964, S. 24 ff.
Rauscher, A., Ansatz und Tragweite des „Christlichen" in der christlichen Sozialethik, in: Das Humanum und die christliche Sozialethik, hrsg. v. A. Rauscher, Köln 1970, S. 30 ff.
- „Sub luce Evangelii". Naturrecht und Evangelium in der Pastoralen Konstitution, in: Jahrbuch des Instituts für Christliche Sozialwissenschaften 7/8, Münster 1966/67, S. 69 ff.
Redlich, V. (Hrsg.), Moralprobleme im Umbruch der Zeit, München 1957.
Reicke, B., Syneidesis in Röm. 2,15, in: Theologische Zeitschrift 12, Basel 1956, S. 157 ff.
Reitzenstein, R., Das iranische Erlösungsmysterium, Bonn 1921.
- Die hellenistischen Mysterienreligionen nach ihren Grundgedanken und Wirkungen, Leipzig/Berlin ³1927.
Rendtorff, R., Die theologische Stellung des Schöpfungsglaubens bei Deuterojesaja, in: Zeitschr. f. Theologie u. Kirche 51 (1954), S. 3 ff.
Rengstorf, K. H., Die neutestamentlichen Mahnungen an die Frau, sich dem Manne unterzuordnen, in: Verbum Dei manet in aeternum. Festschrift f. O. Schmitz, Witten 1953, S. 131 ff.
- Mann und Frau im Urchristentum, Veröffentlichungen d. Arbeitsgemeinschaft f. Forschung des Landes Nordrhein-Westfalen, Geisteswissenschaften H. 12, Köln/Opladen 1954.
- Das Evangelium nach Lukas, NTD 1, 1965.
Rief, J., Artikel „Stoizismus", in: LThK 9 (²1964), Sp. 1088 f.
Rießler, P., Altjüdisches Schrifttum außerhalb der Bibel, Augsburg 1928.
Sand, A., Gesetz und Freiheit. Vom Sinn des Pauluswortes: Christus, des Gesetzes Ende, in: ThGl 61 (1971), S. 1 ff.
- Das Gesetz und die Propheten, Bibl. Unters. 11, Regensburg 1974.
Sasse, H., Artikel κόσμος, in: ThW 3 (1938), S. 867 ff.
Schaller, B., Die Sprüche über Ehescheidung und Wiederheirat in der synoptischen Überlieferung, in: Der Ruf Jesu und die Antwort der Gemeinde (Festschrift f. J. Jeremias), hrsg. v. E. Lohse, Göttingen 1970, S. 226 ff.
Schelkle, K. H., Die Petrusbriefe, HThK 13/2 (³1970).
- Freiheit nach dem Neuen Testament, in: Bibel und Leben 9, Düsseldorf 1968, S. 157 ff.
- Jerusalem und Rom im Neuen Testament, in: ThGl 40 (1950), S. 97 ff.
Scheffczyk, L., Schöpfung und Vorsehung, Handbuch der Dogmengeschichte II/2a, hrsg. v. M. Schmaus, J. Geiselmann, A. Grillmeier, Freiburg i. Br. 1963.
- Der Mensch als Bild Gottes, hrsg. v. L. Scheffczyk, Wege der Forschung 124, Darmstadt 1969.
Schierse, F. J., Die Pastoralbriefe, Kleinkommentare zur Heiligen Schrift 10, Düsseldorf 1968.

Schillebeeckx, E., Von der theologischen Tragweite lehramtlicher Verlautbarungen über gesellschaftspolitische Fragen, in: Concilium 4 (1968), S. 411 ff.
Schlatter, A., Der Evangelist Matthäus. Seine Sprache, sein Ziel, seine Selbständigkeit, Stuttgart ⁴1957, ⁶1963.
- Die Evangelien nach Markus und Lukas, Erläuterungen zum Neuen Testament 2, Stuttgart 1961.
- Das Evangelium des Lukas aus seinen Quellen erklärt, Stuttgart ²1960.
- Gottes Gerechtigkeit. Ein Kommentar zum Römerbrief, Stuttgart ⁴1965.
- Paulus und das Griechentum, in: Das Paulusbild in der neueren deutschen Forschung, hrsg. v. K. H. Rengstorf, Wege der Forschung 24, Darmstadt 1964, S. 98 ff.
Schlier, H., Artikel ἐλεύθερος, in: ThW 2 (1935), S. 484 ff.
- Artikel καθήκω, in: ThW 3 (1938), S. 440 ff.
- Das, worauf alles wartet. Eine Auslegung von Röm 8,18–30, in: Das Ende der Zeit. Exegetische Aufsätze und Vorträge III, Freiburg/Basel/Wien 1971, S. 250 ff.
- Der Begriff der Freiheit im NT, in: ThW 2 (1935), S. 492 ff.
- Der Brief an die Epheser. Ein Kommentar, Düsseldorf ⁶1968.
- Der Brief an die Galater, Meyer K 7 (¹²1962).
- Über die Erkenntnis Gottes bei den Heiden, in: EvTh 2 (1935), S. 9 ff.
- Von den Heiden. Römer 1,18–32, in: EvTh 5 (1938), S. 113 ff.
Schlink, E., Die Offenbarung Gottes in seinen Werken und die Ablehnung der natürlichen Theologie, in: Theol. Blätter 20, Leipzig 1941, Sp. 1 ff.
Schmauch, W., In Christus. Eine Untersuchung zur Sprache und Theologie des Paulus, Ntl. Forschungen, R. 1, H. 9, Gütersloh 1935.
- Reich Gottes und menschliche Existenz nach der Bergpredigt, in: W. Schmauch u. E. Wolf, Königsherrschaft Christi, ThEx NF 64 (1958), S. 5 ff.
Schmid, J., Artikel „Pseudo-Phokylides", in: LThK 8 (²1963), Sp. 867 f.
- Das Evangelium nach Lukas, RNT 3 (⁴1960).
- Das Evangelium nach Markus, RNT 2 (²1950).
- Das Evangelium nach Matthäus, RNT 1 (²1952).
- Der Epheserbrief des Apostels Paulus. Seine Adresse, Sprache und literarischen Beziehungen, Bibl. Studien 22, 3–4, Freiburg 1928.
Schmidt, H. W., Der Brief des Paulus an die Römer, ThHK 6 (1963).
Schmidt, K. L., Der Apostel Paulus und die antike Welt, in: Das Paulusbild in der neueren deutschen Forschung, hrsg. v. K. H. Rengstorf, Wege der Forschung 24, Darmstadt 1964, S. 214 ff.
Schnackenburg, R., Artikel „Biblische Ethik" (II. Neues Testament), in: LThK 2 (²1958), Sp. 429 ff.
- Artikel „Paränese", in: LThK 8 (²1963), Sp. 80 f.
- Artikel „Bergpredigt", in: LThK 2 (²1958), Sp. 223 ff.
- Christliche Freiheit nach Paulus, in: Christliche Existenz nach dem Neuen Testament. Abhandlungen und Vorträge II, München 1968, S. 33 ff.
- Das Verständnis der Welt im Neuen Testament, in: Christliche Existenz nach dem Neuen Testament. Abhandlungen und Vorträge I, München 1967, S. 157 ff.
- Das Johannesevangelium, HThK IV/1 (³1972), IV/2 (1971).
- Der Christ und die Zukunft der Welt, in: Christliche Existenz nach dem Neuen Testament. Abhandlungen und Vorträge II, München 1968, S. 149 ff.

- Der neue Mensch – Mitte christlichen Weltverständnisses (Kol 3,9–11), in: Weltverständnis im Glauben, hrsg. v. J. B. Metz, Mainz 1965, S. 184 ff.
- Die Aufnahme des Christushymnus durch den Verfasser des Kolosserbriefes, in: Evangl.-Kath. Kommentar z. NT, Vorarbeiten H. 1, Einsiedeln/Neukirchen 1969, S. 33 ff.
- Die Bergpredigt Jesu und der heutige Mensch, in: Christliche Existenz nach dem Neuen Testament. Abhandlungen und Vorträge I, München 1967, S. 109 ff.
- Die Ehe nach dem Neuen Testament, in: Theologie der Ehe, hrsg. v. G. Krems u. R. Mumm, Regensburg/Göttingen 1969, S. 9 ff.
- Die neutestamentliche Sittenlehre in ihrer Eigenart im Vergleich zu einer natürlichen Ethik, in: Moraltheologie und Bibel, hrsg. v. J. Stelzenberger, Paderborn 1964, S. 39 ff.
- Die sittliche Botschaft des Neuen Testamentes, Handbuch der Moraltheologie 6, München ²1962.
- Gottes Herrschaft und Reich. Eine biblisch-theologische Studie, Freiburg 1959.

Schneider, G., Die Idee der Neuschöpfung beim Apostel Paulus und ihr religionsgeschichtlicher Hintergrund, in: Trierer Theologische Zeitschrift 68, Trier 1959, S. 257 ff.
- Neuschöpfung oder Wiederkehr? Eine Untersuchung zum Geschichtsbild der Bibel, Düsseldorf 1961.

Schneider, H., Artikel „Achikar", in: LThK 1 (²1957), Sp. 108.

Schneider, J., Der erste Brief des Petrus, NTD 10 (⁹1961).

Schniewind, J., Das Evangelium nach Matthäus, NTD 1 (1965).

Schrage, W., Die konkreten Einzelgebote in der paulinischen Paränese. Ein Beitrag zur neutestamentlichen Ethik, Gütersloh 1961.

Schrey, H.-H., Artikel „Naturrecht", in: ESL (⁴1963), Sp. 912 ff.

Schröder, D., Die Haustafeln des Neuen Testaments. Ihre Herkunft und ihr theologischer Sinn, Diss. Hamburg 1959 (Maschinenschrift).

Schüller, B., Gesetz und Freiheit. Eine moraltheologische Untersuchung, Düsseldorf 1966.

Schulz, S., Die Anklage in Röm. 1,18–32, in: Theol. Zeitschrift 14, Basel 1958, S. 161 ff.

Schürmann, H., Das Lukasevangelium, HThK III/1 (1969).

Schweitzer, A., Das Messianitäts- und Leidensgeheimnis. Eine Skizze des Lebens Jesu, Tübingen ³1956.

Schweizer, E., Das Evangelium nach Matthäus, NTD 2 (1973).
- Kolosser 1,15–20, in: Evangl.-Kath. Kommentar z. NT, Vorarbeiten H. 1, Einsiedeln/Neukirchen 1969, S. 7 ff.
- Matthäus und seine Gemeinde, Stuttgarter Bibelstudien 71, Stuttgart 1974.

Seeberg, A., Das Evangelium Christi, Leipzig 1905.
- Der Katechismus der Urchristenheit, Leipzig 1903.
- Die beiden Wege und das Apostoldekret, Leipzig 1906.
- Die Didache des Judentums und der Urchristenheit, Leipzig 1908.

Selwyn, E. G., The First Epistle of St. Peter, London 1949.

Simon, H., Der Rechtsgedanke in der gegenwärtigen deutschen evangelischen Theologie unter besonderer Berücksichtigung des Problems materialer Rechtsgrundsätze, Diss. Bonn 1952.

Soiron, T., Die Bergpredigt Jesu. Formgeschichtliche, exegetische und theologische Erklärung, Freiburg i. Br. 1941.

Staudinger, J., Die Bergpredigt, Wien 1957.

Steck, O. H., Deuterojesaja als theologischer Denker, in: Kerygma u. Dogma 15 (1969), S. 280 ff.

Stecker, A., Formen und Formeln in den paulinischen Hauptbriefen und den Pastoralbriefen, Diss. Münster 1967.

Stelzenberger, J., Die Beziehungen der frühchristlichen Sittenlehre zur Ethik der Stoa, München 1933.

– Syneidesis im Neuen Testament, Paderborn 1961.

Stoeckle, B., Ich glaube an die Schöpfung, Einsiedeln 1966.

Stuhlmueller, C., The Theology of Creation in Second Isaias, in: Catholic Biblical Quarterly 21 (1959), S. 428 ff.

– Creative Redemption in Deutero-Isaiah, Analecta Biblica 43, Rom 1970.

Thielicke, H., Theologische Ethik I, Tübingen ²1958.

Thurneysen, E., Die Bergpredigt, ThEx NF 105 (⁶1965).

Thyen, H., Der Stil der jüdisch-hellenistischen Homilie, Forschungen zur Religion u. Literatur des Alten und Neuen Testaments NF 47 (= 65 der ganzen Reihe), Göttingen 1955.

Trilling, W., Das wahre Israel. Studien zur Theologie des Matthäusevangeliums, StAuNT 10, München ³1964.

Überlieferung und Auslegung im Matthäus-Evangelium, hrsg. v. G. Bornkamm, G. Barth, H. J. Held, WissMon ANT 1, Neukirchen ⁴1965.

Vögtle, A., Die Tugend- und Lasterkataloge im Neuen Testament, exegetisch, religions- und formgeschichtlich untersucht, NTA 16, H. 4/5 (1936).

Wagenführer, M.-A., Die Bedeutung Christi für Welt und Kirche. Studien zum Kolosser- und Epheserbrief, Leipzig 1941.

Walther, C., Artikel „Haustafeln", in: Evangelisches Kirchenlexikon 2, Göttingen 1958, Sp. 36.

Weber, W., Kirchliche Soziallehre, in: Was ist Theologie?, hrsg. v. E. Neuhäusler u. E. Gössmann, München 1966, S. 244 ff.

– (Hrsg.), Pastoralkonstitution *Die Kirche in der Welt von heute*. Authentischer lateinischer Text der Acta Apostolicae Sedis. Deutsche Übersetzung im Auftrag der deutschen Bischöfe. Mit einer Einleitung von Prof. DDr. W. Weber, Münster 1967.

Weidinger, K., Die Haustafeln. Ein Stück urchristlicher Paränese, UNT 14 (1928).

Weiß, J., Die Predigt Jesu vom Reiche Gottes, Göttingen 1892.

Wendland, H.-D., Artikel „Eschatologie", in: ESL (⁴1963), Sp. 358 ff.

– Artikel „Staat in der Bibel", in: ESL (⁴1963), Sp. 1187 ff.

– Botschaft an die soziale Welt. Beiträge zur christlichen Sozialethik der Gegenwart, Hamburg 1959.

– Die Briefe an die Korinther, NTD 7 (⁴1946).

– Die Kirche in der modernen Gesellschaft. Entscheidungsfragen für das kirchliche Handeln im Zeitalter der Massenwelt, Hamburg ²1958.

– Gesetz und Geist (Das Ethos der Haustafeln), in: Die Kirche in der modernen Gesellschaft, Hamburg ²1958, S. 43 ff.

– Zur sozialethischen Bedeutung der neutestamentlichen Haustafeln, in: Botschaft an die soziale Welt, Hamburg 1959, S. 104 ff., zuerst veröffentlicht in: Die Leibhaftigkeit des Wortes. Festschr. f. A. Köberle, Hamburg 1958, S. 34 ff.

Wendland, P., Die hellenistisch-römische Kultur in ihren Beziehungen zu Judentum und Christentum, HNT 1/2, Tübingen ²1912.
— Die urchristlichen Literaturformen, HNT 1/3, Tübingen ²1912.
Westermann, C., Das Reden von Schöpfer und Schöpfung im Alten Testament, in: Das ferne und das nahe Wort (Festschrift L. Rost), Zeitschr. f. d. alttestamentl. Wissenschaft (ZAW), Beih. 105 (1967), S. 238 ff.
— Genesis, Biblischer Kommentar Altes Testament I/1, Neukirchen 1966 ff.
Wibbing, S., Die Tugend- und Lasterkataloge im Neuen Testament und ihre Traditionsgeschichte unter besonderer Berücksichtigung der Qumran-Texte, ZNW Beih. 25 (1959).
Wiesner, W., Die Lehre von der Schöpfungsordnung. Anthropologische Prolegomena zur Ethik, Gütersloh 1934.
Wikenhauser, A., Die Apostelgeschichte, RNT 5 (²1951).
— Die Apostelgeschichte und ihr Geschichtswert, Münster 1921.
— Die Christusmystik des Apostels Paulus, Freiburg ²1956.
Wilckens, U., Weisheit und Torheit. Eine exegetisch-religionsgeschichtliche Untersuchung zu 1. Kor. 1 und 2, Beiträge zur historischen Theologie 26, Tübingen 1959.
Windisch, H., Der Sinn der Bergpredigt. Ein Beitrag zum Problem der richtigen Exegese, UNT 16 (1929, ²1937).
— Die Katholischen Briefe, 3. stark umgearbeitete Aufl., hrsg. v. H. Preisker, HNT 15 (1951).
Wolf, E., u. Joest, W., Artikel „Gesetz und Evangelium", in: RGG 2 (³1958), Sp. 1519 ff.
Wolf, E., Libertas christiana. Grundsätzliche Erwägungen zur Frage nach der „biblischen Autorität für die soziale und politische Botschaft der Kirche heute", in: ThEx NF 18 (1949), S. 22 ff.
— Naturrecht oder Christusrecht, in: unterwegs 11, Berlin 1960, S. 3 ff.
Wolf, Erik, Rechtsgedanke und biblische Weisung, Forschungen der Evangelischen Akademie 5, Tübingen 1948.
Wolf, H. H., Artikel „Ordnung", in: ESL (⁴1963), Sp. 941 ff.
Wolf, H. H., und Gollwitzer, H., Artikel „Gesetz und Evangelium", in: ESL (⁴1963), Sp. 495 ff.
Wrege, H.-T., Die Überlieferungsgeschichte der Bergpredigt, WUNT 9, Tübingen 1968.
Zaehner, R. C., Zurvan. A Zoroastrian Dilemma, Oxford 1955.

# NAMENVERZEICHNIS

Albertz, R. 182
Allen, J. A. 61 f., 63, 66, 79
Althaus, P. 122, 172, 188
Andronikos 91
Aristoteles 89
Arrian 28
Asmussen, H. 188

Baltensweiler, H. 68, 203
Barth, G. 10, 15, 237
Barth, K. 86, 172, 232
Barth, P. 128
Bartsch, H. W. 234
Baumann, R. 165 ff.
Becker, K.-H. 13
Bernays, J. 27, 44
Bienert, W. 13
Blank, J. 72, 231, 246, 276
Bläser, P. 212, 220, 230 f.
Blunck, J. 212
Böckle, F. 212, 231, 271
Böhlig, H. 64
Bonhöffer, A. 27, 30, 105, 128, 131, 141
Bornkamm, G. 142, 146, 155 ff., 212, 216 f., 224, 234, 237
Bouttier, M. 61
Boyce, M. 96
Braun, H. 186
Braumann, G. 238
Brox, N. 76, 78, 83
Büchsel, F. 61, 63
Bultmann, R. 30 ff.; 128 f., 131, 158, 234

Capelle, W. 30
Carrington, P. 25, 234, 256
Cicero 29, 41, 42
Clemen, C. 77, 150 ff.
Conzelmann, H. 46, 50, 166 ff.
Crouch, J. E. 34, 38, 43, 46, 70
Cullmann, O. 189, 201, 207, 255

Dahl, N. A. 62
Dantine, W. 199, 202

Daube, D. 54
Davies, W. D. 234
Daxer, H. 143 ff.
Dehn, G. 239 ff.
Deissmann, A. 29 f., 32, 49, 61 f., 65, 217
Deißner, K. 27, 128 ff.
Delling, G. 55
Dibelius, M. 13, 21 ff., 40, 43, 68, 71, 73 ff., 121, 124, 131, 150 ff., 190, 221, 234, 239 ff., 263 ff.
Dihle, A. 126
Dinkler, E. 250
Dio Chrysostomos 41
Diogenes Laertius 29, 42
Dodd, C. H. 211, 222, 226 ff., 234
Dombois, H. 10

Egenter, R. 271
Eichrodt, W. 174 ff.
Ellul, J. 10
Epiktet 28, 29, 41, 43, 105
Ermecke, G. 10
Ernst, J. 50, 190
Eßer, H. H. 212

Feiner, J. 177
Foerster, W. 63, 177
Friedrich, G. 124
Fuchs, E. 212, 239
Fuchs, J. 16, 212, 231, 250, 262, 271

Gabathuler, H. J. 190
Gershevitch, I. 96
Gnilka, J. 37, 50, 57 f., 60, 66, 122, 194
Goppelt, L. 34, 239, 245 ff.
Greeven, H. 129, 131, 203
Gross, H. 175
Grundmann, W. 126, 237 f.

Haag, H. 15
Haenchen, E. 148 ff.
Häring, B. 16, 262, 271 f.
Harnack, A. v. 153

294

Hauck, F. 25, 223
Herr, T. 10, 173, 232, 248, 271
Hierokles 41
Höffner, J. 10
Horaz 29
Horst, F. 175f., 183

Isokrates 27

Jeremias, J. 23, 75, 223, 234ff.
Josephus, Flavius 44
Junker, H. 174f.

Kahlefeld, H. 234
Kähler, E. 55, 68
Kamlah, E. 87ff., 109ff., 140f.
Käsemann, E. 61, 63, 190, 207
Kaufmann, A. 264
Kehl, N. 190
Kittel, G. 197
Klein, G. 25
Klostermann, E. 237f.
Klüber, F. 10
Kreck, W. 255
Kroll, W. 27
Kümmel, W. G. 50, 255
Künneth, W. 172
Kürzinger, J. 273
Kuß, O. 130, 137, 142, 155 ff., 165 ff., 194, 205, 215 f.

Lampe, G. W. H. 184, 187f., 199
Leclercq, J. 262, 271
Leipoldt, J. 128
Leo, P. 86
Lietzmann, H. 87, 137, 157ff., 165, 188
Lindeskog, G. 174ff.
Lobo, I. 262
Lohmeyer, E. 35, 36, 46, 51, 56, 123f., 130, 190ff., 237
Lohse, E. 35, 46, 54, 190, 237, 242
Lommel, H. 96
Luck, U. 237

Margot, J.-C. 203
Maurer, C. 62, 66, 193f.
Meinertz, M. 36, 38, 46, 62
Messner, J. 10
Metz, J. B. 14, 265, 268, 271
Michaelis, W. 124
Michel, O. 52, 137, 143, 155ff., 188, 194, 200, 207
Michl, J. 38

Mitton, C. L. 50
Moeller, C. 275
Moltmann, J. 255, 269
Monzel, N. 10
Musonius 29
Mussner, F. 192f.

Nauck, W. 74
Nell-Breuning, O. v. 10
Neirynck, F. 61
Neugebauer, F. 63ff.
Neuhäusler, E. 17, 235
Niederwimmer, K. 211ff.
Norden, E. 143, 150f., 192

Ochel, W. 50
Oepke, A. 61, 63, 68, 216
Oltmanns, K. 142, 145f.

Pax, E. 259
Percy, E. 50, 63, 190, 192
Perdelwitz, R. 25, 223
Peschke, K. 9
Philippidis, L. J. 126
Philo v. Alexandrien 44f., 93, 161
Plato 89
Plautus 29
Plutarch 29, 55
Pohlenz, M. 128, 152ff.
Polybius 41
Poseidonios 29
Prächter, K. 42
Preisker, H. 25, 131
Pseudo-Callisthenes 55
Pythagoras 29

Rad, G. v. 176ff.
Rahner, K. 266
Ratzinger, J. 260ff.
Rauscher, A. 275
Reicke, B. 161
Reitzenstein, R. 112
Rendtorff, R. 182
Rengstorf, K. H. 34, 51, 55, 67, 68, 207, 238
Rief, J. 42

Sand, A. 212, 222, 237
Sasse, H. 187
Schaller, B. 203
Schelkle, K. H. 54, 207, 212
Scheffczyk, L. 174ff., 194f.
Schierse, F. J. 80

295

Schillebeeckx, E. 267
Schlatter, A. 126, 131, 188, 237f., 256
Schlier, H. 50, 137, 142, 145, 147, 188, 212, 216ff.
Schlink, E. 145, 147
Schmauch, W. 63, 239
Schmid, J. 27, 50, 237f., 256
Schmidt, H. W. 121, 137, 148
Schmidt, K. L. 131
Schnackenburg, R. 14, 16, 21, 70, 86, 131, 185ff., 190, 195, 200ff., 212ff., 226ff., 235ff., 255ff.
Schneider, G. 195f.
Schneider, H. 27
Schneider, J. 38
Schniewind, J. 237
Schrage, W. 222
Schrey, H.-H. 9
Schröder, D. 21, 34ff., 46ff., 73ff.
Schüller, B. 212, 222
Schulz, S. 143ff.
Schürmann, H. 235ff.
Schweitzer, A. 244
Schweizer, E. 190, 237
Seeberg, A. 25
Selwyn, E. G. 25
Seneca 29, 41, 42, 161
Simon, H. 173
Soiron, T. 235ff.
Sokrates 89, 91
Staudinger, J. 235ff.
Steck, O. H. 182
Stecker, A. 192
Stelzenberger, J. 128

Stobäus, J. 29, 90
Stoeckle, B. 189, 200f.
Stuhlmueller, C. 182

Thielicke, H. 10, 175f., 241ff., 267
Thurneysen, E. 239, 244ff.
Thyen, H. 30
Tolstoi, L. 14, 232, 242
Trilling, W. 235

Vögtle, A. 29, 57, 87ff., 109, 140f.

Wagenführer, M.-A. 50
Walther, C. 34
Weber, W. 10, 275
Weidinger, K. 21, 34ff., 67, 73ff.
Weiß, J. 244
Wendland, H.-D. 13, 34, 69, 71, 165ff., 207, 251, 255, 264ff.
Wendland, P. 21
Westermann, C. 174ff.
Wibbing, S. 87ff., 109, 140
Wiesner, W. 172
Wikenhauser, A. 63, 148
Wilckens, U. 165ff.
Windisch, H. 25, 223, 235, 241
Wolf, E. 10, 232
Wolf, Erik 231
Wolf, H. H. 173, 232
Wrege, H.-T. 235

Zaehner, R. C. 96
Zenon 90, 150
Zoroaster 95

# SACHVERZEICHNIS

Areopagrede 148 ff.

Bergpredigt 14, 104, 233 ff.
Bergpredigtethik 18
Bischöfe 77 f., 81

Christianisierung 39, 68

Dekalog 15, 43
Diakone 78 f.
Diatribe 28, 30 ff., 42, 44 f., 49, 88, 91, 102

Ehe 55 f., 57 f., 65, 77, 117, 185, 203 f.
Eltern 35 ff.
Erkenntnis, natürliche 137 ff., 146, 153 f., 155 ff., 169 f.
Eschatologie 18, 244, 251 ff.
Ethik, natürliche 17
Ethos, antikes 18

Frauen 35 ff., 51 ff., 55 ff., 76, 79, 82, 204 f.
Freiheit 18, 38 f., 60, 110 f., 117, 131, 211 ff., 233 ff.

Gemeindeordnungen 73 ff.
Gesetz 43, 72, 110 f., 212 ff., 233 f., 237
Gesetzeserkenntnis 155 ff.
Gewissen 161 f.

Haustafeln 34 ff., 82, 84
 sozialethische Bedeutung 61 ff., 69 ff.
 Quellen 34 ff., 40 ff.

Imago Dei 175 ff., 196 f.
„In Christus" 61 ff.

Kataloge 87 ff.
Kinder 35 ff., 51 ff., 58 f.

Lasterkataloge 88 ff., 99 f., 107 f., 139 f.

Männer 35 ff., 51 ff., 56 ff., 76, 82

Natur 45, 159 f., 199 f., 202 ff.
Naturgesetz 43
Naturrecht 9 ff., 43, 86, 119, 127, 132 f., 136 ff., 147 f., 163 f., 169 f., 183 f., 199 ff., 224 ff., 234, 248 ff., 263 ff.
 Definition 11
 idealistisches 180
 Kritik 9, 212 f., 263
 theol. Qualifikation 137 ff., 146 f.

Obrigkeit 34, 38, 61, 74 f., 83
Ordnungen 67, 69 f., 85 f., 116 ff., 206, 242

Paränese 21 ff., 45
 Definition 21
 Herkunft 23 ff.
 katalogische 87 ff.
 Quellen 26 ff.
Parusie 13, 17, 20, 195, 244, 259
Pflichtenkatalog 73
Pflichtenschema 40, 47, 74 ff.
Presbyter 80 f.
Privatisierung 14
Pseudophokylideisches Mahngedicht 44

Qumran 74, 80, 94 f., 99 ff.

Revolution 114
Rezeption 80
 kritische 70, 86, 102, 115, 116 ff., 120 ff.
Rezeptionsvorgang 17, 46 ff., 67, 132, 206

Schöpfer 45
Schöpfung 18, 172 ff.
Schöpfungsbericht 15, 174 ff.
Schöpfungsoffenbarung 142 f., 145
Selektionsprinzip 49
Sittengesetz, natürliches 17
Sittlichkeit,
 christliche 56, 128 ff.
 natürliche 17 f., 47, 83, 119, 234
 stoische 128 ff.

Soziallehre 250, 263, 272 ff.
Staat 38, 207
Ständetafeln 40, 74 ff.
Stoa 42, 44, 45, 59, 90 f., 104 ff., 128 ff., 141, 151 f.

Theologie,
   natürliche 16, 18, 138
   politische 14
Transformationsprozeß 17
Tugendkataloge 88 ff., 100 f., 104 ff., 124

Utopie 14

Väter 58 f.
Verchristlichung 50, 68, 70, 78
Vernunfterkenntnis 43

Witwen 80